高等院校人文素质教育课程规划教材

社交礼仪(第 4 版)

李荣建　编　著

清华大学出版社
北　京

内 容 简 介

礼仪是人类文化的结晶,社会文明的标志。社交礼仪是人们进行社会交往的行为规范与准则,被誉为步入社会的"通行证"、走向成功的"立交桥"。

本书是为普通高等院校学生编写的社交礼仪教材,内容包括绪论、个人礼仪、家庭礼仪、学校礼仪、公共场所礼仪、求职礼仪、公务礼仪、交际礼仪、公关礼仪、商务礼仪、餐饮礼仪、外事礼仪、中国民俗,以及外国习俗与礼仪。

本书内容丰富、资料翔实、文字优美、案例鲜活、实用性强,是大学生学习礼仪知识、提高文化素质的优秀教材。

本书封面贴有清华大学出版社防伪标签,无标签者不得销售。
版权所有,侵权必究。举报: 010-62782989,beiqinquan@tup.tsinghua.edu.cn。

图书在版编目(CIP)数据

社交礼仪/李荣建编著. —4版. —北京:清华大学出版社,2018(2023.1重印)
高等院校人文素质教育课程规划教材
ISBN 978-7-302-50344-6

Ⅰ. ①社… Ⅱ. ①李… Ⅲ. ①社交礼仪—高等学校—教材 Ⅳ. ①C912

中国版本图书馆 CIP 数据核字(2018)第 114915 号

责任编辑:刘秀青　陈立静
装帧设计:杨玉兰
责任校对:吴春华
责任印制:沈　露

出版发行:清华大学出版社
　　　　网　　址:http://www.tup.com.cn, http://www.wqbook.com
　　　　地　　址:北京清华大学学研大厦A座　　邮　编:100084
　　　　社 总 机:010-83470000　　　　　　　　邮　购:010-62786544
　　　　投稿与读者服务:010-62776969, c-service@tup.tsinghua.edu.cn
　　　　质量反馈:010-62772015, zhiliang@tup.tsinghua.edu.cn
　　　　课件下载:http://www.tup.com.cn, 010-62791865

印 装 者:北京鑫海金澳胶印有限公司
经　　销:全国新华书店
开　　本:185mm×260mm　　印　张:18.75　　字　数:456千字
版　　次:2007年8月第1版　2018年7月第4版　印　次:2023年1月第6次印刷
定　　价:49.80元

产品编号:077545-01

前　　言

礼仪是人类文化的结晶、社会文明的标志。礼仪宛如文明的种子，在世界各地生根、发芽，开放美丽的花朵，散发沁人心脾的芳香，结出丰硕的果实，使人们的心灵得到净化和升华。

作为礼仪的一个分支，社交礼仪是人们进行交往的行为规范与准则，被誉为步入社会的"通行证"、走向成功的"立交桥"。学习社交礼仪，有益于培养高尚的情操和卓越的交际能力。

我国是文明古国、礼仪之邦，讲"礼"重"仪"是中华民族的优良传统。继承和发扬优秀的礼仪文化，学习和实践社交礼仪，有助于提高人类的素养；树立社会主义荣辱观，有利于构建和谐社会。本书共分十四章，各章内容如下：第一章"绪论"，简要介绍礼仪的起源和发展，礼仪的概念、特征和原则，礼仪的种类及功能，使同学们对礼仪文化的基础知识有一个基本了解。第二章"个人礼仪"，告诉同学们如何修身养性，怎样做到心灵美、外表美、行为美。第三章"家庭礼仪"，指导同学们如何尊老爱幼、善待邻居，共同营造温馨的家庭氛围。第四章"学校礼仪"，提醒同学们尊敬老师、团结同学。第五章"公共场所礼仪"，讲解怎样严于律己，自觉维护公共场所秩序。第六章"求职礼仪"，讲解面试礼仪和应聘技巧。第七章"公务礼仪"，介绍办公礼仪和调研方法。第八章"交际礼仪"，指导同学们掌握称呼、介绍、握手、打电话、交换名片等基本礼节，使其学会选择和结交良朋益友。第九章"公关礼仪"，讲解公关语言和演讲艺术。第十章"商务礼仪"，介绍谈判技巧和商务仪式。第十一章"餐饮礼仪"，讲解中餐礼仪、西餐礼仪及饮酒礼仪等。第十二章"外事礼仪"，让同学们了解国际交往的基本规范，学会怎样与外国人打交道。第十三章"中国民俗"，介绍中国汉族与少数民族的风俗习惯。第十四章"外国习俗与礼仪"，介绍亚、非、欧和大洋洲主要国家的风土人情与社交礼仪，帮助同学们开阔眼界，领略丰富多彩的大千世界。

本教材第 3 版于 2013 年出版后，受到广大读者的欢迎和好评，曾多次重印。为了感谢读者的厚爱，作者对本教材进行了修订，以便跟上时代前进的步伐。在修订本教材的过程中，主要做了下列三项工作。

(1) 修正了前三版中存在的错别字，更新了教材中的有关数据。

(2) 增加了微信礼仪、地铁礼仪等内容。

(3) 对部分章节内容作了一定的增删，对全书文字进行了修润。

但愿读者喜欢这本内容简明扼要、文字通俗易懂的礼仪教材，并且殷切希望广大读者在使用该教材的过程中提出宝贵意见，以便日后修订。

李荣建

Contents 目录

目　　录

第一章　绪论 1

第一节　礼仪的起源与发展 1
　　一、中国礼仪的起源与发展 1
　　二、西方礼仪研究成果举要 7
　　三、中西礼仪的差异 8

第二节　礼仪的概念、特征和原则 10
　　一、礼仪的概念 10
　　二、礼仪的特征 10
　　三、礼仪的原则 10

第三节　礼仪的种类及功能 11
　　一、礼仪的种类 11
　　二、礼仪的功能 11

思考题 13

第二章　个人礼仪 14

第一节　德才兼备 14
　　一、思想品德修养 14
　　二、语言文学修养 15
　　三、音乐艺术修养 16

第二节　仪表端庄 17
　　一、表情 18
　　二、服饰 18
　　三、化妆 19

第三节　举止优雅 20
　　一、站姿、坐姿、走姿、蹲姿 20
　　二、饮食起居 21
　　三、举止 23

思考题 24

第三章　家庭礼仪 25

第一节　家庭成员礼仪 25
　　一、父母与子女相处的礼仪 25
　　二、子女与父母相处的礼仪 27
　　三、夫妻之间的礼仪 28

第二节　家庭应酬 29
　　一、待客 29
　　二、馈赠 30
　　三、邻里关系 32

思考题 33

第四章　学校礼仪 34

第一节　教师礼仪 34
　　一、教师形象礼仪 34
　　二、教师言谈礼仪 36
　　三、教师教学礼仪 38
　　四、教师交往礼仪 44

第二节　学生礼仪 45
　　一、学生交往礼仪 45
　　二、学生场景礼仪 47

第三节　校园礼仪 54
　　一、学校仪式礼仪 55
　　二、校园通信礼仪 57

思考题 61

第五章　公共场所礼仪 62

第一节　日常礼仪 62
　　一、购物礼仪 62
　　二、进餐礼仪 63
　　三、住宿礼仪 64
　　四、交通礼仪 64

第二节　其他公共场所礼仪规范 67
　　一、影剧院 67
　　二、图书馆 68
　　三、博物馆 69
　　四、体育场馆 69
　　五、健身房 70
　　六、游泳池 70
　　七、公园 70

目录 Contents

八、洗手间 ………………………… 71
九、医院 …………………………… 71
思考题 ………………………………… 73

第六章 求职礼仪 …………………… 74

第一节 求职准备 …………………… 74
　一、收集信息 …………………… 74
　二、选择单位 …………………… 74
第二节 联系单位 …………………… 75
　一、个人简历 …………………… 75
　二、求职信 ……………………… 77
　三、联系求职单位 ……………… 77
第三节 面试礼仪与应聘技巧 ……… 78
　一、形象设计与思想准备 ……… 78
　二、面试礼仪与讨价技巧 ……… 80
思考题 ………………………………… 83

第七章 公务礼仪 …………………… 84

第一节 工作礼仪 …………………… 84
　一、上岗礼仪 …………………… 84
　二、上下级关系礼仪 …………… 84
　三、同事礼仪 …………………… 86
第二节 调研与信访 ………………… 86
　一、调研礼仪 …………………… 87
　二、信访礼仪 …………………… 91
第三节 会务与公文 ………………… 97
　一、会务礼仪 …………………… 97
　二、端正会风 …………………… 99
　三、公文礼仪 ……………………100
思考题 …………………………………105

第八章 交际礼仪 ……………………106

第一节 见面与介绍 …………………106
　一、称呼 …………………………106
　二、握手 …………………………107
　三、介绍 …………………………108
　四、名片 …………………………110
第二节 交谈与交往 …………………111

　一、电话礼仪 ……………………111
　二、交谈的技巧与礼仪 …………114
　三、交友艺术 ……………………116
第三节 舞会、沙龙及社交禁忌 ……117
　一、舞会 …………………………117
　二、沙龙 …………………………120
　三、社交禁忌 ……………………121
思考题 …………………………………123

第九章 公关礼仪 ……………………124

第一节 公关礼仪概述 ………………124
　一、公关礼仪的含义 ……………124
　二、公关礼仪的作用 ……………125
　三、公关礼仪与社会公德 ………128
第二节 公关语言 ……………………132
　一、公关语言的重要性与
　　　基本要求 ……………………132
　二、公关语言的表达艺术 ………135
　三、演讲的公关语言技巧 ………136
第三节 公关艺术 ……………………138
　一、公关协调艺术 ………………138
　二、公关交往艺术 ………………139
　三、公关形象艺术 ………………143
思考题 …………………………………146

第十章 商务礼仪 ……………………147

第一节 商务人员形象礼仪 …………147
　一、营造良好的第一印象 ………147
　二、商务人员职业道德修养 ……148
　三、商务人员仪表礼仪规范 ……149
第二节 商务谈判技巧 ………………151
第三节 商务仪式 ……………………156
　一、开业仪式 ……………………156
　二、剪彩仪式 ……………………160
　三、签字仪式 ……………………163
　四、交接仪式 ……………………165
　五、庆典礼仪 ……………………167

Contents 目录

思考题 169

第十一章 餐饮礼仪......170

第一节 中餐进餐礼仪...... 171
- 一、中式餐饮的特点...... 171
- 二、日常进餐礼仪...... 171
- 三、中式宴会礼仪...... 173

第二节 西餐进餐礼仪...... 177
- 一、西餐的特点...... 177
- 二、西餐餐具的摆放与使用...... 178
- 三、西餐菜点食用礼仪...... 180
- 四、西餐宴会礼仪...... 182

第三节 饮酒礼仪...... 185
- 一、酒的种类及特点...... 185
- 二、饮酒礼仪与禁忌...... 186

第四节 饮茶礼仪...... 189
- 一、茶的种类及其特点...... 189
- 二、约定俗成的饮茶礼仪...... 190

思考题...... 192

第十二章 外事礼仪......193

第一节 迎送礼仪...... 193
- 一、接待准备...... 193
- 二、迎送仪式...... 194

第二节 会见与会谈...... 194
- 一、会见与会谈的安排...... 195
- 二、会见与会谈的程序...... 195

第三节 约请与应邀...... 196
- 一、约请...... 196
- 二、应邀...... 197

第四节 宴会礼仪...... 198
- 一、宴请...... 198
- 二、赴宴...... 203

第五节 文艺晚会...... 205
- 一、文艺晚会的组织...... 205
- 二、出席文艺晚会礼仪...... 206

第六节 国际礼宾次序与国旗的悬挂...... 206
- 一、礼宾次序...... 206
- 二、国旗的悬挂...... 207

思考题...... 208

第十三章 中国民俗......209

第一节 汉族习俗与礼仪...... 209
- 一、传统节日...... 209
- 二、诞辰礼仪...... 211
- 三、婚俗...... 212

第二节 少数民族习俗与礼仪...... 213
- 一、壮族习俗与礼仪...... 214
- 二、满族习俗与礼仪...... 214
- 三、回族习俗与礼仪...... 215
- 四、苗族习俗与礼仪...... 215
- 五、维吾尔族习俗与礼仪...... 216
- 六、土家族习俗与礼仪...... 216
- 七、蒙古族习俗与礼仪...... 216
- 八、藏族习俗与礼仪...... 217
- 九、朝鲜族习俗与礼仪...... 217
- 十、高山族习俗与礼仪...... 218

第三节 现代礼俗...... 218
- 一、现代节日...... 218
- 二、成人仪式...... 221
- 三、新时尚...... 223

思考题...... 226

第十四章 外国习俗与礼仪......227

第一节 亚非国家习俗与礼仪...... 227
- 一、日本习俗与礼仪...... 227
- 二、韩国习俗与礼仪...... 233
- 三、泰国习俗与礼仪...... 237
- 四、菲律宾习俗与礼仪...... 240
- 五、马来西亚习俗与礼仪...... 243
- 六、新加坡习俗与礼仪...... 246
- 七、印度尼西亚习俗与礼仪...... 249
- 八、阿拉伯国家习俗与礼仪...... 253
- 九、以色列习俗与礼仪...... 259

目录 Contents

第二节　欧洲国家习俗与礼仪 261
　　一、俄罗斯习俗与礼仪 261
　　二、德国习俗与礼仪 265
　　三、法国习俗与礼仪 268
　　四、英国习俗与礼仪 273
　　五、意大利习俗与礼仪 278
第三节　美洲、大洋洲国家习俗与
　　　　礼仪 280
　　一、美国习俗与礼仪 280
　　二、加拿大习俗与礼仪 286
　　三、澳大利亚习俗与礼仪 288
思考题 291

参考文献 292

第一章 绪 论

礼仪是人类文明的产物，它是随着社会的发展和进步逐渐形成的。古今中外许多学者对礼仪的理论和实践进行了广泛的探讨和深入的研究，可谓硕果累累，其中一些优秀著作是人类文化宝库中的精品，至今仍放射出熠熠光彩。

由于地理环境和历史背景不同，中外礼仪种类纷繁、异彩纷呈。尽管中外礼仪有着诸多差异，但总体来看，其反映人们追求真善美的愿望是一致的，是社会各阶层人士所共同遵守的准则与行为规范。

第一节 礼仪的起源与发展

礼仪起源于人类社会形成之初，经历了漫长的发展过程。

一、中国礼仪的起源与发展

中国自古就以"礼仪之邦"闻名于世，其漫长的礼仪发展史大致可以分为礼仪的萌芽时期、礼仪的草创时期、礼仪的形成时期、礼仪的发展和变革时期、礼仪的强化时期、礼仪的衰落时期、现代礼仪时期和当代礼仪时期八个阶段。礼仪的形成和发展经历了一个从无到有、从低级到高级、从零散到完备的渐进过程。

(一)礼仪的萌芽时期(公元前 5 万年—公元前 1 万年)

礼仪起源于原始社会时期，在长达一百多万年的原始社会历史中，人类逐渐开化。在原始社会中、晚期(约旧石器时期)出现了早期礼仪的萌芽。例如，生活在距今约 1.8 万年前的北京周口店的山顶洞人，就已经知道打扮自己。他们用穿孔的兽齿和石珠作为装饰品，挂在脖子上。他们在去世的族人身旁撒放赤铁矿粉，举行原始宗教仪式，则是迄今为止在中国发现的最早的葬仪。

(二)礼仪的草创时期(公元前 1 万年—公元前 22 世纪)

公元前 1 万年左右，人类进入新石器时期，不仅能制作精细的磨光石器，而且开始从事农耕和畜牧。在其后的数千年里，原始礼仪渐具雏形。例如，在今西安附近的半坡遗址中，发现了生活在距今约五千年前的半坡村人的公共墓地，墓地中坑位排列有序，死者的身份有所区别，有带殉葬品的仰身葬，也有无殉葬品的俯身葬等。此外，仰韶文化时期的其他遗址及有关资料表明，当时人们已经注意尊卑有序、男女有别；长辈坐上席、晚辈坐下席，男子坐左边、女子坐右边等礼仪日趋明确。

(三)礼仪的形成时期(公元前 21 世纪—公元前 771 年)

公元前 21 世纪至公元前 771 年，中国由金石并用时代进入青铜器时代。金属器皿的

使用，使农业、畜牧业、手工业生产跃上了一个新台阶。随着生活水平的提高，社会财富除消费外有了剩余，并逐渐集中在少数人手里，因而出现了阶级及阶级对立，原始社会由此解体。

公元前21世纪至公元前15世纪的夏代，中国开始从原始社会末期向早期的奴隶社会过渡。在此期间，尊神活动日渐升温。在原始社会里，由于缺乏科学知识，人们对一些自然现象无法理解。他们猜想照耀大地的太阳是神，风有风神，河有河神……因此，他们敬畏"天神"，祭祀"天神"。从某种意义上说，早期礼仪是指原始社会人类生活的若干准则，同时，它又是原始社会宗教信仰的产物。礼的繁体字"禮"，左边代表神，右边是向神进贡的祭物。因此，汉代学者许慎说："礼，履也，所以事神致福也。"（《说文解字》）

以殷墟为中心展开活动的殷人，在公元前14世纪至公元前11世纪活跃在中华大地。他们建造了中国第一个古都——殷都(今河南安阳)，而他们在婚礼习俗上的建树，被其尊神、信鬼的狂热所掩盖。

推翻殷王朝并取而代之的周朝，对礼仪建树颇多。特别是周武王的兄弟、辅佐周成王的周公，对周代礼制的确立起了重要作用。他制作礼乐，将人们的行为举止、心理情操等统统纳入一个尊卑有序的模式之中。全面介绍周朝制度的《周礼》，是中国流传至今的第一部礼仪专著。《周礼》又名《周官》，本为一官职表，后经整理，成为讲述周朝典章制度的著作。《周礼》原有6篇，详细介绍了六类官名及其职权，现存5篇，第6篇用《考工记》弥补。六官分别称为天官、地官、春官、夏官、秋官和冬官。其中，天官主管宫事、财货等；地官主管教育、市政等；春官主管五礼、乐舞等；夏官主管军旅、边防等；秋官主管刑法、外交等；冬官主管土木、建筑等。

春官主管的五礼即吉礼、凶礼、宾礼、军礼和嘉礼，这些是周朝礼仪制度的重要内容。吉礼指祭祀的典礼；凶礼主要指丧葬礼仪；宾礼指诸侯对天子的朝觐及诸侯之间的会盟等礼节；军礼主要包括阅兵、出师等仪式；嘉礼包括冠礼、婚礼、乡饮酒礼等。由此可见，许多基本礼仪在商末周初已基本形成。此外，成书于商周之际的《易经》和在周代大体定型的《诗经》，也有一些涉及礼仪的内容。

在西周，青铜礼器是个人身份的表征。礼器的多寡代表了身份地位的高低，形制的大小显示着权力的等级。当时，贵族佩带成组饰玉成为风气。相见礼和婚礼(包括纳采、问名、纳吉、纳征、请期、亲迎"六礼")则成为定式，流行于民间。此外，尊老爱幼等礼仪，也已明显确立。

(四)礼仪的发展和变革时期(公元前770—公元前221年，东周时期)

西周末期，王室衰微，诸侯纷起争霸。公元前770年，周平王东迁洛邑，史称东周。承继西周的东周王朝已无力全面恪守传统礼制，出现了所谓"礼崩乐坏"的局面。

春秋战国时期是我国奴隶社会向封建社会转型的时期。在此期间，相继涌现出孔子、孟子、荀子等思想巨人，他们发展和革新了礼仪理论。

孔子(公元前551—公元前479)是中国古代的大思想家、大教育家，他首开私人讲学之风，打破贵族垄断教育的局面。他删《诗》《书》，定《礼》《乐》，赞《周易》，修《春秋》，为历史文化的整理和保存做出了重要贡献。他编订的《仪礼》，详细记录了战国以前贵族生活的各种礼节仪式。《仪礼》与前述《周礼》和孔门后学编的《礼记》，合称"三礼",是中国古代最早、最重要的礼仪著作。

孔子认为:"不学礼,无以立。"(《论语·季氏篇》)"质胜文则野,文胜质则史。文质彬彬,然后君子"。(《论语·雍也》)他要求人们用道德规范约束自己的行为,要做到"非礼勿视,非礼勿听,非礼勿言,非礼勿动"(《论语·颜渊》)。他倡导"仁者爱人",强调人与人之间要有同情心,要互相关心,彼此尊重。总之,孔子较系统地阐述了礼及礼仪的本质与功能,把礼仪理论提高到了一个新的高度。

孟子(约公元前372—公元前289)是战国时期儒家的主要代表人物。在政治思想上,孟子把孔子的"仁学"思想加以发展,提出了"王道""仁政"学说和"民贵君轻"学说,主张"以德服人"。在道德修养方面,他主张"舍生而取义"(《孟子·告子上》),讲究"修身"和培养"浩然之气"等。

荀子(约公元前298—公元前238)是战国末期的大思想家。他主张"隆礼""重法",提倡礼法并重。他说:"礼者,贵贱有等,长幼有差,贫富轻重皆有称者也。"(《荀子·富国》)荀子指出:"礼之于正国家也,如权衡之于轻重也,如绳墨之于曲直也。故人无礼不生,事无礼不成,国家无礼不宁。"(《荀子·大略》)荀子还提出,不仅要有礼治,还要有法治,只有尊崇礼,且法制完备,国家才能安宁。荀子重视客观环境对人性的影响,倡导学而至善。

(五)礼仪的强化时期(公元前221—公元1796年)

公元前221年,秦王嬴政最终吞并六国,统一中国,建立起中国历史上第一个中央集权的封建王朝。秦始皇在全国推行"书同文""车同轨""行同伦"。秦朝制定的集权制度,成为后来延续两千余年封建体制的基础。

西汉初期,叔孙通协助汉高祖刘邦制定了朝礼之仪,突出发展了礼的仪式和礼节。西汉思想家董仲舒(公元前179—公元前104),则把封建专制制度的理论系统化,提出"唯天子受命于天,天下受命于天子"的"天人感应"之说(《汉书·董仲舒传》)。他把儒家礼仪具体概括为"三纲五常"。"三纲"即"君为臣纲,父为子纲,夫为妻纲","五常"即"仁、义、礼、智、信"。汉武帝刘彻采纳董仲舒"罢黜百家,独尊儒术"的建议,使儒家礼教成为定制。

汉代时,孔门后学编撰的《礼记》问世。《礼记》共计49篇,包罗万象。其中,有讲述古代风俗的《曲礼》(第1篇);有谈论古代饮食、居住进化概况的《礼运》(第9篇);有记录家庭礼仪的《内则》(第12篇);有记载服饰制度的《玉藻》(第13篇);有论述师生关系的《学记》(第18篇);还有教导人们道德修养的途径和方法,即"修身、齐家、治国、平天下"的《大学》(第42篇)等。总之,《礼记》堪称集上古礼仪之大成,上承奴隶社会、下启封建社会的礼仪汇集,是封建时代礼仪的主要源泉。

盛唐时期,《礼记》由"记"上升为"经",成为"礼经"三书之一(另外两本为《周礼》和《仪礼》)。

宋代时,出现了以儒家思想为基础,兼容道学、佛学思想的理学,程颢、程颐兄弟和朱熹为其主要代表。"二程"认为:"父子君臣,天下之定理,无所逃于天地间。"(《二程遗书》卷五)"礼即是理也。"(《二程遗书》卷二十五)朱熹则进一步指出:"仁莫大于父子,义莫大于君臣,是谓三纲之要,五常之本。人伦天理之至,无所逃于天地间。"

(《朱子文集·癸未垂拱奏札·二》)朱熹的论述使"二程"的"天理"说更加严密、精致。

家庭礼仪研究硕果累累，是宋代礼仪发展的另一个特点。在大量家庭礼仪著作中，以主撰《资治通鉴》而名垂青史的北宋史学家司马光(1019—1086)的《涑水家仪》和以《四书集注》名扬天下的南宋理学家朱熹(1130—1200)的《朱子家礼》最为著名。

明代时，交友之礼更加完善，而忠、孝、节、义等礼仪则日趋繁多。

(六)礼仪的衰落时期(1796—1911年)

满族入关后，逐渐接受了汉族的礼制，并且使其复杂化，导致一些礼仪显得虚浮、烦琐。例如，清代的品官相见礼，当品级低者向品级高者行拜礼时，动辄一跪三叩，重则三跪九叩(《大清会典》)。清代后期，清王朝政治腐败，民不聊生，古代礼仪盛极而衰。伴随着西学东渐，一些西方礼仪传入中国，北洋新军时期的陆军便采用西方军队的举手礼等，以代替不合时宜的打千礼等。

(七)现代礼仪时期(1912—1949年，民国时期)

1911年年末，清王朝土崩瓦解，当时远在美国的孙中山先生(1866—1925)火速回国，于1912年1月1日在南京就任中华民国临时大总统。孙中山先生和战友破旧立新，用民权代替君权，用自由、平等取代宗法等级制度；普及教育，废除祭孔读经；改易陋俗，剪辫子、禁缠足等，从而正式拉开了现代礼仪的帷幕。

民国期间，由西方传入中国的握手礼开始流行于上层社会，后逐渐普及于民间。

20世纪三四十年代，中国共产党领导的苏区、解放区，重视文化教育事业及移风易俗，进而谱写了现代礼仪的新篇章。

(八)当代礼仪时期(1949年至今)

1949年10月1日，中华人民共和国宣告成立，中国的礼仪建设从此进入了一个崭新的历史时期。新中国成立以来，礼仪的发展大致可分为以下三个阶段。

1. 礼仪革新阶段(1949—1966年)

1949—1966年是中国当代礼仪发展史上的革新阶段。此间，摒弃了昔日束缚人们的"神权天命""愚忠愚孝"以及严重束缚妇女的"三从四德"等封建礼教，确立了"同志式"的合作互助关系和男女平等的新型社会关系，而尊老爱幼、讲究信义、以诚待人、先人后己、礼尚往来等中国传统礼仪中的精华则得到了继承和发扬。

2. 礼仪扭曲阶段(1966—1976年)

中国于1966—1976年进行了"文化大革命"。"十年动乱"使国家遭受了难以弥补的严重损失，也给礼仪带来了一场"浩劫"。许多优良的传统礼仪，被当作"封资修"货色扫进垃圾堆。礼仪受到摧残，社会风气逆转。

3. 礼仪复兴阶段(1977年至今)

1978年党的十一届三中全会以来，改革开放的春风吹遍了祖国大地，中国的礼仪建设

第一章 绪论

进入了新的全面复兴时期。1981年2月25日，全国总工会、团中央、全国妇联、中国文联、中国爱卫会、全国伦理学会、中华全国美学学会等单位联合发出《关于开展文明礼貌活动的倡议》，号召全国人民特别是青少年开展"五讲四美"活动。"五讲"即讲文明、讲礼貌、讲卫生、讲秩序、讲道德；"四美"即语言美、心灵美、行为美、环境美。随后，"五讲四美"活动和"三热爱"(即热爱祖国、热爱社会主义、热爱党)活动相结合，在中华大地轰轰烈烈地开展起来。1983年3月11日，中共中央成立了以万里为主任的"五讲四美三热爱"委员会。之后，各省、市、自治区也都分别成立了"五讲四美三热爱"委员会。通过在全国范围内开展此项活动，许多中国人开始重新树立起正确的礼仪文化观念。

1996年10月10日，党的十四届六中全会通过了《中共中央关于加强社会主义精神文明建设若干重要问题的决议》，提出"在把物质文明建设搞得更好的同时，切实把精神文明建设提到更加突出的地位……使物质文明建设和精神文明建设相互促进、协调发展……吸收外国优秀文明成果，弘扬祖国传统文化精华……"以期"精神文明建设有一个大发展"。中央及省、市、自治区各级文明办相继成立，全社会积极行动起来，开办市民学校，学习礼仪知识，从推行文明礼貌用语到积极树立行业新风，从开展"18岁成人仪式教育活动"到制定市民文明公约，努力创建全国文明城市(区)、文明村镇、文明单位，中国礼仪文化进入一个新的发展时期。《公共关系报》《现代交际》等一批涉及礼仪文化的报刊应运而生，《中国应用礼仪大全》《称谓大辞典》《外国习俗与礼仪》等介绍和研究礼仪文化的图书、辞典、教材不断问世；《中国文明网》《西安文明网》《社交礼仪网》等五花八门的礼仪文化网站纷纷建立。广阔的中华大地上再度兴起礼仪文化热，具有优良文化传统的中华民族又掀起了精神文明建设的新高潮。

2001年9月20日，中共中央印发《公民道德建设实施纲要》，号召全国人民"继承中华民族几千年来形成的传统美德……促进整个民族素质的不断提高"。《公民道德建设实施纲要》是新时期对中华民族几千年来形成的优良传统道德的继承和弘扬，是中国礼仪文化的新发展、新标杆。它"大力倡导'爱国守法、明礼诚信、团结友善、勤俭自强、敬业奉献'的基本道德规范，努力提高公民道德素质；大力倡导以尊老爱幼、男女平等、夫妻和睦、勤俭持家、邻里团结为主要内容的家庭美德，鼓励人们在家庭里做一个好成员"，认为"开展必要的礼仪、礼节、礼貌活动，对规范人们的言行举止有着重要的作用。要提倡在重要场所和重大活动中升国旗、唱国歌，开展入队、入团、入党宣誓，成人仪式以及各种形式的重礼节、讲礼貌、告别不文明言行等活动，引导公民增强礼仪、礼节、礼貌意识，不断提高自身道德修养"。

随着《公民道德建设实施纲要》的贯彻和落实，"爱国守法、明礼诚信、团结友善、勤俭自强、敬业奉献"的20字基本道德规范日益深入人心，人们的思想感情得到熏陶，精神生活得到充实，道德境界得到升华，社会风气明显好转。

2005年10月8～11日在北京举行的中国共产党第十六届中央委员会第五次全体会议上，进一步提出了"按照构建民主法治、公平正义、诚信友爱、充满活力、安定有序、人与自然和谐相处的社会主义和谐社会的要求"，吹响了向礼仪文化进军的集结号。全国人民意气风发，齐心协力地构建和谐社会。

2006年3月4日，胡锦涛总书记在参加全国政协十届四次会议民盟、民进界委员联组

讨论时发表讲话,号召"全社会大力弘扬爱国主义、集体主义、社会主义思想……坚持以热爱祖国为荣、以危害祖国为耻,以服务人民为荣、以背离人民为耻,以崇尚科学为荣、以愚昧无知为耻,以辛勤劳动为荣、以好逸恶劳为耻,以团结互助为荣、以损人利己为耻,以诚实守信为荣、以见利忘义为耻,以遵纪守法为荣、以违法乱纪为耻,以艰苦奋斗为荣、以骄奢淫逸为耻"。

胡锦涛同志提出的以"八荣八耻"为主要内容的社会主义荣辱观,简要概括了新时期社会主义的道德规范,继承了中华民族的传统美德,体现了新形势下的时代要求与精神风貌,明确了当代人最基本的行为准则,是科学发展观的重要组成部分,是新形势下社会主义思想道德建设的行动指南。

2013年12月30日,中共中央政治局就提高国家文化软实力研究进行第十二次集体学习。中共中央总书记习近平在主持学习时强调,提高国家文化软实力,关系"两个一百年"奋斗目标和中华民族伟大复兴中国梦的实现。习近平指出,提高国家文化软实力,要努力展示中华文化独特魅力。在五千多年文明发展进程中,中华民族创造了博大精深的灿烂文化,要使中华民族最基本的文化基因与当代文化相适应、与现代社会相协调,以人们喜闻乐见、具有广泛参与性的方式推广开来,把跨越时空、超越国度、富有永恒魅力、具有当代价值的文化精神弘扬起来,把继承传统优秀文化又弘扬时代精神、立足本国又面向世界的当代中国文化创新成果传播出去。要系统梳理传统文化资源,让收藏在"禁宫"里的文物、陈列在广阔大地上的遗产、书写在古籍里的文字都活起来。要以理服人,以文服人,以德服人,提高对外文化交流水平,完善人文交流机制,创新人文交流方式,综合运用大众传播、群体传播、人际传播等多种方式展示中华文化魅力。

2014年2月24日,中共中央政治局就培育和弘扬社会主义核心价值观、弘扬中华传统美德进行第十三次集体学习。中共中央总书记习近平在主持学习时强调,把培育和弘扬社会主义核心价值观作为凝魂聚气、强基固本的基础工程,继承和发扬中华优秀传统文化和传统美德,广泛开展社会主义核心价值观宣传教育,积极引导人们讲道德、尊道德、守道德,追求高尚的道德理想,不断夯实中国特色社会主义的思想道德基础。

习近平指出,要按照社会主义核心价值观的基本要求,健全各行各业规章制度,完善市民公约、乡规民约、学生守则等行为准则,使社会主义核心价值观成为人们日常工作生活的基本遵循。要建立和规范一些礼仪制度,组织开展形式多样的纪念庆典活动,传播主流价值,增强人们的认同感和归属感。要把社会主义核心价值观的要求融入各种精神文明创建活动之中,吸引群众广泛参与,推动人们在为家庭谋幸福、为他人送温暖、为社会做贡献的过程中提高精神境界、培育文明风尚。

2014年9月24日,国家主席习近平在人民大会堂出席纪念孔子诞辰2565周年国际学术研讨会暨国际儒学联合会第五届会员大会开幕会并发表重要讲话。他强调,不忘历史才能开辟未来,善于继承才能善于创新。只有坚持从历史走向未来,从延续民族文化血脉中开拓前进,我们才能做好今天的事业。推进人类各种文明交流交融、互学互鉴,是让世界变得更加美丽、各国人民生活得更加美好的必由之路。

习近平强调,中国优秀传统思想文化体现着中华民族世世代代在生产生活中形成和传承的世界观、人生观、价值观、审美观等,其中最核心的内容已经成为中华民族最基本的文化基因,是中华民族和中国人民在修齐治平、尊时守位、知常达变、开物成务、建功立业过程中逐渐形成的有别于其他民族的独特标识。中国人民的理想和奋斗，中国人民的价值观和精神世界，是始终深深植根于中国优秀传统文化沃土之中的，同时又是随着历史和时代前进而不断与日俱新、与时俱进的。

习近平指出，在 21 世纪的今天，几千年来人类积累的一切理性知识和实践知识依然是人类创造性前进的重要基础。只有不断发掘和利用人类创造的一切优秀思想文化和丰富知识，我们才能更好地认识世界、认识社会、认识自己，才能更好地开创人类社会的未来。

习近平的多次重要讲话，深刻论述了包括中国优秀礼仪文化在内的中国优秀传统文化的价值、作用、影响等，为传承、弘扬、发展中国优秀传统文化指明了方向。

二、西方礼仪研究成果举要

爱琴海地区和希腊是亚欧大陆西方古典文明的发源地。约公元前 6000 年起，爱琴海诸岛居民开始从事农业生产。此后，相继产生了克里特文化和迈锡尼文化。公元前 11 世纪，古希腊进入因《荷马史诗》而得名的"荷马时代"。

《荷马史诗》包括《伊利亚特》和《奥德赛》两部分。这部著名的叙事诗主要描写特洛伊战役和希腊英雄奥德赛的故事，其中也有关于礼仪的论述，如讲礼貌、守信用的人才受人尊重。

古希腊哲学家对礼仪有许多精彩的论述。例如，毕达哥拉斯(公元前 580—公元前 500)率先提出了"美德即是一种和谐与秩序"的观点。苏格拉底(公元前 469—公元前 399)认为，哲学的任务不在于谈天说地，而在于认识人的内心世界，培植人的道德观念。他不仅教导人们要以礼待人，而且在生活中要身体力行，为人师表。柏拉图(公元前 427—公元前 347)则强调教育的重要性，他指出理想的四大道德目标为：智慧、勇敢、节制、公正。亚里士多德(公元前 384—公元前 322)指出，德行就是公正。他说："人类由于志趣善良而有所成就，成为最优良的动物，如果不讲礼法、违背正义，就会堕落为最恶劣的动物。"(亚里士多德《政治学》)

公元 1 世纪末至公元 5 世纪，是罗马帝国统治西欧时期。此间，教育理论家昆体良(约公元 35—95)撰写了《雄辩术原理》一书。书中论及罗马帝国的教育情况，认为一个人的道德、礼仪教育应从幼儿期开始。诗人奥维德(公元前 43—公元 18)通过诗作《爱的艺术》，告诫青年朋友不要贪杯，用餐不可狼吞虎咽。

公元 476 年，西罗马帝国灭亡，欧洲开始了封建化过程，12—17 世纪是欧洲封建社会的鼎盛时期。中世纪欧洲形成的封建等级制，以土地关系为纽带，将封建主与附庸联系在一起。此间制定了严格而烦琐的贵族礼仪、宫廷礼仪等。例如，于 12 世纪完成的冰岛诗集《埃达》，就详尽地叙述了当时用餐的规矩：嘉宾贵客居上座，举杯祝酒有讲究等。

14—16 世纪，欧洲进入文艺复兴时期。该时期出版的涉及礼仪的名著有：意大利作家加斯梯良编著的《朝臣》，论述了从政的成功之道和礼仪规范及其重要性；尼德兰人文主义者伊拉斯谟(1466—1536)撰写的《礼貌》，着重论述了个人礼仪和进餐礼仪等，提醒人们讲究道德、清洁卫生和外表美。英国哲学家弗兰西斯·培根(1561—1626)指出："一个人若有好的仪容，那对他的名声大有裨益，并且正如女王伊莎伯拉所说，那就'好像一封永久的推荐书一样'。"(《培根论说文集·论礼节与仪容》)

17—18 世纪是欧洲资产阶级革命浪潮兴起的时代，尼德兰革命、英国革命和法国大革

命相继爆发。随着资本主义制度在欧洲的确立和发展，资本主义社会的礼仪逐渐取代封建社会的礼仪。资本主义社会奉行"一切人生而自由、平等"的原则，但由于社会各阶层在经济、政治、法律上的不平等，因此未能做到真正的自由、平等。不过，资本主义时代也编撰了大量礼仪著作。例如，捷克资产阶级教育家夸美纽斯(1592—1670)编撰了《青年行为手册》等；英国资产阶级教育思想家约翰·洛克(1632—1704)于1693年撰写了《教育漫话》。《教育漫话》系统、深入地论述了礼仪的地位、作用以及礼仪教育的意义和方法。德国学者缅南杰斯的礼仪专著《论接待权贵和女士的礼仪，兼论女士如何对男士保持雍容态度》，于1716年在汉堡问世。英国政治家切斯特菲尔德勋爵(1694—1773)在其名著《教子书》中指出："世界最低微、最贫穷的人都期待从一个绅士身上看到良好的教养，他们有此权利，因为他们在本性上是和你相等的，并不因为教育和财富的缘故而比你低劣。同他们说话时，要非常谦虚、温和，否则，他们会以为你骄傲而憎恨你。"

  西方现代学者编撰、出版了不少礼仪书籍，其中比较著名的有法国学者让·赛尔著的《西方礼节与习俗》、英国学者埃尔西·伯奇·唐纳德编的《现代西方礼仪》、德国作家卡尔·斯莫卡尔著的《请注意您的风度》、美国礼仪专家伊丽莎白·波斯特编的《西方礼仪集萃》以及美国教育家卡耐基编撰的《成功之路丛书》等。

三、中西礼仪的差异

  礼仪是人类文明的产物，是人们进行社会交往的行为规范与准则。不论在东方还是在西方，人们都以讲文明、懂礼貌为荣。但是，由于东西方自然环境、历史背景和文化传统观念有所不同，因此，中西礼仪存在着明显的差异。

(一)大相径庭的问候语

  中国人相遇时，大多习惯用这种方式和对方打招呼："你好，吃了吗？"或"你好，去哪儿？"对于相遇双方来说都清楚问候的内容，这只是熟人在路上相遇时说的一句客套话，没有其他意思。但西方人很少这样寒暄，清晨相见习惯互道"早安"，或者简单地招呼一声"Hi(嗨)"。倘若你用自己的习惯问候语"你好，吃了吗？"或"你好，去哪儿？"问候不太了解中国国情、风俗习惯的西方人，对方可能会纳闷儿："难道我没有足够的钱吃饭吗？"或误以为"你要请我吃饭？"至于"去哪儿？"本来是一句礼节性的问候语，可有的"老外"说不定会把你的好心善意误解为干涉其私事的不礼貌行为，"我去哪儿与你有何相干？你的鼻子怎么伸得这么长呢？"由此看来，中外人士互相了解彼此的风俗习惯很有必要。

(二)毁誉不一的"老"

  在我国，虽然有"夕阳无限好，只是近黄昏"的感叹，但是人们依然尊敬地称呼上了岁数的长者为"老先生""老师傅""老大爷""老奶奶"等，"老"象征着经验丰富。不过，假如我们满怀敬意地用"老"字称呼一些西方人，效果可能会适得其反。在美国，就曾发生过这样一件事：美国一所大学的中国留学生在欢迎校长的母亲光临时，尊称她为"老夫人"，结果"老夫人"欲拂袖而去。对她来说，"老"意味着"魅力丧失""风韵不存"。无独有偶，一群欧洲游客在北京附近登长城时，热情的导游想搀扶一位外国老人时，却遭到老人的"白眼"。"我不是'老先生'，我自己能行。"在西方，"老"意味着"精力不济，走下坡路"，"老"有时就是"不中用"的代名词。谁愿意被人瞧不起呢？而独立意识强、不愿意麻烦别人、不想拖累子女的西方老人，更是不言老、不服老，自然也不乐意被别人尊称为"老人"。故此，当我们与西方老年人打交道时，要充分理解和尊重他们的意愿。

(三)截然不同的宴请语

宴请是一种联络感情、增进友谊的方式，东西方人士都乐于此道。但是，同样是请客，中国和西方主人致辞的风格却截然不同。中国人请客人动筷子时，往往会客气地说："没什么菜，请随便用。"一些西方客人听了此话好生奇怪，明明是满满一桌子菜，主人怎么说没什么菜呢？西方客人之所以疑惑不解，皆因不熟悉中国人的习惯。中国人一向认为，"满招损，谦受益"，因此，视谦虚为美德的中国人说话时十分谨慎，甚至过分谦虚。相比之下，西方人请客时很少上许多菜，但振振有词："这是我的拿手好菜！"或者热情洋溢地说："这道菜，是我夫人特意为你做的。"在中国人看来，这些西方人似乎有点狂妄，不知天高地厚，但这恰恰表现出西方人的热情与直爽。这里顺便指出，不少中国人请客时，桌子上的食物若被客人一扫而光，主人的面子会很不好看，担心会被误认为是饭菜准备得不够丰盛；而西方女主人见此情景，定会感到欢欣鼓舞。她若瞧见盘子里还剩下不少菜，反而会垂头丧气，因为剩菜说明其烹调水平有待提高。

(四)泾渭分明的送礼礼仪

送礼是人际交往的一种重要形式，中外人士都讲究送礼。然而，中国人和西方人在礼品的选择及馈赠礼仪上却各有千秋。

在中国，虽然大家常说"千里送鹅毛，礼轻情义重"，但是在现实生活中，不少人苦于爱面子或迫不得已的原因，专拣价格高的东西买。有的人为买一件名贵的礼品，不惜破费甚至举债。中国人比较注重实惠，多数人重视的是礼品的价格，而对礼品的包装却不太在意。

西方人送礼比较讲究礼品的文化格调与艺术品位和包装。例如，送同事一本装帧精美的好书；或献给女主人一束美丽的鲜花；或带给朋友一瓶名酒或一件做工别致的工艺品等。在一般情况下，他们既不送过于贵重的礼品，也不送廉价的东西，但普遍重视礼品的包装。即便是极其普通的礼品，也会用彩纸包装，并用丝带包扎。

在接受礼品时，东方人和西方人的习惯做法更是泾渭分明。中国人收礼时，通常会客气地推辞一番。接过礼品后，一般不当面拆看送礼者的礼物。

西方人受礼时一般不推辞，而是先对送礼者表示谢意，接过礼品后总是当面拆看礼物，并对礼物赞扬一番。他们认为，赞扬礼物宛如赞扬送礼者。

第二节 礼仪的概念、特征和原则

一、礼仪的概念

礼仪是人类文明的产物，是人们进行社会交往的行为规范与准则，具体表现为礼貌、礼节、仪表、仪式等。

礼貌是指人们在交往过程中表示敬重、友好的行为规范，如尊老爱幼、热情待客等。

礼节是指人们在交际活动中待人接物的形式，如拜会、回访、挥手致意等。

仪表是指人的外表，如容貌、服饰、表情、姿态等。

仪式是指在一定场合举行的具有专门程序的活动，如开业典礼、迎送仪式等。

二、礼仪的特征

礼仪具有以下三个主要特征。

(一)共同性

礼仪的产生往往与民族的生活环境、文化背景和历史传统有着密切的关系，因此，世界上不同民族的礼仪有所不同。尽管如此，尊老爱幼、礼貌待客、礼尚往来、遵时守约等符合大多数人价值取向的基本礼仪，却是全人类、各民族所共同遵循的准则，这就是礼仪的共同性。

(二)继承性

礼仪是一种文化现象，在人类的社会交往中逐渐确立或约定俗成。礼仪一旦形成，通常会长期沿袭，经久不衰。特别是诸如尊老敬贤、父慈子孝、礼尚往来等一些反映民族传统美德的礼仪，一代接一代流传至今，并将被子孙后代所继承，不断发扬光大。

(三)发展性

礼仪是逐渐形成的，并随着时代的发展而变化。任何时代的礼仪，都体现着时代的要求。如从封建社会的"三从四德"到社会主义社会的男女平等，礼仪随着社会的进步而更新，以符合时代的要求。

三、礼仪的原则

礼仪的核心是"尊重"。礼仪主要起规范作用，规范则有标准和尺度；而礼仪水平的高低，则反映出个体或群体的修养和境界。礼仪原则大致可概括为以下四条。

(一)尊重原则

《礼记·典礼》开宗明义第一句就是"毋不敬"，点出了礼仪的核心。尊敬包含自尊和尊敬他人，以尊敬他人为主。自尊就是要保持自己的人格和尊严，要自强不息，注意修

养，只有这样才能赢得他人的尊重；而尊敬他人就是要以礼待人，尊重他人的人格。一般来说，尊重上级是一种礼貌，尊重同事是一种本分，尊重下级是一种美德，尊重客户是一种常识，尊重所有人是一种教养。在与人交往时，要使用礼貌语言，遵循行为规范。在社会交往中，只有人与人之间彼此尊重，才能保持和谐、愉快的关系。

(二)遵守原则

礼仪作为社会生活的准则，反映了人们的共同利益，社会上各民族、各党派、各阶层人士都应当共同维护、自觉遵守礼仪。每个人都应该尊老爱幼、遵时守约、遵守公共秩序……谁违背了礼仪规范，自然就会受到公众的批评和谴责。

(三)适度原则

礼仪是人类智慧的结晶。礼仪作为人际交往的规范，有一定的标准和分寸。犹如楚国文学家宋玉在《登徒子好色赋》中描写的美女："(其身材)增之一分则太长，减之一分则太短；(其肤色)著粉则太白，施朱则太赤。"应用礼仪也是如此，要把握分寸，适可而止。例如，在与人交往时，要彬彬有礼，不能低三下四，应做到不卑不亢、落落大方。

(四)自律原则

礼仪宛如一面镜子。对照礼仪这面"镜子"，可以发现自己的形象是英俊、美丽，还是丑陋、俗气的。因此，要知礼、守礼，自我约束，在社会生活中时时处处自觉遵守礼仪规范，努力树立良好形象，做一个受大家欢迎的人。

第三节 礼仪的种类及功能

一、礼仪的种类

现代礼仪大致可分为以下几种。

(1) 按性质分，礼仪可细分为个人礼仪、家庭礼仪、社交礼仪、公务礼仪、公关礼仪、商务礼仪、外事礼仪、旅游礼仪、求职礼仪、宗教礼仪等。

(2) 按场合分，礼仪可分为家庭礼仪、学校礼仪、办公室礼仪、公共场所礼仪、客房服务礼仪等。

(3) 按身份分，礼仪可具体分为教师礼仪、学生礼仪、营业员礼仪、司门员礼仪、主持人礼仪等。

(4) 按表现形式分，礼仪可分为交谈礼仪、待客礼仪、书信礼仪、电话礼仪、交换名片礼仪等。

二、礼仪的功能

礼仪是人类文明的结晶，其内容十分丰富，主要具有以下几种功能。

(一)礼仪的教育功能

礼仪是人类文化的结晶,是社会进步的标志。礼仪蕴含着丰富的文化内涵,体现着社会的要求与时代的精神。礼仪具有很强的教育功能,它潜移默化地熏陶着人们的心灵,使人们成为通情达理的模范公民。

(二)礼仪的美化功能

礼仪是人类生活经验的总结。礼仪的美化功能在于讲究和谐,重视内在美和外在美的一致。礼仪使美好的心灵与美丽的仪表、优雅的举止形成一个有机的整体,使人们注重塑造良好的形象,以充分展现各自的风采。

(三)礼仪的协调功能

礼仪是人们在生活中和社会交往活动中逐渐形成的行为规范与准则。礼仪指导人们如何立身处世、立身社会。礼仪可协调人与人之间的关系以及人与社会的关系,使人们友好相处,社会秩序井然有序。

(四)礼仪的沟通功能

礼仪是人们交际生活中的礼节和仪式。礼仪具有沟通功能,在人际交往中,往往热情的问候、友善的目光、亲切的微笑、文雅的谈吐、得体的举止等,是人们交流与沟通的基础,有利于扩大社会交往,促进事业成功。

(五)礼仪的维护功能

礼仪是营造温馨的灵丹、伸缩有度的准绳、和睦相处的法则、人际交往的规范。人们知礼、守礼,讲文明,讲礼貌,有助于家庭的和睦,有利于社会的稳定。

【礼仪故事】

善有善报

汉武帝喜欢微服私访,体察民情。有一次,汉武帝又去微服私访,晚上在一个叫恒谷的村子投宿。他感到十分疲惫,很想喝两杯酒解乏,于是就问开店的老翁:"请问,这里有酒吗?"

老翁不耐烦地回答:"没有酒,只有尿!你喝吗?"

老翁觉得汉武帝看起来像一个窃贼。于是召集村子里的年轻人,准备将汉武帝揍一顿。

而老翁的妻子却觉得汉武帝虽然身着布衣,但器宇轩昂,仪态举止与一般人不同,于是,劝老翁道:"这个客人不是寻常人,我们应该好好地招待他。以礼待之,视为上宾。"

老翁不听妻子的劝告,仍固执己见。老妇左思右想后,将老翁灌醉,用绳子捆起来,并打发村中的年轻人各自回家去了。

老妇杀鸡烹煮,用好酒招待汉武帝。

汉武帝回去后,专门召见了老妇,并赏赐黄金,封老翁为羽林郎。

(资料来源:陈苹.最新礼仪规范[M].北京:线装书局,2004.)

思 考 题

1. 礼仪是怎样形成的?
2. 中西礼仪有何差异?
3. 礼仪有哪些功能?

第二章 个人礼仪

中国是著名的礼仪之邦，中华民族具有重德贵义的优良传统。我们有责任继承和发扬中华民族优秀的思想文化传统，吸收全人类的一切优秀成果，创造新文明，使中华民族永远雄居世界先进民族之林。

作为中华民族的一员，要做一个合格的、优秀的成员，就要加强自身的道德修养和文化素养，从自己做起，从现在做起，为中华民族的振兴和腾飞而努力奋斗。

几乎每个人都渴望完美，追求完美。只有真正地做到心灵美、外表美和行为美，才能趋于完美。

第一节 德才兼备

高尚的道德情操和浓厚的文化素养是心灵美的基础，通过加强思想品德修养，提高文化艺术素养，可以美化自己的心灵。

一、思想品德修养

(一)思想修养

掌握正确的思想方法，是加强思想修养的有效途径。

1. 学会辩证地看问题

任何事物都存在正反两个方面的对立。在自然界中，存在着大与小、多与少、远与近；在人类社会中，存在着美与丑、善与恶、真与假……事物矛盾着的两个方面，是互相对立又互相依存的，是对立的统一的，而事物又在矛盾和斗争中有条件地转化。这就要求我们要认识事物的两个方面，分清主次，明辨是非，并学会辩证地看问题。

2. 学会历史地看问题

任何事物都有一个发展的过程。例如，现代礼仪是由原始社会礼仪、奴隶社会礼仪、封建社会礼仪等发展而来的；人类社会由低级阶段向高级阶段发展……只有弄清楚事情的来龙去脉，学会历史地看问题，才能明了事情的发展过程，从而做出正确的判断。

3. 学会全面地看问题

所谓"见仁见智"，是因为看问题的角度不同。"盲人摸象"，自然会受到局限；"不识庐山真面目，只缘身在此山中"。因此，只有站得高，才能看得远。学会全面地看问题，才能够识大体、顾大局，避免"见树不见林"或顾此失彼。

(二)品德修养

遵守道德规范,品行端正,是做人的基本准则。要通过修身养性,陶冶情操,做一个品德高尚的人。

1. 加强社会主义道德修养

加强社会主义道德修养,学会尊重他人,关心他人,热爱集体,热心公益,扶贫帮困,为社会多做好事,反对和抵制拜金主义、享乐主义和个人主义。认识到"国家兴亡,匹夫有责",努力做到"富贵不能淫,贫贱不能移,威武不能屈"。

2. 讲究社会公德和职业道德

在社会生活中讲文明,讲礼貌,遵纪守法,保护环境,爱护公物,助人为乐;在工作单位爱岗敬业,诚实守信,办事公道,服务群众,奉献社会,做一名有理想、有道德、遵纪守法的模范公民。

3. 陶冶情操,培育美德

伟大的中华民族养育了无数优秀儿女,他们高尚的情操和优良的品德,一直为世人所敬仰。例如,中国古代大诗人屈原的忧国忧民、嫉恶如仇;三国谋略大师诸葛亮的鞠躬尽瘁、死而后已;唐代著名谋士魏徵的忠心耿耿、刚直不阿;宋代爱国将领岳飞的精忠报国、气壮山河;明朝文天祥的大义凛然、视死如归;北宋范仲淹的"先天下之忧而忧,后天下之乐而乐";现代著名文学家鲁迅的"横眉冷对千夫指,俯首甘为孺子牛";周恩来的廉洁奉公、大公无私……他们的高风亮节感动了一代又一代人。时至今日,人们仍然敬仰和怀念他们。

二、语言文学修养

语言是人们交流思想、联络感情、传递信息的重要工具。要想把话说得清楚明白,就得加强语言修养,多学多练;而要把话说得生动有趣,富有感染力,还必须博览群书,提高文学水平。

(一)语言修养

在现实生活中,人们通常羡慕那些言谈风趣、出口成章的人。说实话,要想做到这一点甚至超过他们,并不是一件轻而易举的事。但是,只要有恒心,肯下功夫,多学习,勤练习,一定会有所提高。肚子里有货,才能口若悬河。

与人交流时,态度要诚恳、谦虚,谈话的内容要简明扼要,语言要准确、精练、通俗易懂。有的青年朋友在与人交流时啰唆了半天,别人也不清楚他到底想说什么,导致谈话索然无味,甚至不欢而散。因此,平时应注意加强语言修养,留意和收集书本上和生活中的一些佳句妙语,不断提高表达能力。

除了加强汉语语言修养外,若有可能,还应学习或掌握一门外语,这不仅便于对外交流,拓宽自己的视野,而且还可以及时掌握第一手外国原文资料,吸收优秀的外国文化知识。

(二)文学修养

加强文学修养，既有利于提高自己的文化素质，又有利于提高自己的欣赏水平。中国文学作品浩如烟海，阅读时，应选读其中一些有代表性的佳作。

例如，在古代诗歌方面，不妨浏览一下《诗经》和屈原(约公元前340—公元前278)的《离骚》，而重点阅读选收了诗仙李白(701—762)、诗圣杜甫(712—770)、大诗人白居易(772—846)、李贺(790—816)、杜牧(803—853)等名家诗歌代表作的《唐诗三百首》。在现代诗歌方面，可以选读郭沫若、柳亚子、郭小川、贺敬之、艾青、徐志摩、徐迟、臧克家、曾卓、李瑛、余光中、北岛、舒婷、顾诚、海子等优秀诗人的代表作，如郭沫若的《女神》、艾青的《大堰河——我的保姆》等。

在古代散文方面，可以重点选读唐宋八大家韩愈(768—824)、柳宗元(773—819)、欧阳修(1007—1072)、苏洵(1009—1066)、苏轼(1073—1101)、苏辙(1039—1112)、王安石(1021—1086)、曾巩(1019—1083)的散文名篇。在当代散文方面，可以选读当代四大名家杨朔、秦牧、魏巍、刘白羽的散文佳作。

在古代小说方面，不妨重点阅读中国四大名著：罗贯中(约1330—1400)的《三国演义》、施耐庵(约1296—1370)的《水浒传》、吴承恩(约1500—1541)的《西游记》、曹雪芹(约1715—1764)的《红楼梦》。在现代小说方面，可以选读鲁迅、矛盾、沈从文、巴金、老舍、张恨水、孙犁、金庸、柳青、赵树理、王蒙、浩然、张承志、贾平凹、刘心武、路遥、方方、池莉、刘醒龙、陈应松等小说家的佳作。

在外国文学方面，可以选读莎士比亚(1564—1616)、易卜生(1826—1906)、萧伯纳(1856—1950)的戏剧佳作，浏览薄伽丘(1313—1375)、雨果(1802—1885)、狄更斯(1812—1870)、巴尔扎克(1799—1850)、列夫·托尔斯泰(1828—1910)、莫泊桑(1850—1893)、高尔基(1868—1936)、海明威(1899—1961)、奥斯特洛夫斯基(1904—1936)、肖洛霍夫(1905—1984)、纳吉布·马哈福兹(1911—2006)的小说代表作，着重选读但丁(1265—1321)、歌德(1749—1832)、拜伦(1788—1824)、雪莱(1792—1870)、普希金(1799—1837)、惠特曼(1819—1892)、泰戈尔(1861—1941)、马雅可夫斯基(1893—1930)和聂鲁达(1904—1973)等著名诗人的诗歌精品。

三、音乐艺术修养

作为现代青年，如果条件许可，可以根据自己的爱好，利用业余时间，多学习或了解一些琴棋书画、音乐舞蹈或摄影等方面的知识，这样不仅可以陶冶情操，还可以为生活增添不少情趣。

(一)音乐修养

1. 音乐欣赏

音乐是通过有组织的乐音形成的艺术形象。欣赏音乐是一种审美活动。欣赏音乐时，首先需要了解作者和作品的时代背景，从而深刻领会作品的思想内容。此外，还要知晓旋律、节奏、节拍、音区、音色、和声等音乐语言要素，以便更好地享受音乐的艺术美。

2. 声乐曲欣赏

声乐曲是指人们用嗓子唱的歌曲、戏曲等。大多数青年都会唱歌，也知道声乐有独唱、齐唱、轮唱、合唱等多种形式。

中国是个戏曲大国，有 360 多个剧种。如果有条件和机会，最好能了解一些这方面的知识，学会演唱或者欣赏中国的国粹——京剧，并能大概了解昆曲、评剧、豫剧、黄梅戏等剧种的有关知识，以利于领会各剧种所表现的内容，获得美的艺术享受。

3. 学会一种乐器

如有可能，不妨学会演奏一种乐器，或吹口琴、笛子，或拉二胡、小提琴，或弹钢琴、电子琴等。空闲时，友人们聚在一起吹拉弹唱，既可以陶冶情操，丰富业余生活，还可以加深朋友之间的友谊。

(二)艺术修养

1. 书法欣赏

书法是一种线条艺术，是"无声的音乐、有情的图画"。书法不仅是汉字结构、意义的艺术性再现，而且往往表现出时代特点、情趣和意境，反映出书法家的思想、感情和风格。欣赏书法作品时，要根据书法艺术的审美特点，领会其中的情趣和韵味。

2. 中国画欣赏

中国画简称"国画"。国画分为人物、山水、花卉、鸟禽、走兽、鱼虫等画种，有工笔、写意、勾勒、水墨等技法形式。国画的特点是强调以形写神，形神兼备，追求"写意""传神"。

欣赏绘画作品时，要品赏绘画作品的气、韵、思、景、笔、墨。气是指心随笔运，韵者隐迹立形，思者凝想形物，景者搜妙创真，笔者随心所欲，墨者浓淡相宜。

3. 西洋画欣赏

中国把欧洲和美国等西方国家的绘画统称为"西洋画"。西洋画包括油画、水彩画、水粉画、素描等多种艺术形式。

古典西洋画追求真实性，采取明暗造型和色彩造型的方法。现代西洋画派林立，各画派的主张和艺术追求不尽相同，但都比较注重形式和创新。

现代青年人的志趣可以更广泛一些，例如，欣赏健美比赛、时装表演，学习雕塑、摄影、插花等。

第二节 仪表端庄

一个人在努力塑造心灵美的同时，也要注重外表美。因为，仅有美的心灵，但不注意外表美，经常蓬头垢面、衣冠不整，仍然是不够完美的。由此看来，外表美是完美的一个组成部分。

外表包括身材、相貌、服饰、神情等。身材高大魁梧是美，小巧玲珑也是美；浓眉大

眼是美,眉清目秀同样是美;穿笔挺的西装显得庄重,穿轻松的休闲服则显得潇洒随意;衣服虽然已旧,但干净、整洁同样是美;自然的微笑迷人,神色凝重照样动人。

一、表情

表情主要是指面部表达出来的感情。面部表情是眼睛、眉毛、嘴巴、鼻子、面部肌肉以及它们的综合运动所表现出来的心理活动和感情信息。面部的一个微妙表情,一块肌肉的细微变化,眨一下眼睛或皱一皱眉头,都在表达一个人的感情。

人的表情千变万化,多姿多彩。在不同的情况下有不同的表情。或表现出忧伤,或表现出仇恨,或表现出怜悯,或怒发冲冠,或喜形于色。

一般情况下,表情应自然,目光要温和,不要动不动就吹胡子、瞪眼睛,而应经常做到和颜悦色、面带微笑。男士要真诚,让人觉得可信;女士要和蔼,让人感到亲切。一般来说,大家都不喜欢一张冷冰冰的脸,而友好、谦虚的表情,永远富有吸引力,给人亲切之感。

二、服饰

俗话说:"人要衣装,佛要金装。""三分长相,七分打扮。"我们不仅要用科学文化知识充实自己的头脑,还要用雅致的衣服和精美的首饰打扮自己的外表。穿着,往往可以体现出一个人的文化修养,反映其审美情趣,同时也可以从一个侧面反映出他的经济实力和生活水平。

(一)穿着

穿着是一门艺术,既要讲究衣服的款式、色彩,又要注意出入的场合。穿着应当尽可能做到合体、合适、合意。

1. 合体

所谓合体是指穿着要和自己的身材、体形相协调,服装要不长不短、不肥不瘦。身材较高的人,上衣可适当加长,衣服颜色以深色为佳;身材较矮的人,上衣宜稍短一些,不宜穿大花图案或宽格条纹的服装;体形较胖的人,可选择小花纹、直条纹的衣料,最好是冷色,如蓝色、绿色、白色等相协调的颜色;体形偏瘦的人,不要穿过于柔软、过于薄的衣服,男士穿稍微宽松的裤子,女士穿百褶裙,会显得丰满一些。

2. 合适

所谓合适,即衣着要与时间、地点、目的相协调,也即西方人穿衣的"T、P、O"原则。T、P、O 分别是英文 time、place、object 三个词的缩写,意思是时间、地点、目的。一般来说,首先,衣着应与自己的年龄相协调。年轻人可以穿得活泼一些;中老年人着装则应高雅一些。其次,衣着要和季节相协调。夏季穿纱,冬季穿棉。最后,衣着要与场所相协调。上学、上班、参加庆典等,应衣着庄重;而平常居家,在宿舍里或外出旅游,则不妨穿得随意一些,以宽松、舒适为宜。

3. 合意

所谓合意，即穿着要合自己的心意。穿着要因人、因时、因地而异，既不要赶时髦，也不要当落伍者。穿着不要赶潮流，更不要盲目模仿别人，"东施效颦"，而应选穿款式适宜显示自己个性、气质的服装，穿出自己的风格，或端庄，或飘逸，或简洁，或高雅。

这里还应当指出："穿衣戴帽，各有所好。"服装的款式不要求千篇一律，料子也不一定非要十分讲究，但一定要干净、平整。若不讲究衣着的整洁，穿一身带有异味、皱皱巴巴的衣服，会给人留下邋遢、懒散的印象。因此，一定要讲究穿着艺术。

(二)首饰

首饰是服装的陪衬，具有点缀作用。人们通常佩戴的首饰有项链、耳环和戒指等。

1. 项链

一般来说，女士佩戴金项链和钻石项链，可显出高雅的气质。

2. 耳环

耳环受部分女士及极少数男士的青睐。选择和佩戴耳环应考虑自己的身材和脸型。例如，身材高大的女士适合戴大耳环，身材小巧的女士宜戴小耳环(或耳钉)；圆形脸庞的女士可选戴叶形、方角形耳环，方形脸庞的女士宜佩戴圆形耳环。

3. 戒指

戒指是男女老少皆宜的装饰品。但是，由于戒指戴在不同的手指上有着不同的含义，因此戒指不可乱戴，以免发生误会。一般来说，戒指戴在食指上，表示未婚或求婚；戴在中指上，表示正在热恋中；戴在无名指上，表示已订婚或结婚；戴在小指上，则表示自己是独身。大拇指上通常不戴戒指。

三、化妆

化妆是一门既有趣又精细的艺术。通过恰到好处的妆容，可以更加充分地展示自己容貌上的优点。

(一)化妆与场合

化妆要考虑时间和场所等因素。上班、郊游、去户外进行体育锻炼等，可化淡妆；而参加喜庆活动、文艺晚会、舞会等，则可酌情化浓妆。

化妆通常在家里或宿舍里进行，注意不要在公共场合、众目睽睽之下化妆或补妆。若确有必要化妆和补妆，可在洗手间进行。

(二)简易化妆方法

简易化妆的方法如下。
(1) 首先用湿毛巾将脸擦干净。
(2) 选择适合自己皮肤与肤色的粉底，先涂在额部、鼻、两颊、下巴等处，然后由上而下，抹匀脸部。

 (3) 涂眼影，修饰眼睑。

 (4) 画眼线。

 (5) 用眉笔描眉。

 (6) 双颊上略施胭脂，轻轻向四周抹匀。

 (7) 涂口红，拢上下唇，让唇膏均匀。

化妆应因人而异，以自身的客观条件为基础，适当进行美化。例如，嘴唇稍薄的女士，若想让双唇丰厚一些，可在唇线之外勾画唇线，然后涂上浅色或中等色调的口红；嘴唇太厚的女士，若想减弱嘴唇的厚度感，则可在唇线之内勾画新的唇线，然后涂上中等色调的口红。

第三节　举 止 优 雅

英国哲学家培根说过："在美的方面，相貌的美高于色泽的美，而秀雅合适的动作美又高于相貌美。"我们虽然并不完全赞同培根的观点，但对动作美即行为美的重要性的看法，与这位先哲却是一致的。

"言为心声，行为心表。"的确，美好的行为是美丽心灵的表现。我们追求真善美，希望做一个成功者，那么，就应当注意自己的言谈举止，使一言一行、一举一动都符合行为规范，展现出美丽的光彩。

一、站姿、坐姿、走姿、蹲姿

"站如松，坐如钟，卧如弓，行如风。"这 12 个字生动、形象地概括了正确的站姿、坐姿、卧姿和走姿，我们要想做到站有站相，坐有坐相，走有走相，就必须讲究站姿、坐姿和走姿。

(一)站姿

站姿，即站立的姿势。站立时，要抬头、挺胸、收腹，双目平视前方，身体立直，两肩舒展，双臂自然下垂，两手可交叉在腹前，也可以把右手放在左手上。在非正式社交场合，也可把手背在身后。

站立时，不要东倒西歪或躬腰驼背或挺肚后仰，不要耸肩或一肩高、一肩低。站着与人交谈时，不要把手插在口袋里或叉在腰间。

站姿可靠墙训练，后脑勺、双肩、臀部、小腿及脚后跟都紧贴着墙壁；也可两人一组，背靠背站立。

(二)坐姿

坐姿即坐着时的姿势。入座时，动作要轻盈、例和、缓、平稳、从容自如，不要慌张和用力。穿裙子的女士，落座时应用手把裙子稍稍向前拢一下，这样既能防止裙子打皱，又可表现出优雅的风度。

入座后,坐姿要端正,上身挺直,两腿并拢。与人交谈时,可以侧坐,但要注意上身与腿同时转向一侧。落座后,不要摇晃上身,也不要跷起"二郎腿",更不要抖动跷起的脚,切忌脚尖朝天。起座时,动作要轻松,不要猛地一下站起来。

(三)走姿

走姿,即行走的姿势。走姿往往可以显示出一个人的身体状况、精神面貌和性格。人走路的样子千姿百态。有的人步伐矫健、敏捷,显得精明强干;有的人步伐稳重、大方,显得沉着老练;有的人步伐轻盈、欢快,显得朝气蓬勃。这些走姿可给人留下良好的印象。而有的人走路时摇头晃脑,左右摇摆,给人以轻薄的印象;有的人走路时弯腰驼背,步履蹒跚,给人以老态龙钟的感觉;还有的人走路时盘着"八"字脚,晃着"鸭子"步,这些走姿均不雅观。

正确的走姿是:抬头、挺胸,两眼平视,步幅和步位合乎标准,讲究步韵。所谓步幅,是指行走时两脚之间的距离。步幅的一般标准是,前脚的脚跟与后脚脚尖的距离约等于自己的脚长。这里的脚长是指穿了鞋子的长度,而非赤脚。所谓步位,就是脚落地时的位置。一般来说,两只脚所踩的是以一条直线为标准的。步韵是指行走时的韵律。行走时,脚腕要富于弹性,肩膀应自然、轻松地摆动。平时走路不要太快,也不宜过于缓慢。一般男性每分钟走100步,女性每分钟走90步,显得有节奏和韵味。

走路时,应挺直腰板,自然地摆动双臂,前后摆动的幅度在45°左右,不要摇头晃肩和左右摆动双臂,也不要有意扭动臀部。此外,注意不要边走路边吃东西。多人行走时,不要勾肩搭背,也不要排成横队,以免影响他人行走。

训练走姿时,可以在地上画一条直线,双脚踩着直线走。反复练习,自然会有进步。

(四)蹲姿

蹲姿,即蹲下来的姿势。在乡下,有的农村干部习惯蹲在炕上或田间地头与村民聊天;有的人习惯端着饭碗,蹲在地上吃饭。有时候,东西掉在地上,人们会弯下腰来捡东西。未受过蹲姿训练的人捡东西时,臀部向后撅起,很不雅观。

下蹲时,可以左脚在前,右脚稍后,两腿靠紧向下蹲。左脚全脚着地,左腿小腿部基本垂直于地面,右脚脚跟提起,脚掌着地,形成左膝高右膝低的姿态,臀部朝下,主要用右腿支撑身体。

二、饮食起居

在日常生活中,饿了要吃饭,渴了要喝水,困了要睡觉。正常的人都会根据需要吃饭、睡觉,可是,并不是人人都知道和遵守饮食起居的规矩。因此,这里对此略作介绍。

(一)吃的规矩

1. 不要显出贪相

吃饭时,最忌讳显出贪吃的样子。例如,饭前眼睛直勾勾地盯着餐桌上的饭菜,进餐时狼吞虎咽等,这些都是不规范的行为。正确的做法是:入席落座后,在菜还没有上齐之

前,可与大家聊聊天;进餐时,应做到细嚼慢咽,这不仅有利于品味和消化,也符合餐桌上的礼仪要求。

2. 动作要文雅

进餐时,不要抢先夹菜或用力翻动菜肴,更不要用筷子将菜翻来翻去,这样既不卫生又令人倒胃口。一次夹菜不要太多,吃到不合自己胃口的菜时,切不可吐舌头或做怪相。需要注意的是,可用餐巾擦嘴和手,而不要用餐巾擦桌子等。

(二)喝的礼貌

刚端上桌的汤很烫,为了降温,有的人习惯用嘴去吹,这样做既不雅观,也不卫生。正确的做法是:将汤舀入自己的碗内,用勺轻轻地舀一舀,待降温后再喝。

喝汤时应用汤勺舀着喝,注意不要发出大的声响。当汤快喝完时,可用左手端碗,将碗向内倾斜,用右手持汤勺舀着喝,而不要用口对着碗边一饮而尽。

(三)住的文明

1. 尊重室友

宿舍是大家生活的主要场所,同学们住集体宿舍,在日常生活中应注意自己的言行,共同维护集体生活的秩序。在日常生活中,要自觉遵守作息时间,不要因为自己的活动而影响他人的学习和休息。同学之间要互相关心、互相尊重,彼此以礼相待,共同营造和谐、温馨的环境。

2. 照顾邻居

同学之间要互相关照。住在楼上的同学千万不要把楼下当作垃圾场,随意往楼下乱扔果皮、纸屑等。晾晒还在滴水的衣物时,应看看楼下是否晾晒了东西,以免不小心将水滴到楼下别人晾晒的物品上。如果在阳台上种了花草,浇花时应小心翼翼,避免浇湿楼下的东西。

(四)行的礼仪

1. 遵守交通规则

走路要走人行横道,不应三五成群勾肩搭背或排成一横排行走。应自觉遵守交通规则,提高安全意识,横穿马路时,要注意交通信号,等绿灯亮了,再从人行横道上穿过去。注意不要闯红灯,也不要翻越马路上的隔离栏。

2. 注意礼让

行人之间要互相礼让。道路狭窄时,年轻人要谦让老年人,男士要谦让女士,健康人应谦让残疾人。行走时若不小心或不慎踩了别人的脚或撞到别人身上,应向对方道声"对不起",对方则应回答一句"没关系"。

三、举止

在社会交往中,一举手一投足,一颦一笑,都表示出一种态度。举止是一种无声的语言,能从侧面反映出一个人的修养。在社交中常用的礼貌举止有点头、举手、起立、鼓掌等。

1. 点头

熟人或同事在路上相遇时,不要视而不见,态度冷淡,而要相互间点点头打个招呼,以示礼貌。点头打招呼也适用于较大的迎送场合,当迎送者较多或距离较远时,可以点头致意。

2. 举手

与对方距离较远或没有时间寒暄时,可以举手打招呼。举手虽然很简单,但向对方表达了一种敬意。

3. 起立

在正式场合,有长者、尊者到来或离去时,在场者应起立表示欢迎和送别,以示敬意。

4. 鼓掌

在一些场合,当重要人物出现,或演出圆满结束,或精彩的演讲结束时,人们应热情鼓掌,以表示欢迎、祝贺或赞赏。

在公共场合,注意不要随地吐痰,不要当着别人的面甩鼻涕、搔头发、掏耳屎、打哈欠、剔牙齿。咳嗽、打喷嚏时应捂住口鼻,面向一旁,尽量不要发出太大的声音。

吸烟有害健康,在公共场合最好不要吸烟,以免影响他人的健康。即使吸烟,也应将吸剩的烟头放进烟灰缸,而不要乱扔。举止得当,才能受人欢迎和尊敬;反之,则会令人侧目和讨厌。

总之,追求完美的人应做到衣冠整洁,穿着要和年龄、体形、职业、季节、场所等相协调;谈吐文雅,发音准确,语言优美;彬彬有礼,尊老爱幼,不卑不亢,礼貌周到,潇洒自如。男士要自然大方,举止得当,显示出"阳刚之美(壮美)";女士则应端庄、娴静,动作优雅,表现出"阴柔之美(秀美)"。

【礼仪故事】

畅销书与《神曲》

在学校里,不少学生喜欢阅读正在流行的畅销书,他们对畅销书的热情远胜过世界文学名著。

一天,某大学中文系正在上课,一名女生问上课的教授是否读过一本正在流行的畅销书,教授回答说没有读过。这名女生非常惊讶地对教授说:"这本书已经发行了快 3 个月了,您怎么还没有读过呢?这可是现在最热门、最畅销的书。"

教授听了这名女生的提问后，笑了笑，回答道："这位同学，你读过但丁的《神曲》吗？"

学生回答道："没有，没读过这本书。"

教授说："那你可要抓紧了，这本书已经问世好几百年了。"

教授的这句话，听起来好像简单，其实，却委婉地表达了几层含意。首先，一些富有社会价值、文学价值的文学经典作品值得阅读；其次，一些畅销书虽然流行一时，但经不起时间的考验；最后，大学生应该阅读品位较高的文学作品，以提高自己的文学修养水平和鉴赏能力。

在场的学生听了教授的这句话后，都颇有感悟。

(资料来源：陈萍. 最新礼仪规范[M]. 北京：线装书局，2004.)

思 考 题

1. 怎样提高思想水平？
2. 服饰穿着有哪些讲究？
3. 为什么要读外国名著？

第三章 家庭礼仪

家庭是人类社会生活的基本单位，是社会肌体的细胞。家庭由家庭成员构成，是建立在血缘和婚姻关系基础上的小型群体。

每个人都想拥有一个美满、幸福的家庭，每位家庭成员都希望家庭关系和谐、亲密。但是，怎样才能让家庭充满欢声笑语和温馨气氛呢？家庭生活的行为规范和准则——家庭礼仪，在这方面可以发挥重要的纽带作用和有效的调节作用。

家庭礼仪主要包括家庭成员礼仪和邻居礼仪等。为了处理好家庭关系，首先要通晓家庭成员礼仪，使彼此和睦相处。此外，还应熟悉邻居礼仪，和左邻右舍搞好关系。

第一节 家庭成员礼仪

家庭成员礼仪是家庭成员在家庭生活中处理相互关系的行为规范与准则。父母善待子女，晚辈孝敬长辈，父慈子孝，才能使家庭关系更加亲密。夫妻关系是家庭关系的核心，夫妻互敬互爱、互相关心，家庭生活自然会充满温馨。

一、父母与子女相处的礼仪

(一)言传身教

常言说："近朱者赤，近墨者黑。"父母的言行举止，往往对子女起着潜移默化的作用。孩子身上总是刻有父母影响的痕迹，他们对家长的一言一行、一举一动都看在眼里、记在心上，甚至加以模仿。父母热爱工作、办事公正、待人热情、容易接近、知识丰富、好学上进等，都可以通过工作、学习、家庭生活对孩子产生一定的影响。父母在孩子面前以身作则，为孩子树立一个可以信赖、可以效仿、可以直接感受到的好榜样非常重要。父母作为孩子的第一位老师，不仅要有做好父母的愿望，而且还应深入了解子女，尊重子女的独立人格、志向、兴趣和合理的选择。父母平时在家中要用正确的语言教育子女，以模范的行动影响子女。例如，不说违背社会生活准则和社会公德的话，遵纪守法，不做违背社会准则和社会公德的事。在生活中，夫妻要共同创造良好的家庭环境、互相关心、相互体谅，尤其不要当着孩子的面吵架。对于子女的同学或朋友来家中做客，应表示欢迎。在日常生活中，父母要说话算数，任何时候都不要对孩子撒谎。许诺孩子的事，要尽量兑现。在这个方面，古代教育家曾参为后人树立了很好的榜样。

曾参是中国古代大教育家孔子的学生，他非常重视子女的教育问题。"曾子杀猪"的故事一直流传至今，曾给无数家长以启迪。

一天，曾参的妻子准备出门去集市买东西。

"妈妈，妈妈，我也要去，我也要去！"一个两三岁的小男孩边哭边从屋里扑了过来。

> "好孩子，别去了，去集市要走很远的路，而且路也不好走。你乖乖地在家里玩，我回来后，让你爸爸杀猪给你吃，好不好？"曾参的妻子哄儿子说。
>
> "杀猪，杀我们家那头猪，真的吗？那我就有肉吃了，我喜欢吃肉，我不去了。"儿子终于改变了主意。
>
> 儿子高兴地把这件事告诉了父亲曾参，曾参立即请人来家捉猪，准备杀猪。
>
> 妻子从集市回来见丈夫正准备杀猪，赶忙阻止："你疯了吗？我只不过跟孩子说着玩儿的，你怎么当真呢？"
>
> "孩子是不能随意跟他说着玩的。"曾参严肃而认真地说："小孩子还没有做人处事的经验，只能跟我们做父母的学，听从父母的教诲。现在你欺骗他，将来他就会欺骗别人。况且，母亲欺骗了儿子，儿子就不信赖母亲了，今后你再教育他，他能听吗？"
>
> 曾参的妻子不好再说什么了，只好听由丈夫让人把猪杀了，兑现了对儿子的许诺。

(二)一视同仁

父母与子女之间应保持一种亲密无间的关系。俗话说："手心手背都是肉。"父母对子女应一视同仁，"一碗水端平"，对每个孩子都给予同样的爱。不要亲一个，疏一个，厚此薄彼，使孩子的心灵受到创伤。

(三)教育有方

创造良好的家庭环境，需要家长根据不同的情况对子女进行热情的鼓励和及时的批评教育。批评要讲究方式、方法，要循循善诱，启发引导，少训斥和唠叨，尽量不要当着外人的面批评孩子，否则会使孩子觉得在外人面前丢了脸，容易产生没脸见人、破罐子破摔的想法。父母平时应注意观察和表扬子女的优点，多鼓励孩子。对于孩子提出的问题，父母要尽量给予答复，让他们从小就树立自尊心和自信心。教育子女要善于抓住时机，采取正确有效的方法。在现实生活中，在子女不求上进或犯错误时，绝大多数父母都会采取一定的方式给予教育和帮助，听之任之的父母极少。问题在于，有些父母企图仅仅以"爱心"来感化孩子，结果"慈爱"过度，变成了溺爱，不但未使子女上进或改正缺点，反而使其更加不在乎；有些父母则对子女过于严厉，动辄训斥、责骂，甚至采用暴力解决的方式，这常使子女产生逆反心理，变本加厉地做坏事。由此看来，"棍棒底下出孝子"的古训已经过时，而循循善诱的教育方法，依然放射出理性的光芒。

在教育子女方面，中国古代著名的"孟母断杼"的故事，至今仍对后人有启发意义。

> 孟子到了该上学的年龄，因家贫，孟母反复考虑，决定借一台织布机，靠织布供儿子上学。
>
> 孟子高高兴兴地上学了。学校的一切是那么新鲜，开始时他学习劲头很高，可日复一日地读书、背书，使他渐渐感到枯燥无味了。有一天，尚未放学，他就偷偷地溜回了家。正在织布的母亲发现了，便问儿子："你这么早回家，该不是逃学吧？"孟子满不在乎地说："念书没意思，我不想念了。"孟母听了这番话，心里一阵颤抖，半晌说不出话来，一阵沉默。
>
> 突然，她拿起剪刀，把正在织的布"咔嚓"一声剪断了。这突如其来的举动，把孟子

第三章 家庭礼仪

惊呆了，他小声问："妈……妈妈，你，你怎么啦？"孟母长叹一声，缓缓地说："你看，这布是一根根丝织起来的，人的学问也是一点点积累起来的，你不好好读书，半途而废，就像我剪断了这织成的布一样，成了废品。你年纪这么小就不愿读书，长大了怎么能成才呢？"

孟母语重心长的话语和忧伤的表情深深地打动了孟子的心，他惭愧地说："妈妈，我错了，请原谅我，我今后一定要好好读书！"

从那以后，孟子就勤奋学习，为后来成为一代伟人打下了基础。

(四)作风民主

进入信息化社会后，行业竞争日趋激烈，人们的生活节奏越来越快。胸怀大志的青年人奋发上进，学文化，学技术，学外语，学管理等，学习相当紧张，工作比较繁忙。细心的家长不仅要关心子女的衣食住行，而且要格外重视他们的成长和进步。一般来说，朝气蓬勃的青年人更喜欢自由、宽松的生活、学习、工作环境。因此，作风民主、开明的父母要多理解子女，在家庭生活中尽量给孩子创造较宽松的氛围，当子女在生活、学习、工作中遇到困难时，父母可提供一些参考意见，少一点命令，多一些沟通。

二、子女与父母相处的礼仪

年轻人都希望自己有个良好的成长环境，向往和谐的家庭气氛。其实作为年轻人，学习和了解与父母相处的礼仪非常重要。因为，自己在家庭中的言行，对于营造温馨的家庭气氛有着极为重要的作用，只是还有一部分年轻人尚未意识到这一点。那么，我们究竟应该怎么做呢？

大家都清楚这样一个事实：自己的成长、进步都凝结了父母的心血和汗水，自己虽然很爱父母，但在日常生活中，往往不能忍受父母的唠叨、事事过问，不少人为此烦恼，有的人甚至采取相对抗的态度顶撞父母。这样一来，父母和子女之间就免不了发生口角和冷战。如果换另外一种态度来对待父母的这种关心，情况就会不一样。例如，先听父母说，而不急于表明自己的想法，或者以征求他们意见的方式阐述自己的想法，询问一下这样做是否合理？因为无论与父母有多大的分歧，有一个前提是不该违背的，那就是尊重父母。要虚心学习父母的优点，当父母有错误时，应委婉地批评、耐心地说服，做到了这一点，父母也会变得心平气和起来。

有的年轻人在生活中常与父母发生冷战；有的年轻人在外面比较活跃，回到家里却变得比较沉闷，不愿意主动与父母沟通，问一句才答一句，甚至对父母的关心也表示反感；有的年轻人常与父母发生争吵，这些都给家庭造成了不愉快的气氛。如果每个家庭成员每天都能抽出点时间互相进行一下交流，沟通一下各自的情况，也许要比你偶尔为家人送个小礼物更令他们高兴。因为他们不仅通过你的交谈了解到你的状况，而且还了解到一个重要信息：你依然爱他们，愿意向他们倾诉。

在家中孝敬长辈，可以从许多细微之处做起。例如，晨起之后，向长辈道声早安；外出或回到家后，和父母打声招呼；平时吃东西前，先问问父母吃不吃；父母身体不适时，更要多关心、多问候，尽可能地多陪伴他们。生活中多为父母分担家务，主动为父母分

忧，也是最好的尽孝方式。远离家乡的子女，可通过电话、邮件问候父母等。这些看起来似乎是微不足道而做起来又非常容易的区区小事，却可以给长辈带来莫大的精神安慰。

三、夫妻之间的礼仪

夫妻关系的好坏，是家庭生活幸福与否的关键。有些年轻人认为，两人结婚后，就是一家人了，没有什么可见外的。于是，有些夫妻彼此谈话很随便，开玩笑也没有了尺度，有时无意中伤害了对方，自己还毫无觉察，这样，时间长了就会影响夫妻感情。由此看来，夫妻在家庭生活中朝夕相处，若要保持爱情的甜蜜，就应当讲究夫妻相处的礼节。

众所周知，中国有一对夫妻一辈子相敬如宾，堪称夫妻的楷模，这对令人敬佩的夫妇就是周恩来与邓颖超。他们总结出了夫妻相处的宝贵经验——"八互"，即互敬、互爱、互学、互助、互让、互谅、互慰、互勉。这八条宝贵的经验，值得每一对夫妻学习和借鉴。

(一)互敬

互敬即相互尊重，相敬如宾。例如，在一次青年联合会上，女教师小吕准备上台参加歌唱比赛，她的丈夫大张悄悄叮嘱说："别紧张，你一定能成功。"小吕说："谢谢你的鼓励。"这段话听起来再平常不过了，但事后，大张的朋友小于提起这件事，竟说了一句："跟你媳妇还虚虚假假的，太酸了。"其实，夫妻虽是一家，相互间多说几句"谢谢""请帮帮忙"或鼓励之类的话，并不是多余的。这样做既能体现出尊重对方，又能加深彼此的感情。

(二)互爱

互爱即互相体贴，温情脉脉。俗话说，"知夫莫若妻"，"知妻莫若夫"。夫妻在一起生活，相互了解彼此的性格、爱好和生活习惯等，丈夫不要在婚后变得粗暴，妻子也不要在婚后变得俗气。夫妻虽然不再常有恋爱时花前月下的浪漫，但体贴对方的话要常讲，关心对方的话要常说，不要忘了感情的交流，一个眼神、一个手势、一声亲切地呼唤，无不包含着深情厚谊。

(三)互学

互学即互相学习，取长补短。夫妻各有长处，不论在事业上还是在日常生活中，要多看对方的长处，学习对方的优点，弥补自己的缺点，不断进步。

(四)互助

互助即互相支持，互相帮助。夫妻应共同承担家务，而丈夫不妨多干点力气活。夫妻在事业上更要互相帮助、互相支持，共同走向人生的辉煌。

> 印度诗圣泰戈尔(1861—1941)年轻时曾听从父命，与一位社会地位低下、长相平平、文化水平低的姑娘结了婚。这种差别并未给他的生活和创作带来不利影响，相反，她的高尚品德却成了诗人生活和创作不可缺少的一个组成部分。

婚后，在丈夫的热情关怀和严格要求下，妻子学习并掌握了孟加拉语，同时也学会了英语和梵语。她不仅用孟加拉语改写了梵语的简易读本《罗摩衍那》，还登台演出了泰戈尔的戏剧《国王和王后》。妻子的这些出色表现，在泰戈尔心中很快赢得了位置。

一次，泰戈尔身患重病，贤惠的妻子日夜守护在床头，亲自调理汤药，整整两个月不曾离开丈夫的病榻。她以真诚的爱情抚慰这颗被疾病折磨得支离破碎的心灵，使泰戈尔的身体终于康复。

泰戈尔希望以隆重而热情的方式接待客人和来访者，每当这个时候，一贯崇尚简朴的妻子便亲自动手操持、烹调，以其精湛的厨艺使客人满意，让丈夫高兴。她做的烙饼，堪称一绝。他们外出旅行时，她也悄悄带上必要的炊具，为丈夫做美味馅儿饼。

直到1902年去世为止，在整整20年的漫长岁月里，她把丈夫的理想和事业视为自己的最高追求，始终精心照料他的生活，为他分忧解难。

泰戈尔夫妇虽然在相貌、社会地位等诸方面存在着显著差别，但他俩互相靠拢、互相帮助，在事业上比翼双飞，因而家庭生活美满和谐。

(五)互让

互让即互相谦让。夫妻之间应提倡平等，遇事多商量，切莫唯我独尊。丈夫不要以"大男子主义者"自居，妻子也不要让丈夫得"妻管严"。你敬我一尺，我敬你一丈，彼此多给对方一些理解和空间，夫妻感情才会更加亲密、牢固。

(六)互谅

互谅即学会宽容，互相谅解。俗话说："金无足赤，人无完人。"何况"人有失手"。丈夫可能做事比较粗心，妻子要能够容忍；妻子或许比较啰唆，丈夫要予以谅解，彼此求同存异，互相靠拢。

(七)互慰

互慰即互相关照，彼此安慰。人生的道路曲折、漫长，不可能事事称心如意，一帆风顺。当一方在前进的道路上遇到挫折时，另一方不要讽刺、挖苦甚至奚落，而应当多安慰对方，一起分析受挫折的原因，总结经验教训，让失败变为成功之母。

(八)互勉

互勉即互相勉励，互相鼓舞。当一方取得成功时，另一方应表示热烈祝贺，并一起分享成功的欢乐，同时激励对方再接再厉，不断开拓前进。夫妻不论在顺境还是逆境，都要互相理解、互相信任、互相支持，携手并肩，一步步走向胜利的彼岸。

第二节　家 庭 应 酬

一、待客

礼貌待客是中华民族的传统美德。"有朋自远方来，不亦乐乎！"孔子的这句名言，

千百年来一直被好客的中国人所传诵。

邀请亲朋好友到家里做客,最好事先做些准备,诸如整理房间,备点水果、饮料等。客人应邀而至时,主人应起身迎接,或提前到门口等候。

把客人迎进屋后,应安排客人就座。给客人端茶时,应用双手,要一手抓住杯耳,一手托住杯底。夏天天气炎热,主人可为客人打开电扇或空调,也可递一把扇子,以消暑气。

主人与客人交谈时,态度要诚恳,要一心一意,不要三心二意,且频繁地进进出出,更不要总是看表或打哈欠,以免对方误解是在下逐客令。

当客人提出告辞时,主人可诚意挽留;或主随客便,等客人起身后自己再起身相送。送客时,请客人走在前面。快到门口时,主人应上前替客人把门打开,让客人先出门。如果送客人乘电梯,主人应等电梯关门后再离开。对于年长的客人或长辈,主人若住在楼上则应送到楼下,再握手道别,目送客人离去。

如果来客不是自己的客人,而是父母或兄妹的朋友等,也应该热情接待,不要因为不认识而态度冷淡。相反,要帮助家人招待好客人,先为客人倒茶水,然后再去做自己的事。善待自己和家人的朋友,不仅能使自己有广泛的交往,还会由此加强家人之间的情感交流;反之,则会使亲友疏远。好客并讲究待客礼仪的家庭,朋友会越来越多,亲戚也会越走越亲。

二、馈赠

王先生和李小姐不久前喜结良缘,可在大喜的日子里,他俩却有点犯愁,原来亲朋好友送来的贺礼中,多数是电饭煲。看着一大堆电饭煲,王先生和李小姐不知如何处理才好。由此看来,送礼也应当有所讲究。

(一)见机行事

送礼是人之常情,也是人际交往的一种重要形式,人们通过送礼表达心意。送礼要掌握好时机,逢年过节,亲友间你来我往,互赠礼品,以联络感情;同学、同事过生日或乔迁新居时,送去一份礼品,以示祝贺;接受别人帮助后,适时送一些礼物,以表达感激之情;探望生病住院的友人时,送上些水果、营养品或一束鲜花(需要注意的是,有的人对鲜花过敏)等,以示关心;应邀做客时,给主人带份礼物,以表敬意。此外,给即将出远门的老乡送点旅途用品,以及给生活困难的亲友必要的接济等。总之,送礼应见机行事,合乎情理,彼此觉得正常、自然和心安理得,而不要盲目地、无缘无故地送礼。否则,自己破费了不说,还会让受礼者感到突然和莫名其妙。

送礼贵在及时,要"雪中送炭",送在"节骨眼上",而不要"雨后送伞"。例如,在一位好友的生日过了几天后才想起应送一份贺礼,此时,时过境迁,再送贺礼缺乏底蕴与情趣,倒不如另择时机,再表心意。

(二)投其所好

送礼的对象多种多样，由于每个人的阅历、爱好不同，故而对物品的喜好也不尽相同。因此，若想通过送礼博得对方的"欢心"，就需要了解其爱好，要"投其所好"，选送给对方钟爱的物品。例如，给书法爱好者送一套文房四宝——纸、墨、笔、砚或一方名砚；给酷爱垂钓者送一副渔具或一根钓竿；给乒乓球爱好者送一件运动衣或一对乒乓球拍；给喜欢"吞云吐雾"的烟民送一条好烟或一个精制的打火机。

送礼应讲究针对性，因人而异。例如，给腿脚不灵便的老人送一根雕刻精美的手杖；给天真活泼的儿童送一盒智力玩具或学习用品；给恋人送一枚雅致的叶脉书签；给丈夫送一条漂亮的领带；给妻子送一条美丽的围巾等。给家境宽裕者送礼，宜讲究礼品的艺术性，如送一只景泰蓝或一幅国画；而给经济拮据者送礼，则应注重礼品的实用性，如送食物、衣料等实惠的东西。

常言道："千里送鹅毛，礼轻情义重。"送礼贵在情真意切。价格昂贵的物品不一定就是最合适、最令人满意的礼品。何况，送礼者往往受自身经济条件的限制，切不可"打肿脸充胖子"。送礼应量力而行，尽可能选择新颖、别致、稀奇的礼品，不落俗套，而不必一味追求贵重的礼品。此外，赠送的礼品应避免雷同。如前面提到的新婚贺礼——一大堆电饭锅，就不尽如人意。其实，送一个典雅的床罩或一套高级茶具或一张纯棉桌布做贺礼，也未尝不可。给准备结婚的朋友送礼，倘若与受礼人关系很好，不妨打听一下新房还缺什么，以便选购奉上，满足对方的需要。甚至可以邀他一起去商场购买中意的物品，效果也许更佳。

(三)讲究礼仪

送礼要选择恰当的时机，准备合适的礼品。此外，还应讲究送礼礼仪。

选购好礼物后，可请售货员帮忙包装好。礼品上若有价格标签，送人前应取下。若是自己制作的礼品，最好用专用的礼品纸包好，然后用彩带系成花结。经过精心包装的礼品看起来更加精美，也可显示出送礼人的深情厚谊。

送礼宜在私下进行。一般由送礼人当面送给受礼人，通常在刚见面时或临分手之前送上。送礼时要热情大方，礼貌地用双手或右手把礼品交给受礼人，同时要讲几句表达心意的话。

送礼时切忌摆出一副救世主的面孔，仿佛施舍于人，这样会令受礼者感到不快，进而产生抵触情绪；当然也不要畏畏缩缩或表现出无可奈何、不得已而为之的样子，更不要到处宣扬送礼事宜，使受礼者产生不快甚至精神上的压力。

作为受礼者，双手接过礼品时要表达谢意，而不要显得无动于衷，即使收到的礼品不称心，也不能表露在脸上。作为受礼者，应重视别人的情意，而不必太在乎礼物的价值和功能。

接受别人馈赠后，除了办丧事等特殊情况不宜立即还礼外，一般要尽快还礼，或待适当时机给予回赠，以加强交流，增进情谊。"礼尚往来"是中国人世代相传的传统美德，值得继承并发扬光大。

三、邻里关系

俗话说:"远亲不如近邻。"近年来,城乡居民的住房条件得到了较大改善,但住别墅的市民毕竟只是极少数,绝大多数城市家庭还是与楼上楼下、左邻右舍的居民为邻。

住在居民楼里,大家都希望处理好邻里关系,和睦相处。可仍有不少家庭事与愿违,或为噪音烦恼,或为楼上的住户乱扔东西而烦恼,或为孩子打架等产生纠纷,甚至反目。而凡是与邻居保持良好关系的家庭,大都比较讲究邻里礼仪。

邻里礼仪有许多讲究,最基本的有以下两点。

(一)彼此尊重

一栋楼或一个院子里住着各种各样的人,但不论从事什么工作、职位高低,每个人在人格上和法律面前都是平等的。因此,大家应彼此尊重,见面时互相问候,至少应点头致意。邻里之间同居一处,容易了解各家的生活习惯,但千万不要打听别人家的隐私,更不要东家长、西家短,或捕风捉影、搬弄是非,以免邻里之间产生矛盾和纠纷。

(二)互相关照

相邻住户之间为邻居,大家生活在一个共同的空间,应讲究社会公德,注意维护环境卫生,合理使用院内天井和楼道空间。公用电灯坏了,应立刻买新灯泡换上;楼梯脏了,应及时打扫干净。做事情和娱乐时,要为邻居着想。例如,不要在隔壁邻居午休时,往墙上敲敲打打;晚上听歌曲或唱卡拉OK时,不要把音响开得太大,以免影响邻居的生活和休息。

邻里之间要相互关照,有事互相帮忙,而不要以邻为壑,"老死不相往来"。看到邻居换液化气罐时,不妨搭把手帮忙抬上楼;当邻居家夫妻吵嘴、打架,闹得不可开交时,作为关系不错的邻居,不要袖手旁观,更不能火上浇油,而应当酌情劝架,积极做好调解工作。

俗话说:"邻里好,赛金宝。"讲究邻里礼仪,妥善处理好邻里关系,就能建立真诚的友谊。而友好的邻里关系,则能给生活增添不少乐趣,使小家庭、大家庭生活气氛更祥和、更温馨。

【礼仪故事】

苹果与鲜花

假期里,某同学和大家一起去上海旅行时,恰逢一位上海同学的爷爷生病住院,于是,他打算和同学一起去医院看望该同学的爷爷。他准备去超市买些苹果作为礼物,不料却遭到大家的反对。原来,在上海的方言里,"苹果"的发音和"病故"的发音非常相近,因此,上海人忌讳送苹果给病人。于是,他给同学的爷爷选购了一束发出淡淡香味的鲜花。同学的爷爷收到礼物后很高兴。

(资料来源:李荣建,宋和平. 社交礼仪[M]. 武汉:武汉大学出版社,2005.)

思 考 题

1. 怎样与父母相处?
2. 送礼的原则有哪些?
3. 怎样接待客人?

第四章 学 校 礼 仪

学校是培养和造就高素质人才的摇篮。教师肩负着培养人和教育人的神圣使命。学生在学校里不仅要学知识、学文化，而且还要学会合作和做人，获得德、智、体、美全面发展。

第一节 教 师 礼 仪

一、教师形象礼仪

教师形象礼仪包括教师仪容礼仪、教师仪表礼仪和教师教态礼仪。

(一)教师仪容礼仪

仪容，主要是指一个人的容貌，主要包括面部、头部、颈部、手部等直接裸露在外的部分。修饰得当的仪容，看上去精神焕发、神采飞扬，具有自信与敬人的双重功效。所以，每一位教师都应注意对自己仪容的修饰，给学生留下一个温文尔雅、亲切端庄的印象。

教师要勤洗脸，以去掉脸上的灰尘(粉笔灰)、污垢、汗渍及分泌物，不要忽视了脖颈、耳朵的卫生；胡须、鼻毛要及时修剪；口气要清新无异味；牙齿要注意清洁，不能挂着菜叶，或全是茶垢、烟垢；长了疱疹、疖子，要立即去看医生，不要乱挤、乱掐，弄得脸上伤痕累累。女教师上岗时，应化简约、清丽、素雅的淡妆，既不要不化妆，也不要化浓妆；男教师注意保洁即可。

教师的头发要整齐、干净，不能有异味或蓬松凌乱。在发型的选择上，要与自己的脸型、体形、性别、年龄相适应，做到雅致大方、统一协调。女教师的发型不要过于夸张，不要选用不自然的颜色染发，不要佩戴大型花哨的发饰；男教师的发型不要过短或过长。任何怪异新潮的发型都不适合教师这个职业。此外，爱掉头发和头屑的教师，每次出门前还应对自己的头发进行精心的检查和梳理，并将落发和头屑认真地清理干净。

教师的双手堪称自己的"第二张名片"，教师在办公室伏案工作、在课堂板书、在课余辅导学生时都需要用手，所以，不论饭前便后、板书完毕、外出回来以及接触各种东西后，都应及时洗手。指甲缝里要清洗干净，不要有残留物，不得蓄长指甲，不要使用醒目的指甲油，不得在他人面前修剪指甲。有"暴皮"的，要及时用指甲刀或剪子去除，不要留在手上，也不要用嘴撕咬。腋毛不应展示在他人尤其是异性面前，女教师在夏季穿无袖上衣时，应先去腋毛。

(二)教师仪表礼仪

仪表，主要是指人在不同社会活动中穿着的服饰，主要包括衣服、裤子、裙子等服装

第四章　学校礼仪

和帽子、鞋袜、皮带、手表、皮包及其他饰物。教师的仪表既起着重要的自身修饰作用，也可以对学生进行潜移默化的美感教育。所以，每位教师都应十分注意对自己仪表的修饰，给学生留下一个端正、严谨并富有亲和力的印象。

教师在服装的选择上，要以身体条件为依据，根据自己的高矮、胖瘦、肤色深浅来选择不同质地、颜色和样式的衣服，以求扬长避短，通过服装来起到一定的修饰作用。老教师着装要注意庄重、雅致、整洁，给学生德高望重、沉稳通达之感；青年教师着装则要鲜艳、活泼、随意一些，给学生朝气蓬勃、充满活力之感。服装的选择，应随课程性质、课程内容的不同而不同。文化课、体育课、艺术课教师的着装不同；语文老师讲低沉的《一月的哀思》和明快的《秋色赋》的着装不同。着装时还要考虑到教育对象的年龄、知识、能力、性格等因素，面对小学生时，服装要色泽鲜艳、明快；而面对较高年龄段的学生时，则要朴素、整洁、端庄。

教师的着装不能露出乳沟、肚脐、脊背、胸毛、腋毛、腿毛，女教师应不穿超短裙、吊带背心、短裤；男教师不穿短裤、背心。夏天天气再热，也不能让内衣、背心、文胸、内裤等若隐若现，甚至一目了然。衣服不要过紧，不能让内衣、内裤的轮廓"原形毕露"。一方面，教师不是时装模特，不能过分新奇古怪、招摇过市。另一方面，教师又不得不注意形象，卷袖子、敞扣子、颜色过乱、饰物乱配、衣服脏、破、皱，不烫不熨，油垢、牙膏遗迹"昭然若揭"，这种邋里邋遢、衣衫褴褛、不修边幅、杂乱无章的仪表，不仅不利于教师树立良好的个人形象，同时也会给学生带来负面影响。

教师可以适当佩戴饰物，以达到衬托仪表、体现个性、展示内在气质和高雅品位的作用。佩戴饰物时，要少而精，使风格、外形、颜色、质地与服装相配，还应考虑场合和季节，并与个人的体形、发型、脸型、肤色及年龄协调一致。此外，佩戴首饰时，要懂得寓意，遵守民间地域文化习俗，避免尴尬。女教师可根据恋爱及婚否来选戴戒指；耳环要么不戴，要么戴一对，不要戴单只或三只以上；不要在室内戴墨镜和帽子；有外事活动时，不要戴有十字架或猪、蛇等生肖挂件的项链；课堂上不提倡戴手镯。男教师皮带的颜色应与裤子同色或相近；皮夹中不宜塞满东西；笔应放入公文包内或上衣内侧的口袋中，不要插在西装外侧的口袋中；公文包不要选用发光发亮、印满广告或图案的款式，也不要将其塞得鼓鼓囊囊，甚至内物外露。

(三)教师教态礼仪

教态是教师在教学过程中通过姿容、情态、风度等方面表现出来的整体仪态。教态表现为教师的站立、走动、就座等体态语，目光、视角、微笑等表情语以及指点、示意、评价等手势语。教师的教态自然、亲切、大方，动作协调、声情并茂，能使课堂教学更加生动、形象。所以，每位教师都应十分注意对自己教态的训练，以给学生更强的感染力和亲和力。

1. 体态语

教师教学时，通常应保持站立姿势，要做到立直、挺胸、收腹，给人以端正、稳重、自然、亲切之感。教师应站在讲台中央，这样既利于自己随时参阅教案、提笔板书，又利于学生视力健康和身体卫生。学生思考或做练习时，应到学生座位行间巡视；擦黑板时要

稳,不能全身猛抖;讲课时,要面对学生,不要侧身甚至面对黑板站立;不要靠在讲台、黑板或课桌上;不要双手交叉抱在胸前;不要两脚分得太开,也不要交叉两腿而站。学生回答问题时,教师应身体微微前倾,不要把手插在口袋里,更不要背对学生,自己写板书。

教师在课堂上应适当走动。要做到抬头、挺胸、收腹;两臂自然摆动,前摆约35°,后摆约15°;步幅适度、频率适中、步态轻盈,重心落在前脚掌,两脚内侧落在同一条直线的边沿上,脚尖偏离中心线约10°。不论是一字步走姿,还是便步式走姿,都不要东张西望、面无表情、内外八字、身板不直、蹭着地走。更不要在课堂上走动过频,以免给学生造成视觉疲劳,分散其注意力。走动时,不要吃东西或吸烟。

有时教师可以坐下,入座时,动作要轻、稳。落座后,头要端正,上身应直立,手可放在双腿、桌子或椅子扶手上,双腿自然并拢或微微分开;坐椅子时不要超过其面积的2/3。不要两腿叉开过大,或直伸出去,甚至放在桌椅上。不要抖腿,用脚踩物,用脚尖指学生。不要用手摸脚,或用脚自脱鞋袜。不要双手抱脚,不要倒骑椅子,不要趴在讲桌上,不要跷起并晃动"二郎腿"。更不要在坐着时,转身写板书。

2. 表情语

教师和学生沟通时,要善于使用目光。上课时,教师不要瞪、眯、盯、斜视同学,不能长时间凝视某一位同学或某一个点,而应目光和蔼、前后左右扫视到教室里的每一位同学。要控制转动幅度与频率,眼睛注视学生的区域一般是学生眼睛到嘴巴的"三角区",标准注视时间是交谈时间的30%~60%。如果碰到学生回答问题错误,或课下交谈缄默无语时,不要总是盯着对方,以免引起尴尬。学生离开办公室时,应目送其离开。

教师要学会用微笑来表达关注、关爱、激励和宽容之情,让学生感受到自己在教师心目中的地位,感受到来自教师的关心、爱护和尊重,感受到教师的认同和鼓励,甚至感受到教师对自己不良行为的理解和宽容,引起自我反思和觉醒。

3. 手势语

教师授课时,为了澄清和描述事实、强调事实或增加感染力,可以用模拟状物的形象手势、表示抽象意念的象征手势、传递感情的情意手势和指示具体对象的指示手势等辅助语言进行表达。在使用手势时,要自然亲切、适时恰当、简洁准确,动作大小要适度。教师要根据教育的对象,适合教材、教学情境的要求,符合课堂人际关系的特点来选择手势。举手、扬手、翻手、合手等都要运用得当,不要词不达意、乱用手势。

教师授课时不要敲击讲桌、黑板,或做其他过分的动作。不要用手指指点学生,必要时应以手掌示意。动作要有一贯性,不要经常变化,以免使学生产生理解上的歧义。双手不要无规律地乱动,手势动作过多过大,都会起到负面影响。不要玩弄粉笔、衣扣,搓手或抠指甲。不要频繁地看表。女教师习惯性拢发和男教师喜欢将手插在裤兜里,这些也都不是好习惯。

二、教师言谈礼仪

教师承担着教书育人的重任,所开展的各项工作都离不开语言的表达,因此更应注重

第四章 学校礼仪

言谈礼仪。教师要具备良好的言谈技巧，不仅要善于根据具体的谈话情景，针对具体的谈话对象，说出合乎交际场合的语言，或让交际对象满意的语言，而且还要注意在语言表达时应遵守的礼仪、礼节，这样方能顺利地开展各项教育教学工作。

(一)教师与学生交谈礼仪

教师找学生谈话时，要先确定谈话的目的、内容、思路和方法，应提前通知学生，让对方有思想准备。要注意场合的选择，表扬、商讨或研究工作等方面的谈话可在办公室进行；批评或了解不宜公开的情况，则应选择较清静、不引人注意的地方。学生到来时，要真诚地称呼学生的名字，不要用昵称或绰号。要热情迎候，不能在屋里站着或在门口谈话。在座位和距离的安排上，不要高高在上，要让学生有平等的感觉。谈话时，要注意自己的仪表举止，做到服饰整洁、稳重端庄、落落大方。此外，教师说话还要灵活多变、因人而异、因事而异。

(二)教师与家长交谈礼仪

教师和家长交谈要目的明确、事先准备充分。教师可采用家庭访问、召开家长会、电话联系、邀请家长来学校谈心、组织"家长委员会"、开办"家长学校"等形式与家长联系。在交谈中，要树立家庭教育、学校教育、社会教育三者之间相互影响、密切配合的"大教育"观念，激发家长教育子女的积极性；树立素质教育的观念，激发家长教育子女要全面发展的责任心。要帮助家长掌握科学的教育方法，及时纠正那些"物质金钱刺激""打骂体罚"和"拔苗助长"的错误做法。要尊重家长的意见，不能说侮辱家长人格的话，不能做侮辱家长人格的事。要顾及一些家长不能容忍教师当众讽刺、指责甚至贬损自己子女的情绪，尊重家长的感情。

(三)教师与同事交谈礼仪

教师和同事交谈时要尊重同事、语言得体，不要词不达意。针对不同的对象，该说的则说，不该说的则不要说。交谈中不要自吹自擂，过分夸耀自己，或以己之长对他人之短。要善待同事、语言真诚，不能过于客套、过分地粉饰雕琢，给人以虚伪之感，不能文人相轻、心生嫉妒，对同事讥讽挖苦、尖酸刻薄，甚至进行人身攻击，更不能在背后飞短流长地评论、非议他人。不要当场纠正同事话语中的错误和时常修改、补充对方的意见。要尊重对方的观点，有争议时，言语要委婉，切不可强词夺理，以显示自己一贯正确。

(四)教师与领导交谈礼仪

教师和领导交谈时，要合适得体，一方面要体现尊重，另一方面也不要阿谀奉承、一味逢迎，只说恭维话。说话不仅要适可而止、避免较真，而且要符合下级的身份，不能讲一些越级的话，要使领导有一种得到尊重的感觉。在接受领导布置的任务时，语言要干脆利索，避免推诿，出现不情愿的口气。如有困难，应说明原因，举荐其他替代人选，委婉拒绝。若领导坚持，教师则应尽力去完成。在汇报工作时，要语气平缓、紧扣中心、一事一报，不要情绪过于激昂、离题万里、语气生硬或同时汇报几件重要的事情。在向领导提建议时，要注意语气，不要提过高或不切实际的要求。

三、教师教学礼仪

教师礼仪主要是以教学活动为载体来实现的。教师的素质和修养在教学活动中展露无遗,直接影响着教学效果。因此,在教学过程中,教师应时时处处讲究文明礼仪,自觉规范自己的言行举止,恰当地展示出内在美与外在美的统一、动态美与静态美的协调,以树立知书达理的谦谦君子形象。

(一)课前准备礼仪

课堂教学是整个教学工作的中心环节,为优化课堂教学效果,提高教学质量,教师必须在课前认真、充分地做好各项准备工作。

在课前准备阶段,教师要注意以下三个方面的礼仪要求。

1. 备课礼仪

备课是教师在一定的教学观念指导下,根据教学要求,为实现教学目标所做的准备工作,是组织好课堂教学的前提和基础。为了优化课堂教学,教师在备课过程中要符合教学礼仪和规范,体现出高尚的职业道德。

1) 钻研教材,态度认真严肃

深刻地理解教材、准确地把握教材、恰当地处理教材是上好课的前提,也是教师教学水平高低的重要标志。教师在备课时,应端正态度,认真严肃地钻研教材,依据教学大纲的规定和教学内容的要求,逐一列出知识点、重难点,以便在教学中有的放矢、逐一落实;把握各知识点的深度、难度和广度,注意突破重难点,归纳其方式方法,以利于授课时切中要害、化难为易。教师备课时需精心揣摩、反复推敲,这样才能真正理解和把握教材。

教师切忌把备课当任务,敷衍了事,照搬现成教学资料,投机取巧,或满足于已有经验的浅尝辄止。这些都不可能使教学达到应有的深度和广度。

2) 依据教学大纲和教材

教师备课必须以教学大纲和经批准使用的教材为依据,不能根据个人兴趣和爱好随意取舍,要体现出一门课程的完整性和科学性。

3) 求新求实,与时俱进

各种大众传播媒介迅速发展,使得学生能通过各种书刊、报纸、电视、电脑等媒体及自身的生活实践,不断地接受知识的刺激,学生的感性知识变得前所未有地丰富,这就要求课堂教学内容也应及时地反映新的知识信息。教师备课要善于利用学科的最新研究成果和教学资料。一要博览群书,拓宽视野。二要取其精华,灵活运用。应紧跟时代要求,与时俱进,通过对教案的编排、设计,选择最佳的教学方法,因势利导,因材施教,给学生解惑、点拨和指导,以达到最佳的学习效果。教师切忌一份备课笔记或教案多年不变,或者以教材和大脑中的知识储备代替备课笔记。

4) 以学生为本

教师应摆正自己的位置,以学生为中心,尊重学生,把爱心和耐心体现到备课中。教师备课既要对大纲"心中有数",也要"胸中有书",更要"目中有人"。现代教学理论

第四章　学校礼仪

强调学生是学习的主体，教师的"教"要落实到学生的"学"上。教师如何引导学生的思路？如何调动学生学习的积极性、主动性？师生之间选取什么样的交流方式？对于这些问题教师都必须周密思考，并体现在备课当中。教师备课要从重视教师"教"的构思转向对学生"学"的引导，这样才能让学生成为学习的主人，让更多的学生体会到学习的乐趣，融入活跃的学习生活中去。

5) 熟悉学生，关注差异

教师备课时既要研究教材的知识体系，更要熟悉学生的实际水平，应将学生与课本知识之间的差距作为教学设计的着眼点，以系统、整体、联系的观点把握学生已具备的知识水平和潜在的通过教育能够达到的知识水平。

教师在备课时不仅要分析班级的整体情况，还要熟悉不同层次水平的学生个体。教师在备课时要针对不同类型的学生和教学内容，选择不同的教学方法，不仅要保证水平高的学生能够"吃得饱"，更要保证水平低的学生"能消化"，使全体学生都能得到最大的发展。

6) 教学设计富有创造性

在备课时，教师应充分发挥智慧，创造性地设计教学。教师不应过分依赖教科书和教学参考书。教师在备课时要备"活"课，绝不能把教案当作唯一的"向导"，而要活用教材，凭自己的深刻领悟，备出新颖独特、有个性化特点的课。要跳出"教教材"的圈子，引导学生体验和领悟教材的精华，让教材成为学生积极发展的广阔天地，通过激活教材使教学达到一种新的境界。

7) 注重实效，提高课堂效率

教师备课不能搞形式主义，不能为了应付学校的考核，而只注重书写是否漂亮工整。教师应该把主要精力放在对教学目标和重难点的确定、教具的运用、教学过程的精心设计等方面。教师备课要注重实效，以提高课堂效率为目的。

2. 请教礼仪

教师在教学准备工作中如果遇到自己不能解决的问题时，经常会向其他教师或职工请教。在请教过程中，教师需要注意的礼仪规范有以下几个方面。

1) 语言文明、礼貌

一个人的语言反映了一个人的精神世界，教师在向他人请教时，应尽量使用礼貌用语：①"您好，打扰您一会儿"；②"我有一个问题向您请教"；③"请多指教"；④"这方面的问题还请您多指导、多帮助"；⑤"谢谢您的建议"；⑥"麻烦您了"；⑦"以后还要向您多学习"。

2) 态度诚恳、谦虚

在向其他教师请教问题时，态度要诚恳、谦虚，说话要真诚、坦然。"能者为师"，自己不知道或不清楚的问题就应虚心地向别人请教。要注意所提问题应简洁、明了，语气谦恭、和善，语速均匀适当，语言表达委婉得体、有艺术性。

3) 认真、耐心倾听

倾听时要保持良好坐姿，面带微笑，态度认真。不要目光游离、漫不经心，而应通过点头、微笑、提问等方式积极响应。不要随便打断对方的话，有疑问或不同意见时，应等对方说完后再诚恳商讨。必要时，应选用做笔记的方式记录重要内容，同时表示对对方谈

话的重视。

3. 调课、停课礼仪

教师如有特殊情况，不能按课程表上课，要按照学校调课、停课的规定来办理，遵守相关的程序和规范，体现教师应有的礼仪素质。

(1) 时间上提前、程序上按规定。课程需要调整的教师，应在规定的时间之前提出书面申请，并按照校方规定的程序办理具体手续，不能私自到教务部门要求调整课程，更不能私自变更上课时间、地点、任课教师，否则均属教学事故。

(2) 尽量不要调课、停课或少调课、停课。课程表是学校教务部门的指令性安排，不能随便调动。教师应根据课程表合理安排其他事情，不能因为其他事情而影响教学。

(3) 尊重学生。教师在填写调课、停课申请表前，应征求教学班学生的意见，临时调课的教师应负责向学生说明原因，做好解释及善后事宜的处理。

(4) 教师要确认教学班学生得到调课、停课的通知。

(5) 课程调动批准后，教师应按照调好的新时间到指定地点上课。

(二) 课堂教学礼仪

课堂教学礼仪是指教师在课堂教学活动中的仪表、仪态等所展示的精神文明风貌。教师的行为会潜移默化地影响学生，甚至影响其终生。因此，教师在课堂上应讲究礼节、风度，时时谨慎、处处垂范，以自身良好的礼仪风范为学生树立榜样。

1. 课堂问候礼仪

师生相互问候是课堂教学的起始阶段，也是教师课堂礼仪必经的第一道程序。为此，教师应做到以下几点。

(1) 坚持预备铃响后 1 分钟内到位。教师到达教室门口时，要面向学生侧身站立，检查班级学生课前准备情况，创造良好的教学氛围。

(2) 上课铃响后，教师进入教室走上讲台，学生要全体起立并向教师行注目礼，教师应环顾全体学生，然后学生向教师问好，教师向学生行鞠躬礼致谢，等教师还礼后学生再坐下。

(3) 下课铃响后，教师应结束讲课，待全体学生起立站好后，师生互道"再见"。如果有本校或校外人员听课，教师应示意学生请听课人员先行，必要时鼓掌欢送。

2. 课堂语言礼仪

课堂语言是教师教学的特定语言，是师生实现沟通、交流的主要载体。教师要自觉培养文明修养，注重自己的礼貌谈吐，遵守语言的规范性，掌握语言的使用方法，讲究语言的艺术性，准确表达授课内容，唤起学生的求知欲，从而充分发挥语言的作用。

1) 课堂语言的礼仪规范

(1) 语言文明健康。教师是学生的榜样和楷模，教师可以通过课堂语言来塑造学生光明磊落的人格魅力，培养学生坚强的意志品质和高尚的道德情操。因此，课堂语言必须注意积极向上、文明健康，符合语言美的要求。课堂上不应讲述低级趣味、庸俗无聊的话语，列举荒诞无稽、迷信古怪的事例。

(2) 使用普通话，讲求语言规范。标准的普通话是教师的职业语言。在实际教学中，如果教师能用一口纯正、流利的普通话文雅规范地授课，无疑会对学生的学习产生良好的效果。此外，教师语言规范还表现在遣词造句方面要符合普通话的规范和现代汉语的习惯。

(3) 语言准确，讲求科学性。教师在课堂上要准确地使用概念，科学地做出判断，合乎逻辑地进行推理，从而准确无误地讲解知识，透彻精辟地说明道理。各科教学都有其严密的科学性和系统性，教师上课必须使用准确、严密的语言。

(4) 语言简洁，条理清晰。教师在课堂上的语言要做到简洁、精练、条理清晰、表达准确，避免冗长、任意延伸。用简洁的语言传达丰富的信息，节省时间以增加课时应有的容量。中心明确、有的放矢、有层次，这样才能更好地讲清重点，突破难点。

(5) 语音自然清晰，语调抑扬顿挫。教师的课堂语言应注意语音柔和动听、亲切自然，吐字清晰，发音纯正饱满。音量要适中，以教室后排的学生能听清所讲内容为准。同时，在讲课过程中，教师的语调应抑扬顿挫、变化有致，避免始终一个音调，使学生昏昏欲睡。

(6) 语言生动形象，具有艺术美。好的语言表达往往含蓄深刻、生动活泼，具有启发性和幽默感，使人能从中得到高雅的享受。教师的课堂语言不仅应讲究分寸、锤词炼句、蕴含深远，还要生动活泼、风趣幽默、通俗易懂。集思想、学术、智慧及灵感于语言表达之中，在营造良好的教学氛围的同时，用哲理启迪学生，这才是教师语言的最高境界。

2) 课堂语言的禁忌

(1) 忌"一言堂"。对话是交流的基础，有对话才能有交流，有交流才能产生情感。课堂是师生双边活动的场所，不是教师独领风骚的舞台。教师在课堂上要根据授课内容启发学生理出学习思路，独立思考；摸索学习方法，自主学习；排除思想顾虑与同学讨论交流等。教师在认真倾听学生的发言后，要及时评价，触动学生学习的动机，使他们能围绕学习内容，更加积极主动地学习和交流。

(2) 忌污言秽语。课堂上，无论何时何事，教师都不能使用脏话、粗话或黑话，这些不文明的语言都有失教师身份，并会给学生带来恶劣的影响。

(3) 忌挖苦谩骂。教师应语言亲切，不讽刺、挖苦、谩骂学生，不伤害学生的自尊心和自信心。

(4) 忌带口头禅。口头禅是一种语病，傲语口头禅，如"你懂什么"等常会给人自以为是、盛气凌人的感觉；而废话口头禅，如"怎么说呢""对不对"等的反复出现，会使句子拖沓、紊乱、令人厌烦。不论是哪一种口头禅，教师都应尽量改正，以免影响学生。

(5) 忌话题庸俗。诙谐幽默的课堂语言绝不是戏剧丑角的插科打诨，或胡说些与教学无关的笑料。注意语言要"通俗"而不是"庸俗"。

(6) 忌心态灰暗。学生是蓬勃向上的，教师不要在课堂上随心所欲地宣泄自己的不满情绪，任意攻击他人、学校甚至是社会。

3. 课堂提问礼仪

课堂提问是教师根据教学目标联系教学重点，向学生提出问题，并引导学生经过思考对所提出的问题得出结论，提出自己的看法，从而获得知识、发展智力的教学方法。课堂

提问的成功与否是课堂教学成败的关键。因此，在课堂教学中，教师掌握必要的课堂提问礼仪规范对提高教学质量具有重要意义。

1) 提问的目标要明确

问题的设计必须紧扣本节课的教学目标，围绕教学内容的重难点和学生原有的认知结构。问题应精挑细选，使之切中学生的疑惑之处，并设置悬念，启发学生思维。提问时，要克服随意性，不应偏离教学目标，不应又怪又偏，更不应为了提问而提问。

2) 提问的难度要适宜

教师设计课堂提问应能激发学生的积极思维。既不能提过深、过难，让学生觉得高不可攀的问题，也不能提过浅、过易，让学生觉得唾手可得的问题。让学生"跳一跳，够得着"的问题，才能向学生的智力和创造力提出挑战。

3) 提问的机会要均等

教师提问的机会要平均分配给全班学生，不要只向少数课堂表现积极的学生发问。对于不同的对象，提出的问题也可有所差别。对优秀生多提一些较难和相对需要快速反应的问题；对中等生多提一些适中、利于其提高自觉参与意识的问题；对较差的学生，教师可降低问题难度，在其回答后，另请成绩好的学生补充，最后自己点评。

4) 提问的时机要恰当

在一个完整的教学单位时间内，只有少数几个瞬间时刻是提问的最佳时间，教师必须善于抓住这些最佳时刻。在上课初期，应多提一些回忆性的问题；在学生思维高度活跃期，应多提一些说明性、分析性和评价性的问题；在学生思维转入低潮期时，应多提一些强调性、巩固性和非教学性的问题。此外，提问后要给学生留有充分的时间思考，不要即问即答。

5) 提问的对象要随机

提问时不宜按学号、座位号等顺序依次发问，所提问题表述清楚后，就不要再重复，否则学生能轻易推测出下面该轮到谁来回答，或等到被点起来之后再去重听问题、进行思考，而不注意听讲了。

6) 对提问的评价要中肯

教师应以表扬为主，即使批评也要体现爱心，不要伤害学生的自尊心。应允许学生有不同的见解，鼓励学生的个性化理解，不要用统一的标准去划定学生的答案。当遇到差生确实不会回答问题时，可复述问题或改变提问角度来加以引导，也可先请他坐下，听别人回答后再复述一遍。这样将利于转变差生，从而大面积提高教学质量。

7) 提问的态度要积极

教师提问时的面部表情、身体姿势和体态以及师生间的空间距离，这些因素都能支持、修饰和替代言语行为所难以表达的感情。因为教师本身在动机、兴趣、态度、情绪等方面会影响学生的思维发展，所以教师应用积极、愉悦的态度，传递鼓励、信任的感情，绝不能表现出不耐烦甚至是责难的态度。

4. 课堂板书礼仪

板书是课堂教学中的一个重要组成部分。好的板书不仅能加强理论教学的直观性，而且能更加突出教学重点，显示出某种条理、提纲挈领，起到画龙点睛的作用。因此，教师

要认真设计好每节课的板书,重视板书的礼仪规范。

1) 板书的礼仪规范

(1) 板书文字应简明扼要。要注意重难点,分清主次,抓住关键性环节。预先明确板书的内容,文字要反复推敲、筛选,力求简单,尽量做到在黑板上"写下的是真理"。

(2) 板书字迹要端庄秀丽、大小适度,不写错别字、潦草字和不规范的简化字。

(3) 板书线条、符号要运用得体。常用虚、实线来表示"连接"的意思。有时虚线表示"暗线",实线则表示"明线";有时虚线表示"远距离",实线则表示"近距离"。折线表示升降、曲折,箭头指示方向,三角符号表示重点提示。除此之外,还有括号、标点符号等。

(4) 板书布局、组合要合理。在布局上,主板书居中,辅板书置两侧。组合上,对比式适于比较揭示异同,回环式适于直观显示联系,开合式适于表现结构,阶梯式适于体现空间位移等。

(5) 板书色彩要搭配适宜。恰当地运用色彩既能突出重点,又能起到"点缀"作用。板书中用色要少而精,切忌五彩斑斓。

(6) 板书图示应具有形象性和启发性。图示较直观,可降低教学难度,板书时一定要几笔成形、简洁明了。

(7) 板书与其他教学方法要达到有机地统一。讲、写要同步,分层板书时,要适时插入演示、分析、设问等灵活多变的其他方法,使教学双边活动错落有致、动静交替。

2) 板书的禁忌

写板书时要求字体、大小、风格一致,清晰工整,不要写不规范的简化字或已淘汰的繁体字,不要写英文花体字和手体杂糅,使数字或字母难以辨认。内容忌讳拉杂,形式忌讳单调呆板、零星杂乱。

(三)课后反馈礼仪

1. 课后辅导礼仪

课后答疑时,教师不宜对学生提出的问题简单地直接给出答案,更不能越俎代庖,而应引导学生分析、讨论,注意启发和点拨。当学生出错时,教师不一定全都要正面纠正,适当地反问有时可以启发学生,让学生自己认识到出错的根源,从而加深理解。对于超前或离奇的问题,不要简单回绝,而应循循善诱、给予鼓励和引导,培养学生思维的主动性和积极性。教师的态度要主动热情,应鼓励学生多提问题,引导帮助他们解决问题。同时,不能厚此薄彼,只对优秀生热情有加、有问必答,而对后进生冷眼相待、敷衍了事。其实,后进生往往存在畏惧心理,教师更应主动地多和他们交流,帮助他们找出存在的问题,使他们对教师产生好感和信任,树立信心,从而提高学习积极性。

2. 批改作业礼仪

批改作业一律使用红色墨水或红色圆珠笔。按照教学常规中各学科设置的作业,要求做到全批全改。批改符号原则上应求一致,圈画要规范,自成体系,不要简单地用"√""×"来判断对错,选用丰富的反馈信息、个性化的批示,效果会更好一些。每次作业的分数、批改日期都要写在作业结尾的下一行里。作业要尽快发还,不能批改周期过长、校正措施不力。作业如有错误,应予以改正,指导学生自行改正或重做直至正确为止。改正的作业,也应按同样的标准进行批改。教师的字迹要工整,同时对书写整洁、解题有独到之处的学生要进行有针对性批注。要善于通过批改作业去发现教学中存在的问题并及时补救,要有启发性、鼓励性的批语,以激发学生的上进心。

3. 点评试卷礼仪

批阅试卷一律用红笔,扣分应在试卷内对应项目处标明,而得分也应在试卷首页或答题纸相应的栏目框内注明。总分必须准确,切忌发生加减错误。判分或修改分数后,阅卷教师均应签名。讲评试卷要及时,讲前要明确考查目的,吃透试题内容,分析失误原因,总结失误类型,并选取重点的、典型的内容,有针对性地备好讲评材料。讲评时应采用多肯定、少责备的方式,以表扬鼓励为主,切忌只顾分数、不管其他,一味地表扬好学生、批评后进生。教师要注重讲评技法,采用适当的、有鼓励性的语言表达方式,让学生感到自己的行为得到了教师的肯定,从而产生一种成就感。对学生表示肯定,除直接表达外,还可采用各种体态语来暗示鼓励,这种方式适用于学习优秀的学生,更适用于学习不够优秀的学生。

四、教师交往礼仪

教育工作就是在不断地与学生、家长、同事、校长的交往中进行思想与文化的沟通与交流。因此,作为一名教师,不能忽视校园交往礼仪。

(一)教师与学生交往礼仪

教师要尊重学生,要把学生看作与自己地位完全平等的人,要敢于承认自己的错误,不要以权威者自居,不要傲慢与粗鲁。要对不同相貌、性别、种族、籍贯、出身、智力、个性和关系的学生一视同仁,并喜欢、关心他们。教师既要忌讳对学生冷漠无情、没有爱心,也要忌讳对个别优秀生过分偏爱而冷落后进生,造成后进生心理上的自卑及师生间的隔阂与对立。教师应主动与学生交往,学会站在学生的角度去分析问题。要多鼓励学生,要严、爱结合。与学生交谈时,要营造轻松愉快的谈话氛围,谈一些他们感兴趣的事,多给学生表达的机会,学会用心沟通、耐心倾听。

(二)教师与家长交往礼仪

教师要热情接待来校的学生家长,认真倾听家长的谈话,实事求是地介绍学生在校的情况,对学生多表扬、少批评,不要把家长当作发泄的对象,尽量营造轻松、愉快的谈话氛围。要多给家长一些发言机会,对家长要用商量的口吻,不要以专家自居。开家长会时,要做好充分准备,提前书面通知家长,会上要努力创造和谐的氛围,与家长平等交流、友好协商,并重视会后反馈。家访时,要提前预约、按时到达,衣着要整齐,敲门进入后可先寒暄再进入正题,不要未经允许就在学生家东转西瞧。家访时间不宜过长,不要借家访解决私事。如需学生回避,应事先与家长预约学生不在家的时间进行家访,不可强行让学生到自己房中回避。

社交礼仪(第4版)

(三)教师与同事交往礼仪

同事之间的交往要以相互信任、相互尊重为基础,不冷淡,也不过分热情。应保持适当的人际交往距离,既要主动去帮助、关心和体贴同事,真诚相待、互惠互利、达到双赢,又不要过分关心别人的私事,四处议论同事的"隐私"。要学会求同存异,不要对同事过分苛求,发生摩擦时要严于律己、宽以待人。批评一定要是善意的,要注意说话时的用语措辞,要在下面单独交流,不要当着领导或其他同事的面横加指责,更不要尖酸刻薄、文人相轻、自以为是、到处逞能。对同事要多赞美、少嫉妒。同时,那种喋喋不休、滔滔不绝、逢人诉苦、博取同情的方法也是不可取的。借人钱物,要及时归还,若一时难以还上,要立下书面字据,并每隔一段时间向对方说明一下,才能保持同事间的亲密关系。

(四)教师与领导交往礼仪

教师要尊重领导,冷热有度,既不能对领导的失误袖手旁观、冷嘲热讽,在公开场合顶撞领导、求全责备,也不能乱开玩笑、称兄道弟、不分彼此。教师要支持领导,一方面要恪尽职守、做好本职工作;另一方面还应主动领悟领导的意图,为学校的发展积极出谋划策。对于领导的命令,要认真服从,如有不同意见,应以适当的方式向上级反映或加以保留,不应将其作为拒绝服从领导的借口。如果领导的错误涉及道德、法律问题时,则可以选择离开,甚至采取合法措施。

第二节 学 生 礼 仪

一、学生交往礼仪

(一)师生礼仪

1. 学生尊师重教礼仪

教师的工作非常辛苦,每天都要认真备课、辅导和批改作业,深入研究问题,广泛查阅资料。所以,学生在上课前,应主动帮助老师拿教具、做准备、擦黑板、打开水等;课后,应帮助老师送教具、整理实验室、抄写资料等。学生也可以利用业余时间,帮助老师干一些力所能及的家务活。当老师生病或发生重大事故时,应及时前去看望和慰问。须注意的是,这是一种道义上的交往,应保持师生间的真挚情意,而不能演变成社会上的那种庸俗关系。

2. 学生请教交谈礼仪

学生和老师说话时,应主动请老师坐下。若老师不坐,学生应该和老师一起站着说话。只有等老师坐下,并请学生坐,学生才可以坐着与老师说话。学生无论是站着还是坐着,都应姿势端正,不可东张西望、抓头摸耳、抖腿搁脚,应双目凝视老师,认真地听老师说话,不可一只耳朵进,另一只耳朵出。如果学生对老师说的话感到不理解或无法接

受,并有不同看法时,不必隐瞒,可谦虚而诚恳地向老师请教,直到弄明白为止。

3. 学生进办公室礼仪

学生进办公室要注意仪表、仪态及着装。进门前,要轻轻敲门或喊"报告",不管门是开着还是关着,都要征得老师同意后方可进入。学生进入办公室后要向在场的所有老师问好,未经老师邀请不可随意坐下,而应站着聆听老师讲话。如果要找的老师不在,应礼貌地询问一下办公室的其他老师,可根据情况说明自己的姓名或所在班级,有什么事,何时再联系等,之后,再道谢离开。切忌贸然推门进入办公室,或站在门口探一下脑袋,旁若无人地环视办公室,当发现要找的老师不在时,便扭头(缩头)就走,或用学科代替称谓询问办公室内的其他老师,如"我们的外语老师来了吗?"让人不知道到底找谁。如确实不知道所要找的老师姓名,应事先作一番"调查",这是起码的礼貌。在办公室内,不能乱翻、乱摸桌上的材料物品,或私自动用电话等办公设备。与老师谈话或汇报工作时,要直截了当、简洁明快,忌停留过久。谈话结束时,要向老师表示谢意,并为自己的打搅致歉。若是坐着,应先起立把凳子放回原处,再向老师道谢离开;若老师起立目送,应请老师坐下;若老师举步相送,应请老师留步。

4. 学生拜访老师礼仪

学生去老师家拜访,不论是知识咨询、祝贺节日、关切探望患病老师,还是请老师帮助排难解疑等,都要事先通知老师,以免自己碰壁或弄得老师措手不及。拜访时,学生要服饰整洁、按时到达,敲门并等人招呼后再进门。要与老师的家人打招呼,称呼要得体。如在场的人多,又不熟悉,则可泛泛问候"大家好"。当老师或其家人递茶水时,应起立双手接过并道谢。有新客人来访且老师作了介绍时,应主动起立招呼、问候,若发现因自己在场有所不便或拜访时间已经不短时,应马上告辞。告辞时,要与所有的人道别,并请老师留步。拜访时若老师有急事出门了,可留下字条给老师的家人或其邻居;如果因故学生不能赴约,一定要设法提前通知,以免老师等候与牵挂。

5. 师生相处礼仪忌讳

学生不宜对老师直呼其姓名,应在姓或名字后加"老师"二字。严师出高徒,学生不能因为老师的批评、自己考试不及格等原因而怀恨在心,对老师无理取闹,或在背后败坏老师的名誉。不应对自己不喜欢或其授课方式不习惯的教师说长道短。不能为当班干部,或调到自己认为合适的班级,或评"三好学生",或使考试及格而向老师行贿。学生不应忘记师恩,不应打听、传播老师的个人生活和私事,更不应向老师表白感情。

(二)同学礼仪

1. 一般交往礼仪

与同学相处,不论自己与对方具体关系如何,均应对其表现出应有的尊重,并且以礼相待、以诚待人、与人为善。对待同学要态度谦虚随和,不要故步自封、狂妄自大,拒人于千里之外,也不要逢迎不迭、随声附和。要团结同学、互相帮助、共同进步、理解宽容。不能无事生非、心胸狭隘、语言粗俗、嫉妒和猜疑。更不要打听同学的隐私和揭人短处。

第四章 学校礼仪

去同学家拜访时，要事先征得双方家长的同意。到同学家后要礼貌地称呼其家人，对其父母应称"伯父""伯母""叔叔""阿姨"，对于同学的其他亲属，可以随同学的称呼而称呼。在同学家做客，不要乱翻东西。本地近距离做客尽量不要在同学家就餐或留宿；异地做客，也不要停留时间过长，以免给对方添麻烦，干扰对方的正常生活。

同学间的交往应神交多于物交。上海《文汇报》公布的一份调查资料表明，在学生的日常开销中，生日送礼的费用占40%左右，高居消费的榜首。另据一位住校男生透露，在他们宿舍中男生吸烟率已达75%，你敬我一根"红塔山"，我递你一根"万宝路"，每月香烟支出也不小。诚然，同学间的交往既有精神上的交往，也有物质上的互利，二者有时很难分割得清，但正确的比例应是精神因素占得多一些。

2. 异性交往礼仪

男女同学交往时，应坦然相处、大大方方，完全不必顾虑重重、躲躲闪闪。一般情况下，男生比女生力气大，因而在体力劳动等方面，男生应主动关心、帮助和照顾女生。当然，异性之间的交往也应保持一定的距离，如旅游、游泳、散步、跳舞等活动，要提倡集体性。异性之间串门，要事先预约，在时间的选择上要避开洗澡、午休和夜间就寝。进门前应敲门，获得允许后，方可入内。

异性之间要注意举止得体、彬彬有礼、文雅大方，不要过于随便或粗俗，男生不要与女生凑得太近，或用手随意触碰。男生背后议论女生、贬低对方，或给女生的长相、身材、性格等打分都是不礼貌的行为，这极易伤害同学的自尊心，从而妨害异性同学间的友谊。

学生时代，不宜早恋。但在拒绝同学的追求时，采取的措施要文明、有分寸，不可讥笑对方，更不可公开异性的求爱信，以防伤害对方的自尊心。

二、学生场景礼仪

(一)学生教室礼仪

课堂是教师向学生传授知识与技能的场所。讲究课堂礼仪，对于促进教师与学生的沟通，提高教学质量极为重要。

1. 提前两分钟进教室

上课前两分钟，学生必须进入教室，做好准备工作。这本身是一种应有的礼貌，也是对老师的尊敬。教室的这种严肃气氛，既能为老师取得良好的教学效果打下基础，又能够密切师生之间的关系。再者，对于学生本身来说，两分钟准备也是从上一堂课转入下一堂课、从室外活动转入室内活动的一种过渡，能帮助学生使自己的思想尽快集中起来。

学生可以利用这两分钟的时间从容地做好上课准备，如找出上课要使用的课本、笔记本以及其他文具；也可以端正地坐好，恭候并欢迎老师的到来。

每位同学都应做好上课准备，这既是尊重别人，也是尊重整个班集体的表现，所有的学生，都不能因为个人的准备工作尚未做好而影响整个班级的上课。另外，课前同学间应相互谦让，对视力差的同学在座位上应给予照顾，不应争先恐后地哄抢座位。教室内应保持清洁卫生，不得在其中大声喧哗。当老师走向讲台时，全体同学要起立，待老师答礼

后,方可坐下。

2. 师生迟到后

学生如果遇到特殊情况,不得已而在老师开始上课后才进入教室,应特别注意举止的文明和礼仪的周到。

(1) 在教室门口应先停下脚步喊"报告"。如果教室门关着,就应先轻轻敲门,在得到老师的允许后才能进入教室。

(2) 要向老师说明迟到的原因,且态度要诚恳。应在得到老师谅解和允许后,方可入座。

(3) 在走向自己的座位时,速度要快,脚步要轻,动作幅度要小。走到座位前,在放书包和课本时,尽量不要发出太大的声音,更不能有任何滑稽的举止。

(4) 坐下后应立即将注意力集中起来,端坐听老师讲课。

总之,迟到的学生须把自己迟到而对课堂秩序所造成的影响减少到最低限度。

教师是教育者,在遵守校纪校规方面应成为学生的榜样。一般来说,教师上课应该准时,不应迟到。但生活中也会遇到一些特殊情况,使教师不能准时到达教室。此时,师生双方都应保持冷静,以正确的态度来对待这件事。作为学生,当发现教师在上课铃声响过后才进入课堂上课时,不要大惊小怪,不要喧哗,而仍应起立向老师敬礼。当老师表示道歉时,学生应当表现出谅解和宽容。这样会使老师感到温暖,使课堂教学收到良好的效果。

3. 认真地听讲

上课时学生要专心听讲、精神饱满、坐姿端正、做好笔记。不要心不在焉、打哈欠、打瞌睡;不要与同学说悄悄话、听耳机或看其他书报;更不要吃东西、下棋、打牌或者玩游戏。要保持安静,最好不要携带手机,带在身边时也应关闭或调成静音,不要发出声响干扰课堂教学,更不能在上课进行中离席回电话。

学生提问或回答问题要先举手,待老师示意后方可进行。发言时应自觉起立,目光正视老师,声音清晰、洪亮,使老师和学生都能听清。站姿和表情要大方,不要搔首弄姿或者故意做出滑稽的举止引人发笑。其他学生要专心听讲,不随便插话。当老师点名要你回答问题,而你又确实不会回答时,应站起来以抱歉的口吻诚实地说明自己不会回答这个问题,不要不懂装懂。

老师讲课时,一般不允许学生中间离开教室。如果遇到特殊情况,必须中途离开,则应在老师讲到一个段落,或者讲完一个问题时再举手请假。得到允许后,要迅速而轻盈地走出教室。

老师在教学过程中若出现差错,如由于笔误写错了字,或由于发音不准念错了字,或由于一时记混而说错等,这并不一定说明老师的水平低。作为学生应该正确对待老师在教学过程中出现的疏忽和差错,发现后应选择适当的时机和方式,如写纸条或等老师走到身边时悄悄地告诉他。沟通时,应使用请教或商量的口气以及采取谦和的态度,让老师有思考和商榷的余地,不能当场使老师难堪。

第四章　学校礼仪

4. 文明地下课

老师尚未宣布下课时，不要急于收拾东西。下课时要全体起立，等候老师先走。老师走后，学生方可自由活动。自由活动时，不宜在教室或教学楼里大声喧哗、追逐打闹。

课间要为老师擦净黑板，整理好讲台，准备好粉笔、黑板擦，主动帮老师打好开水等。

(二)学生宿舍礼仪

在我国，全日制的大中专院校基本上采用学生住宿制。集体宿舍是学生的一个基本生活单位，也是学生课余休息的重要场所。学生有一半以上的时间要在宿舍里度过。所以，宿舍是大学生的"第一社会、第二家庭、第三课堂"，每一个大学生都有责任把第一社会的风气搞好，把第二家庭的生活过好，把第三课堂的课上好。

1. 保持宿舍卫生

宿舍是大家共同生活的场所。要创造一个整洁、美观舒适、充满生活情趣的生活环境，需要大家来共同设计和保持。

东汉时期，有个叫陈蕃的人，他年轻的时候很想干一番大事业，立志要"扫除天下"。可是，他从来不肯动手把自己家里的环境打扫干净。当时就有人批评他说："一室不扫，何以扫天下。"陈蕃不愿做扫地这样的事，说明他的大志是不实在的，从精神文明的角度来说这是空的。同样，一间学生宿舍里如果床铺乱糟糟、地上很肮脏，就说明这些学生既缺乏劳动和卫生习惯，又不讲究精神文明。

对住校的学生来说，正因为宿舍是他们的主要生活场所之一，它的面貌在一定程度上也能体现和反映这些学生的文化修养和思想修养。所以在寝室内应注意以下礼仪。

(1) 讲究个人卫生，培养良好的生活习惯。被褥要折叠得整齐美观，衣服、鞋帽要整齐地安放在一定的地方。换下的脏衣服、脏鞋袜要及时清洗和晾干，未洗之前不可乱丢，要安置在隐蔽避嫌的地方，并将自己的其他物品归类安放整齐。

(2) 自觉遵守值日制度，并爱护寝室内的公用物品。在每日值日和定期大扫除之后，还应共同做好保洁工作，以保证宿舍内没有杂物、纸屑、痰迹，门窗洁净，桌凳及公用物品摆放整齐。

(3) 窗外不是垃圾堆。不能向楼下倒污水、扔废弃物、摔酒瓶。

(4) 水房卫生离不开大家。不要往水池里倾倒废物，剩饭剩菜要倒进泔水桶，以免堵塞下水道。若发现其堵塞后，应主动进行处理，必要时通知楼长或修理工，不要置之不理。

(5) 保持厕所卫生。如厕时，大小便要入池，否则应用纸擦或用水冲干净。脏纸或卫生巾等应投入指定的垃圾篓，以免引起堵塞。便后要放水冲厕。

2. 美化宿舍环境

宿舍可以分为两个部分加以美化，即室内公共部分和个人小天地。两部分的美化既要各具特色，又要协调一致。公共部分一般以花卉、盆景、书画、牌匾、工艺品等装饰，该部分确定了寝室的基调。个人小天地的美化是对该基调的丰富和深化，要突出个人的生活情趣，富于幻想和创造，不拘泥于统一的形式。个人小天地一般用图片、手工艺品、玩偶、小型字匾来美化。个人小天地的美化要注意与整个宿舍的美化相协调，不要过于强调自己的个性，而破坏了整体的和谐美。在做墙面装饰时，切忌张贴或悬挂不健康的海报、照片，应努力营造大学生应有的奋发向上、多姿多彩的宿舍文化氛围。另外，宿舍的美化还应考虑季节的变化，夏天应注意清爽，冬天应充满暖意。例如，寒冬时节在案头放置一盆水仙，瓶中插上几枝蜡梅，会给整个宿舍带来春天的气息。

3. 保障他人休息

宿舍是学生休息的唯一场所。如果得不到良好的休息，学生就会无精打采，这必然会影响第二天的生活，更谈不上好好学习。因此在宿舍中，必须遵守共同制定的文明公约和作息时间，养成良好的生活习惯。

(1) 按时起床。现今校园里总有一部分学生晚上不愿睡，早上不愿起，有的甚至旷操、旷课。校园里流传着一种"九三学社"的说法，指有些学生早晨睡到九点，下午则睡到三点，每天都当"卧龙先生"。这样既影响自己的学习，也影响宿舍适时开窗通风换气。而另一部分学生起床太早，尤其是动作幅度比较大时，更使得别人欲起不忍、欲睡不成，时间久了就会造成他人心中不悦，甚至可能影响同学之间的关系。因事偶尔需要早起床时，应提前向室友们打招呼。起床时动作要轻柔，尽量不要弄出大的声响，应尽快离开宿舍，以免影响他人睡觉。

(2) 准时归宿。只有准时归宿才能确保在熄灯前洗漱完毕，按时上床休息。无论是为了在教室苦读，还是为了其他事情造成夜半归宿，干扰其他同学睡觉，都是非常不礼貌的。若实在事出有因不得不推迟归宿，则应向舍友表示歉意，并努力把这种惊扰减少到最低限度。

(3) 适时就寝。应在学校规定的或宿舍约定的就寝时间之前上床休息。应及时关闭光源、声源，不要使用电脑，或开"卧谈会"，以免妨碍他人休息。

(4) 当有人休息时，上下床动作要轻，拿东西时声音要小，说话尽量耳语。

(5) 当与舍友同睡高、低铺时，晚上如实在睡不着，应适当减少翻身次数，以免殃及上(或下)铺。

(6) 休息时间，手机应置于振动状态，如有电话呼入，应到室外接听。如有宿舍固定电话，应由未睡者或距离最近者快速接听，避免吵醒所有的人。

4. 尊重个人隐私

生活在同一间宿舍，同学之间相互开放的程度很大，但不等于同学之间没有个人隐私和秘密。

(1) 不要随便使用同学的用具，不要翻看同学的笔记、书籍和物品，更不能将同学的东西据为己有。如有特殊情况需要借用时，要事先打招呼，征得对方同意。东西用后要及时归还，若有损坏，要照价赔偿。

(2) 不能翻看同学的日记，不能私拆、私藏同学信件。

(3) 不可打探同学的隐私。

(4) 当同学有亲友来访，谈论一些私事时，其他同学要适当回避。绝不能在一旁偷听，更不能插嘴询问。

(5) 某同学离校去处理个人私事,对此,他人不该主动去打听、刨根问底,只要知道某同学向班主任或学校请过假即可。

5. 注意语言文明

语言是一个人道德情操和知识水平的反映,是人们的心灵之窗。古人云:"言,心声也;书,心画也。"如果说大学生平时对自己的语言还多少有些约束的话,那么一到宿舍,尤其是在"卧谈会"上,根本就是无所顾忌,语言不文明的现象表现得非常明显。有的同学脏话不离嘴,开口、闭口挂着被鲁迅先生痛斥的"国骂";有的同学语言粗俗野蛮,稍不满意就出言不逊,轻则讽刺挖苦,重则彼此辱骂;有的同学语言庸俗,乐道男女私事,给同学起外号、打分、开不健康的玩笑等。语言的粗野无聊,是与大学生这个称呼极不相称的。大学生在宿舍待人应恭谦有礼。早晨与同学、老师见面宜问一声"早晨好",晚上就寝前可相互道声"晚安"。在宿舍里如能坚持使用文明礼貌、诙谐的语言,成员之间的关系必然和睦融洽,生活也会感到舒心、温暖。

6. 以礼相处相待

中华民族素称"礼仪之邦",彬彬有礼的风度历来备受人们的称誉,"以礼相待"是家喻户晓的格言。《礼记》中"有礼则安,无礼则危"的论断,深刻地揭示了"礼"的巨大社会作用。待人彬彬有礼,就能在人与人之间架起一座互相尊重和友爱的桥梁,使生活充满愉悦与和谐。相反,若待人粗暴无礼,则只能带来不满与怨恨。

(1) 要互相尊重。同宿舍的同学可能会来自不同地区,由于各自的环境、条件不同,造成性格、脾气、爱好及生活习惯也不同,同学之间应互相体谅,做到互相尊重、互相关心、和睦相处、以礼相待。

(2) 要互相关心。同宿舍的同学应亲如兄弟姐妹,在学习上互相帮助,在生活上互相照顾,在思想上互相鼓励。只有这样,才能心情舒畅,取得优异成绩。如果有同学遇到困难,大家应伸出友谊之手,给予帮助。当有的同学取得好成绩时,大家应当为其高兴。另外,遇到同宿舍其他成员的友人来访时,应热情接待,不可表现出"事不关己,高高挂起"的态度。

(3) 要互相考虑。每位同学都要注意自己的行为,做到不妨碍他人,并遵守宿舍的有关规定。互相考虑,通常都是表现在一些很细微的事情上,如自觉把位置较好的床铺让给其他同学;在宿舍里,听到有人来找自己的敲门或叫门声,不可轻易说"请进",特别是在夏季,容易引起宿舍其他穿着比较随意的成员的不方便,造成双方尴尬。

(4) 要互相信任。东西丢失了,不要无依据地猜测,以免影响同学之间的关系。产生隔阂时,应主动交流,进行沟通,以减少误会。

(5) 要互谅互让。每位同学都应严于律己,宽以待人。如因不小心妨碍了他人,首先应说声"对不起",对方不应毫无反应,而应马上回敬"没关系"或一个微笑,以便让对方获得安慰。学会忍人所不能忍,容人所不能容,这不是吃亏,而是有涵养的表现。每位同学对自己的有可能会干扰他人的个性习惯都要努力克制,不可我行我素。

7. 学会过集体生活

集体生活和在自己家里的生活不同,在宿舍随时都要谨记集体生活的规则。

(1) 在使用水龙头、晾衣绳及电话等公用设施时，应尽量礼让他人。在使用中要小心谨慎，不能故意破坏。

(2) 使用自来水要注意节约，使用完毕后要拧紧水龙头。

(3) 要节约用电，不偷电，不违章使用电器。

(4) 录音机等音源的声音不要开得过大，休息时应调到最小，如果可能最好使用耳机。

(5) 如厕时，若门已坏、虚掩着，不能确定里面是否有人的话，应先敲门，确认无人后再进入。

(6) 楼上的同学晾晒衣服要拧干，并尽量不要滴湿楼下同学已晾着的衣物。

(7) 不要过多地串门或在他人宿舍逗留过久，以免干扰他人正常的生活习惯。在午休或晚上休息时，拜访异性同学，应把对方请出来，而不是直奔异性宿舍，以免给对方的舍友带来不便。

(8) 不在宿舍里从事商业性的营销。

(9) 尊重楼长和其他管理人员，配合他们的工作。

(10) 注意安全，离开宿舍时要及时关门、关窗，不要擅自将不认识的人或其他来访者引进宿舍，发现可疑情况要及时汇报。对于上门推销的人员，不要轻信，也不要买盗版、走私物品。

(三)学生食堂礼仪

随着时代的发展，餐饮仅仅维持生存的原始功能已大大减弱了，人们开始重视餐饮向更加文明的方向发展。学校食堂就餐人数多、就餐时间集中，工作人员往往比较繁忙。所以，如何营造食堂环境，遵守食堂礼仪就显得尤为重要。

1. 注意公共卫生

穿着整齐，不要穿背心、拖鞋进入食堂。不可随地吐痰，不可向地面泼水、扔杂物。用餐时，应该吐骨入盘，不要吐在桌上或地面上；用餐后，剩余的饭菜应倒入泔水桶，若使用的是食堂提供的餐具，还应分类放入指定的回收容器中。

2. 维护公共秩序

买饭时应遵守秩序、互相礼让，自觉按先后顺序排队，不应硬挤或插队，更不应打闹、起哄或做出其他不文明行为。敲柜台、餐具，或挥舞手臂，或不停地叫喊，或隔着柜台拉工作人员的衣袖、衣角等做法，都是失礼的行为。

买饭后入座时，在食堂座位有限的情况下，应互相礼让，避免抢座位、占座位。

同时，由于用餐时间人多拥挤，进进出出，所以走路、入座要多加小心，以防碰撞、烫伤其他同学。如有不慎，应互相谅解。如有的同学因故买饭不方便，其他同学应主动帮助。

3. 珍惜点餐时间

如点餐人多时，应事先想好点什么，以及应对万一所点的菜卖完了的第二方案，不要等到了柜台跟前再慢慢考虑，以免耽误后面人的时间。饭卡、饭票要拿在手中，不要等到

第四章 学校礼仪

该付账时，再在每个口袋乱翻。

点完菜之后，要耐心等待，不要急声催促；与服务员讲话时要注意礼貌用语；待服务员送来饭菜时要说一声"谢谢"。

4. 绝不浪费饭菜

进餐时应注意节约粮食。例如，馒头不小心掉在地上，应捡起，不要碍于面子而显得过于"大方""潇洒"，一脚踢开，以显示自己多么"高贵"。所购买的饭菜，应以吃饱为度，不要超量购买，以免吃不完造成浪费。

5. 讲究进餐文明

进餐时要文雅，切忌"狼吞虎咽"，这既不符合礼仪要求，也不利于健康。应闭嘴咀嚼，吃东西时不要发出声音，喝汤时不要啜。如菜、汤太热，可等稍凉后再用，切勿用嘴吹。口内的鱼刺、骨头等不要直接外吐，最好用餐巾捂嘴，用手或筷子取出，包在餐巾纸内，更不能吐在地上或别人面前。不要对着餐桌打喷嚏或咳嗽，如有特殊情况实在忍不住，要把头转个方向，并用餐巾或手帕遮口，然后向临近的同学道声"对不起"。餐后不要不加控制地打饱嗝儿。需要剔牙时，要用手遮口。

如果是聚餐，用筷禁忌包括：①半途筷，即夹住菜肴又放下，再夹另一种；②游动筷，即在菜盘里挑拣或上下翻动；③窥筷，即手握筷子，目光在餐桌的各盘、碗上扫来扫去；④碎筷，即用筷子捣碎菜肴；⑤以筷当叉，即叉起菜肴往嘴里送；⑥签筷，即用筷子当牙签，挑、捅牙缝；⑦泪筷，即筷头上的卤汁在持筷途中像泪水一样滴淌；⑧吮筷，用嘴吮舔筷头上的卤汁。

6. 尊重职工劳动

食堂工作人员的劳动直接关系到同学们的健康，他们无论是白天黑夜还是酷暑严寒，都早起晚睡，常年如一日地工作在艰苦的环境中，所以，应尊重他们的劳动，珍惜他们的劳动成果，主动协助他们搞好食堂的工作，与他们友好相处，以礼相待。

吃饭时，如发现饭菜有质量问题或异物，可找有关管理人员有礼貌地说清楚，以帮助食堂改进工作，提高服务质量。不可感情冲动，大发脾气，失去理智，吵闹不休。如果一味坚持粗暴无理的态度，不但不利于问题的解决，而且还会引起食堂工作人员的反感，甚至造成学生与食堂工作人员之间关系的恶化。

（四）学生实验室礼仪

学生在校期间，除了在课堂学习知识之外，还要上实验课，接触实验设备，进行实际操作，以增强理论与实践相结合的能力。由于实验课都是在实验室内完成的，因此，在做实验时，要听从老师的安排，爱护实验室内的设备，遵守实验室的礼仪。

1. 听从安排，遵守纪律

在操作实验设备的过程中，要听从老师的统一安排，按老师的要求正规操作。老师指导具体操作时，应放下手中设备，站立听讲，记住操作要点，掌握操作程序，不得违反纪律。

2. 爱护实验室内的设备

实验室里存放的药品、标本、用具、实验设备等物品价值贵重，动辄数千、数万元。操作时一定要爱护，轻拿轻放，注意节约、节省。实验中，如果损坏仪器设备，应及时向老师报告，不得相互推诿，甚至溜之大吉。如果是做剧毒危险药品或细菌实验，要严格执行操作程序，保护自身的安全，以免发生意外。一旦出现危情，应立即报告老师，及时进行处理，必要时送医院急救。

3. 有问题要举手

做实验时，如果遇到这样或那样的问题，应举手问老师，不要自作聪明，擅自处理。如果此时老师在指导其他同学操作，应耐心排队等候，不要大嚷大叫，表现出不耐烦、不认真和不满的情绪。不得在操作中随意换组，不听指挥，到处乱窜，大声喧哗，也不得因实验操作有困难而拒绝操作，停止实验，应随时随地和老师取得联系，很好地完成实验。

4. 整理实验设备

实验室是教学工作的重要场所，里面有水、电、易燃品、细菌病毒等，因此，每次上完实验课，都应自觉打扫实验室，保持实验室干净、整洁，扔掉杂物、废弃物，排列好用具、实验仪器，待老师检查合格后，自觉排队离开实验室。不要拥挤、打闹，以免碰撞实验设备。同时还要检查好水、电、门窗的关闭情况，要有安全意识。

(五)学生自习室礼仪

自习室是"无声的课堂"，最重要的是维持室内安静的学习氛围，这是取得良好学习效果的保证。自习虽无老师授课却仍然是课堂教学的延续，任何与学习内容不相干的事情都不宜在自习室里进行。所以，自习时在教室里与他人说话、打闹、玩扑克等都是与教室学习环境格格不入的失礼行为。进入教室不管是先来者还是后到者动作都应特别轻，相识的同学见面彼此可以点头或挥手示意，言语的问候是不合时宜的。自习期间要尽量减少走动，离开座位需要坐在外边的同学起立让路时，应向其表示歉意并致谢。有不明白的问题需要与其他同学商量或请教时，最好到自习室外边去交谈，开门、关门、起立、入座动作要轻，尽量避免发出响声影响他人。自习期间在楼道内也要轻手轻脚、低声细语，不能追逐打闹、高声喧哗。

上自习时还要遵守学校教学楼的有关规定：一是不要在教室内乱丢废弃物品，保持室内卫生；二是要准时下课，不要拖延过久。

在教室里要爱护桌椅，不在桌椅上面乱刻乱画，杜绝"课桌文字"的出现。

第三节 校 园 礼 仪

校园礼仪主要有学校仪式礼仪和学校通信礼仪。

第四章 学校礼仪

一、学校仪式礼仪

(一)开学典礼

每个新学年开学之际,学校一般要举行开学典礼。开学典礼是宣布新学年开始和欢迎新生入学的仪式。在开学典礼上,通常要介绍学校的基本情况,进行必要的入学教育,布置学校新学年的工作,动员全校师生员工为完成新学年的任务而奋斗。

为确保开学典礼的顺利进行,有关部门要事先做好以下准备工作。

1. 及时发请柬

学校要在举行开学典礼前一周左右的时间内,将请柬送到或寄给当地领导机关和上级有关部门,邀请学校所在地的领导和上级有关部门负责人或代表参加。

2. 精心布置会场

学校要安排专人负责布置会场,把学校大礼堂或露天会场打扫干净。要制作好会标,会标可写"××大学××××年新学年开学典礼"或只写"开学典礼"四个大字。会标应挂在会场主席台前幕(也称"大幕")上边,两侧可配对联。主席台后幕正中挂国旗,国旗两边各插五面红旗,会场上还可插彩旗。会场内外可张贴一些标语,以烘托典礼气氛。

在主席台上可安排若干座位,座位前面放置会议桌,会议桌用桌布围好。主席台前可摆设鲜花或放置盆景。

要事先为主席台上的宾客安排好座次,用纸张打印好人名(或人名和职位),并插入专门的卡座中,立于对应的桌子上。

每位宾客的桌前,还可摆放矿泉水或茶杯。

3. 做好典礼的其他准备工作

1) 做好大会发言准备工作

开学典礼一般安排校长、教师代表、学生代表发言,有时也会邀请上级党政领导和有关单位、部门的负责同志发言。典礼筹备组应事先通知发言者典礼程序、发言的长短、字数和次序。领导讲话和代表发言,都要事先准备好发言稿或打好腹稿。发言内容主要是围绕支持教育工作、振兴教育事业、稳步推行教育改革、尊师重教、提高全民族科学文化水平、努力培养社会主义建设人才的核心来进行。发言人要明确自己的身份,语言要简明扼要、铿锵有力,带有热烈祝贺的气氛。

2) 做好大会后勤服务工作

典礼筹备组要物色若干名接待人员和工作人员。接待人员中的礼仪小姐可身披礼仪绶带在校门口或会场门口接待来宾,为来宾引路、倒茶等;工作人员负责维持秩序、安全保卫、会场记录(包括录像、录音)、车辆接送等工作。

3) 做好大会物质准备工作

物质准备,包括签名册和题词、作画所用的文房四宝,准备鞭炮、乐器、音响设备、音乐唱片或录音带等,有时还需准备饮料、用餐或礼品。

一切与开学典礼有关的准备工作应按时就绪。届时，师生排队入场，分别在指定的位置落座。

开学典礼的一般程序如下。

(1) 由主管教学的副校长或负责学生工作的校党委副书记主持，宣读来宾名单后，宣布大会开始，全体肃然起立。

(2) 唱歌或奏乐(国歌或学校校歌，有的要求升国旗)。

(3) 礼毕后，校长或书记讲话(主要内容为新学期的计划和要求)。

(4) 请上级领导和有关方面代表(包括教师代表、老生代表、新生代表等)发言。

(5) 全体起立唱国歌。

(6) 主持人宣布开学典礼结束。

(二)毕业典礼

大学生、研究生以及学习班、培训班的学员，完成学习任务，经考试成绩合格时，学校及其院、系或其他办学单位，要为成绩合格的学生颁发毕业证书或结业证书，并举行毕业(或结业)典礼。

毕业典礼的筹备工作，要按照各单位人力、物力、财力的条件确定其规格。要事先统一印好、填好毕业(或结业)证书，并盖上钢印。要统筹安排好邀请参加毕业典礼的领导和来宾等事宜，以及典礼会场的布置等，可参照开学典礼的做法。

举行毕业典礼时，除了请上级领导、校方负责人讲话外，在安排师生代表发言后，还可邀请用人单位代表发言。

在毕业典礼上，教学单位可以简明扼要地总结几年来教学工作所取得的成绩和经验，总结教学工作中出现的先进典型事例和师生员工中的先进人物，总结教学工作中的某些不足、失误和教训，同时还可以通过为毕业生发证书、奖品等形式，对毕业生表示祝贺并提出希望。成功的毕业典礼活动，不仅能够增进师生间的感情，而且还能够增进同学间的友谊；不仅能够增进校内各部门间的合作，而且还能够通过邀请上级和有关部门负责人出席的形式，使校外的人了解学校、熟悉学校、支持学校，达到尊师重教的目的。

(三)校庆典礼

校庆是学校成立日的纪念庆典，学校一般逢十年，即在它成立的10周年、20周年、30周年……之际都要举行庆典活动。校庆活动内容丰富多彩，包括邀请领导人和著名校友题词，筹办图片、文字、实物展览，筹办教学、科研成果展览，编写校史、校友名册等，出校庆专刊，印制校庆纪念品，组织学术讲座、校庆文艺晚会等。

举办校庆典礼，有助于增强师生的凝聚力，有利于相关信息的传播，扩大学校的影响，因此，要认真做好校庆典礼的各项工作。诸如，提前发布校庆消息或广告，事先邀请有关领导和兄弟院校代表参加。校庆典礼的会场布置与活动，可参照开学典礼的做法。但在校庆典礼的发言人名单中，应增加兄弟院校代表和校友代表。另外，校庆典礼的气氛要隆重、热烈。

第四章 学校礼仪

二、校园通信礼仪

(一)手机礼仪

手机作为移动通信工具，主要是为了方便个人联络和确保信息交流的畅通无阻，因此要牢记缴费日期，并自觉按时缴纳费用，不要因为忘记缴费而被停机，致使他人与自己的联络中断。改换手机号之后，要尽早告知自己主要的交往对象，以保持联络顺畅。通过他人的移动通信工具与对方联络，并要求对方按自己指定号码回复时，切勿见缝插针，使自己的通信工具一忙再忙，而令对方打不进来。在约定的联络时间内，不要随便关机。因掉线、无电而有碍联络或暂停联络时，应及时说明情况，并向对方道歉。

手机只是通信工具，而非可以抬升自己身价的"道具"或"饰物"，因此，不论何时何地都不要借此炫耀，更不要互相攀比。使用手机时要注意公共秩序，不要在教室、自习室、会议室、图书馆等地拨打或接听电话。此时，应将手机关闭或置于振动状态。如需拨打手机，应去室外；如有电话呼入，应闪断，待走出室外后再回拨过去。不论在教室上课，还是在会议室开会，都不应马上走出室外接听，而应等到课间或会后再通话。

因故不方便通话，或节假日时，可利用短信进行沟通、发送问候。短信要主题明确、言简意赅、没有歧义。若给不熟悉的人发短信，一定要落款留名，让对方知道是谁发的。不要在回复时，只发一两个字，惜字如金往往会给对方很冷漠的感觉。

(二)网络礼仪

随着信息技术的发展和计算机应用的普及，人类新的生存空间——网络世界应运而生。人们在学习、工作和生活中越来越多地使用互联网。虽说网络看不见、摸不着，但网民在网络世界里应当冷静、理性，坚守法律的底线，坚守道德的良知。世界各地的网络工作者和网民在利用互联网进行传播和交往的过程中，逐渐总结出一些使用网络时应当遵守的规则——网络礼仪。

1. 网络礼仪常识

网络礼仪(netiquette)是保障网络世界正常秩序的基本规范。国外一些计算机网络组织为其用户制定了一系列相应的规则，如美国计算机伦理学会制定的十条戒律如下。

(1) 不用计算机伤害别人。
(2) 不干扰别人的计算机工作。
(3) 不窥探别人的文件。
(4) 不用计算机进行偷窃。
(5) 不用计算机做伪证。
(6) 不使用或复制没有付钱的软件。
(7) 未经许可不使用别人的计算机资源。
(8) 不盗用别人的智力成果。
(9) 应考虑所编程序的社会后果。
(10) 应以深思熟虑和慎重的方式使用计算机。

国外有些机构还明确规定了被禁止的网络违规行为，如美国南加州大学关于网络伦理的声明中指出了以下六种网络不道德的行为。

(1) 有意造成网络交通混乱或擅自闯入网络及其相连的系统。
(2) 商业性地或欺骗性地利用大学计算机资源。
(3) 偷窃资料、设备或智力成果。
(4) 未经许可接近他人的文件。
(5) 在公共用户场合做出引起混乱或造成破坏的行为。
(6) 伪造电子函件信息。

2．网络礼仪训练

1) 熟悉网络知识

所谓网络，就是将多台计算机连接在一起，使各用户之间能够通过数据库、聊天室、电子邮件和其他方式进行便捷的沟通与交流。网络可分为广域网和局域网两大类，如因特网属于广域网，武汉大学校园网则属于局域网。

2) 了解网络礼仪

现代高科技的发展给人类生活带来了许多便利，互联网给世界各地的人们提供了一个相互交流的平台，相识的和不相识的人们可通过网络进行交流。所以，应注意网络礼仪。

3) 记住人的存在

在网络世界漫游的时候，不要忘记网上还有许多朋友，其中有网络管理人员、网络维护者、网友、"黑客"等。因此，要控制好上网时间，尊重其他网友。另外，玩网络游戏时不得作弊。此外，要注意做好保密工作等。

4) 网上网下行为一致

在现实生活中，绝大多数人都遵纪守法，注意用法律和道德标准规范自己的行为。同样，互联网上的道德和法律与现实生活中的道德和法律是相同的。因此，在网上交流时，也需要用法律和道德标准规范自己的行为。

5) 入乡随俗

不同的网站、不同的论坛有不同的规则。在某个论坛能做的事情，在另一个论坛可能不允许做。例如，在聊天室畅所欲言和在一个新闻论坛发表意见是不同的。最好先观察后发言，以便了解论坛的气氛和其可以接受的行为。

6) 尊重他人的时间

别人为你寻找答案需要花费时间和资源。在你提出问题之前，应先花些时间进行搜索和研究。也许同样的问题以前曾提出过多次，现成的答案随手可及。

7) 在网上留个好印象

由于网络交流的匿名性，因此文字成为网民相互之间印象的唯一判断。交流和沟通时，如果对某一方面不熟悉，可以先阅读相关资料。在发帖前应仔细检查语法和用词，尤其值得注意的是，不要使用脏话和挑衅的语言。

8) 分享你的知识

除了回答别人提出的问题外，当你提出的问题得到较多的答复时，特别是通过电子邮件得到答复后，最好写份总结与大家分享。

第四章　学校礼仪

9) 平心静气地争论

争论是正常现象，但要注意以理服人，不要进行人身攻击。

10) 尊重他人的隐私

电子邮件是隐私的一部分。如果你熟悉的某人用笔名上网，你未经本人同意便将他的真实姓名公开，则是一种不好的行为。再则，当你无意中看到别人打开计算机上的邮件或秘密，更不应该"广播"。

11) 不要滥用权力

作为管理员或版主，比其他用户享有更多的权力，故应珍惜这些权利，而不要滥用特权。

12) 宽容

当看到别人写错字或者提出一个低级问题时，最好不要介意。当然，也可以电子邮件的方式提出自己的建议。

3．掌握网络沟通技巧

在网上进行交流，需要掌握网络沟通技巧：一是了解在线交流技巧，二是掌握收发电子邮件的技巧，三是熟悉网络交流的常用缩略语及表达符号。

1) 在线交流技巧

(1) 避开网络使用高峰时间。一般来说，根据人们的上班时间和生活习惯，每天网络使用高峰时间段有三个：上午 8～11 点；中午 12～下午 3 点；晚上 7～9 点。为了避开网络忙而导致网速慢的情形，不妨选择在网络相对空闲的时间上网。

(2) 熟悉各类网站。网站分门户网站、分类网站。门户网站有内容包罗万象的中华网、网易等网站；分类网站有内容相对单一的中国文化网、中国汽车网等。因此，浏览新闻信息，可以上新华网、新浪网、凤凰网等；收集工作信息，则可上国家、地方人才网或各类求职网等。

(3) 文明交流。通常网民是以匿名方式进入网络交流频道或聊天室或论坛。在与"只闻其声，不见其人"的网友交谈时，最好就事论事，并应尽量使用文明语言和简明扼要的语言文字。

(4) 礼貌离线。准备离线时，应通知其他成员。

2) 收发电子邮件技巧

随着网络交流方式的发展，收发电子邮件已经成为网民日常生活中的一部分。因此，我们有必要掌握收发电子邮件的技巧。

(1) 收阅电子邮件。

① 定期打开收件箱，查看有无新邮件，以便及时阅读和回复。

② 收到垃圾邮件，一删了之。

③ 收到来历不明的邮件，不要匆忙打开。可以先对来件进行预防性杀毒，然后再打开；也可以直接删除。

(2) 撰写与发送电子邮件。

① 主题明确。写一封电子邮件，通常选择一个主题，并且在"主题"栏里注明，使对方一目了然。

② 文字简明。撰写电子邮件，应当简明扼要，并尽可能使用规范的文字，而不要使用生僻字、异体字，以方便对方阅读。

③ 慎用附件和抄送功能，酌情使用网络表达符号。

④ 发送邮件前，再仔细阅读一遍内容，检查是否有漏项、错字或笔误，如发现则待补齐或改正之后再发出。

3）网络交流常用缩略语及表达符号

通过网络收集信息和进行交流是一件很愉快的事。为了保证传输线路的畅通，聪明的网民巧妙地使用英语缩略语，以节约网络传递时间和提高交流效率。此外，网民还创造了许多生动有趣的符号，借此表达他们丰富多彩的感情和心绪。

(1) 网络交流常用缩略语：IMHO=in my humble/honest opinion(以鄙人之见)；FYI=for your information(仅供参考)；BTW=by the way(顺便说说)。

(2) 网络交流常用的表达符号如下。

:-) 最基本的笑容，用来表示玩笑和幽默。

;-) 眨着眼睛，狡黠地笑。

:-(苦笑，心情沮丧。

:-I 漠不关心的笑容。

:D 大笑。

:-> 辛辣的评价。

>:-> 恶作剧式地笑。

%) 在屏幕前坐了很久，两眼发花。

:*) 喝醉了。

:-7 在讽刺你。

:'-(作者在哭。

:-@ 作者在叫。

全国青少年网络文明公约

要善于网上学习，不浏览不良信息；
要诚实友好交流，不侮辱欺诈他人；
要增强自护意识，不随意约会网友；
要维护网络安全，不破坏网络秩序；
要有益身心健康，不沉溺虚拟时空。

【礼仪故事】

真挚的师生情谊

一位即将毕业、离校、走向工作岗位的学生，在学校临别座谈会上发表了即兴演讲，以表达对母校和老师的深切留恋之情。"刚才，老师为我们念了送别诗，情真意切，催人泪下。老师的情谊，将是我人生道路上永远吹拂的春风。此刻，我也想起了一首诗：'俏也不争春，只把春来报。待到山花烂漫时，她在丛中笑。'这首诗虽然是咏梅，但我想用

来比喻我们的老师,也是恰当的。无论德、才、学、识、智,我们在座的各位老师可谓'俏'矣!然而你们与名无争、与利无争、与权无争,年年岁岁,默默耕耘。看着一批批吸取了你们智慧又将离开你们而去的学生,想着'国家又多了一片绿洲',你们就满足、就幸福,脸上就绽开了灿烂的微笑!你们不就是那报春的红梅吗?我们一定会做烂漫的'山花',带着老师的殷切希望开遍海内外,点缀神州的大好春色……"

(资料来源:李荣建,宋和平. 社交礼仪[M]. 武汉:武汉大学出版社,2005.)

思 考 题

1. 学生给老师提意见时应注意些什么?
2. 应怎样与同学相处?
3. 如何做一名文明的网民?

第五章　公共场所礼仪

公园、商店、图书馆、博物馆、体育场馆等场所，是供各种社会成员进行多种活动的公共场所。人们在公园漫步，在商店购物，在图书馆查阅资料，在博物馆欣赏文物，在体育场馆锻炼身体或观看比赛时，应自觉遵守社会公德，讲究公共场所礼仪，共同维护公共生活秩序。

公共汽车、出租车、火车、地铁、轮船、飞机等是为大众服务的公共交通工具，而公共汽车、火车的车厢与轮船的船舱、飞机的机舱等是为公众服务的公共场所。每一位乘客都应当讲究公共场所礼仪，一起营造舒适、祥和的氛围。

第一节　日　常　礼　仪

一、购物礼仪

到商场或小卖店购物，已成为人们现实生活中的重要环节。绝大多数人都有进商店购物的经历，而且为满足日常生活的需要，还会继续购物。购物似乎不难，就是掏钱买东西。但是，即使是掏钱买东西，也会产生两种截然不同的效果。讲文明、懂礼貌的顾客到商店购物，会获得购物的满足和愉快；而缺乏购物礼仪的顾客购物后，常会感到心情不舒畅。因此，在简单的购物过程中，我们也应当讲究购物礼仪。作为一名文明顾客，购物时要注意以下礼节。

进入商场后应讲究文明礼貌，不要在商场内大声喧哗，或旁若无人地高声谈笑，不可吸烟、随地吐痰、乱扔糖纸、果皮等。要自觉维护商场的公共卫生，爱护商场的公共设施。

购物之前，最好先确定自己所需要购买的物品，并将不同品牌的同类商品仔细观察比较后再购买。

在顾客较多的柜台前购物时，不要一窝蜂地拥挤在柜台前，应自觉地依序排队，轮到自己时再上前购买。

顾客在商场购物，称呼营业员时应讲究礼貌。对男营业员称"先生"，对年轻的女营业员称"小姐"，对年龄稍大的女营业员可称"师傅"，对男、女营业员均可统称"同志"或"营业员"。不要以"喂"代替礼貌称呼，也不要隔着柜台伸手拉扯正忙着为其他顾客服务的营业员，更不要用手敲击柜台，这些行为都是失礼的表现。

顾客在选购商品时要细心，但不要过分挑剔。营业员不太忙时，可请他(她)们取几种商品进行比较，也可请营业员帮忙参谋。

在自选商场购物时，要爱护商品，如果对自己挑选的商品不中意，应当物归原处，不要随便乱放，对于易碎商品则应轻拿轻放。万一不慎将商品损坏，应主动赔偿，或将其买下来。对于尚未付款的商品不要随便拆开包装。

购物时，应做到钱货两清。对于营业员在取商品或找零钱时发生的差错，应及时指出，并谅解对方。若到收银台付款，返回柜台取货时则不妨再核对一下商品。采购完毕离开柜台时，应对营业员的优质服务表示谢意。

二、进餐礼仪

常言道："民以食为天。"随着人们生活水平的提高和思想观念的转变，进餐馆就餐的人逐渐多起来。不少工薪阶层常去经济实惠的饭馆吃顿物美价廉的午饭，快捷又方便。一些高消费者则去豪华气派的酒店进餐，在品尝美味的同时开展社交、商务活动。有些人选择在饭店或酒店聚会、祝寿或宴请宾客等，以利于交谈和增进友谊。而城市中不少家庭一改往年在家中吃大年三十团圆饭的习惯，纷纷提前到饭店、酒店订座、包席，全家人高高兴兴、热热闹闹地聚餐。作为一名文明食客，不仅要有良好的卫生习惯，更要注意行为举止的文雅有礼，在餐馆进餐时，应了解和讲究进餐礼仪。现择要简介如下。

(一)独自进餐礼仪

客人进入餐馆后，如果是用餐高峰，餐厅已没有空桌，当看到坐有人的餐桌尚有空位时，可有礼貌地上前询问在座者能否占用空着的座位，在得到首肯后，向在座者点头致意后方可落座；相互之间不必作自我介绍。在等待饭菜时，不要东张西望或大声敦促服务员，也不要坐在餐桌前用筷子敲打餐具。

男士独自到餐馆用餐时，应避免挨着独坐一桌的陌生女士坐；若一位女士要求与男士同桌就餐，出于礼貌，男士不应拒绝，但用餐时不要主动与女士攀谈。

在餐馆点菜时，应量力而行，不要点过多的饭菜，以免造成浪费。用餐时，动作应文雅，要细嚼慢咽，避免发出太大的响声。注意不要随地吐痰、擤鼻涕，以免影响其他进餐者的食欲。

吃自助餐取食物时，应使用公筷、公勺。一次不宜取太多，应先取少量食物品尝后再取，避免浪费食物。

(二)集体进餐礼仪

应邀做客时，应按时到达约定的地点。先进餐室者要主动把较好的位置留给随后到达的朋友。若是主宾，则不必过分谦让，可听从主人的安排，客随主便。

服务员送上菜谱后，主人请主宾点菜，主宾可让女宾点菜，或自己点一两样菜，然后请主人或在座的其他客人点，亦可征求服务员的意见。做客点菜，要考虑到主人的经济实力，通常以适中为宜。不要只点高档菜，让主人为难；也不要只点低档菜，使主人难堪。

用餐时，动作要优雅，切勿狼吞虎咽。夹菜时动作要轻，要注意避开别人的筷锋，以免筷子碰筷子。上桌的饭菜若不在忌口之列，都应尝一尝。

用餐时万一吃到沙子或异物，不要将其吐到桌子上，最好悄然起身去洗手间处理，回来后也不必声张。当然，也可以把服务员请来，平心静气地指出饭菜中的质量问题，而不要出言不逊、大吵大闹。

饭后应让主宾和女宾率先告辞，其他客人随后和主人话别。

三、住宿礼仪

古人云："在家千般好，出门事事难。"尽管时代的列车已驶入 21 世纪，但人们出门在外，依然觉得不如在家里方便、安全。可由于多种原因，人们还是需要出远门，或由于工作关系，去外地出公差；或由于研究项目的需要，去外省查资料；或为了开阔视野，外出旅游……一些外出者有时可借宿在亲朋好友家，在夏天甚至可以风餐露宿。但绝大多数外出者通常还是投宿在旅馆、酒店或招待所。

旅客希望旅馆清洁、舒适、安全，而旅馆则希望旅客讲文明、守规矩。其实，只要双方一起努力，就能达到双方的共同心愿——旅客"出门时时安"。为此，作为一名文明旅客，应自觉遵守下列住宿礼仪。

(1) 当需要办理住宿手续，走近旅馆服务台时，应先有礼貌地向服务台工作人员打个招呼，然后再询问旅店是否还有客房或床位。若该旅馆已客满，应大方地向服务人员道别，再找其他旅馆。

(2) 旅客在办理住宿登记手续时，应耐心地回答服务台工作人员的询问，按旅馆的规章制度办理登记手续，住房要服从服务台的安排，有事多协商。

(3) 住进客房后应讲卫生，不要到处乱扔果皮、纸屑，应将废弃物扔进纸篓。也不要在墙壁上乱涂乱画；应爱护房内设备，不要随便移动电视机的位置。

(4) 当旅馆服务员进房间送开水时，旅客应待之以礼；当服务员进来做清洁时，旅客不妨先到室外转一转，等服务员忙完再回房间。

(5) 旅馆是公众休息的场所，旅客在旅馆中住宿应保持安静，不要大声喧哗或长时间地打电话，也不要将电视机的音量调得太大，以免影响他人休息。

(6) 作为旅客，应自觉遵守旅馆的规章制度，不要出入无常或玩到深更半夜才回旅馆。若和其他旅客同住一室，应以礼相待，互相关照。晚上就寝不要太晚，以免影响室友休息。

(7) 旅客离开旅馆前，应及时到服务台结账，并同旅馆工作人员话别。

四、交通礼仪

(一)乘公共汽车礼仪

公共汽车是城市居民最常用的交通工具。平时上下班，双休日上街购物，人们通常都乘坐票价便宜的公共汽车。乘坐公共汽车，应讲究以下礼仪。

1. 自觉排队

在公共汽车起点站，乘客应自觉排队，依序上车。在中间站，车靠站后，乘客要先下后上，或从前门上后门下。应主动让老弱病残、妇女儿童先上。乘客上车后应酌情向车厢内移动，不要堵在车门口，以免妨碍后面的乘客上车。

2. 自动购票

乘客上车后应主动刷卡、购票或出示月票。下车前，应自觉地刷卡或向售票员出示车票、月票。在乘坐无人售票车时,应将事先准备好的钱币投入箱内。

3. 互谅互让

在车上遇到孕妇、病人、老人和抱孩子的妇女没有座位时,有座位的年轻乘客应主动让座。当他人给自己让座时,要立即表示感谢。车上人多时,乘客之间难免拥挤和碰撞,大家都应表现出高姿态,互相谅解。乘客还应尊重司机、售票员的劳动。此外,乘客应注意乘车安全,例如,不要在车上织毛衣,不要将雨伞尖指向他人,以免误伤其他乘客。

4. 注意卫生

乘客在车上不要吸烟,不要随地吐痰、乱扔果皮纸屑。随身携带机器零件或鱼、肉等的乘客,应将所带物品包好,以免弄脏其他乘客的衣服。

(二)乘轿车礼仪

随着城市出租车的普及和私家车的增多,轿车已成为人们常用的交通工具。因此,乘客应当了解轿车的有关知识,讲究乘车礼仪。

轿车上的座位有尊卑之分。一般来说,车上最尊贵的座位是后排右座,其余座位的尊卑次序依次是:后排左座、后排中座、前排右座。如果是专业司机开车,贵宾坐在后排右座;如果是轿车主人开车,贵宾也可以坐在前排右座(即副驾驶座),以便交谈。

亲友一同乘车时,男士和晚辈应当照顾女士和长辈,请他们先上后下,并且为他们开、关车门。

女士上车时,可面朝车门轻轻坐到座位上,然后双腿并拢进入车内。下车时,最好双脚同时着地,不要一前一后。

乘出租车时,若无特殊情况,乘客宜坐在后排。乘客应当尊重出租车司机,一般情况下,不要催促司机加快车速,也不要对司机的驾驶技术说三道四。乘客下车时,应向提供优质服务的司机道谢。

(三)乘火车礼仪

乘坐火车时,应讲究以下礼仪。

1. 对号入座(卧)

乘坐火车的旅客,应提前到火车站候车,到时排队检票上车。进入车厢后应对号入座(卧),不可占用别人订好的座位(铺位)。

2. 互相关照

旅客上车后,应迅速把携带的物品安放在行李架上,而不要把提箱、包裹等乱放在车厢通道上,以免影响通行。吸烟者不要在车厢内吸烟,可在两节车厢连接处吸烟。

旅客之间的寒暄、交谈应掌握好尺度,不要随便打听别人的收入等私事。与人聊天时,不要信口开河或大声讲话。打扑克牌时,不要高声喧哗,以免影响他人休息。

(四)乘地铁礼仪

随着国民经济的发展与科学技术的进步,我国北京、上海、深圳、南京、武汉等许多城市均修建、开通了地铁。现代交通工具地铁准时、便捷、安全,受到大众的喜爱。乘坐地铁应讲究以下礼仪。

1. 先下后上

候车时禁止越过黄色安全线或倚靠屏蔽门;按线排队候车,先下后上;车门或屏蔽门开、关过程中,禁止强行上下列车;车门或屏蔽门关闭后,禁止扒门。

2. 注意仪态

禁止在地铁站、车内追逐打闹;禁止在站台、大厅、出入口、通道久留,禁止在出入口平台上坐卧。

3. 讲究卫生

不得随地吐痰、乱扔果皮纸屑、在车厢内吃喝。

4. 保持安静

乘坐地铁时,交谈应尽量轻声细语,不要高声喧哗。使用手机通话时,不要大喊大叫,以免影响其他乘客。

(五)乘客轮礼仪

乘坐客轮,应讲究以下礼仪。

1. 遵守规则

乘客上船后,应听从客轮工作人员的安排,到自己的铺位休息,而不要任意挪动铺位。

乘客可在甲板上散步、观景,也可去阅览室读书、看报等,但注意不要随便闯入别人的客房,更不要到"旅客止步"之处游逛。"旅客止步"之处,多为船员或工作人员工作或休息的场所。

乘客乘船时还应遵守航行规则。例如,白天不要站在船头或甲板上挥舞衣服或手帕,以免被其他船只误认为是在打旗语;晚上则不可拿着手电筒乱照,以免被当成信号灯光。

2. 彬彬有礼

乘客应依序排队上船,而不要争先恐后地挤成一团。上船时,男士或年轻者应留意照顾同行的女士和年老者,让他们走在前面。下船时,男士或年轻者可以走在前面,以便帮助同行的女士和年老者下船。

乘客要尊重船员,乘客之间也应以礼相待、友好相处。

(六)乘飞机礼仪

乘国内航班至少应提前半小时到达机场,乘国际航班则至少需要提前一小时到达机

第五章　公共场所礼仪

场，以便有足够的时间取登机卡、办理托运行李手续等。

上下飞机时，均有空中小姐和其他机组人员站在机舱门口迎送乘客。乘客进出舱门时，应向热情迎送的机组人员表示感谢或点头致意。

飞机起飞或降落时，颠簸得较厉害，为安全起见，乘客看见头顶上方"系好安全带"的信号灯亮时，应迅速系好安全带。

在飞机上使用盥洗室时，动作要迅速，并注意保持其清洁，把用过的纸巾扔进收集脏纸巾的容器内。

乘国际航班，航程较长，在座位上坐久了感觉疲劳时，可以放下座椅靠背仰身休息。放座椅靠背之前，应先看看后面的乘客是否正在饮食，最好等他(她)用餐完毕已不再需要座椅后面的托板时，再缓缓地放下自己的座椅靠背。

一些飞机的机尾处设有吸烟区。吸烟的乘客取登机卡时，应说明自己是烟民。坐在"禁止吸烟"区的乘客，吸烟前应有礼貌地征得邻座的同意，或起身到机尾处的吸烟区吸烟。当飞机上亮出"请勿吸烟"的信号时，正在吸烟的烟民应迅速把烟熄掉。

第二节　其他公共场所礼仪规范

影剧院、图书馆、博物馆、体育场馆、健身房、游泳池、公园、洗手间、医院等公共场所，是供社会大众进行活动的公共活动空间。在公共场所不仅要积极维护和发扬尊老爱幼的传统美德，还应当自觉遵守公共场所的礼仪规范。

一、影剧院

电影院、剧院是比较高雅的文化场所，观众的仪态举止应当与其氛围相协调。

随着电视机走进千家万户，到电影院看电影的观众相对减少了，但仍有不少人喜欢到电影院看电影，特别是事业有成的年轻人，在闲暇时和朋友看一场电影，是一件十分惬意的事。作为观众，去电影院看电影时应衣着整洁；上剧院观看演出，着装应庄重得体，夏天不能穿背心、拖鞋入场。严禁在场内吸烟。

观众去影剧院看电影或观看演出时，应尽量提前或准时入场。在入口处主动出示票证，请工作人员检验，入场后对号入座。若到达较迟，其他观众已坐好，自己的座位又在里面，这时应有礼貌地请别人给自己让道。从别人面前经过时，应面向让道者一边道谢，一边朝前走，而不要背对着人家走过去。

从礼仪的角度出发，去剧场观看演出，迟到者应自觉站在剧场后面，只能在幕间入场，或等到台上的表演告一段落时再赶紧悄然入座。

到剧场观看演出，落座后，戴帽者应摘下帽子。入座时不要将椅子两边的扶手都占据了，要照顾到"左邻右舍"。观看演出时，不要摇头晃脑、手舞足蹈或交头接耳，以免妨碍后面观众的视线；也不要高谈阔论，以免影响周围观众。观看演出时，切忌起哄、吹口哨、怪声尖叫。爱吃零食的观众要自我约束，不吃带壳的食物，不吃带响声的食物。

在剧院观看演出时，要有礼貌地适时鼓掌，以表达对演员、指挥的尊敬、钦佩和谢意。鼓掌时要掌握好时机，例如，当受欢迎的演员首次出台亮相时应鼓掌；观看芭蕾舞，

乐队指挥进场时应鼓掌；演奏会上指挥登上指挥席时应鼓掌；一个个高难的杂技动作完成时应鼓掌；一首动听的歌曲演唱完毕时应鼓掌；演出告一段落时应鼓掌；演出全部结束时应起立热烈鼓掌。

观看演出时，鼓掌若不得当，就会产生副作用。如演员的台词还没说完或交响乐的一个乐章尚未结束时就贸然鼓掌，不仅影响演出，而且大煞风景。

在剧院看演出时，不宜中途退场。如果临时有急事或确实不喜欢看，应在幕间休息或一个节目结束时离场。

观看演出应善始善终。演出结束时，观众不要匆忙离场，应等演员谢幕或主宾在主人陪同下登台向演员致谢后，再秩序井然地离场。

二、图书馆

图书馆不仅是人类智慧的宝库，也是人类进步的阶梯，是读者学习和交流知识、获取信息的场所。读者在图书馆学习时应衣着整洁，不能穿背心、拖鞋进图书馆。读者在获取知识的同时，应自觉遵守图书馆的规章制度，爱护图书馆的设施，保持安静和环境清洁卫生。读者进入图书馆阅览室后，应自觉关闭手机。图书馆内严禁吸烟。

读者在图书馆学习时要讲文明、讲礼貌，不要抢占座位，为自己或他人划地盘。图书馆是公共学习场所，有空位人皆可坐，但欲坐在别人旁边的空位时，应有礼貌地询问其旁边是否有人。

在图书馆借还图书、进行微机检索、课题查询、复印资料，或在语音室听录音、收视室看录像等，都要按序排队。在图书馆，特别是在阅览室，走路要轻，最好不要穿钉了铁掌的皮鞋。入座和起座要轻，翻书也要轻。与学友交谈时，应轻声细语。若需长时间讨论，则最好到室外交谈。

在图书馆阅览时，应自觉爱护其公共设施和图书报刊。阅览时不要在书、报刊上涂画或在书、报刊上开"天窗"。更不允许把自己所需要的资料撕、剪下来，揣入自己的书包带出馆外，必要时可携带笔记本随时摘抄，切不可以孔乙己的名言"窃书不算偷"来作为自己偷书的借口，这不但不符合礼仪的要求，而且是极不道德的行为。

另外，图书因为借阅的人多、存放时间久，极有可能会传播病菌。如果自己是传染病患者，应暂时不借阅，也不传阅公用图书，以免传染给他人，危害他人的身体健康。

借阅图书时，应先填好借书卡耐心等待，不要语言生硬地催促工作人员，更不要出言不逊。对图书馆工作人员不要喊"喂"，而应尊称"老师"。正确地使用借书板，取下需要的书籍时应及时将借书板插入书籍所在的位置并做好标记，以便准确归还，不给工作人员添加麻烦。另外，借书必须使用本人的借书证，办理借书手续时动作要快，说话要轻。如果在闭架借书，应认真填写索书单交给工作人员查询，自己在一边耐心等待。使用计算机或图书馆的其他公用设施时，应尽量抓紧时间，以免给他人造成不便。借阅完毕，要对图书馆工作人员的辛勤劳动表示谢意，以表达自己对他们的感激之情，同时也是对他们的尊敬。

最后，借阅的书刊一定要及时归还或办理续借手续，自己在保管使用期间应小心爱护，做到"完璧归赵"。如果不慎遗失或发生损坏，应主动说明并照章赔偿。

三、博物馆

博物馆是收藏、展览珍贵物品的场所。博物馆展厅优雅、展品丰富。参观博物馆,可以增长知识,提高欣赏水平。

博物馆的形式多种多样,如军事博物馆侧重陈列军械和军事纪念品,各省市博物馆重点陈列本地文物等,而美术博物馆的展品则以绘画、图片等美术精品为主。

参观博物馆应讲究参观礼仪。

(一)爱护展品

博物馆内陈列的展品,大多数具有较高的历史价值或艺术价值,其中一些是国宝和珍贵物品。因此,参观时一定要爱护展品,做到不抽烟,不随便触摸展品,未经允许不使用闪光灯拍照展品。此外,还应当爱护博物馆内的展台、照明等设施。

(二)文明参观

参观博物馆时应保持安静,不要大声喧哗。听讲解员讲解时要专心,不要出言不逊,妄加评论。参观者应自觉遵守博物馆的有关规章制度,不要一边参观,一边吃零食。人多时,不要拥挤,而应当按顺序边看边走。不宜在一件展品前长时间驻足,以免影响他人欣赏。

超越他人时要讲礼貌,注意不要从他人面前经过,以免妨碍他人观赏,而应当从其身后走过。如果必须从他人面前经过,则应说:"对不起,请让我过一下。"

四、体育场馆

体育场馆是进行体育锻炼和体育比赛的场所。在体育场馆观看体育比赛时,应讲究以下礼仪。

(1) 去体育场馆观看比赛,衣着不必太讲究,但要整洁、大方。人多时,应自觉排队购票,按时入场。倘若姗姗来迟,入座时会影响别人观看比赛。入场后应尽快找到看台上的座位坐下来。

(2) 观看体育比赛时,希望自己喜欢的运动队获胜是人之常情,也是可以理解的。但是,作为一名文明观众,应尽量克制在感情上一边倒的倾向,要为双方队员鼓掌加油,为每位运动员的出色表现喝彩。不要只当一方的啦啦队队员,而对另一方喝倒彩或故意起哄。

(3) "人有失手,马有失蹄"。作为一名观众,对运动员在比赛中竞技发挥的失常、失误要给予谅解,而不要发出嘘声、怪声或讥笑声。应尊重运动员、裁判员、服务人员的劳动,不要嘲讽或辱骂裁判员、运动员。

(4) 作为一名文明观众,应自觉维护体育场内的卫生,不随地吐痰,不乱扔果皮、瓜子壳等废弃物,不乱踩座位,不翻越栏杆,不在体育馆室内吸烟。

比赛结束后,散场时应按秩序退场,不要拥挤,遇到老弱病残者应主动礼让。

五、健身房

健身房是供人们锻炼身体的场所。在公共健身房活动时，应讲究以下礼仪。

(1) 互相关照。公共健身房内配备有多种器材，分别用于锻炼身体不同部位的肌肉。鉴于此，一个人不要长时间地霸占某一种器材，以免妨碍他人进行运动。此外，运动完毕后，应将器材归回初始状态，计时计数器归零。

(2) 保持器材干净。在锻炼时若汗水弄湿了器材，应用毛巾等擦干。

(3) 保持安静。健身房是运动场所，应避免高声谈笑或大声喧哗。

(4) 致意。离开健身房前，应向指导教练致意，感谢他(她)的指导与陪伴。

六、游泳池

游泳池是人们健身和消暑的好地方。在游泳池游泳，应讲究以下礼仪。

(1) 保持池水清洁。入池前，先冲个澡，把身上的汗水、灰尘等洗干净，以免污染了清洁的池水。

(2) 为他人着想。在公共游泳池游泳时，最好按照一定的路线前进，不要突然急转弯，以免碰到他人。

(3) 注意安全。在游泳池内嬉戏时，要注意安全，尽可能避免出现呛水或身体碰撞等情况。

七、公园

公园是人们休息、娱乐的公共场所。无论春夏秋冬，许多离退休老人都会在清晨来到公园，进行活动和晨练。白天，游园者来到公园观光赏景。黄昏时分，忙了一天的职员们在公园的草地上漫步，借此消除精神疲劳。夜幕降临，一对对正处于热恋之中的情侣相会在公园的花前长椅上，倾诉衷肠。每逢周末或节假日，一些家庭全家出动，去公园尽情享受和体会大自然的美。不少学生周末或节假日也来到公园僻静处看书学习。公园更是少年儿童的乐园。

人人都爱美，热爱美丽的大自然，都喜欢在空气清新、景色迷人的公园里休息、娱乐或举办活动等。因此，都有责任和义务爱护公园内的公用设施和花草树木，并讲究游园礼仪。

每位在公园内活动和游玩的游客，都应当自觉保持公园的卫生和宁静。在公园内不要乱扔果皮、纸屑、饮料瓶罐，也不要高声喧哗、嬉笑打闹。利用双休日在公园游玩、野餐的年轻人和家庭，离开时不要忘了将废弃物收拾干净。

游客还应自觉遵守公园的规章制度，爱护公园的花草树木和娱乐设施，不能攀树折枝、掐花摘果、践踏草坪，也不能在文物古迹上刻画、书写自己的名字。要知道，人靠建功立业才能名垂青史，而到处涂抹自己的名字，只会在其他游园者心中留下不好的印象。

游客在公园里游玩和活动，同样要讲风格，讲礼让，讲互助。白天，游客不要躺在公园的长椅上睡觉；夜晚，不要打扰人家谈情说爱。在景点拍照时，若需要请别人帮忙，应礼貌地说出来，拍照后，别忘了道声谢。

不少公园里配备有儿童游乐设施,如小滑梯、小转马、小秋千等,这是专供孩子玩的设施。成年人可以在旁边兴致勃勃地观看孩子们玩耍,但不要抢占专为儿童设置的游乐设施。例如,公园里专门为孩子准备的小秋千,有些成年人却坐在上面长时间不下来,让儿童排着长队,眼巴巴地等待着。殊不知,这样做不仅伤了孩子们的心,而且还容易损坏这些儿童专用设施。

八、洗手间

洗手间是每个人都要使用的场所之一,是否了解和讲究洗手间礼仪,可以从一个侧面反映一个人的文明素质。

(一)洗手间的标志

国际上通用的洗手间标志是"W.C."。另外,常用的标志还有 Toilet(盥洗室)、Lavatory(厕所)、Wash Room(洗手间)、Rest Room(休息室)、Bath Room(浴室)和 Comfort Station(休息室)。男洗手间的标志有 Men's Room、Gentlemen、Gent's、Men 等;女洗手间的标志有 Ladies' Room、Women、Powder Room(化妆室)等。

洗手间除文字标识外,还有图画标识。男女洗手间通常以男人和女人的头像分别做标志。此外,女洗手间的标志还有裙子、皮包、丝巾、高跟鞋等;男洗手间的标志还有帽子、烟斗、长裤、领带等。以颜色区别的话,红色的为女洗手间,蓝色的为男洗手间。

(二)洗手间的使用

在火车、飞机和轮船上,洗手间是男女共用的,使用前应先看清门上显示的是有人还是没人,不要贸然进去。

出入洗手间时不要用力过猛,将门拉得大开或者撞得直响。在洗手间里的时间不应太长,使用洗手间时应自觉保持洗手间的清洁卫生,不应在洗手间里信笔涂鸦。使用洗手间后一定要自觉放水及时冲洗,并关好水龙头;纸屑应扔进纸篓;不要在洗手间内乱吐、乱扔其他东西;要注意保持洗脸池的清洁,不留脏水和污物;不要随手拿走洗手间里备用的手纸或乱拉乱用。

走出洗手间之前,应把衣饰整理好,不要一边系着裤扣或整理着衣裙一边往外走,这样显得不雅观。

九、医院

医院是救死扶伤的地方,也是一个特殊的公共场所。人们去医院看病,要讲究看病礼仪;住院治疗,要遵循住院礼仪;探望病人时,则应注意探望病人的礼仪。

(一)看病礼仪

人吃五谷杂粮,免不了要生病。去医院看病时,应遵守医院的规矩,自觉排队挂号。就诊时,应尊重医生,如实回答医生的提问。取药时,也应按先后顺序领取。

(二)住院礼仪

住院治疗的病人要听从医生的安排，积极配合医生治疗疾病。住院期间，应尊重医护人员，遵守病房的作息制度，自觉保持病房的卫生，与其他病友友好相处、互相关照。

(三)探望病人礼仪

去医院探望病人时，要讲究下列礼仪。

1. 选择恰当的时间

探望病人时要选好时间，应在医院允许的探视时间内进行。注意不要在病人刚住进医院或刚做完手术便去探望，以免影响病人的治疗和休息。通常在下午4点左右去医院探望病人比较适宜。

2. 携带合适的礼品

探望病人时，可根据病人所患疾病及病情，携带合适的礼品。如一束香味淡雅的鲜花、一本优秀的小说或一些适合病人食用的水果、营养品等。

3. 讲些安慰的话语

探病者去医院探望病人时，表情宜轻松、自然、乐观，神态不要过于沉重，更不要在病人面前落泪，以免给病人造成精神压力。与病人交谈时应轻声细语，说些宽慰与鼓励的话，使病人增加战胜疾病的勇气。探病者在病房逗留时间不可太长，一般以10分钟左右为宜。

【礼仪故事】

电车里的礼貌课

在西方社会，"女士优先"是男士恪守的社交原则，在一些不起眼的小事上谦让和照顾女士，被认为是男子汉气概与绅士风度的表现。因此，在不少西方国家，都有一条不成文的规矩：女士乘搭公共汽车的时候，同车的男士应主动让座。在这种情况下，女士无须推让，只需要说一声"谢谢"，便可以安然入座。

一天，正是上班的高峰时间，一辆搭载了不少乘客的电车缓缓地停靠在站台上。一位太太登上了电车，她穿着合体的套装，拎着一只小小的漆皮包，在车厢里走了一步，便犹豫地站住了，因为乘客挺多，已经没有空座位了。一位先生见状，便客气地站起身对她说："请坐这儿吧。"这位太太走上前，看也没看他一眼，便一声不吭地坐下了。让座的先生颇感诧异，周围的乘客也都对她这种不礼貌的行为感到不满。

这位先生站在她的身边，想了一下，俯下身问道："太太，您刚才说什么？我没有听清楚。"那位太太抬头看看他，奇怪地说："我什么也没有说呀。""喔，对不起，太太。"那位先生淡淡地说，"我还以为您在说'谢谢'呢。"

车里的其他乘客都笑了起来，那位不讲礼貌的太太在众人的笑声中羞得满脸通红。

思 考 题

1. 乘坐公共汽车有哪些礼仪要求?
2. 在游泳池时应注意哪些规范?
3. 应当怎样安慰病人?

第六章 求职礼仪

随着社会主义市场经济体制的逐步建立，人事制度、毕业生就业制度和劳动用工制度正在发生相应的变革。如今，求职者与用人单位实行双向选择的模式日趋普及，求职现象日渐普遍。许多即将毕业的大学生或研究生等，都会面临就业问题。而一些对现有工作不大满意的职工，也打算换个单位试试。可是，怎样才能找到称心如意的工作单位呢？求职者的知识和能力固然重要，但仅凭技能还不够，不少才子、才女在人才市场上屡屡碰壁的教训令人遗憾，也让人深思。他们并不是庸才，可由于缺乏求职技巧和求职礼仪，理想的工作总与他们擦肩而过。因此，求职者应当学习求职知识、求职技巧和求职礼仪，以便顺利择业、大展宏图。

第一节 求职准备

一、收集信息

找工作，首先要利用各种途径广泛收集人才需求信息，以便对号入座。既可以通过官方、校方、厂方和人才供需见面会、人才交流会等渠道了解哪些单位需要人，也可以从广播、电视、报刊、电脑、人才市场、劳动力市场、职业介绍所等各种媒介中捕捉就业信息，还可以拜托亲朋好友、老师、同学、老乡等帮忙打听、联系工作。随着互联网技术的普及，网络查询也日益成为一个主要的手段。接着，将收集到的信息进行整理，从中筛选出自己认为比较理想的工作单位，作为下一步进军的目标。选择岗位时，要客观、准确地评价自己，要让自己的优势、特长与应聘岗位相适应，要分析并积极弥补自己的弱势。在掌握招聘单位的基本信息、考核内容及方式的前提下，调整好自己的心态，既相信自己的能力，又要有耐心和韧性。

二、选择单位

所谓比较理想的工作单位，是指那些既符合本人兴趣又能发挥自己专长的单位。例如，喜欢舞文弄墨者，可以选择需要笔杆子或文秘人员的单位；而乐于经商者，则可去贸易部门竞争职位……

选择单位也有诀窍。一是要看用人单位是在走上坡路，还是在走下坡路。应以发展红火、正在扩张、处于上升趋势的单位作为首选，而不要投身于正在萎缩、没落的单位。二是要考虑究竟选择蒸蒸日上的大公司还是蓬勃发展的小企业？对个人而言，单位牌子大小、实力强弱并不是最重要的，关键是要看用人单位能否给自己一个发挥才能的机会和拓展事业的空间，只要有发展前途，中央机关、省直属机关、国有企业、"三资"企业、集体企业、乡镇企业和民营企业等，都可以纳入自己的视野。

第二节 联系单位

求职者一旦选择好了较理想的工作单位，不妨立刻开始主动进行联系。可先打电话与用人单位联系，并约好时间直接到用人单位面谈。进行电话联络时，要讲究交谈方式，做到语气亲切，语言简明，声音高低适度。因为声音往往可以反映出一个人的年龄、态度、个性等，因此切不可粗声粗气、大喊大叫。与用人单位联系，也可以先放一只"试探性气球"，寄去个人简历和求职信，看对方是否有意。

一、个人简历

个人简历包括姓名、性别、年龄、地址、所学专业、课程及其成绩，以及外语水平，会不会使用计算机等。此外，不要漏掉工作经历或社会实践及其成就。如果曾担任过学生干部，主持或参与过重要活动，自然会引起用人单位的注目；倘若是一位勤奋的笔耕者，发表的文章、取得的科研成果，对求职成功亦大有裨益。例如，某大学国际金融专业 93 级的一名学生干部，由于其专业理论基础扎实，外语水平过关，遂成为多家用人单位力邀加盟的对象。而综合素质高、科研成果多的复合型人才，也备受用人单位的青睐。

个人简历要简洁明了、重点突出、干净美观、清晰易读，同时要有个性，突出自己的特点。个人简历可采用完全表格式、半文章式、小册子式、时序式或创造式等格式，应包括个人基本情况、受教育和培训情况、工作经历、能力以及经验、个人兴趣和特长等内容，还要附上有关评论或获奖的证明材料。现举例如下。

1. 文本简历(主要栏目)

简　　历

个人信息
彩色照片
姓名：
性别：
年龄：
出生年月：
籍贯：
身高：
学历：
政治面貌：
专业：
外语水平：
学校：
邮箱：
联系方式：

获得证书:
获得奖励:
教育背景:
实践经验:
自我评价:
附各类奖励证明材料:

2. 表格简历

表格简历示例见表 6.1。

表 6.1　个人简历

姓名		性别		出生年月		
民族		政治面貌		身高		
学制		学历		户籍		
专业		毕业学校				
技能、特长或爱好						
外语等级				计算机水平		
在　校　经　历						
联　系　方　式						
通信地址				联系电话		
E-mail				邮　编		
自　我　评　价						

第六章　求职礼仪

二、求职信

求职者写求职信时应实事求是，既不要夸大其词，也不要贬低自己，力求做到行文规范、表达准确。写好后可打印出来，篇幅不要超过两页纸，文中不宜出现文字错误及涂改痕迹。现举例如下。

> 我叫×××，女，中共党员，××大学会计学专业××届毕业生。在校期间学习成绩优异，专业课平均成绩 91 分，选修课平均成绩 87 分。大学英语已通过国家四级，计算机通过国家二级，会操作 Office、Windows 等计算机软件，在省级报刊上发表过 4 篇论文，曾两次荣获校级"三好学生"荣誉称号，连续三年获得一等奖学金。
>
> 本人性格开朗、爱好广泛，喜书法，好绘画，有一定的写作能力，组织能力较强。在校期间历任班、系、院学生干部，参与组织了樱花诗会等活动。
>
> 我希望到贵单位效力，从事与所学专业相关的财务、会计、文秘等工作，以便施展自己的才华。联系电话：××××××××××

书面求职信包括称呼、正文、结尾、署名、日期、目录、附件等方面的内容，通常篇幅以 1500 字左右为宜。写求职信应精心设计、标新立异，实事求是、恰如其分，文笔流畅、表达准确，重点突出、有针对性。

电子求职信包括求职目标、个人小结和决心三部分内容，一般长度以收件人无须使用屏幕的滚动条就能读完为宜。在网上发送时，应以"应聘某某职位"作为邮件标题，把求职信作为邮件正文，再把简历直接复制到邮件正文中。这样既方便对方阅读，又杜绝了附件携带计算机病毒的可能性。求职信和简历应用文本格式来写，信中不能有错别字，二者应一同发送，不要分开。

若通过邮局寄求职信，则可以选用所在学校的信封，选择有特色的邮票，以便给对方留下鲜明的印象。

除了求职信和简历外，为了加深用人单位对自己的印象，求职时还可以准备推荐信。推荐信可以请熟悉自己的老师写，他(她)会如实地介绍学生的优点和强项；也可以请校方组织部门出具推荐信，一定要盖公章，以增加权威性。这些都有助于用人单位更好地了解求职者。

三、联系求职单位

求职者与用人单位联系时，要讲究策略。求职材料寄出后，应等待一些日子再询问结果。若材料寄出不久，就急不可耐地频繁催促用人单位，会让对方反感。若材料寄出很久都没有回音，则应去信客气地询问对方是否收到，有时还可以主动出击。例如，美国著名教育家卡耐基先生的一位朋友就是靠胆大心细，才得以进入一家知名的广播公司。

当时，有多家公司请他"静候佳音"。他觉得"守株待兔"不是办法，于是开始主动进攻。他用十分冷静的语气打电话询问一家大公司："本人想询问一下贵公司是否还在征求助理制作？"他前后共打了 10 次电话，每一次的答案都是："对不起，我们部门没有征求任何人员。"他还是不甘心，继续打，终于有人告诉他："你可以跟特拉多先生或杜尔先生联络，我们已经开始进行面谈了。"还有人回答说："是的，我们正在征求助理制

作,您可以和崔斯基先生谈谈。"在面试的时候,主考官问他如何得知这个机会的,因为公司并没有向外界透露消息,原打算由内部人员递补。他回答说,他打了多次电话查询,终于侥幸地得到消息。主考官点头笑着说:"你这种锲而不舍的精神真是令人可敬可佩。"

求职并非易事,在求职道路上并不总是求职者希望见到的一路绿灯。求职时若被对方回绝,也不必沮丧,失败乃成功之母,再联系其他单位,西方不亮东方亮。

联系工作单位,能够学以致用当然最佳,但短期内若无合适的单位,则不妨变通一下,而不要把自己牢牢地限制在一个狭小的专业圈子里。"退一步海阔天空"。例如,学历史专业的青年人,既可以同教育部门挂钩,当一名历史教员;也不妨与报社、杂志社、出版社联系,从事编辑工作;若有机会到机关、企业等单位做行政工作也很好。联系的面宽一点,机遇就会多一些。

第三节 面试礼仪与应聘技巧

一、形象设计与思想准备

面谈或面试是用人单位当面观察求职者,考查其修养、能力,继而做出录用决定的关键。因此,求职者必须认真对待,提前做好形象设计与思想准备,力争顺利闯过这一关。

(一)形象设计

求职者的形象给面试官的印象好坏,往往关系到求职的成败。因此,求职者在面试前应进行自我形象设计,以便在面试时能更好地展示自己的风度和神采。

1. 男性求职者的形象设计

男性求职者首先要精心梳理好头发。注意不宜留长发,不能剃成阴阳头,也不能弄成满头卷发,乱作一团。

其次,要认真修好边幅,如修剪鼻毛和胡须,显得面部光洁、神采奕奕。

另外,一定要做到衣着整洁。若穿西装,最好系领带。注意要将衬衫下摆扎进裤中;不要穿袖口或裤脚折边已磨损或开线的衣服;皮鞋要擦亮,鞋带要系紧。

2. 女性求职者的形象设计

一般来说,端庄、干练的女性求职者会受到用人单位的普遍欢迎。因此,女士面试前宜化淡妆,细心修剪指甲和鼻毛,把头发盘起或梳扎好。不要浓妆艳抹,以免弄巧成拙。女士着装要大方得体,不穿超短裙,也不要穿薄、露、透或紧绷在身上的衣服,可穿西装套裙。西装应稍短,以充分体现女性腰部、臀部的曲线美;如果配裤子,上装以稍长为宜。求职面试时,女士应避免佩戴过多的珠宝饰物。

(二)思想准备

面谈和面试时,面试官会向求职者提一大堆问题或一连串问题。求职者对面试官可能提出的问题应事先有所准备,以便做到胸有成竹、对答如流。这里列出用人单位通常会提出的十个问题供大家参考。

(1) 你的家庭情况、婚姻状况如何？
(2) 你的理想是什么？
(3) 你为何要选择本单位？
(4) 你计划怎样为本单位做贡献？
(5) 你对工作待遇有何要求？
(6) 你计划今后再调换工作吗？
(7) 你打算出国吗？
(8) 你喜欢什么样的领导？
(9) 你有哪些特长？
(10) 你的缺点是什么？

此外，美国恩迪科特博士经过大量调查后总结出美国招聘者招聘大学毕业生时常问的49个问题，其中不少问题值得中国求职者思考。

(1) 你的长期和短期目标是什么？你准备怎样实现它们？
(2) 除了与职业相关的目标外，你还有什么其他方面的目标吗？你是否有在下一个10年或更长的时间内为之奋斗的目标？
(3) 你预计从现在开始的5年内，你将做些什么事情？
(4) 在你的一生当中，你想做的最重要的事情是什么？
(5) 你长期的职业目标是什么？
(6) 你计划怎样实现你的职业目标？
(7) 在职业方面，你希望得到的最重要的奖励是什么？
(8) 你希望5年后的收入达到多少？
(9) 你为什么要选择你所准备从事的职业？
(10) 工作类型与收入哪一个对你来说比较重要？
(11) 你认为你的强项和弱点各是什么？
(12) 你能形容一下你自己吗？
(13) 你认为最了解你的朋友和老师会如何描述你？
(14) 什么事情或东西将激发出你最大的热情？
(15) 为了你的职业生涯，在大学期间你都做了哪些准备工作？
(16) 我们为什么要雇用你？
(17) 你认为你哪方面的资历将有助于你以后取得职业方面的成功？
(18) 你是怎样判断或评估成功的？
(19) 你认为怎样才能在像我们这样一家公司取得职业上的成功？
(20) 你将以何种方式为我们公司做贡献？
(21) 一个成功的管理者应具备什么样的资历？
(22) 形容一下监督者与向其汇报工作的人员之间的关系。
(23) 最令你感到满足的成就(你已经实现的)是什么？举出两三个例子，并说明为什么？
(24) 讲一讲对你最有益的大学经历。

(25) 如果你想雇用一个向你申请，想得到职业的毕业生，你认为该毕业生应该具备什么样的资历？

(26) 你为什么选择了你所毕业的大学？

(27) 什么原因使你选择了你正从事的专业领域？

(28) 在大学里你最喜欢的科目是什么？为什么喜欢它？

(29) 你不喜欢的科目是什么？为什么不喜欢？

(30) 如果可能的话，你将如何改变自己的学业？为什么？

(31) 你希望学校有什么样的变化？为什么？

(32) 你是否计划继续你的学业或得到一个更高级别的学位？

(33) 你认为好的分数意味着较好的学术水平吗？为什么？

(34) 从课外活动中你都学到了什么？

(35) 你最适应什么样的工作环境？

(36) 在压力下你是如何工作的？

(37) 你最感兴趣的临时工作或假期工作是什么？为什么？

(38) 为什么你决定申请我们公司的这个职位？

(39) 关于我们公司，你都知道些什么情况？

(40) 对你来说，工作中最重要的两三件事情是什么？

(41) 你对公司的规模有什么要求吗？为什么？

(42) 你用什么标准来评价你为之效力的公司？

(43) 你对工作地区有什么偏爱吗？为什么？

(44) 你愿意迁居吗？迁居对你有什么样的影响？

(45) 你愿意出差吗？

(46) 你愿意再花至少6个月的时间接受培训吗？

(47) 你对我们公司所在的社区有何评价？

(48) 你曾遇到的主要问题是什么？你是如何解决的？

(49) 你从犯过的错误中学到了什么？

二、面试礼仪与讨价技巧

(一)面试礼仪

面试时要带全有关证件，要注意身体姿势和动作，不要结伴而行。要关掉手机，若有重要事务不能关机时，至少应设成静音。不可向主考官借手机，或在有人在场的情况下接主考官的电话。不要硬往主考官手里塞联系名片或向主考官索要名片，一切行为都要自然得体，掌握好递送和互赠的时机。求职者在面试过程中表现出来的礼仪水平，不仅反映出求职者的人品和修养，而且直接影响了面试官的最终决定。因此，求职者在参加面试时，务必注意以下六点。

1. 准时赴约

守约守时是最基本的礼仪。应邀赴约时，一定要按通知的时间到达面谈地点，或不妨

第六章　求职礼仪

提前 15 分钟到达面谈场所附近，熟悉情况，进一步做好面试前的思想、心理准备。再想一想，怎样简要介绍自己的基本情况，如何巧妙回答招聘者可能提出的诸如"你为何对这份工作感兴趣""你的奋斗目标是什么"等问题，然后独自不慌不忙地进入面谈场所。切莫让他人陪你入场。入场时不要吸烟，更不要大大咧咧地嚼口香糖。

2. 尊重接待人员

到达招聘单位后，应主动向接待人员问好。若需要填写表格，字迹应力求工整、清楚。等候时注意坐姿。轮到面谈时，先敲门或按门铃，如果门虚掩着，也应先敲门，切勿推门而入，而要等得到允许后方可进入。进门后要有礼貌地问候主谈(考)人，并随手轻轻地关好门。待主考官请你就座时先道谢，然后再按指定位置落座。落座后应尽可能保持坐姿端正，表情宜亲切、自然，不可趾高气扬。

3. 彬彬有礼

进门后，如果主考官向你伸出手，你应同他(她)热情握手。若对方给你端来茶水，应用双手接过，并致谢，不要推辞不喝。若对方只是客气地问："要茶吗？"你则可客气地回答："不用，谢谢。"

4. 讲究谈话礼仪

寒暄完毕，主考官通常会让求职者先作自我介绍，你要充满自信、重点突出、分寸得当。回答问题时，要与主考官保持正确的距离，冷静沉着、宠辱不惊；要准确判断主考官的用意；还要做到知之为知之，不知为不知。谈话应把握重点、准确客观，态度要热情、坦诚，吐字清楚。回答时，眼睛看着主谈人(主考官)及其助手，应自信、冷静、沉着，不要浮躁、紧张、胆怯。在面谈过程中，应仔细聆听对方的提问，对答如流，但不要夸夸其谈，炫耀自己，更不要喧宾夺主。切忌打断主谈人的谈话，在主谈人谈话时插话是不礼貌的行为。

如果面谈时两个人同时向你提问，你可以微笑着对其中一位说："请让我先回答那个问题好吗？"这样处理问题，可以从一个侧面表现出你的修养和处事能力。当然，在面谈时也可以酌情穿插一些提问，如询问未来的工作情况等，以活跃交谈气氛。

5. 适时告辞

当主谈人说"感谢你来面谈"等诸如此类的话时，意味着面试完毕，你应从容不迫地站起来，面带微笑地表示谢意，与主谈人等握手道别，然后走出房间并轻轻带上门。离开时，别忘了向接待过你的接待人员道谢、告辞。

6. 致信道谢

面试之后，求职者不要消极地等待通知，最好在面试 1～2 天之内，利用书信、电子邮件或电话向主考官表示诚恳地感谢。

一般情况下，面试后 3～5 天内才能出结果。如果面试两周之后求职者还未收到答复，就应该写信或打电话给招聘单位或主考官，询问有关结果。如打电话，要事先想好要说的话，直切主题、语调欢快，声音清晰、明朗，不管是否被录用，都要表示感谢。

(二)讨价技巧

找工作,既是为了寻找一个用武之地,以大显身手,也是为了获得一份薪水,以满足生活的需要。求职者都希望找到一个既合自己心意又有好的待遇的工作。在求职时要掌握好以下三个环节。

1. 摸清情况

求职者和招聘者面谈前,可事先了解该行业的一般待遇及前任工资收入。例如,你打算在一个饭店谋取大堂经理的职位,那么,你首先应该从其他途径了解到该饭店前任大堂经理和其他同级别饭店大堂经理的月薪数目。心中有了底,谈判时开价会比较合适。当然,谈薪水也要考虑自身的条件。

2. 选择时机

求职者不宜在刚与雇主见面时就谈待遇问题,而应掌握"火候"。最好等到雇主表示出雇用之意时,再谈论薪水问题。

3. 留有余地

当雇主有意聘你时,他(她)可能会突然提问:"你希望的月薪是多少?"此时,你不要惊慌,可以根据你掌握的有关情况,说出自己能接受的最低待遇和希望获得的最高月薪。倘若前任月薪是 1800 元,你指望月薪为 2000 元,可以说:"1800 至 2200 元如何?"如果雇主说:"最高 1900 元。"你可以说:"您希望我到贵单位服务,我十分乐意。可这个数目似乎稍微少了一点,2000 元就合理一些了。"此时,还可以讲你以前的月薪是多少,为先前服务的单位做出了若干贡献等。但不要把话说死,既不要说"韩信点兵,多多益善",也不要说"少了 2000 元我不干",而要给对方和自己留下回旋的余地。商谈薪水要坚定而灵活,如果达到或接近期望的目标就可以了。上岗后干得出色,单位自然会给你加薪。

求职成功令人心情愉快,但万一受挫也不要气馁,可以寻找其他机会。有时候,第一次选择的职业可能不是最佳的,以后还可以根据自身条件的变化和社会环境的变迁,再次选择职业。

【礼仪故事】

最好的介绍信

一位先生登报招聘一名办公室勤杂工,有 50 多人前来应聘。这位先生从中挑选了一位青年。他的一位朋友问:"你为何喜欢那个青年,他既没有带一封介绍信,也没有任何人推荐。"

"你错了,"这位先生说,"他带来了许多介绍信。他在门口擦掉了鞋底上的泥,进门后随手关上了门,说明他做事小心仔细。当他看到那位残疾老人时,就立即起身让座,表明他心地善良、体贴别人。进了办公室,他先脱去帽子,回答我的提问时干脆果断,证明他既懂礼貌又有教养。其他所有的人都从我故意放在地板上的那本书上迈过去,而他却

第六章 求职礼仪

俯身捡起书,并把它放到桌子上。他衣着整洁,头发梳得整整齐齐,指甲修得干干净净。难道你不认为这些就是最好的介绍信吗?"

(资料来源:李荣建,宋和平.礼仪训练[M].武汉:华中理工大学出版社,1999.)

思 考 题

1. 怎样写简历?
2. 面试时有哪些礼仪和讲究?
3. 如何谈工资待遇事宜?

第七章 公务礼仪

毕业生离开学校，走进工作单位的大门，应尽快调整好心态，熟悉业务工作，使自己尽早进入角色，在工作中不断提高业务水平，同时要积极培养自己的团队精神和协调能力，尽快融入工作单位。

俗话说："一个篱笆三个桩，一个好汉三个帮。"立业既要靠自己的努力奋斗，也需要他人的帮助与合作。因此，工作人员要在工作单位认真学习和努力实践公务活动的行为规范与准则——公务礼仪，与上级处理好关系，与同事和睦相处。只有这样，才能够在工作单位站稳脚跟，在事业上一步步走向成功。

第一节 工作礼仪

一、上岗礼仪

打工族上班，既是为了生活，也是为社会做贡献。大家都希望在一个舒适、宽松的环境里工作，而这种环境需要大家共同努力营造和维护。因此，每个人都不应该忽视上岗礼仪。

(一)上班服饰

员工的服饰关系到单位的形象与个人的尊严。目前，我国不少企业、餐饮业等行业、部门都有本单位选定的工作服(职业服)。在统一着装的单位，员工上班时统一穿工作服，既整齐，又安全。倘若单位无统一着装要求，男士着装要整洁、大方，给人以干净、利落的感觉；女士衣着宜美观、合身，尽量不穿薄、露、透的衣服，也不要打扮得花枝招展，以免给人以轻浮的感觉。

男士上班前应修好边幅，显得精神抖擞；女士上班前可酌情化淡妆，但不要浓妆艳抹，也不宜佩戴过多或叮当作响的首饰。过分打扮会显得俗气。

(二)工作场合行为规范

工作人员应严格遵循工作岗位的行为规范，遵守其规定的作息时间，按时上下班，不迟到不早退。上岗后，要积极做好各项准备工作，立足本职，不要串岗。上班时间不做私事，也不要长时间用单位电话闲聊。

二、上下级关系礼仪

在工作单位，上级与下级分工不同，既是领导与被领导的关系，同时也是合作关系。上下级要做到精诚合作，取得良好的工作业绩，讲究上下级关系礼仪、妥善处理好上下级之间关系至关重要。

(一)上级礼仪

1. 任人唯贤

作为领导者,不仅应擅长科学决策,而且要努力做到知人善用。上级要了解部下的经历、素质、脾气、性格、作风以及具有的长处与弱点,用其所长,避其所短,量才使用,调动其积极性,以充分发挥其聪明才智。

作为领导者,要尽量避免感情用事,做到任人唯贤,而不要任人唯亲。对下属,不要亲者近,远者疏,而应当从工作需要出发,一视同仁,唯才是举,提拔、重用有才干的下属,放手让他们大胆工作。领导者应礼贤下士,不委屈勤恳工作的职员,不怠慢具有开拓精神的员工,不排挤德才兼备的功臣。此外,领导者不仅要会用人,还要为下属着想,关心他们的疾苦,为他们排忧解难,从而帮助他们不断进步。

2. 言而有信

作为领导者,讲话要谨慎,要言而有信,做到言必行,行必果。不要信口开河,更不要随便封官许愿。工作中切忌用官话训人,用大话吓人,用假话哄人。对下属承诺的事,应当认真地去兑现,若遇到特殊情况一时解决不了时,则应坦诚地说明原因。一位不放"空炮、哑炮"的领导者,才会有威信,才有可能赢得部下的信赖;反之,就会失去在下属心目中的威信。

3. 宽宏大量

俗话说:"将军额头上能跑马,宰相肚里能撑船。"作为领导者,应当严于律己,宽以待人,对下属不要横挑鼻子竖挑眼,而应当多看到部下的优点,对做出成绩的下属要予以表扬和奖励,而不能嫉妒或贬低。领导者也应尊重和爱护部下,不要专横傲慢,对下属颐指气使、呼来唤去。对心直口快、敢于提意见的下属,应持欢迎的态度。虚怀若谷者比盛气凌人者更容易与群众打成一片,从而带领下属创造新业绩。

(二)下级礼仪

1. 尊敬上级

在工作中,下级服从上级,这是最基本的原则。下级尊敬上级,不仅表现在口头上,而且体现在行动中。上级布置工作时,下级要认真聆听,对上级的正确指示要坚决执行,对上级布置的任务要努力完成。在执行过程中,应适时向领导请示,完成任务后,要及时向领导汇报。切忌把上级的指示当作耳旁风,或视为儿戏。在工作中有令不行,或敷衍领导,办事拖拖拉拉的行为,不仅对工作不利,也会降低自己在领导心目中的地位。

2. 讲究方式

领导者有时也许会对一些问题考虑不周,工作中难免会有不当之处。作为下属,此时不要借机显示自己高明,"喧宾夺主",当众指出上级的错误。而应当讲究方式方法,个别找领导交换意见,坦陈自己经过深思熟虑后的看法,供领导参考。这样做,对改进工作更有利。

3. 注意小节

下级有事找领导人时，应先轻轻敲门，经允许后方可进入。若非紧急公务，正逢领导开会，应有礼貌地等候或另择时间。向领导汇报工作，应实事求是、简明扼要，切忌啰唆。未经领导许可，不要随便翻阅领导办公桌上的文件。

上级领导来部门检查工作时，下级员工如果坐在椅子上，应起身迎送。此外，作为下级，不要在背后对领导说三道四。

三、同事礼仪

同事关系是指同一组织中平级工作人员之间因工作而产生的关系，通常具有稳定性。长期共处一室的同事应当讲究同事关系礼仪，彼此尊重，互相帮助，一视同仁，以便建立与保持和谐的同事关系。

(一) 彼此尊重

俗话说："同船共渡，八百年修行。"大家从四面八方走进同一个单位，自然也算有缘分。长年累月在一个单位共事，彼此比较熟悉，从对方的喜怒哀乐到爱憎的情感和性格，几乎无所不知。在这种情况下，同事间更应该彼此尊重、以诚相待，但不可揭别人的隐私，更不要东家长、西家短地搬弄是非。要向取得成绩的同事表示热烈祝贺，对遇到不幸的同事深表同情，切不可幸灾乐祸。

(二) 互相帮助

在一个单位共事的同事，在工作中既有分工又有合作。不论是分内事还是分外事，同事之间都要互相支持、互相帮助，同心协力把工作搞好。遇到困难时，彼此鼎力相助；当有需要时，彼此互相支持、携手并肩，共同走向成功。

(三) 一视同仁

俗话说："十个手指都不一样长。"虽然同事们的工作水平参差不齐，但每个人在人格上都是平等的。因此，同事间切忌意气用事，不要与少数人过分亲密而形成一个小圈子，而疏远其他同事，造成不必要的隔阂。同事间应一视同仁，提倡"淡如水"的"君子之交"，以便长期保持和谐的同事关系。

第二节　调研与信访

在公务活动中离不开调研与信访，如何在工作中学习和掌握调研与信访的礼仪规范，坚持调查研究，做好信访工作，是国家公务员的基本职责，也是国家公务员做好本职工作必不可少的重要保证。所谓调研，是调查研究的简称。信访，是对人民群众来信来访的简称，它是指人民群众通过写信、打电话或直接来访的方式，向国家行政机关或其他机关、团体和社会组织反映个人或集体意愿的一种社会活动。

第七章 公务礼仪

一、调研礼仪

从公务礼仪的角度来讲，国家公务员在调查研究时，应遵守如下三点。

(一)经常性任务

深入实际、基层调查研究，是国家政府部门大力倡导的工作作风，也是国家公务员获取正确职能信息，以资决策或把握民情的一种基本手段。因此调研是国家公务员的一项经常性的职能任务，公务人员理应办好实事，解决工作中存在的实际问题。

确切地说，调查与研究本身就是由互相联系、密不可分的两个相对独立的过程所组成的。调查，指的是通过有目的的实际感受和考察，从而初步取得客观信息的过程；研究，则是指对已初步获得的客观信息进行科学的归纳和分析，以便寻求内在联系或切实结论的过程，是由感性认识升华为理性结论的过程。

从总体上来看，调查与研究往往是互相影响、互相制约、互相作用的，因此人们一般把这两个过程相提并论。调查研究，就是指人们有准备、有目的、有计划地采用科学的手段和方法，考察、获得、分析、综合、整理客观信息的一种社会活动过程。

通常国家公务员所进行的调查研究可以分为两种类型：其一，主动调研。它是指国家公务员未受委派，而自觉、自愿地从自己更好地履行职能需要出发，主动去获取、整理有效信息的调研。这种调研，更多的是为了用于对职能信息的积累，因此也称为信息型调研。其二，被动调研。它是指国家公务员因受到委派，并且受到委托意图的制约，而被动地去获取、整理相关信息的调研。这种调研，往往都有事先限定的具体范围或方向，所以又叫定向型调研。对于国家公务员来说，既要提倡多搞主动调研，同时，也要努力搞好被动调研。使自己在完成既定工作任务的同时，培养发散性思维，能创造性地开展工作，更好地为人民服务。

进行调查研究，是关系到国家行政机关正确决策、顺乎民心、合乎民意、符合实情、有力控制、有效管理的带有超前性认识的实践活动。在实际工作中，应将热情、理论与务实精神结合起来，用马克思列宁主义的理论和科学的方法，对自己周围的环境和面临的任务进行系统而周密的调查研究，依据客观存在的事实，详细地占有材料，并且从这些材料中得出正确的结论。"没有调查就没有发言权"。闭门造车想当然、囿于理论轻实践，都可能会对工作造成难以挽回的损失。

当前，重新倡导国家公务员大兴调查研究之风，对于立党为公、执政为民、勤政务实和反对官僚主义，都具有重要而深远的意义。

(二)有效的方法

国家公务员的调研要取得成效，采用正确的调研方法十分关键。确定调研的具体方法，应当兼顾调研的任务、目的、要求、时限、对象、领域和范围等几种主要的因素。

通常，国家公务员可以随机采用的调研方法大体上分为直接调研与间接调研两种类型。

1. 直接调研

直接调研指的是调研者亲自出面、亲临现场进行考察，或是正面同调查对象发生直接接触的调研。具体来说，这种类型的调研又分以下三种方法。

1) 现场观察法

现场观察法是指调研者通过接近信息主体，直接对其耳闻目睹、观察了解，从而取得所需信息的调研方法。其优点是可以使调研者对调研对象亲历亲为，及时发现情况，掌握宝贵的第一手材料，其所得信息的可信程度较高。

采用这种方法调研也有一定的不足之处：容易走马观花、蜻蜓点水，只见树木、不见森林，浮于表面、难见本质；容易使人只了解此时此地的情况，而难知彼时彼地的情况，且难见问题的全貌；容易使人先入为主，受到主观印象的影响。

采用此法调研时，务必要克服成见，不搞片面性。要由此及彼、由表及里，去粗取精、去伪存真，反复比较、鉴别，反复追踪，多点多面地进行观察，以便透过现象找出本质，看清事物的全貌。

2) 个别访查法

个别访查法指的是调研者面对单个的调查对象时，通过与对方进行直接交谈或者问答，来取得自己所需信息的调查方法。

个别访查法的优点是针对性强，可以相互启发，集中而又及时地追踪、深化、扩展、校正调研者感兴趣的信息，而且适用于各种层次、各种素质的调查对象。

个别访查法的不足之处主要有三点：一是受调研对象时间的制约，必须在之前与其进行预约；二是受调研对象综合素质的影响，其文化程度、表达能力等至关重要；三是受调研者与调研对象双方情绪与态度的影响，能否使调研对象知无不言、言无不尽，在调研前是很难确定的。

国家公务员运用这一方法调研时，要尊重调研对象的个人意愿，不要强人所难。此外，还要讲求调研技巧，不偏听偏信，要引导不引诱，要求真不作假。

3) 集体座谈法

集体座谈法指的是调研者召集多名调研对象举行座谈会，通过自己主持会议、掌握议题、引导发言来取得信息的调研方法。

采用此法调研，可以节约时间、集思广益、深化主题，并可对多人的看法进行比较、印证，以取得较有代表性的意见。此法多用于定向型调研。

运用集体座谈法调研的局限在于：各位调研对象在公众面前发言时可能会有所顾虑，因而人云亦云。另外人多嘴杂，众说纷纭，往往让调研者莫衷一是，一时难以做到去粗取精、去伪存真，由此及彼、由表及里。

采取此法调研时，应尽量选择具有代表性，并且敢于直言不讳的人作为出席者，并使其知情。调研者则应谦逊恭谨、少说多听、善于提问，并且切记兼听则明、偏信则暗。

2. 间接调研

间接调研是指调研者不亲自接近信息主体，而是利用已有的材料进行深入细致的调研，或是通过调查问卷、统计调查等渠道间接从事的调研。间接调研的具体方法也有三种。

1) 书面问卷法

书面问卷法指的是调研者事先设计好内容一致的书面调查问卷，通过请求调研对象填写回答，借以取得信息的调研方法。

设计书面问卷时可采用两种具体形式：一是封闭式问卷，即以选择题或判断题的形式，在卷面上将各种可能的答案悉数列出，然后请调研对象从中加以选择；二是开放式答卷，即以填空题、问答题的形式，在卷面上提供相对粗线条的问题，而任凭调研对象自由作答，尽情发挥。在调研时，这两种形式可结合使用，也可以只采用其中一种形式。

书面问卷法的优点是：可在异地同时一次性地取得众多信息，节省费用，内容限定，可控性强。因此它适用于大面积、大容量、针对性强的调研，并适合进行定量、定性分析。

它的缺点是：形式呆板、不够灵活，而且获取信息的可信程度往往会受到调研对象的道德、文化、知识水平与态度、情绪变化的左右。

在设计书面问卷时，首先应向调研对象致谢。内容要扣题，结构要科学，提问要简洁通俗，要考虑到调研对象的接受能力，不要涉及其敏感问题，也不要对其加以暗示或诱导。此外，使用此法不要过多、过杂、过乱，不要因此而给调研对象和社会造成负担。

2) 资料查阅法

资料查阅法就是调研者通过检索查阅现有的各种载体所储存的信息，以取得自己所需要的有效信息的调研方法。

采用这种方法进行调研的好处是：省时、省力、系统、全面。它既可以单独使用，也可以在以其他方法进行调研时用来作为案头准备。

它的明显不足之处是：调研所得均为二手材料，难免会受到材料整理者的主观取舍以及当时各种条件的限制，因而具有片面性。宜通过鉴别决定采信程度，以免干扰调研的准确结果。

国家公务员在使用资料查阅法调研时，应当心中有数，目标明确，既旁征博引，又精益求精、去伪存真。不要大海捞针，不加考证，不辨真伪，查到便用。更不能掐头去尾，断章取义，或者胡编滥造。

3) 统计综合法

统计综合法是指调研者运用科学的统计手段搜集数据、整理信息，进而通过综合归纳来推知或是直接获取定量、定性信息的调研方法。

根据所需信息的来源和精确程度，统计综合法又可分为以下三种具体形式。

(1) 典型统计。即有意识地选择一个或几个具有代表性的调研对象进行深入调研，以取得具有普遍意义的信息。

(2) 抽样统计。即在总体调研对象中随机均等地抽取适量的样本进行调研，以推知总体的定量或定性信息。

(3) 普查统计。即对所有的调研对象进行无一遗漏的普遍统计调研，以取得全面的、系统的信息。

此三种形式，可以交叉使用。

使用统计综合法调研，有助于在更大范围内保质、保量地掌握较为准确的信息。但在设计具体方案时则要量力而行，不要无的放矢，随意兴师动众、劳民伤财。

国家公务员在调研实践中,对于上述两大类型的六种调研法可根据具体情况加以采用。在许多情况下,可以同时并用两种或两种以上的调研法,相互印证、修正以求得真实、科学的结论。

(三)正确的原则

在实际工作之中,国家公务员要做好调查研究工作,应遵守以下六项基本原则。

1. 实事求是

实事求是是辩证唯物主义的思想路线,无疑应当成为国家公务员从事调研活动的最根本的指导原则。

在实践中,国家公务员要实事求是,坚持群众路线,在思想上不搞主观主义,在工作中不抱偏见、不带条条框框。同时,必须坚持不唯上、不唯书,要唯实。要坚持真理,坦诚己见,不要对上级机关只报喜不报忧,更不能对其曲意逢迎。

2. 近源亲受

就具体的调研方法而论,它们各有千秋,难分伯仲。不过对国家公务员来说,近源亲受,即对直接接触调查对象、亲口尝尝梨子滋味的方式,是应予以大力提倡的。

按照调研者与调研对象的距离,由远而近地来区分,调研可以分为间接式、直接式和参与式三种方法。通过间接式调研,只能取得经过加工或转手了的二手、三手材料;而通过参与式调研,则可以亲自参与其中,从而更为真切地了解实情。因此,提倡调研近源亲受,就是要求在力所能及的情况下,尽可能地采取接触调研对象的直接式、参与式调研方法,且尽可能地亲自获取第一手材料。

在调研时,切不可找方便、图省事、走过场。不要以未经验证的现成材料去搪塞应付、敷衍了事。更不能听信道听途说、小道消息和妄语谗言,甚至主动将其以讹传讹。

3. 切题有效

许多调研往往始于选题。国家公务员在进行调研时,不论其课题是自行选定的,还是上级指定的,都要以此为纲,下功夫去钻研、把握,并且在整个调研过程中,自始至终地紧扣着它来研究、取舍自己所获取的一切信息。

倘若对调研的课题缺少研究,或是在调研的过程中背离课题,就会无所适从、迷失方向,最后只见浮光掠影,而难以获取正确的或有用的信息。

调研要切题,就是要求其他的一切都要围绕调研的课题中心进行,要集中精力,排除干扰,务求必胜。

4. 讲求效率

国家公务员在进行调研时,应当在保证质量的同时,讲求提高效率。

调研的目的是获取有用的信息,而任何信息都具有很强的时效性。假如在获取或运用信息时错过了适当的时机,轻则劳而无功,重则会使工作受到影响。从这个意义上来说,调研如果不讲求时效,也可算是调研者的一种失职。

讲求调研的效率,重在平日的信息积累,练好调研的各种基本功,并且在工作中注意

第七章 公务礼仪

与其他同事相互支持、友好合作，以避免重复劳动。

5. 调研结合

在调研之中，调查与研究是缺一不可的。调查，是对有关信息的了解与掌握；研究，则是对调查所得信息的处理与加工，是为了达到调研目的而深入认识的过程。

一般来讲，调查与研究在一个完整的过程中是相互渗透、相互交替、不断循环运动的。在调查之中，需要研究；在研究之中，则又需要不断地补充调查。直到获得了预期结果时，二者的交替运动才会结束。因此，国家公务员应在调研中自觉地将二者结合起来，以深化认识，提高成效。

6. 形成制度

在实际工作中，国家公务员进行调查研究应形成风气、形成制度，以必要的措施、制度来确保调研工作能够持之以恒、长久不衰。

总而言之，国家公务员不仅要响应上级机关的号召，自觉而主动地大兴调查研究之风，更为重要的是要在日常工作中将这一工作方法坚持下来，形成制度，并且持之以恒。唯有如此，才会使国家公务员真正地体察到百姓的疾苦，了解人民的呼声，把握时代的脉搏，掌握社会的动态，与人民群众同呼吸、共命运，从而更好地完成自己的本职工作。

二、信访礼仪

信访工作是国家行政机关的日常性工作之一，准确而言，信访工作主要指的是国家公务员对人民群众来信来访的受理。在信访工作中，代表国家行政机关出面接待来访者，并与人民群众进行沟通、对话的国家公务员，只有遵守下述基本的信访礼仪，才能真正把自己的工作做好。

(一)认识信访的重要职能

每一名国家公务员都需要对信访工作的重要性有所认识。对国家公务员来讲，做好信访工作是非常必要的，因为它对国家行政机关的整体工作具有多重的促进功能。

1. 信息功能

信访部门是国家行政机关的一个综合性信息接收站。信访工作者，则是国家行政机关的专责世风、民情的调研员。人民群众来信来访所提出或反映的各种问题是一种有助于做好行政工作的重要信息。

人民群众来信来访所提供的信息具有动向性、倾向性和端倪性之别，但是它们都是对世风、民情的某种反映。唯有对其进行正确的接受和处理，方能使国家行政机关和国家公务员耳聪目明，了解社会动态，体察民情，更好地同人民群众保持联系，更好地为人民群众服务。

2. 反馈功能

所谓反馈，是指在实践中对某种认识进行检验之后产生反响，并把它们回传给认识者的过程。国家行政机关的每一项方针、政策的出台前后，必然要经过反复的实践、认识、

再实践、再认识的过程,才能使之趋于完善,更加合理易行。

在人民群众来信来访中,必然会在一定程度上对国家行政机关的各项决策有所反映,这就是其反馈功能。信访工作者对此一定要予以重视,并及时提供给有关部门参考,以便使各项决策更加符合客观实际。

3. 民主功能

我国宪法规定:中华人民共和国公民对于任何国家机关和国家工作人员,有提出批评和建议的权利;对于任何国家机关和国家工作人员的违法失职行为,有向有关国家机关提出申诉、控告或者检举的权利;对于公民的申诉、控告或者检举,有关国家机关必须查清事实,负责处理;任何人不得压制和打击报复。

由此可见,人民群众来信来访,是在依法行使自己的民主权利,依法参与国家管理。国家机关必须受理,并要做到事事有交代,件件有着落,决不敷衍、应付、推诿或积压不办。

4. 监督功能

国家公务员是人民的公仆,人民有权利对国家的公务员进行监督,揭露国家行政机关和国家公务员中存在的不关心群众疾苦、草菅人命、贪污腐败、渎职失察、以权谋私、违法乱纪、严重经济犯罪等问题。因此,人民群众的来信来访,自然也就成为对国家行政机关和国家公务员实行大众监督的渠道之一。对人民群众关心国家大事、爱护国家行政机关形象的这种主动监督的积极性,我们应当加以保护和支持。

(二)遵守信访的原则与制度

党和政府历来对信访工作都非常重视。国家行政机关的信访工作已经形成了一整套行之有效的原则与制度,国家公务员对有关信访工作的原则与制度必须加以遵守。

1. 原则

信访工作的基本原则是以事实为依据,以党和国家的政策、法律为准绳,了解民意,体察民情,及时做到上情下达、下情上知。

以事实为依据,就是要求信访工作者要切实弄清事实真相,做到实事求是。弄清事实的真相,是为其正确定性的基本前提,也是依照法律、政策处理问题的基础。

以党和国家的政策、法律为准绳,就是要求信访工作者自觉成为政策和法律的体现者,在信访工作中要坚持原则,不偏不倚,维护党纪国法,敢斗歪风邪气,而不感情用事、不偏袒、不护短、不欺软怕硬。

信访工作者必须时刻意识到做好本职工作的极端重要性:对于人民群众而言,它是其发扬民主的一种渠道,自己工作得好坏,直接关系到对方民主权利的发挥;对于上级国家行政机关而言,它又是监测社会动向、观察民意社情的一个窗口,自己尽职与否,直接影响到国家行政机关的各项决策能否得到有效的贯彻和执行。

2. 职责

根据党和国家的有关规定,国家行政机关信访工作的基本职责主要有以下三项。

1) 受理任务

按规定,各级政府的信访部门受理本地区、本系统的信访和上级领导机关所交办的有关任务。按照惯例,各地区、各系统都有各自的权限范围,信访部门的职责就是受理本地区、本系统的人民群众来信来访。因此,信访工作者对于本地区、本系统的来信来访应当来者不拒,不推诿,不随便转移矛盾。对越级上访人员,信访工作者有责任加以劝阻和疏导,但必须依法办事。

对上级领导机关转来、交办的信访问题,信访工作者本着下级服从上级的精神,必须予以受理,而且还要尽快地将处理结果汇报给上级领导机关。

2) 下情上知

各级政府的信访部门均应定期研究、综合信访工作的问题和情况,及时向上级领导或有关部门反映,并且提出相应的建议。为了确保信访工作的正常进行,使下情上知、信息畅通,信访部门必须根据具体情况,以一周、一月或一季度为限,定期集中分析、研究、综合人民群众来信来访之中所反映的情况和提出的问题,及时、准确地向上级领导或有关部门进行反映。

对于时效性较强的问题和情况,则应随时发现,及时反映,以防影响工作,造成祸患。

在向上级领导或有关部门反映信访工作的问题和情况的同时,可以根据自己的经验和看法,对问题和情况的处理、解决提出自己的建议。

3) 协助上级

各级政府的信访部门还须协助上级领导机关检查、改进、完善本地区、本系统的信访工作。信访工作者的一项重要职责就是要积极贯彻、落实、执行上级机关对信访的指示,并且协助上级领导机关检查、改进、完善本地区、本系统的信访工作。

从广义上讲,全体国家公务员都可以被视为信访工作者,因为在实际工作中,每一名在职的国家公务员都有可能接触到人民群众的来信来访。因此,每一名国家公务员都应当把做好信访工作、支持信访工作当成自己的本职工作来做。不论是否为专职的信访工作者,国家公务员都有义务支持、配合、协助各级信访部门及其工作人员的具体工作。切勿事不关己,置之不理。

3. 制度

从事信访工作的国家公务员责任重大,既要做到及时、准确、全面而有见地地保证信息的畅通无阻,又要严格甄别、过滤,不得对上级领导或有关部门谎报信息,进行误导。为此,必须严格遵守信访工作的几项基本制度。

1) 登记制度

对一切人民来访来信,都必须进行详细的登记,登记的内容至少应包括来信来访者的姓名、性别、政治面貌、工作单位、具体职务、家庭住址、联系方式、主要要求以及所反映问题的基本内容。在登记时,要礼貌、耐心、认真、负责。文字要简洁,但又不可使重点有所遗漏。必要时,要与对方进行核对,或请其提供必要的书面材料或其他物证。一切信访文书都要统一归档,并且妥善保管。

2) 接待制度

接待制度指的是国家行政机关的主要领导者亲自接待来信来访的制度。它的具体含义

是：各级国家行政机关不仅要有专门的领导者亲自负责信访工作，而且其他每一名领导同志都应有制度确保其在一定的阶段内批办来信、接待来访的时日和次数，以便使之亲自掌握第一手资料，不脱离群众。

3) 转办制度

对人民群众来信来访反映的情况和提出的问题，应尽快加以处理和解决。在本单位、本部门以及本人职权范围之内的情况和问题，要勇于负责，不得推诿、拖延。应由其他单位、其他部门负责办理的，应实行首办责任制，按规定和相关手续，迅速转交其他相关部门人员办理，不得擅自为其代劳，不准无故搁置不转、不办。

4) 催查制度

对转交其他单位、其他部门办理的来信来访，应有回报，必要的话，还需指定回报期限。承办人民群众来信来访的单位或部门，应对此自觉加以遵守。对某些重要信访案件，信访部门应按有关规定在一定时间内对承办的单位或部门进行催促，这就是催办。而具体承办的单位或部门则必须加以重视，尽快组织专人负责查处，并限期结案，这就是查办。催办与查办，是催查制度的两个不同却又互相关联的主要侧面。

5) 报告制度

为了肯定成绩，吸取教训，发现不足，对信访工作应定期进行统计和总结。对信访部门而言，一般每个月都要进行一次分析统计，每个季度都要进行一次综合研究，每半年或一年要进行一次全面总结。凡有关信访工作的分析统计、综合研究、全面总结以及突发性事件，都要向上级领导机关进行认真而详尽的报告。

6) 保密制度

信访获得的信息方方面面、林林总总，有些涉及社会的安宁与稳定，有些涉及国家的秘密事项，更主要的是大量的信息还要经过去伪存真、调查核实的过程，因此在没有经过授权部门或人员公开之前做好保密工作是非常重要的，这也是国家公务员的基本职业操守。

7) 奖惩制度

信访工作要做得好，就必须做到奖优罚劣。对于为了国家和人民的利益提出了创造性的建议，敢于向国家行政机关及其工作人员提出正确的意见、批评，勇于同坏人坏事、不正之风进行斗争，不怕吃苦、敢于负责，努力为人民群众办实事或解决实际问题，敢为人民鼓与呼，确属有功的来访者和信者，要给予表彰和奖励；对于反映问题言过其实、弄虚作假或是蓄意诬告、陷害他人的来信及来访者，对于压制群众、顶拖不办、徇私舞弊、收受贿赂、泄露机密、打击报复的信访工作者，则必须予以批评、教育、惩处，甚至依法追究其刑事责任。

(三)掌握信访工作的有效方法

国家公务员要做好信访工作，除了要遵守有关的法律法规、调动自己的积极性以外，还必须对具体的工作方法加以研究、探讨，从中找出某种带有规律性的东西，并不断加以完善。

站在信访礼仪的角度上，国家公务员要做好信访工作，对以下几个有效的工作方法均要进行学习、研究、改进和提高。

第七章 公务礼仪

1．来信的处理

对于人民群众的来信，必须及时阅读、及时处理，并尽快答复。

接到人民群众的来信之后应及时处理。处理人民群众的来信，通常称为办信。国家公务员在办信时，必须依照以下规定的程序井井有条地逐步进行。

1) 拆封

在一般情况下，应做到当日接信，当日即拆。在拆信时，须加盖日戳，或注明日期，并进行编号，以便日后进行查阅。

2) 阅信

阅信时应集中精力，详细认真，不厌其烦。在阅信时，切记排除一切主、客观干扰，抓住重点，理清头绪，了解信的基本内容。

3) 登记

办信时，要依照登记制度对所办来信进行登记。对来信登记的内容，可参照有关规定，并根据来信的具体情况而定。

4) 报转

报指的是报请领导阅批，要力争报得准、不滥报、不漏报。转则是指将来信转给有关单位或部门处理。对于揭发信、控告信，未经批准，一律不得转交被控告的对象，而应将其转交给被控告对象的上级机关的主要负责人。

5) 答复

应根据有关规定，在一定时间内给予来访者以明确的答复。若长期悬而不决，不予答复，是不对的。若来信业已报转，也须告知来信者来信的下落。

6) 存查

对所有经办的人民群众来信，在结案后都要整理归档，以备查考。要注意为来信者保密，不得任意公开来信内容或来信者姓名。对前来查信者要履行必要的手续，严加掌握，以防止泄密事件的发生。

应当强调的是，国家公务员在办信时，一定要全心全意、认真负责。不可久无回音，让来信者望眼欲穿，也不能将信一转了之，不负责任。

2．来访的接待

总体来说，对人民群众来访的接待，体现着国家行政机关的工作作风。因此，国家公务员在对来访者的接待工作中，一定要礼貌周全、平易近人、亲切热情。一般来说，以下几个问题必须注意。

1) 设置专门的接待地点

通常各级国家行政机关在力所能及的条件下，都要设置专门的信访接待室，并且将其名称与作息时间制成醒目的标志悬挂于门口。在机关大门的入口处附近，也应悬挂同一内容的指示牌，以方便来访者。

信访接待室一般均应在本单位、本部门之内。既要使来访者便于寻找，又应让它处于相对较为安静、过往之人不多的环境下，以减少来访者反映问题时的顾虑。

在信访接待室里，要张贴来访者注意事项，在客观上形成一种严肃、认真的氛围。与此同时，务必要使室内环境整洁、卫生，房间与摆设不宜过于残破，以免来访者产生不被重视之感。

若来访者流量较大,则应在接待室内"分而治之",免得不相干的来访者相互干扰、难以启齿,或言不由衷。

如果未设立专门的信访接待室,则在自己的办公室里接待来访者亦可。但无论如何,都要争取使来访者在被接待的过程中无人打搅,而接待者此刻亦不得一身二任,在接待中兼做其他事。

不要利用机关的传达室充当信访接待室,其环境熙熙攘攘、吵吵闹闹,容易造成不良影响;且对来访者来说,既有被冷落之感,又有所反映问题难以保密之忧。

2) 安排专门的接待人员

信访部门对任何来访者都要安排专人负责接待。当来访者到来之后,信访工作者应首先请其填写"来访登记表"。在弄清对方所反映情况的性质与主要内容后,再具体指定专人负责接待。

为来访者安排专人负责接待的方针主要有四个:其一,属于具体部门的业务问题,应由有关业务部门的接待人员负责处理;其二,属于集中在特定时期内的专门业务问题,应由各专门的业务部门指派专人定期负责处理;其三,属于综合性的问题,应由信访部门工作人员负责处理;其四,对于集体来访者,则一般应由负责同志出面处理,或由有关业务部门指派专人负责处理。

通常,不应由来访者指名道姓地自行指定接待者,更不能对来访者的要求统统予以满足。在对方提出这类要求时,应对其加以解释或说服。

不直接负责信访工作的国家公务员,在遇到来访者打探情况时,应热情帮助,如为其指点信访接待室的方位,为之带路等。但绝不能乱出主意,不允许对其煽风点火、推波助澜,使其骚扰或围攻某一部门或某一个人。

3) 规定专门的接待程序

国家公务员对来访者的接待,一般采取单独交谈的方式。与来访者的交谈,既要认真、负责,又要不失礼貌。

来访者到来后,接待人员应面带微笑,起身相迎,与之握手为礼,并热情问候。随后,应请对方首先就座。在称呼对方时,应称之为"同志",或采用尊称,而不得指名道姓。直呼他人全名的做法一般都是不礼貌的。

在交谈时,接待人员不论是问、答、听、记,都要耐心而谦恭,不能居高临下,随意对来访者加以训斥,或是表现得极不耐烦。

不论来访者态度如何,是啰里啰唆、喋喋不休、小题大做,还是蛮横要挟、无理取闹、纠缠不清,接待者都要态度冷静、晓之以理、待之以礼,不卑不亢、不急不恼。

对于来访者所提的问题不能不信,也不可偏信;不能不回答,也不可乱作答;不可以含糊其辞,也不可以随便代表领导表态。对确实难以回答的问题,要向来访者说明拟处理的方法和程序,让对方放心、满意。

对于来访者反映的情况,应做好笔录,必要时,可予以重复、核对,但不宜当时就下结论。

在对待来访者的态度上,既不能毫无热情,又不能无原则地同情,切不可忘记自己的身份,对其简单粗暴,或是漠不关心、麻木不仁;否则,只会让对方心灰意冷,感觉

第七章　公务礼仪

无望。

3. 电话的接听

近年来，由于党和政府的重视，国家行政机关信访工作的具体形式日趋多样化。其中，供人民群众参政议政、反映问题、投诉举报的"热线"监督电话的出现，就为信访工作提供了新的形式。

在一般情况下，各级国家行政机关都应设立专门的"热线"监督投诉电话，并指定专人负责值班接听。

监督电话的电话号码与值班时间，应通过大众传媒向社会公布，让人民群众对此有充分的了解。

与此同时，应建立健全监督电话岗位责任制。要确保在规定的时间内有人在岗值班，监督电话的号码能够打通，以保证这一渠道有名有实、畅通无阻，不要使之形同虚设。

接听监督投诉电话时，一定要使用文明、礼貌的语言，保持热情、友善的态度。在开始通话之初，即应对打来电话者口头上表示问候和欢迎。对人民群众在电话中所反映的问题，一方面要予以重视，另一方面还须予以保密。在结束通话时，不要忘记向对方道谢，在语言、口气、态度上，均不得失礼。

在接听监督投诉电话时，务必认真负责。可直接答复的问题，应当场解决，不必拖延时间；一时无法解决的问题，应做好记录、交办、转办，并告诉对方今后联系的方式，或大致可以做出答复的时间。要使对方真切地感受到他是受欢迎、受保护、被重视的。

非监督电话值班人员接到人民群众打来的反映情况或问题的电话，同样应热情欢迎、认真接听，并视情况转交值班人员或带班领导。如不属于自己权限范围之内的问题，可介绍对方去找具体负责部门，或代为转告，但不得借故不理不管，挫伤人民群众的积极性。

第三节　会务与公文

公务人员在日常工作中所必不可少的一件事情，就是要组织会议、领导会议或者参加会议，因此会议自然而然地就成为公务活动的有机组成部分。在许多情况下，公务人员往往需要亲自办会。所谓办会指的是从事会务工作，即负责从会议的筹备直至其结束、善后的一系列具体事项。会务礼仪，主要是指有关办会的礼仪规范。

一、会务礼仪

公务人员在负责办会时必须注意两点：一是办会要认真。奉命办会，就要全力投入，审慎对待，精心安排，务必开好会议，并为此而处处一丝不苟。二是办会要务实。召开会议，重在解决实际问题。在这一前提下，要争取少开会、开短会，严格控制会议的数量与规模，彻底改善会风。

会议又称集会、开会，它通常是指将人们召集在一起，对某些问题进行研究、讨论、说明的一种社会活动的常规形式。在处理日常性行政事务时，各级党政部门往往会召开各种会议，因而接待人员也要经常地面对各式各样的会议。

不论是召集、组织会议，还是参加会议、为会议服务，接待人员都必须遵守一些基本守则。此类与会议相关的守则就是所谓的会议礼仪。

举行正式会议时,通常应事先安排好与会者的座次,尤其是其中具有重要身份者的具体座次。越是重要的会议,其座次排定往往越受到社会各界的关注。对有关会场排座的礼仪规范,接待人员不但需要熟知一二,而且必须认真恪守。

(一)小型会议

小型会议,一般指参加者较少、规模不大的会议。它的主要特征是:全体与会者均应排座,不设立专用的主席台。小型会议的排座目前主要有如下三种具体形式。

1. 自由择座

自由择座的基本做法是:不排定固定的具体座次,而完全由全体与会者自由地选择座位就座。

2. 面门设座

面门设座一般以面对会议室正门之位为会议主席之座。其他的与会者可在其两侧自左而右地依次就座。

3. 依景设座

所谓依景设座,是指会议主席的具体位置不必面对会议室正门,而是应当背依会议室之内的主要景致,如字画、讲台等之所在。其他与会者的排座,则略同于前者。

(二)大型会议

大型会议,一般是指与会者众多、规模较大的会议。它的最大特点是:会场上应设主席台与群众席。前者的座次必须认真排列,后者的座次则是可排可不排。

1. 主席台排座

大型会场的主席台,一般应面对会场的主出入口。在主席台上就座之人,通常应当与在群众席上的就座之人呈面对面之势。在其每一名成员面前的桌上,均应放置双向的桌签。

主席台排座,具体又可分为主席团排座、主持人座席、发言者席位三个方面。

(1) 主席团排座。主席团,在此是指在主席台上正式就座的全体人员。目前国内排定主席团位次的基本规则有三种:一是前排高于后排,二是中央高于两侧,三是左侧高于右侧。

(2) 主持人座席。会议主持人,又称大会主席,其具体位置有三种方式可供选择:一是居于前排正中央;二是居于前排的两侧;三是按其具体身份排座,但又不宜令其就座于后排。

(3) 发言者席位。发言者席位,又叫作发言席。在正式会议上,发言者发言时不宜于就座原处发言。发言席的常规位置有两种:一是主席团的正前方,二是主席台的右前方。

2. 群众席排座

在大型会议上,主席台之下的一切座席均称为群众席。群众席的具体排座方式有以下两种。

(1) 自由式择座。即不进行统一安排，而由大家自由择位而坐。

(2) 按单位就座。它是指与会者在群众席上按单位、部门或者地区、行业就座。它的具体依据，既可以是与会单位、部门的汉字笔画的多少、汉语拼音字母的前后顺序，也可以是其平时约定俗成的序列。按单位就座时，若分为前排后排，一般以前排为高，后排为低；若分为不同楼层，则楼层越高，排序便越低。

在同一楼层排座时，又有两种普遍通行的方式：一是以面对主席台为基准，自前往后进行横排；二是以面对主席台为基准，自左而右进行竖排。

二、端正会风

(一)改进会风

会风者，会议风气之谓也。从根本上讲，政府及其部门的会风实际上体现着其政风。在当前形势下，端正会风有利于端正政风。端正会风一般应从改进会风做起。

1．反对形式主义

一次会议的成功与否，重在看其实效。因此，应在总体上改进会议形式，提高会议质量，绝不能搞形式主义，不能将会议的规模大、次数多等同于自己的政绩。

2．禁止滥办会议

对于会议过多、过杂、过长、过滥，凡事皆开会的不正之风要坚决抵制。对于开会讲究排场、铺张浪费者，尤其是借开会之机大吃大喝、滥发礼品、公费旅游者，则应依照党纪、政纪从严查处。

(二)提高效率

提高会议效率，即召开会议时，应努力节省时间、人力、物力和财力，并力争取得较为圆满的成果。由此可知，它是各级政府及其部门当前改进会风的基本目标。

一般认为，提高会议效率行之有效的良方有以下四种。

1．集中主题

一次会议最好选定一个单一而明确的主题，万一有必要同时安排多项重要内容，亦应力求有主有次、主题鲜明。这样做，不仅易使会议开得扎实而紧凑，而且也便于与会者传达、贯彻、落实会议精神。

2．压缩内容

应删除一切可有可无的会议内容，一般性的内容可代之以书面材料。不提倡各级领导出席与自己本职工作毫无关联的会议。

3．限定时间

对于会议的起止时间、休息时间、发言时间、讨论时间，应有明确的规定，并严格执行。这一措施，将有助于纠正会议冗长、拖沓的不良风气。

4. 改进形式

开会的具体形式允许灵活多样，重在看其是否有收效、是否能解决问题。提倡利用电视、电话、广播、互联网等现代化电子媒体举行会议。

(三)严守会纪

出席会议时，应严守会议纪律，以"从我做起"来切实端正会风。

1. 遵守时间

参加会议时，一定要严格、自觉地遵守有关会议时间的具体规定。其一，准时到会。任何会议的出席者均应按时到会，并适当有所提前。不得无故迟到、缺席。其二，正点开会。规定的开会时间一到，即应准点开会。延迟开会时间，是对全体与会者的不恭和不敬。其三，限时发言。不仅要限定发言人数，还应规定其所用时间的长短，以促使其发言时少说精讲。其四，到点散会。规定的会议结束时间一到，如没有特殊原因，应立即宣布散会。

2. 维持秩序

在会议举行期间，应维护会场的正常秩序，确保其顺利进行。其一，各就各位。出席正式会议时，应在指定之处就座。未获许可时，不要自由择座，争座抢座。不得东游西逛，中途退场。其二，保持安静。会场的安静是会议顺利进行的基本条件。除正常的鼓掌、发言外，严禁制造任何噪音。其三，遵守规定。对有关禁止录音、录像、拍照、吸烟以及使用移动电话等的具体规定，应认真予以遵守。

三、公文礼仪

公文礼仪即基层公务员在撰制和办理公文时应当遵守的规范和惯例。我国公文礼仪的基础，即国务院办公厅重新颁布的《国家行政机关公文处理办法》。以下从公文的撰制、内容要求、格式要求、语言要求、公文的行文、公文的办理这六个方面对公文礼仪进行具体阐述。

(一)公文的撰制

公文是国家行政机关的喉舌，也是联系政府与群众和各级行政机关的重要纽带。因此基层公务员撰制公文时必须严格遵守有关规定和要求，任何疏漏都有可能耽误公务的执行。

(二)内容要求

任何类型的公文，不论其发文机关和发文目的是什么，都应当在内容上遵循如下两条基本的指导原则。

1. 严守法规

公文的观点和内容必须符合国家的法律法规，以及党和政府的方针政策。如果发现公

文所需贯彻的领导意图与党和国家的有关政策法规相抵触，应及时向领导提出，并予以纠正。如果要提出新的政策规定，则应对其加以具体说明，切勿使之前后矛盾。

2. 真实准确

公文所反映的情况必须真实、准确。不仅基本的事实材料要真实，而且具体的细节、背景、数据也要准确无误。这就要求基层公务员深入实际、密切联系群众、实事求是，要克服官僚主义、形式主义和文牍主义，不可弄虚作假、敷衍了事。

(三)格式要求

公文是一种规范性极强的应用文体，因此基层公务员在撰制公文时务必遵守具体的格式要求。

1. 选择恰当文种

国务院规定的 12 类 13 种公文形式，每一种都有近似但又有所区别的格式要求。因此，选择恰当的文种是遵守公文格式的基础。正如南朝刘勰在《文心雕龙·章表》中所说："章以谢恩，奏以按劾，表以陈情，议以执异。"各种公文体现的是不同的发文机关的权限范围和行文机关之间的不同关系，反映了不同的发文目的。因此基层公务员在撰制公文时务必要根据本机关的职权地位和发文目的选择恰当文种，并采取相应的格式。

2. 遵守具体格式

公文讲究格式，是公文管理标准化和现代化的必然要求，也是公文合法性的保障。概括地说，公文格式可分为文头、正文、文尾和标记四部分。

(1) 文头。文头包括文件名称与发文字号。文件名称，由发文机关名称加"文件"两字组成，如"中共中央文件"。文件名称往往用套红大字印刷，被称为"红头文件"。发文字号，由发文机关代字、年号、文件顺序号三者组成。若是几个机关联合发文，一般只注明主发机关的发文字号。年号应由"〔〕"括注，而不能使用"( )"。

(2) 正文。正文包括以下七部分内容。一是公文标题。公文标题由发文机关名称、事由和文种三部分组成，应简要、准确地概括公文的主要内容，体现发文主旨。如"公安部关于在全国公安机关开展向济南交警支队学习活动的决定"。如果公文版头已注有发文机关，或已在文尾注明了发文机关，则公文标题可省略发文机关；如果难以用少量文字概括所发公文的内容，或公文内容较为简单，则可省略发文事由。公文标题除法规、规章名称须加书名号外，一般不加其他标点符号，而以空格代之；标题字数太多而分行书写时，注意不得将固定词语拆开分写。二是主送机关。即负责受理或答复该公文的机关。上行文只有一个主送机关，即文件责任的直接承担者；下行文可有多个主送机关，书写于左首顶格处，按级别高低顺序排列。三是正文。正文是公文的主体，是表述公文具体内容的部分，写在主送机关名称之后。四是附件。即附属于正文的材料，用于对公文的补充或参考。附件名称要在正文之后注明，附件本身既可单独成件，也可与文件主体装订在一起投送。五是发文机关。即公文的法定作者名称，应采用机关全称或规范化简称，写于正文或附件名称之后一定距离的右下方。如需以机关领导人名义行文，则应在领导人姓名前冠以职务。联合行文时，应将主发机关排列在前。六是发文日期。即用以表明公文的生效时间，写于发文机关下方，使用年月日全称。七是印章。即发文机关对公文的效力负责的凭证，盖于发文机关名称和发文日期的字面上。

(3) 文尾。文尾包括如下三个部分。一是主题词。用以标示公文的核心内容，便于公文的计算机检索与管理。主题词不同于公文标题，其确定应从公文内容范畴、主题内容、特征和文种这四个方面入手，而不能简单地从公文标题中提取。国务院办公厅秘书局于 1994 年 4 月修订出版的《国务院公文主题词表》和中共中央办公厅秘书局于 1998 年 8 月修订发布的《公文主题词表》是目前标引主题词的重要依据。主题词一般不超过七个，每个主题词之间要空一格，写于发文日期之后，用黑体字印刷。二是抄送抄报机关。即除主送机关外还应了解公文内容的有关机关。上行文为抄报，平行文或下行文为抄送。三是制发机构和制发时间。即公文的印制单位和时间，书写于同一行，单位居左，顶格；时间居右，顶格。

(4) 标记。标记包括四部分内容。一是秘密等级。按公文的机密性质，公文可分为内部文件、公开文件和保密文件三级，其中保密文件又可分为秘密文件、机密文件和绝密文件三等。秘密等级标在左上角，以醒目的黑体字印刷。二是紧急程度。公文有紧急公文和非紧急公文两类，紧急公文又可分为急公文和特急公文两类。紧急程度应以黑体字标在密级上方。三是阅读范围。即以工作需要和保密范围为依据所确定的公文的行文范围和阅读对象，写于发文日期之后、主题词之前。四是印刷份数。指该公文的实际印制数量，用括号标注在文件左下方。另外，公文纸一般采用 16 开型(260 毫米×185 毫米)于公文左侧装订。按惯例，开头应为 35 毫米，地脚应为 25 毫米，订口应为 22 毫米，翻口应为 25 毫米，版心内正文应为 25 行，20 列。特殊公文如"布告""通告"等用纸大小可视实际需要而定。

(四)语言要求

公文的语言虽然只是一个形式的问题，但能影响公文的内容，并对公文整体起到举足轻重的作用，哪怕只是一个小小的文字或标点错误，都有可能会影响对公文的理解和执行。因此基层公务员务必注意公文撰制过程中的语言问题。一般而言，要做到准确、朴实、简要。

1. 准确

公文的语言要求准确，是指公文的用字、用词要恰当，语句段落要通顺，数字标点要规范。例如，根据新颁布的《国家行政机关公文处理办法》，公文中的数字写法就应当严格遵守我国 1987 年 2 月 1 日颁布《关于出版物上数字用法的试行规定》。只有用语准确，才能如实地反映客观事物，如实地传达发文意图，使公文得以更好地被理解和执行。

2. 朴实

公文具有政治性和严肃性的特点，因此公文的语言应力求质朴无华，少用描写和抒情的手法。即要直话直说，不可拐弯抹角或以含蓄的笔法委婉地表达意思。

3. 简要

公文语言的简要，是快速而高效传递信息的需要。冗长的公文不仅会让人望而生厌，而且不利于主旨的突出和重点的把握。简明扼要是公文写作的一项基本要求。要使公文语言简要，就须开门见山，尽快道出主题，紧扣主题，摒弃套话，并学会熟练地使用一套常用的事务性词汇，对事物进行简要表达。

(五)公文的行文

行文即公文的运转，行文关系则是指公文运转过程中发文机关与收文机关之间的关系，也即各级机关之间公文的授受关系。

1. 行文分类

按照公文在各级机关之间的运行方向，可将行文分为三类：上行文、平行文和下行文。相应地，行文关系也可分为上行文关系、平行文关系和下行文关系三种。

(1) 上行文。上行文即下级机关向上级机关呈递的公文，一般可分为逐级行文、多级行文和越级行文三种。由于下级机关要对自己的直接上级机关负责，因此逐级行文最为普遍。只有在特殊情况下才可采用多级行文和越级行文的方式。上行文包括报告、请示和议案三种类型。

(2) 平行文。平行文即互相没有隶属关系和业务指导关系，同级或不属同一系统的机关部门之间的行文。平行文多采用公函文件。

(3) 下行文。下行文即上级机关对所属下级机关制发的文件，一般可分为逐级下行文、多级下行文、直接到达基层组织和群众的下行文三种。下行文的文种较多，有命令、决定、指示、公告、通告、通知、通报、批复、会议纪要九种。

2. 行文规则

各级机关之间互相行文时，务必遵守如下规则。

(1) 行文机关应明确发文权限，在自己的职权范围内制发公文。对超出自己权限的待处理事项，应行文商请职权部门发文或双方联名行文，不可越俎代庖。越权而行的公文没有任何权威和约束力。

(2) 下级机关应向自己的直接上级机关负责，不可随意越级向上行文。如有特殊情况必须越级请示，则应抄报所越机关。上级机关如有必要越级向下行文时，亦应同时抄送受文机关的直接上级机关。

(3) 受双重领导的机关上报公文，应根据内容写明主报机关和抄报机关，由主报机关答复所请示的问题。上级机关向受双重领导的下级机关行文时，应同时抄送另一上级机关。

(4) 贯彻党政分开原则，实行党政分别行文。凡属政府的工作，都应以政府名义行文；凡属党委的工作，则应以党委的名义行文。

(5) 若待办事项涉及多个机关的职权范围，或多个机关遇有相同问题需请示和报告时，各机关可联合行文。联合行文的各方应是同一级别。各部门若对某一问题未形成一致意见，均不得擅自向下行文。

(6) 经批准在报刊上发表的行政公文，应被视为正式公文而依照执行。如不另外行文，发文机关应在报刊上发表该文时加以注明。

(7) 本着精简高效的原则，应严格控制发文的数量、投送范围。尽量减少行文的中间环节，不重复行文。

(六)公文的办理

依照国家有关规定："公文办理一般包括登记、分办、批办、承办、催办、拟稿、审核、签发、缮印、用印、传递、归档、销毁等程序。"一般而言，公文办理是指各级行政机关和公务人员在收到公文后对它所进行的办理答复。

1．基本要求

基层公务员办理公文时必须遵循准确、及时、安全三项基本要求。

1) 准确

所谓办理公文要准确，是指办理公文的每个环节都要井然有序，办理公文的顺序要合理，衔接要紧凑，办理的形式和方法要力求规范、标准。

2) 及时

为提高办事效率，基层公务员办理公文时务必及时，要避免因公文误期而影响工作。一是要强化时间观念。公文能办就办，说办就办，养成在限定时间内办好公文的良好习惯，不可拖拖拉拉、办办停停。对于紧急公文，更需及时处理。二是要缩短运转周期。公务人员要尽量缩短公文的传递、留办时间，促进公文高效运转，避免在公文传递过程中浪费不必要的时间。三是要简化办理公文的程序。应尽量减少公文办理所需的手续和环节，防止因环节复杂、程序繁多而导致的效率低下。

3) 安全

基层公务员在办理公文时要恪尽职守，确保经办公文的安全。这里的安全有两层含义：一是指要确保公文物质上的安全，防止公文受损或遗失。这就要求不可乱堆、乱放、乱叠公文，以免受到过多的磨损；要做到防潮、防火、防蛀，以延长公文的"寿命"。二是指要确保公文政治上的安全，严守国家机密。要积极做好保密工作，开展保密教育，做到有备无患，防止国家利益受损。

为了确保公文的安全，各级领导务必端正态度，充分认识公文安全的重要性；要经常性地开展对公务员的业务培训，提高基层公务员的素质和能力。

2．收文程序

收到公文后，基层公务员一定要按程序对其进行处理。

1) 登记

各级行政机关在收到公文后，务必对所收公文进行登记。各种公文一般可按"上级文件""下级文件""需承办文件""一般性文件"四个类型分类登记，登记内容包括收文序号、收文日期、来文单位、来文标题、密级、领导批示与承办情况、归卷号及备注等。收文登记时字迹要清晰、工整，平件、密件要明确区分，急缓程度要严格分清。登记的基本要求是准确、翔实。

2) 拟办、批办

拟办即基层公务员在收到来文后提出初步的办理方案或建议，供领导参考。拟办意见应简明扼要，并可随同附上与来文有关的材料，交领导参看。

批办即机关领导对需要办理的公文进行批示，提出执行、办理的原则与方法，并签署

第七章 公务礼仪

姓名与日期。批办要及时、迅速，批示的意见要明确、具体。

3) 承办

承办即基层公务员根据领导批示意见而对公文的具体办理。承办时应当统筹规划、妥善安排，要分清来文的主次缓急，有步骤、有计划地办理，优先办理重要的公文。一般而言，特急件应随收随办，当时或当天办结；急件也应随收随办；限时处理的公文应当以规定时间为限，不得拖延；其他一般公文也应尽快办理。

4) 催办

催办即对公文办理的督促与检查，主要是指在收到公文后，对本机关各承办部门的公文处理工作进行监督与检查。各级行政机关应建立健全机关公文催办系统和催办的登记、分层逐级汇报制度，以落实催办工作。

【礼仪故事】

小伙子为啥玩不转

某学院计算机专业大三学生小邵，在暑假期间到一家公司打工。性格内向的小邵总是独来独往，很少主动和同事说话、打交道。一个多月过去了，他仍然难以适应公司的工作。

小邵每天的工作是打扫办公室和分发文件。他感到在学校学习的专业知识无用武之地。公司采用的软件他不熟悉，同事间讨论业务他也插不上嘴，有时候，连一些简单的公务也处理不好。

有一天，上司让他影印 40 份分套文件，在半小时后部门召开的会议上要用。然而，他不知道这台高级复印机有文件扫描和自动分套功能，手忙脚乱地一张张复印，没等他复印完，开会时间就到了。尽管上司没有责备他，但小邵心里特别难过。

这则实例令人遗憾。其实，只要这位同学主动和同事沟通，虚心向能者学习，就能够掌握基本的工作技能，顺利打开工作局面，其结果也会截然不同。

(资料来源：李荣建，宋和平. 现代礼仪教程[M]. 北京：首都经济贸易大学出版社，2008.)

思 考 题

1. 应当怎样接待来宾？
2. 公务谈判有哪些特点？
3. 如何办理会务事宜？

第八章 交际礼仪

现代社会是信息社会，是开放的社会。随着社会的发展，人与人之间的交往日趋频繁、密切。充满朝气、志向远大的青年，再也不愿意自我封闭——"两耳不闻窗外事，一心只读圣贤书"。他们既要读好书，同时也需要了解社会，参加社交活动。

讲究礼仪，注重礼貌，遵守一定的礼仪规范，已成为文明社会生活的一项重要标志。涉世不深的青年朋友们希望顺利地步入社交圈，开拓一片新天地。但怎样才能顺利地步入社交圈，并在社交活动中如鱼得水、得心应手、左右逢源、广交朋友呢？这就需要了解见面礼和交友艺术等基本的社交礼仪，以便尽快地在社交活动中取得成功。

第一节 见面与介绍

人们见面后，首先要礼貌地称呼对方。称呼得体，会给对方留下良好的印象。那么，称呼有哪些形式和讲究呢？

一、称呼

称呼，一般是指人们在交往过程中所采用的相互称谓。选择正确的、适当的称呼，既反映了自身的教养，也体现出双方的关系。因此，人们在正式场合所使用的称呼应当正式、符合礼节。在社交活动中，人们所使用的称呼主要有以下七种形式，分别在不同的场合选用。

(1) 称呼职务。在人际交往中，此类称呼最为常用，尤其是在与外界的交往中，意在表示交往双方身份有别，如"局长""主任"等。一般来说，如果被称呼人是担任副职的，为了表达尊重，则往往省去"副"字，如"刘副主任"可称为"刘主任"。

(2) 称呼职称。在交往中为表示对具有技术职称者，尤其是高、中级技术职称者的尊敬，可以其职称相称。方法之一是可以只称职称，如"教授""研究员""工程师""医师"等。其次，也可以在职称前加上姓氏，如"李教授""张研究员""王工程师""刘医师"等。当然有时可以简化，如将"王工程师"简化为"王工"，但使用简称应以不发生误会、产生歧义为前提。还可以在职称前加上姓名，使其适用于十分正式的场合，如"吴××编审""韩××教授"等。

(3) 称呼职业。一般来说，可以直接称呼被称呼者的职业名称，如"记者""律师""导游""医生""营业员""服务员"等。

(4) 称呼尊称。用尊称称呼普遍适用于各类被称呼者，诸如"先生""老师"等，都属于通行尊称。

(5) 称呼姓名。称呼同事、熟人，可以直呼其名，以示关系亲近。不过，称呼异性朋友时使用这种方式要谨慎，因为一般是其配偶才如此称呼，但若不至于引起别人的误会或反感则但称无妨。面对同事、朋友，也可以只呼其姓，在前面加上"老""小"，如"老

第八章 交际礼仪

王""小张"等。

(6) 称呼代词。根据不同的对象,使用"你""您"等第二人称称呼。"您"用来称呼长辈、上级和陌生人,以示尊重;而"你"用来称呼自家人、熟人、朋友、平辈或晚辈,表示亲切、友好。

(7) 称呼亲属。如亲切地称呼年长者为"叔叔""阿姨""大伯"等。

在正式场合采用低级庸俗的称呼,是既失礼又失自己身份的。例如,当面称呼他人的绰号,是不尊重对方的表现。

二、握手

古时候,我国士大夫见面时行拱手礼。民国时期,西方的握手礼传入我国。如今,握手已经成为我国民众见面时常用的一种礼节。

(一)握手的由来

握手是人类在长期交往中逐渐形成的一种重要礼节,最早可以追溯到"刀耕火种"的原始时代。那时,人们以木棒或石块为武器,进行狩猎或战争。狩猎中遇到不属于本部落的陌生人,或敌对双方准备和解时,双方都要放下手中的武器,伸出手掌,让对方摸一下手心,以示友好。这种习惯后来演变成现代的握手礼。

(二)握手的顺序

在社交场合应根据握手人的社会地位、年龄、性别和身份来确定握手的顺序。上下级握手,下级要等上级先伸出手;长幼握手,年轻者要等年长者先伸出手;男女握手,男士要等女士伸出手后,方可伸手握之;宾主握手,主人应向客人先伸出手,而不论对方是男是女。总而言之,社会地位高者、年长者、女士、主人享有握手的主动权。朋友、平辈见面,先伸出手者则表现出更有礼貌。

(三)握手的规矩

握手作为见面时的一种礼节,有约定俗成的规矩和要求。戴手套的男士握手前应脱下手套,放好或拿在左手上,再和人握手。

多人同时握手时,注意不要交叉握手,不可左右手同时与两个人相握,也不宜隔着中间的人握手,要等别人先握手,然后再伸手。在来者较多的聚会场所,可只与主人和熟人握手,而向其他人点头致意就行了。

除特殊情况外,通常应站着握手,而不要坐着握手;且握手宜用右手。另外,握手力度的大小和时间的长短,往往表明对对方的热情程度。一般情况下,握手用力要适当,时间在 2 秒钟左右即可。久别重逢的朋友握手,时间可长一点,力度可大一点,还可上下摇动,但也不必太使劲,以免把友人的手握疼。有时过分热情,效果会适得其反。

男女握手时,女士只需轻轻地伸出手掌,男士稍稍握一下女士的手指部分即可。不要用双手握同辈女士的手,也不要握得太紧,更不要握得太久。

三、介绍

介绍是人们在社交场合中相互认识的基本方式。介绍，在素不相识的人与人之间起桥梁和沟通的作用。

(一)介绍的类型

在社交活动中，介绍的形式是多种多样的，一般来说主要有以下四种类型。

(1) 按照社交场合的正式与否区分，有正式介绍和非正式介绍。正式介绍是指在较为正规的场合进行的介绍；而非正式介绍是指在一般非正规场合进行的介绍。非正式介绍不必过于拘泥于礼节。

(2) 按照介绍者的位置区分，有自我介绍、他人介绍和为他人作介绍。

(3) 按照被介绍者的人数区分，有集体介绍和个别介绍。

(4) 按照被介绍者的身份、地位区分，有重点介绍和一般介绍。如对于要人和贵宾，可作重点介绍。

(二)介绍的方法

在社交场合中使用较多的介绍方法有两种：为他人作介绍和自我介绍。

1. 为他人作介绍

为他人作介绍通常是介绍不相识的人相互认识，或把一个人引见给其他人。当介绍人时要注意以下礼仪。

1) 掌握介绍的顺序

在社交场合，介绍两个人相互认识的时候，要坚持受到特别尊重的一方有了解对方的优先权的原则，具体如下。

(1) 先把男士介绍给女士。
(2) 先把年轻者介绍给年长者。
(3) 先把客人介绍给主人。
(4) 先把未婚者介绍给已婚者。
(5) 先把职位低者介绍给职位高者。

在介绍过程中，先称呼女士、年长者、主人、已婚者、职位高者。例如，先把职位低者介绍给职位高者时，可以这样说："张总，这是王秘书。"然后再介绍说："王秘书，这位是张华总经理。"

当被介绍人是同性别者或年龄相仿者或一时难以辨别其身份、地位时，可以先把与自己关系较熟的一方介绍给自己较为生疏的一方。例如说："陈强，这是我的同学方刚。"然后说："方刚，这位是陈强。"

2) 讲究介绍的礼仪

为他人作介绍时，态度要热情友好，不要厚此薄彼，不可以详细介绍一方，粗略介绍另一方。介绍前，应先向双方打招呼，使其有思想准备。介绍时，语言应清晰、准确。此外，手势动作应文雅，无论介绍男士还是女士，都应手心朝上，四指并拢，拇指张开，朝向被介绍的一方，切忌用手指指来指去。

这里顺便指出，作为被介绍者，在被介绍给他人时，一般都应面向对方，并做出礼貌的反应。例如说："幸会""久仰大名""认识您非常高兴"等。

2. 自我介绍

在社交活动中，有时需要作自我介绍。例如，由于某种原因，主人对互不相识的客人未作介绍，这时自己可以进行自我介绍；为了结交某位知名专家，自己也可以主动进行自我介绍，等等。自我介绍是社交的一把钥匙，务必要运用好。

1) 注意介绍内容的繁简

在一般社交场合，自我介绍主要是介绍自己的姓名、工作单位、身份，例如，"我是某某，在某某单位或某某地方工作"。如果与新结识的朋友谈得很投机，双方都愿意更多地了解对方，介绍的内容还可适当增加，如自己的籍贯、母校、经历等。自我介绍应当实事求是、态度真诚，既不要自吹自擂、夸夸其谈，也不要自我贬低、过分谦虚。恰如其分地介绍自己，才会给人以诚恳、可以信任的印象。

在某些场合，自我介绍的内容还可以更加丰富，表达更加生动。现转引报刊上介绍的三个实例，以供参考。

(1) 从介绍自己姓名的含义入手。例如，某单位分来了一位刚毕业的大学生，在所在科室的欢迎会上，他这样进行自我介绍："我姓苏，苏东坡的苏；名杰，杰出人才的杰。自古以来，姓苏的人才辈出，因此父母也希望我成为一个杰出的人才。不过，我刚毕业，事业刚刚开始，但我相信在同志们的帮助下，成功之路就在自己的脚下。"借自我介绍之机，恰当地表露自己的谦虚和抱负，不失为聪明之举。

(2) 从自己所属生肖入手。如在一次礼仪先生、小姐比赛中，一位小姐这样自我介绍："我的生肖第一，属老鼠，我去年进入信宜宾馆工作，今天是我参加工作以来的第一个'五一节'，我也是第一次参加如此大规模的比赛，但愿这么多的'第一'会给我带来好运。谢谢大家！"参赛者的这种介绍，较恰当地引出了自己的年龄、职业、参赛信心，给人留下了深刻的印象。

(3) 从自己的职业特征入手。如一位公关先生在上述比赛中这样自我介绍："我叫张伟，在上海宾馆公关部工作，也许有的人在心目中认为公关工作都是由一些漂亮小姐担任的，一个男子怎么从事公关工作呢？其实这是一种误解，公关是塑造形象和协调工作的科学，只要具有公关知识和素养，男士也同样能从事公关工作。今后希望各位在工作中多多关照。"一番话，使人了解了公关工作，理解了公关先生。

2) 讲究自我介绍的艺术

自我介绍要寻找适当的机会。当对方正与人亲切交谈时，此时不宜走上前去进行自我介绍，以免打断别人的谈话。而当对方独处或与人闲谈时，则可见缝插针，抓住时机进行自我介绍。

进行自我介绍要看场合。如与一人会面，问好后便可开门见山地进行自我介绍。如有多人在场时，自我介绍前最好加一句引言，例如说："我们认识一下好吗？我是……"作自我介绍时，不要把目光集中在一个人身上，最好环视大家，然后将目光转向他们中的某个人，这样大家也会相应地作自我介绍。

此外，进行自我介绍前，也可以引发对方先作自我介绍，诸如，"请问您贵姓？""您是……"等，待对方回答后再顺水推舟地介绍自己。两人相互认识后若希望进一步交往，还可以交换名片，以便今后联系。

四、名片

作为交际工具之一的名片，在我国已有两千多年的历史。早在秦汉时期，一些达官贵人便开始使用一种称作"谒"的竹制或木制名片，后改用绢、纸名片；汉末，则改称刺；六朝时称名片为名；唐朝时称门状等；明朝时称名帖；清朝时称名刺、名片，后统称为名片，沿用至今。

今天，拥有名片不再是高官显贵、名流贤达的特权。无论男女老少，不管地位高低，谁都可以拥有名片。名片不再仅仅是用于通报姓名、显示身份和结交友人，而且还被广泛用于答谢、邀约(代替请柬)、馈赠、祝贺、挽悼等事宜。例如，当您收到友人的赠礼后，可在名片的姓名下写上"领"字，另起一行顶格写上"谢"字，然后把名片装进信封寄给友人；而你赠人鲜花时可附上一张名片，对方看了名片，便明白是你的心意……随着社会的进步和科技的发展，名片的功能越来越多，而名片的制作也越来越讲究。

(一)名片的种类

现代名片的规格一般为 10 厘米×6 厘米，或略小。世界各国名片规格也不统一，如我国名片规格通常为 9 厘米×5.5 厘米，而英国男女皆宜的名片规格为 7.62 厘米×5.08 厘米。制作名片的材料更是多种多样，有布纹纸、白卡纸、合成纸、皮纹纸以及不锈钢、黄金和光导纤维等。而笔者在埃及留学时，曾收到开罗大学文学院教授的纸草名片。

名片大体上可分为社交名片、职业名片、商务名片三大类。社交名片一般只印姓名、地址、邮政编码、电话号码；职业名片上除了姓名、地址、邮政编码、电话号码外，还将所在单位、职称、社会兼职等印在上面；商务名片正面内容与职业名片相同，但背面通常印上单位经营项目等。

(二)交换名片礼仪

参加社交活动时，宜随身带上几张名片备用。与初次见面的人相识后，出于礼貌或有意继续交往时，便适时递上自己的名片。

递、接名片时，如果是单方递、接，应用双手递，双手接；若双方同时交换名片，则应右手递，左手接。接过对方的名片后应点头致谢，真诚地说几句诸如"幸会"之类的客气话，并认真地看一遍名片。最好能将对方的姓名、职务(称)轻声读出来，以示尊重。要妥善收好名片，可把名片放进上衣口袋里，或放入名片夹中，也可以暂时摆在桌面上显眼的位置，注意不要在名片上放任何物品。

双方交换了名片，意味着彼此之间架起了一座交往的桥梁，但不一定就能够成为朋友。因为此时的友谊犹如一株幼苗，只有经过双方长期共同培育，才有希望长成不怕风吹雨打的参天大树。

第八章　交际礼仪

(三)名片的保存

在社交活动中，收下对方的名片后，应放好，或放进上衣的口袋，或放入名片盒。回家或回到办公室后，则应将接收的名片分类收进专用名片簿。

收到的名片较多时，可按下列三种方法分类收藏，以便日后查找和使用。

(1) 按字母顺序分类。外国友人名片可以按英文字母顺序或其他外国文字字母的顺序排列，中国同胞的名片可以按汉语拼音字母顺序或汉字笔画顺序分类排列。

(2) 按行业分类。例如，可以把文化界同行的名片放在一起，把企业界朋友的名片放在一起。

(3) 按国别或地区分类。每一张名片犹如一张记事卡，可在名片背面记录收到名片的时间与地点等，但不要在名片上乱涂乱画。

第二节　交谈与交往

一、电话礼仪

随着我国人民生活水平的逐步提高和通信事业的发展，电话已进入千家万户，成为亲朋好友交流信息、联络感情，人们联系工作、开展社交的重要通信工具。日常工作、生活中，接听电话看起来简单，但是由于有些人不熟悉或不讲究使用电话的礼仪，导致通话双方都不愉快，通话结果令人遗憾。现介绍使用电话的礼仪，以便届时取得最佳通话效果。

(一)打电话的礼仪

1. 选择时间

打电话，应选择适当的通话时间。一般来说，若是利用电话谈公事，应尽量在受话人上班 10 分钟以后或下班 10 分钟以前的时间段通电话，这时对方可以比较从容地听电话。若是亲友间谈私事，除非事情紧急，打电话的时间不宜过早(早上 7 点钟以前)和太晚(晚上 10 点钟以后)，以免打扰别人休息。

打国际长途电话时，则要注意地区时差。笔者的一位外国朋友法格海博士是阿拉伯著名作家，他几次从开罗打电话问候我时，武汉正值午夜时分。他这位习惯过夜生活的阿拉伯大忙人，忽略了北非的开罗与东亚的武汉两地有 6 个小时的时差，结果，急促的电话铃声闹醒了笔者的甜梦。

2. 通话准备

通话前要有所准备。确定受话人的电话号码，以免拨错号码，给别人增添麻烦；事先想好谈话内容，重要电话不妨先在纸上记下要点和有关数据，而不要在通话时再慌慌张张地翻材料，让对方握着听筒干着急。

3. 通话礼貌

通话要讲究礼貌。电话接通后应先向对方问好，然后再自报单位和姓名。若接电话者不是自己要找的人，可请他(她)帮忙传呼，并表示谢意，不要"咔嗒"一声把电话挂断，而应把自己准备讲的话告诉接电话者，托他转告。如果内容不便转告，可以告诉对方改时间再打，或请对方转告回电话的号码。

往对方家里打电话时，接电话者若是对方的配偶，则通话更要讲究艺术。例如，笔者给一位女同事打电话，她恰巧不在家，她丈夫接电话时，我坦诚相告，自己是他妻子的同事某某，欲和她谈什么事儿。倘若不说明，万一碰上多心的人，他(她)会"浮想联翩"，这个神秘的异性是何许人也……从而引起悬念、不安，甚至产生误会。与自己要找的人接通了电话，简单寒暄后便可进入通话主题。

通话内容应简明扼要，不要东拉西扯、打哈哈、侃大山。根据情况可用探询或商量的口气交谈，同时细心倾听对方的反应。除了特殊情况外，通话时间切忌过长，每次以 3 分钟左右为宜。交谈完毕道谢或道别后，把话筒轻轻放好。如果对方是长辈、上级，应让对方先放话筒。

使用公用电话时，若人多应自觉排队，如果自己的电话一时拨不通，最好让别人先打。

(二)接电话的礼仪

1. 尽快接听

电话铃一响，应尽快接听电话，而不要置若罔闻，或有意延误时间，让对方久等。拖延时间不仅失礼，有时还会误事。

电话铃响之际，如果自己正与同事或客人交谈，可先与同事或客人打个招呼，再去接电话。拿起听筒后，先说"您好"，接着自报家门。听电话时应聚精会神，可以不时地"嗯"一声，或说"好"等，以表明自己正仔细倾听对方的谈话并有所反应。不要在接听电话的同时，与身边的熟人打招呼或小声谈论别的事情。

接听电话时若正在用餐，最好暂停吃喝，将口中的食物处理掉，以免自己咀嚼吞咽的声音通过电话传进对方的耳朵，给对方留下被轻视的感觉。

2. 助人为乐

在日常生活和工作中，当接到找人电话时，应主动帮助对方传呼受话人。如果受话人不在，要马上告诉对方，并客气地询问对方，是否有急事需要转告。如有，应认真记录，随后及时转告；若对方不愿讲，可悉听尊便，不可盘问、打听。通常在对方放下电话之后，接电话者再轻轻放下电话。

接到打错的电话时，首先应仔细倾听对方找谁，然后询问对方拨的号码是多少，最后客气地告诉对方打错了电话。若有可能，可为对方提供一些线索。不要责怪拨错电话号码的人，或气呼呼地挂断电话，以发泄不满，这是不礼貌的举止。对方道歉时，可说声"没关系"；对方致谢时，应回答"不客气"。彼此以礼相待，皆大欢喜。

(三)塑造良好的接打电话形象

打电话是一种特殊、快捷的交往方式。说它快捷，是指即使两人相距遥远，通话时也犹如近在咫尺；说它特殊，是指彼此"只闻其声，不见其影"(使用可视电话例外)。既然

通电话主要靠声音进行交流,那么,打电话者和接电话者均应格外注意音量、语气及谈话内容,以便给对方留下美好的印象。

(四)使用手机礼仪

随着手机的普及,手机持有者有必要了解和掌握使用手机的通话礼仪。一般来说,使用手机可以参照上述电话礼仪。根据目前手机的特点,使用手机礼仪可以概括为"六要六不要"。

1. 六要

(1) 当手机铃声响起,要尽快接听。
(2) 因故未能接听电话,发现后要及时回话。
(3) 通话时要使用礼貌语言,用文明字眼发短信。
(4) 要遵守公共秩序,在教室、图书馆、会议室、电影院等公共场合应自觉关机。
(5) 在别人家做客时,要尊重主人。没有特殊情况,不要不停地使用手机打电话。
(6) 要注意安全,最好把手机放在提包和手袋里,因为手机挂在胸前不太安全,而一直拿在手上或挂在皮带上又显得有点招摇。

此外,驾驶汽车时尽量不使用手机。

2. 六不要

(1) 不要主动索取他人的手机号码。
(2) 一般情况下不要借用他人的手机。
(3) 不要向别人炫耀自己的手机功能,或者看别人发短信等。不要偷拍别人的形象。
(4) 使用个性化的铃声无可非议,但不要使用内容不文明的铃声。
(5) 不要在医院急诊室附近使用手机。
(6) 不要在飞机上使用手机。

(五)发短信礼仪

随着手机的普及,用手机发短信成为人们交际联络的重要手段和方式。发短信时,应讲究下述礼仪。

1. 发短信应当使用文明语言

发短信是为了加强联系,交流信息,因此,应尽可能使用文明语言写短信,而不要创作或转发一些格调低下甚至包括黄色内容的短信。

2. 发短信通常要署名

发短信署名既是对对方的尊重,也是达到目的的必要手段。因此,一般情况下,发短信最好署名,以便对方一目了然。如果不署名,很有可能让对方猜半天,有时候甚至会误事。

3. 发短信要适可而止

我们离退休后,赋闲在家,但经常挂念还在上班的子女。可以发短信问候,切不可没

完没了地发短信，否则就会影响他们的学习或工作。如果对方正在上课或者主持会议或者正在商谈重要事项，闲聊天式的短信可能会让对方不悦。

4. 发短信不宜太晚

有些人觉得晚上 10 点以后不方便给对方打电话了，发个短信告知就行。短信虽然更简便，但如果时间已晚，也可能会影响对方休息。

附：优秀手机短信三条。

(1) 恭祝您幸福像内存一样经常溢出；金钱像硬盘一样存个没够；好运像鼠标一样握在手中；生活像 CPU 一样奔腾不息；前途像显示器一样无比明亮！

(2) 朋友是茶，帮你过滤浮躁，储存宁静；朋友是水，帮你滋润一时，保鲜一世；朋友是泪，帮你冲淡苦涩，挂满甜蜜。

(3) 月亮是诗，星空是画，愿所有的幸福伴随着你；问候是春，关心是夏，愿所有的朋友真心待你；温柔是秋，浪漫是冬，愿所有的快乐跟随你。

二、交谈的技巧与礼仪

交谈是人们进行交往的重要方式。人们在办公场所交换工作意见，在花前月下交流思想感情，在汽车、火车上传递各地信息……可以说，人际交往离不开交谈。善于交谈者，常能如愿以偿；若交谈不得法，则有可能"碰钉子"，甚至坏事。因此，为了使交谈获得最佳效果，交往获得成功，应掌握交谈技巧，重视交谈礼仪。

(一) 交谈技巧

与人交谈时，要做到态度诚恳，表情自然，举止得当，语言文雅。此外，还要学一点交谈技巧，让谈话引人入胜。

1. 见什么人说什么话

俗语说："人上一百，形形色色。"由于众人的阅历、修养、兴趣、性格等方面千差万别，所以，与不同类型的人交谈时，交谈话题、用语、风格要有所区别。例如，与股民聊股市行情，对方会兴趣盎然；与球迷谈足球大赛，对方会眉飞色舞；与农民朋友唠家常，不必讲文绉绉的话；同文化界人士聊天，不要使用粗俗的语言；与性格豪爽者谈话，不妨畅所欲言、直来直去；与作风稳健者交谈，注意遣词造句，力求言简意赅。反之，交谈效果则会截然不同。在通常情况下，谈话要言之有物、言之有理，不要讲大话、空话、假话、套话。

2. 在什么山上唱什么歌

一对恋人在公园里谈情说爱，人们往往会投去羡慕的目光，并在心里为他们祝福；而这对恋人若在办公室过于亲昵，则显得不太雅观，说不定还会遭到同事的鄙视。由此看来，交谈不仅应因人而异，还要讲究因地、因时、因情而异。

在不同情形下选择适宜的话题，是顺利交谈的关键。如在学校里谈春游计划，或者谈学习体会等同学们都比较感兴趣的话题，容易产生共鸣。在车站、候船室等公共场合，应尽可能地选择大家均有所了解而谈起来又相对轻松的公众话题，如天气情况、新闻事件、文艺演出、体育比赛等。此外，也可以讲一些健康的趣闻逸事，以活跃交谈气氛。不过，在严肃的场合则不要随便说浑话、讲笑话。

3. 察言观色，随机应变

交谈时，既要会讲，还要会听。听对方讲话时应聚精会神，以便了解对方的意图。交谈时要善于察言观色。当对方脸上出现厌倦神色，说明对方对谈论的话题已失去兴趣，这时需换一个话题；若对方频频看表，或坐立不安，则表明对方另有活动安排或暗示欲抽身，这时就应该结束谈话了。

交谈中万一疏忽失言，要尽快采取补救措施。例如，1992年笔者与利比亚大作家古维里交谈时，由于事先没有摸清其家庭情况，冒昧地问他的孩子爱好文学吗？当他回答尚无孩子时，笔者的心猛地一颤，急中生智，恳切地说他的作品就是他的孩子，才使他转悲为喜。

(二)交谈礼仪

笔者有一位大学同窗口才不错，但他与人交谈时，习惯自己高谈阔论，唱"独角戏"，结果，"被其遗忘的"交谈对象常因为没有机会"表演"而怏怏离去，他因此而感到困惑。当他和笔者谈起此事时，笔者坦率地对他说，交谈是双向交流，为了达到交流的目的，不可忽视交谈礼仪。

1. 交谈时的目光

两个人面对面交谈时，双方宜相互凝视对方的眼睛，以表达自己的专注之情。目光应是自然、柔和、友善的，而不要紧盯着对方，使对方感到不自然。与长辈、领导交谈时，心灵之窗——眼睛应流露出尊敬的神情；与同事、朋友交谈时，应流露出宽容的神情；与爱人交谈时，应充满温情；与不幸者交谈时，则应表现出同情。

2. 交谈时的距离

与不同关系的人交谈时，双方应保持相应的交谈距离。如与陌生人交谈时，两人的间距为1.5米左右；与熟人交谈时，相距1米左右；与亲友交谈时，距离为0.5米左右，有时还可以更近些，甚至亲密无间地"交头接耳"。交谈时，双方应自觉地保持适当的距离，既不要相距太远，给对方以冷落感；也不要靠得太近，使对方有压抑感。应酌情调整距离，以便双方自由自在地交谈。

3. 交谈时的动作

与人交谈时，根据需要可以借助一些动作来说明问题，以增强感染力。如点头表示赞同，而侧身相对表示蔑视等，但手势的幅度不宜过大，切忌对别人指手画脚，以免引起误会。此外，与长辈、师长、上级交谈时，不要把手背在身后或插在口袋里，也不要做一些不必要的小动作，如摆弄衣角、甩头发等。

除此之外，交谈时应尽量使用礼貌用语，忌出言不逊；讲话要掌握分寸，忌信口开河；交谈中可以真诚地赞美他人，而不要贬低或中伤他人。

应常用礼貌用语：好久不见说"久违"；请人帮忙说"劳驾"；麻烦别人说"打

扰"；托人帮忙说"拜托"；中途退场说"失陪"；请人勿送说"留步"。

三、交友艺术

结交天下俊杰，架起友谊桥梁，沟通人情渠道，扩大信息来源，是现代生活中不可缺少的一部分。但是，人海茫茫，个人活动的时空有限，怎样才能找到和结交称心如意的朋友呢？

(一)选交志同道合的朋友

俗话说："物以类聚，人以群分。"一些青年朋友来信说交友难。其实，只要你留意，朋友就在你身边。因为除了家庭成员外，平时接触最多的便是同学、同事。大家相互了解，知根知底。当然，彼此熟悉，并不一定就能成为朋友。但是，了解却是交友的前提。在知人的基础上，可以有选择地结交志同道合的朋友。

笔者在大学教书，朋友中多数是教育界同人和报刊、出版社的编辑。在武汉有不少挚友，在外地乃至国外也有"铁哥们"。那么怎样与天南地北的文人学士结交朋友呢？下面略述笔者与山东大学蔡德贵教授交友的经过，供青年朋友参考。

> 1992年，在上海外国语大学主办的"中东文化与中东问题讨论会"上，笔者和蔡先生初次相遇。由于共同的爱好，因而谈得很投机。从研究阿拉伯文化到留学埃及，我们的志趣与经历均有许多相似之处。分手之后，笔者和蔡先生经常通信，切磋学术，交流信息。1993年，在杭州参加"阿拉伯与伊斯兰文化研讨会"时再次相遇，双方更加深了相互间的了解。两人彼此尊重、互相关心，并且格外珍惜这份友谊，以实际行动支持对方。1994年，湖北省外国文学学会和武汉大学出版社为笔者翻译的利比亚小说集举行研讨会，蔡先生在百忙中为大会寄来热情洋溢的书面发言；1996年，蔡先生在济南主持召开阿拉伯哲学研讨会，笔者为大会发去贺电；2005年，蔡先生应笔者的邀请来武汉大学进行学术交流，他的精彩演讲受到学生的欢迎和好评。此外，蔡先生积极为笔者主编的辞典撰稿，笔者乐意为他挂帅的科研项目译文……笔者与蔡先生的友谊在真诚的交往中不断加深。

(二)慎交异性朋友

作为一名现代青年，与异性交往是很自然的。在学校和单位同异性讨论问题、商量工作是常有的事。青年男女在学习、工作中交往，彼此应以礼相待、互相配合，逐渐建立良好的关系。而一些意气相投的青年男女经常来往，关系日趋密切，成为互相信任的朋友。在生活中，不少互相信赖的男女青年作为普通朋友，长期保持着纯真的友谊。也有一些青年对对方由好感转为爱情，此时，不妨直接或间接地提出来，如果对方赞成，双方就可以深入交往；若对方不愿意，则不要纠缠，强人所难。如果一方不同意，则应以婉转的语气表明自己的态度，不要模棱两可。无论是自己熟悉的异性，还是别人介绍的对象，欲与对方建立恋爱关系时，均要讲究方式。例如，马克思向燕妮求爱时说，我已经看中了一位姑娘，她的照片就在小匣子里，你想看看吗？燕妮打开小匣子，发现里面放着一面镜子，镜子照见自己美丽的面庞。这种求爱方式是多么绝妙啊！

男女青年情投意合，建立恋爱关系时，双方要特别注意自己的形象，尽量保持轻松、

第八章 交际礼仪

愉快的心情。谈恋爱时，男青年不要过分拘谨或粗野，女青年也不要过分矜持或随便。

在现代文明社会，男女婚后仍可与异性交往，夫妻双方都应持开明的态度，互相理解。但是，婚后与其他异性交往与婚前应有所区别，要掌握好分寸，不要超出友谊的界限。

(三)善交有真才实学的名人朋友

常言道："三百六十行，行行出状元。"的确，各行各业都有佼佼者，其中部分出类拔萃者成为名人。名人往往是在本行卓有建树，因而受人尊敬和羡慕。

> 利比亚文豪阿里·米斯拉提才华横溢，著作颇丰，在阿拉伯世界和欧洲享有盛誉，其优秀作品被翻译成英文、俄文、德文、法文、日文等多种文字。笔者很钦佩这位在利比亚文学、史学、新闻等领域均做出重要贡献的文化名人，并希望能有机会结识他。
>
> 1987年，笔者在参加利比亚历史所举办的一次学术活动中见到了米斯拉提教授，并与他进行了面谈。笔者首先作了自我介绍，接着提出采访他的愿望，他欣然应允。我们相约会晤，畅谈中国人民与阿拉伯人民的传统友谊，笔者介绍了中国在世界史学方面的研究，并讨论中国文学、利比亚现代文学的发展，其中也谈及他的小说的艺术特色……我们在相互了解的基础上建立了信任和友谊，后来成为忘年交。在利比亚期间，米斯拉提教授还主动牵线搭桥，安排笔者会晤其他利比亚文化界名流。其中不少人后来成为笔者的挚友。
>
> 回国后，笔者和米斯拉提先生天各一方，两人之间通过书信、电话传递友谊、交流信息。如果说信件是联系友谊的纽带，贺年卡是保持友谊的环节，那么，脚踏实地，在工作和学习中不断充实自己，多干实事，则是发展友谊的推进器。
>
> 20世纪80年代，鉴于中国和利比亚文学译介工作尚处于垦荒阶段，笔者利用业余时间著书译文，将利比亚重要作家的生平及其代表介绍到中国。这样做：一方面，使中国读者得以欣赏利比亚文学作品；另一方面，当利比亚朋友看到其作品被译成中文时，其激动的心情可想而知。每当笔者收到他们寄来的一封封字里行间流动着欢欣与友情的信件、一本本富有价值的新作时，心情就会异常激动。这种情谊在中国与利比亚文化交流中得到升华。

第三节 舞会、沙龙及社交禁忌

舞会与沙龙是富有特色的社交场合，人们可以在优美的乐曲声中相互认识，也可以在浓厚的学术气氛中结为文友。但无论在舞会、沙龙抑或是其他社交场合，都不要触犯交往禁忌。

一、舞会

舞会是人们喜欢的社交场所。参加舞会，不仅可以广交朋友、沟通信息，还可以陶冶性情、锻炼身体。参加舞会是一种集交往与娱乐为一体的社交活动。

(一)舞会的组织

1. 举办舞会要选好时间、地点

舞会一般在节假日、周末举行，时间最好是晚8点到12点以前。舞场应选择在交通比较方便、场所比较宽敞的地点。

2. 做好舞会准备工作

举办舞会应事先准备好场内设施，如灯光、音响、磁带等；装饰好花纸、彩带；地板宜光滑，可以酌情上蜡或撒滑石粉；备好饮料、点心、水果、干果；备好椅子等。举办大型舞会要选好主持人、歌手和乐手。

3. 及时通知

舞会准备好后，应及时通知或发请柬，以便参加者有所准备。

(二)参加舞会

参加舞会者要了解和遵循下列舞会礼仪。

1. 容貌整洁

参加舞会者赴会前，要整理好自己的容貌。无论男士或女士，都应洗净脸和手，梳理好头发。

2. 服饰适宜

女士服装一般以亮色为主，既色彩明快又美观醒目，还可配以合适的饰物。除了色彩外，衣服要合身、轻便，亦可根据环境、季节，选择合适的服饰。

男士一般应西装革履，也可穿较随意的衣服。若参加隆重的舞会，除穿西装外，还可穿燕尾服。

参加舞会的男士和女士，衣服都不宜过肥和过瘦，因为服装过松和过紧，都会影响舞姿和舞步。参加舞会者宜穿皮鞋，而不要穿凉鞋、拖鞋或运动鞋。参加室内舞会不可戴墨镜。

3. 讲究公德

参加舞会者当天最好不要吃葱、蒜、韭菜、萝卜干等带刺激气味的食品，以免影响同与会者的交往和交流。

参加舞会者应自觉维护舞场卫生，不要在舞场内吸烟、喝酒，更不要乱扔果皮、纸屑等。

(三)邀舞礼仪

在舞会上，一般都是男士主动邀请女士跳舞，女士也可以邀请男士共舞。请人跳舞应讲究以下礼仪。

第八章 交际礼仪

1. 选择舞伴

独身前往舞会的男士，首先选择的舞伴应该是没有男士相伴的女士。待三支舞曲过后，才可以邀请有男友相伴的女士。

选择舞伴时应考虑年龄、身材、气质等，宜找舞技水平相近者。选择舞伴不必局限于少数几个人，最好少请热恋中的情侣的一方为舞伴，更不要争相邀请一两位时髦、漂亮的女士。

2. 邀舞礼仪

当舞曲声起时，男士应步履庄重地走到事先选好的女士面前，右手前伸，略弯腰鞠躬，含笑点头致意，然后轻声说："请您跳个舞，可以吗？"

倘若被邀请的女士有男友在场，则应先有礼貌地征得其男友的同意，得到允诺后再邀请他的女友。

对于新结识的女伴，不要拉着她的手将其导入舞池，而应或前或后相伴步入舞池。

邀舞时一旦遭到女方拒绝，不要生气和灰心，只需稍稍退后一步，说一声"对不起"，便可转身离开另找舞伴。

在舞场，切忌叼着香烟请人跳舞。一曲完毕，男士应向女士道谢，并把女士送回到原来的座位。女士落座后，男士应再次道谢，女士也应含笑答礼。

3. 拒邀礼仪

被邀请者最好不要谢绝对方的邀请。如果决定谢绝，可以含笑婉转说明原因，如说："对不起，我不会跳这种舞。"或者说："请原谅，我想休息一下。"如果事先已答应和别人共舞，此时又有人前来邀请，这时不妨明说："已有人邀舞了，请等下一曲吧。"

当女士在一曲开始时已谢绝了某人的邀请，此曲未终时，暂不要同别的男士共舞，以免前者心里不痛快。

拒绝别人邀请时，应表情亲切，态度和蔼，切不可板着脸拒绝，更不要恶语相加。

例如：

> 在一个周末舞会上，一位妙龄少女不仅相貌出众，而且舞姿优美，令许多男青年为之倾倒，其中有一位修养较差的男士对其纠缠不休，频频与这位少女搭讪。
> 男：我好像在哪儿见过您，您贵姓？
> 女：我姓我父亲的姓。
> 男：那么，您的父亲姓什么呢？
> 女：当然姓我祖父的姓了。
> 男：您是做什么工作的？
> 女：干四个现代化的。
> 男：你家住在哪里？
> 女：地球上。
> 男：您家有几口人？
> 女：和我家的自行车一样多。
> 男：那么，你家有几辆自行车？

> 女：每人一辆。
>
> 这位聪明的美貌少女针对轻薄男子别有用心地提问，巧妙应答，既不失礼，又让他一无所获。

(四)跳舞时应具有的风度

风度是一个人的言谈、举止、气质和作风等方面的综合表现。

跳舞的风度，主要是指人在跳舞时的姿态和表情。在舞会上，男士应表现出绅士风度，而女士则应展现淑女风采。一般要求如下：

(1) 男士与女士共舞时，男士的右手掌心向下，以大拇指的背面轻轻地将女士的腰肢挽住，左手使左臂以弧形向上与肩部成水平线举起，掌心向上，拇指平展，只将女伴的右掌轻轻托住。女士的左手应轻轻地放在男士的右肩上，右手应轻轻地搭在男士的左手上。男士不应强拉硬拽，女士不应挂、扑、靠、扭。

(2) 跳交谊舞时，舞姿要端庄、大方，整个身体应保持平、正、直、稳。无论前进、后退还是旋转，都要掌握好身体的重心。

(3) 在舞场上，男女双方的身体应保持一掌左右的间距，不要紧紧地搂抱在一起。女士用双手搂住男士的脖子跳舞，也不太雅观。

(4) 跳舞时神情要轻松、自然，说话要和气，不要粗声粗气。

(5) 当舞场上人多拥挤时，一对舞伴可以采取碎步慢舞，待他人走过去之后，再放开舞步。

(6) 青年男女跳迪斯科、霹雳舞、太空舞等舞蹈时，舞姿可以更加自由、放松、随意。

二、沙龙

(一)沙龙的含义及类型

1. 沙龙的含义

"沙龙"是法语 SALON 的音译，原意为"会客室、客厅"。

从 17 世纪起，西欧一些贵族和资产阶级的部分知名人士常常聚集在某些私人客厅，谈论文学、艺术和政治问题等。实际上，这是一种社交集会的形式。久而久之，沙龙逐渐成为社交集会的一个代名词。

2. 沙龙的类型

根据沙龙的主旨和出席者，沙龙可大致分为以下五种类型。

(1) 社交性沙龙。即由比较熟识的朋友、同事结成的定期或不定期的社交聚会，大家聚集在某人的家里或某些相对固定的场所，互相交流信息等。

(2) 学术性沙龙。是由职业、志趣相同或相近的知识分子组成的沙龙，旨在探讨学术或理论问题。

(3) 文艺性沙龙。由文艺界人士和文艺爱好者组成的沙龙，旨在相聚娱乐。

(4) 联谊性沙龙。由某一行业或各界人士代表参加的沙龙，旨在增进了解和友谊。

(5) 综合性沙龙。即参加人数较多和活动内容比较丰富的大型社交聚会。

(二)举办沙龙的条件

举办沙龙，一般应具备下列三个条件。

(1) 有一个比较宽敞的场所，以便大家聚会和进行交流。例如有一个大的客厅或会议厅，或者使用一块空旷草坪等。

(2) 沙龙的召集者和主办人应具有较高的威望和一定的表达能力，方能吸引大家来参加，并妥善地主持沙龙。

(3) 沙龙组织者应准备足够的座位和饮料等，以便款待来宾。

(三)参加沙龙的要求

沙龙是一种重要的社交活动，要求每个参加者注重礼仪。总的要求如下。

(1) 衣着整洁。
(2) 按时出席。
(3) 谈吐文雅。

此外，参加不同性质的沙龙，具体要求也有所不同。例如，参加学术性沙龙，事前对该沙龙讨论的主题要有所了解；而参加联谊性沙龙，应乐观、豁达，不要一个人待在角落里沉默不语，而应当尽快和习性相近的人或同行接近。出席沙龙应认真聆听主要发言人的发言，发表意见时态度要中肯，语言要简洁，切忌废话连篇。

三、社交禁忌

在社交活动中，不仅应了解应当怎样做，还应知道哪些事不能做。那些不能做的事情，便是社交中的禁忌。

(一)忌开玩笑过度

朋友、熟人之间适当开开玩笑，可以活跃气氛，融洽关系，增进友谊。但开玩笑要适度，要因人、因时、因环境、因内容而定。

1. 开玩笑要看对象

俗话说："大千世界，什么人都有。"每个人的性格不同。和宽容大度的人开点玩笑，或许可调节气氛；和女同学、女同事开玩笑，则要适可而止。

2. 开玩笑要看时间

俗话说："人逢喜事精神爽。"开玩笑，最好选择在对方心情舒畅时，或者当对方因小事生气时，通过开玩笑把对方的情绪扭转过来。

3. 开玩笑要看场合、环境

在图书馆、医院等要求保持肃静的场合，不要开玩笑；在治丧等悲哀的气氛中，不宜开玩笑。

4. 开玩笑要注意内容

开玩笑时，一定要注意内容健康、风趣幽默、情调高雅。在社交活动中，忌开庸俗的玩笑。千万不要拿别人的生理缺陷开玩笑，如不能以残疾人的生理缺陷取笑。

(二)忌随便发怒

在社交活动中，人们都愿意与性格豪爽的人交往。在社交场合，除非是原则性问题，否则不要争得面红耳赤。一般来说，不要因一些鸡毛蒜皮的小事生气或勃然大怒，甚至翻脸，要表现得有气量、有涵养。俗话说："气大伤身。"发怒不仅会伤害自己的身体，对自己的形象也有不良的影响。动不动就生气的人，也会失去朋友。

(三)忌恶语伤人

所谓恶语是指那些肮脏污秽、奚落挖苦、刻薄侮辱一类的语言。口出恶语，不但伤人，而且有损自身形象。

俗话说："良言一句三冬暖，恶语伤人六月寒。"因此，在社交活动中，应当尊重人，且温文尔雅，讲究语言美，而不要自以为是、出言不逊、恶语伤人。

(四)忌飞短流长

在社交活动中，应以诚待人、宽以待人。要与人为善，不要打听、干涉别人的隐私，或评论他人的是是非非。不要无事生非、捕风捉影，也不要东家长、西家短，更不要传播小道消息，把芝麻说成西瓜。说话要有事实根据，不能听风就是雨、随波逐流。

(五)忌言而无信

社交活动最重视一个"信"字。言而有信者，会得到大家的尊重；言而无信者，会失去大家的信任。在社交场合中，说话要算话，绝不食言，要言而有信、行而有果。

(六)忌衣冠不整

俗话说："人不可貌相，海水不可斗量。"可在社会上，以貌取人、以衣取人的情况时有发生。因此，外出时要衣冠整洁，以便给人良好的"第一印象"。

(七)忌忘恩负义

俗话说："滴水之恩，当涌泉相报。"中国人一贯讲究知恩图报。当你有困难时，别人帮助过你，不应忘记，有机会时一定要报答别人的恩情，千万不要忘恩负义，更不能恩将仇报，否则的话，就再也没有人愿意向你伸出援助之手了。

(八)忌不尊重妇女

尊重妇女，是每一位有教养的男士都应具有的品格和风度。

在社交场合，男士应尊重女士、照顾女士，时时处处遵守"女士优先"的原则。若在社交场合摆大男子汉的架子，不给女士应有的尊重，或当女士需要帮助时视而不见或袖手旁观，必然会受到众人的批评。

【礼仪故事】

伟人的友谊

列宁曾说："马克思和恩格斯的友谊超过了古人关于友谊的一切动人的传说。"马克思和恩格斯虽然都有独立的个性，但在思想、感情和志向上却犹如一个人，他们的思想和行为几乎完全融合在一起。正是因为他们具有惊人的个性倾向相似性，所以才可能产生深刻的理解，并在长达40年的共同战斗中结下了深厚的友谊。他俩在知识才能上互相帮助，性格特征上互有补益。从性格特征来看，恩格斯十分敏锐，"机灵得出奇"；马克思观察事物则十分精细，分析深入透彻，追根究底。从性格的情绪特征来看，马克思性格内向，治学、办事十分谨慎、持重，从不说出自己未经深思熟虑的意见；与马克思比较，恩格斯性格外向，办事、治学雷厉风行。恩格斯敏锐、机灵的性格帮助马克思迅速地捕捉到各种新思想、新事物；而马克思的精细观察、追根究底、分析透彻又使恩格斯的认识得以不断深入。恩格斯雷厉风行的作风促使马克思创造精神产品的时速得以加快，而其外向、善交际的性格又帮助马克思解决了生活、交际方面的许多难题，使马克思在逆境中终于完成了鸿篇巨制；而马克思的谨慎持重对恩格斯也产生了积极的影响，使其论著更加严谨，无懈可击。

(资料来源：张常然. 交际艺术品评[M]. 武汉：华中理工大学出版社，1997.)

思 考 题

1. 握手礼有哪些礼仪讲究？
2. 怎样进行自我介绍？
3. 怎样邀请舞伴？

第九章　公　关　礼　仪

公关礼仪与礼仪密不可分，礼仪是公关礼仪的基础，公关礼仪是礼仪在公关活动中的应用。社交礼仪侧重于个人在社会交往中应注重的礼貌礼节、仪表仪式、尊重他人等。公关礼仪则侧重于组织在社会交往中应注重的礼貌礼节、仪表仪式、尊重他人等。

公关礼仪还强调把公共关系的原则和理念渗透到礼仪实践中去，从而进一步深化了礼仪的意义，拓展了礼仪的职能和作用。

第一节　公关礼仪概述

一、公关礼仪的含义

公关礼仪，是一个组织的成员或公关人员在公关活动中，为了维护组织的良好形象而应当遵循尊重他人，讲究礼节，注重仪表、仪态、仪式等的规范和程序。简而言之，公关礼仪是一个组织所应具有的与其自身形象相适应的行为规范。

要深刻理解什么是公关礼仪，还可从以下几个方面来把握。

1. 公关礼仪是公共关系学与礼仪学的完美结合

公共关系和礼仪如果作为一种原始状态，两者都是随着人类的产生而产生的，源远流长。而作为一门学科，公共关系学起源于 20 世纪初；礼仪学的起源则说法不一，至少要远远早于公共关系学。但两者的结合则是由于现代社会的迫切需求应运而生的。

把公共关系和礼仪融合在一起是一种完美的结合。公共关系的宗旨是"内求团结完善，外求和谐发展"，公共关系的目标是塑造组织的良好形象，这与礼仪的目的是完全一致的。礼仪有助于公共关系目标的实现，而公共关系有助于礼仪文化的丰富、完善和拓展。

2. 公关礼仪的主体是社会组织

社会组织是人类社会生活组合的基本形式，是人们有目的、有计划地组建起来的一种社会机构或社会单元。社会组织有大小之分，大到一个国家、一个地区、一个省或市；小到一个企业、一所学校或一个班、组。

社会组织无论是开展公关活动，还是参与公关活动，都是公关礼仪的主体，组织成员的行为举止都代表和影响着组织的形象。例如，任何一个国家领导人的出访，从服饰到举止都是十分慎重的，都要经过精心的准备。因为，国家领导人是一个国家的象征，他代表的不仅仅是他个人，还代表一个国家、一个民族的形象。领导人的一举一动、一言一行，都会影响到国家的形象。一个国家的公民走出国门，他的举止言谈、素质修养的好坏也会影响到国家形象，因为在别国人眼中，他是这个国家公民的代表。

组织内部的每一名成员，都是该组织的代表，因此也都是该组织公关礼仪的主体，在

第九章　公关礼仪

任何公共场合，都应以良好的礼仪形象出现，要自觉为塑造本组织良好的形象做出积极的努力。

3. 公关礼仪的目的是塑造组织良好形象

组织形象是由组织的美誉度、知名度来衡量的。一个具有良好形象的组织就有较高的美誉度和知名度。公关礼仪是提升组织美誉度、扩大组织知名度的非常有效的加速器。公关礼仪把组织成员的个人形象看作组织形象的组成部分，是组织形象的基础。组织整体形象的塑造建立在组织成员个人形象塑造的基础之上，因此，为了塑造组织的良好形象，公关礼仪不仅关注组织整体形象的塑造，也同样关注每个组织成员良好形象的塑造。

4. 公关礼仪注重双向传播与沟通

礼仪注重教导人们应该如何做、怎样做、为什么要这样做等，要改变人们的"已有行为""习惯行为"为"应有行为"，这种教育和引导往往是单向传播。而公关礼仪不仅对内进行礼仪教育传播，而且还通过组织开展的各项活动，举办的各种庆典、仪式等对外传播组织的信息。例如，企业开张、开业、周年庆典、举行揭牌仪式、升旗仪式等，都属于对外开展的公关礼仪活动。另外，组织还通过制定的员工礼仪行为规范来约束员工的行为举止，与此同时，组织还广泛征求公众的意见，收集反馈信息，通过与公众的沟通，促使组织不断改进和完善，以赢得公众的信任和好感。

总之，礼仪是公关礼仪的基础，公关礼仪是礼仪在公关活动中的应用和拓展。要学好公关礼仪知识就必须首先学好礼仪的基本知识。

二、公关礼仪的作用

由于现代社会的日益开放和世界文化的多元化以及全球化时代的到来，世界各国人民的交往日益频繁与快捷，这必然要求人们在交往中应知礼、懂礼、用礼，从而促使人们对公关礼仪的需求日益迫切。目前，无论是政府机关、学校、企业、公司，还是事业单位、商场、服务行业等，都在强化公关礼仪知识的学习，以期提高广大公务员、师生、员工、服务人员等的公关礼仪修养与水平。

公关礼仪在塑造组织的良好形象、维护组织内部的团结、拓展组织对外友好交往、提高组织员工的文明水准、广泛传递组织信息等方面都发挥了积极而有效的作用。这也正是各类组织为何如此青睐公关礼仪的原因所在。

(一)塑造组织良好形象

社会组织的形象问题是影响组织生存与发展的关键问题，绝不可掉以轻心。企业、组织拥有良好的形象就等于拥有了一笔无形资产。良好的形象能赢得顾客的信赖，能获得社会的赞誉，能提升组织的社会地位，能提高自身的竞争优势，能优化市场、美化社会环境。

国内外一些名牌企业，享有盛誉的大公司、集团都具有良好的组织形象。如日本的"松下""东芝""本田""丰田"等产品创立了让消费者信赖的牌子，公司则树立了"卓越"的美誉。此外，日本名牌企业对公关礼仪的注重也是举世闻名的。以"松下"为例，公司对员工仪表仪态、言谈举止、行为规范、礼貌礼节的要求非常严格，公司在各种活动中举行的仪式、仪典也格外隆重、严谨。美国的"麦当劳"，对世界各国各大城市的分店都有统一要求：质量不变、服务一流、卫生清洁、环境舒适，员工统一着装、热情有礼貌。中国海尔集团对员工的礼仪要求就非常严格、全面、具体，对为顾客上门服务的员工在礼貌、礼节方面的要求更是细致入微。每一位海尔人都能以规范的公关礼仪行为修养和规范的举止来维护海尔的企业形象，并赢得了用户的一致好评。

例如：

海尔空调星级服务歌

海尔服务兵个个要牢记，三大纪律八项注意。
第一，真诚才能到永远，牢记用户永远是上帝；
第二，用户永远是对的，标准就是用户满意；
第三，不能对用户说不，用户难题是我们课题。
三大纪律我们要做到，八项注意切莫忘记了。
第一，服务准备要充分，仪表整洁工具要完好；
第二，服务一定要准时，用户问题彻底解决好；
第三，言谈举止要文明，态度和蔼要面带微笑；
第四，鞋套穿好再进门，每次服务不能忘记了；
第五，自觉请用户监督，主动递卡自我来介绍；
第六，盖布、垫布全用上，整洁服务处处注意到；
第七，用户东西莫乱动，请示使用不能损坏了；
第八，联系电话要留下，道别致谢回访要做好。
星级标准条条要记清，时刻不忘我是海尔人；
遵守标准人人要自觉，互相监督切莫违反了；
用户满意才能有美誉，世界名牌一定能做到。

(二)维护组织内部的团结

公关礼仪能使人的气质变温和，能教人敬重别人，能化干戈为玉帛，能变对立为合作。组织的凝聚力、内部的团结一刻也离不开公关礼仪。如果组织成员不讲公关礼仪，都是自以为是、自高自大、目中无人、语言粗俗、举止鲁莽、气急败坏、态度恶劣，再加上不修边幅、衣着不整、蓬头垢面，可想而知，这样的组织成员怎么可能做到精诚合作、团结一致呢？这样的组织会有凝聚力吗？只有注重公关礼仪的组织才能维护组织内部的团结，增强组织的凝聚力。

组织举行的仪式对维护组织内部的团结也会产生意想不到的效果。例如，我国首都北京天安门广场，每天清晨由国旗队举行庄严的升国旗仪式，不仅吸引了成千上万的人前来观看，而且在庄严神圣的气氛中，使中国人感到作为一名中国人无比的骄傲和自豪。企业举行开张、开业的庆祝仪式和挂牌、揭幕仪式，表彰、颁奖仪式等，都能起到激励企业员工士气，激发和调动员工对企业组织的归属感、认同感，从而强化员工的主人翁意识，增强责任心。

(三)拓展组织对外友好交往

公共关系的宗旨是内求团结完善，外求和谐发展。公关礼仪既可以促进组织内部的团结，又可以拓展对外的友好交往，使组织广结良缘。

公关礼仪强调待人要文明礼貌，尊重友善，同时应注重以良好的仪容、仪表、仪态出现在社交场所。良好的形象与修养必然会得到公众的赞赏，这既有利于增强人际间的吸引力和友好交往，也有利于结识新朋友，扩大社交圈。

据社会心理学家研究证明：外貌美(包括衣着和风度)能增强人际吸引力。外貌还可以产生"晕轮效应"，即良好的外貌，会使别人以为这个人还具备其他一系列的良好品质；反之，则相反。

研究者们还提出了妨碍人际吸引的个性品质，其中许多条也是与公关礼仪相背离的，如虚伪(不真诚)、不尊重人、苛求于人(不宽容)、骄傲自满(不谦虚)、孤独固执(不开朗大方)等。

公关礼仪告诉人们怎样做一个受欢迎的、有吸引力的人。如果组织成员人人都注重公关礼仪，则组织对外的友好交往必然能得以拓展。

(四)提高组织员工的文明水准

礼仪是人类文明的标志，公关礼仪是组织与公众文明交往活动的规范。强调组织员工注重学习公关礼仪，并不断向员工灌输公关礼仪知识，无形中就提高了组织员工的文明水准。

一个组织的员工衣着整洁大方，态度热情温和，举止言谈彬彬有礼，接人待物礼貌耐心，举行仪式认真规范，试想，有谁会认为这样的组织文明水准不高呢？市场呼唤这样的组织，社会需要这种具有较高文明水准的组织。公关礼仪为我们架起了一座通向较高文明水准的桥梁和阶梯，只要坚持遵守和执行公关礼仪的行为准则，各类组织就能达到一个更高的境界。

(五)广泛传递组织信息

公共关系强调双向沟通，公关界的权威人物卡特利普和森特提出"双向对称"的原则，即组织应把信息准确无误地传递给公众，与此同时，也要把公众的信息及时反馈给组织。传递组织信息是公关的重要职能之一。

由于我们处在知识经济时代，信息的"爆炸"已导致信息数量巨大，呈现出信息泛滥并充斥着整个社会的局面，"信息"作为稀缺资源的地位已被"注意力"所取代。

组织传递信息怎样才能吸引公众的注意力呢？这就要突破传统的传播定式，即突破仅仅依赖广播、电视、广告、网络、报纸、杂志等媒体传播的模式，以更新颖、更独特的方式吸引公众的眼球。而公关礼仪恰恰能发挥它的优势，以新颖的方式传递组织信息并吸引公众的注意力。如海尔集团，通过上门服务的员工表现出来的规范的礼仪行为，向公众传递了"海尔真诚为顾客服务"的信息。

一些企业、公司开张、开业、周年纪念等也是通过举行各种仪式，如揭牌仪式、剪彩

仪式、庆典仪式、签字仪式、纪念仪式等活动，给参与仪式的领导、来宾，给观看仪式的人们留下了深刻的印象，这可以说是公关礼仪在传递组织信息方面的特殊功能。人们在参与和观看仪式活动的同时就接受了组织开张、开业、周年纪念等信息。

> 我国在 1999 年 10 月 1 日，为庆祝中华人民共和国成立 50 周年举行了隆重而盛大的国庆大典——"世纪大阅兵"。这次的阅兵仪式无论是在规模、人数上，还是在武器装备、飞机架数等方面都超过了历史上任何一次，不仅令参加国庆观礼的中外宾客大开眼界、大为震惊，也令世界人民震撼。受阅部队以空前的阵容和一流的训练水平，展示了中国军队革命化、现代化、正规化建设的巨大成就，展示了中国军队乃威武之师、文明之师、胜利之师的风貌，展示了共和国钢铁长城维护祖国安全与统一、促进世界和平与发展的坚强决心和强大力量。通过阅兵式有效地展示了中国经济的发展、国力的强大、科技的飞跃、军队的威武、民族的振兴。

综上所述，公关礼仪的作用显而易见，因此，社会上的各类组织都十分重视公关礼仪，对员工加强公关礼仪培训的组织也与日俱增，这将有利于全社会文明水准的提高。

三、公关礼仪与社会公德

(一)社会公德是公民应遵守的最基本的道德规范

我国政府颁布的《公民道德建设实施纲要》中指出：全社会要大力倡导"爱国守法、明礼诚信、团结友善、勤俭自强、敬业奉献"的基本道德规范，努力提高公民道德素质，促进人的全面发展，培养一代又一代有理想、有道德、有文化、有纪律的社会主义公民。

1. 什么是社会公德

社会公德是一个社会文明程度的重要标志，它是人类世世代代调整公共生活中人与社会关系的经验的结晶，是人们通过长期的社会实践形成的，并为了共同利益而代代相传和不断完善的优良传统。它最突出的特点是：在许多不同的国家、地区，社会公德是相通的，它反映了人类追求文明与进步的共同要求。

社会公德被定义为人们在社会公共生活中应当遵守的行为准则。

2. 社会公德的特性

从适用范围上讲，它具有普遍适用性，每个公民都有遵守的责任和义务；从功能上讲，它具有公共性，维护的是社会的共同利益和全体公民的整体利益；从内容上讲，它具有广泛性，涵盖了人与人、人与社会、人与自然的关系。反映人与人之间关系的社会公德可称为公共交往公德，如尊老爱幼、善待弱者、诚实守信等；反映人与社会之间关系的社会公德可称为公共场所公德，如遵守公共秩序、爱护公共财物、维护公共利益等；反映人与自然之间关系的社会公德可称为人类环境公德，如讲究卫生、保护生态环境、珍爱生命等。

3. 社会公德的内容

社会公德的内容非常广泛，涉及生活的方方面面，大致可概括为以下三个方面。

第九章 公关礼仪

(1) 反映人们共同利益的道德规范，如我国的"五爱"公德，即爱祖国，爱人民，爱劳动，爱科学，爱社会主义。

(2) 人道主义精神，诸如尊重国家主权，领土完整，尊重人权，保护妇女、儿童、老人、伤残人的合法权益，维护世界和平，支持人类进步事业，实行人道主义救援等。

(3) 人类共同的行为准则，如相互尊重、礼貌待人，诚实守信、言行一致，遵守公共秩序和公共安全规则，举止文明，爱护公物，保护环境，维护公共卫生，遵纪守法，见义勇为等。

(二)社会公德是公关礼仪的基础

社会公德就像一个道德天平，时时刻刻都在衡量着社会中的真、善、美，假、恶、丑。美国著名社会学家 A. 英格尔斯认为：一个国家，只有当它的人民是现代人，它的国民心理和行为上都转变为现代的人格，它的现代政治、经济和文化管理中的工作人员都获得了某种与现代化发展相适应的现代性，才能真正称为现代化的国家。

公民是否能自觉遵守社会公德，反映了一个国家的国民素质和修养。

> 日本是个经济大国，也是高度注重文明的国度。当 1997 年亚运会在日本广岛结束时，6 万人的会场上竟没有一张废纸，全世界的报纸都登文惊叹："可敬可怕的日本民族！"就因为没有一张废纸，令全世界惊讶。
> 1998 年世界杯足球赛在法国举行，据报道，因为赛会方面的丑闻，导致日本数千名交了钱的球迷抵达图鲁兹赛场后却无票进场。但他们不骂不闹，服从东道主的安排，在体育场内通过大屏幕观赛。更令人感动的是，转播结束后，工作人员清理现场时，同样没有发现一点垃圾，所有的废弃物都被日本人用自备的塑料袋带走了。日本队在第二场比赛中以 0：1 输给了克罗地亚队后，在场的日本球迷一边流着伤心的眼泪，一边向法国工作人员鞠躬致谢，没有一个人泄愤闹事。相比较而言，我国在许多方面还有待提高。

社会公德是公关礼仪的基础。一个没有公德心的人，不可能讲究礼仪。"道之以德，齐之以礼"是孔子管理思想的经典名言。孔子不但主张"德治化管理"，强调通过道德的教化来提高人们的道德自律性，使之能自觉遵守社会规范，达到管理的有序化；同时，还主张必须用"礼"的规范来约束人们的行为，并可使用一定程度的强制手段来实现社会管理的目标。

在现代社会，公民意识和公德水平是国民素质的重要内容，我们应当自觉提升代表国民素质的社会公德水平，在此基础上，加强公关礼仪教育，真正维护国家的形象和中华民族的利益。

在现代社会，虽然一个国家、一个民族的综合国力所包含的内容十分广泛，但在评价一个国家、一个民族时，通常是从这个国家、这个民族公民的言行举止、文明习惯所体现的公民素质与精神面貌入手的。因为，从国家和民族的角度讲，礼仪是一个国家、一个民族社会风貌、道德水准、文明程度、文化特色、公民素质的重要标志。

(三)公关礼仪能约束人们的道德行为

从公民个体的角度来说，礼仪是一个人思想觉悟、道德修养、精神面貌和文化教养的

综合反映。通过一个人在社会生活中对礼仪运用的程度，可以察知其教养的高低、文明的程度和道德的水准。

礼仪本身是一种既具有内在道德要求，又具有外在表现形式的行为规范。谦恭的态度、文明礼貌的语言、优雅得体的举止等方面表现出来的，是人的内在文化修养、道德品质、精神气质和思想境界等。

英国思想家约翰曾说："没有经过琢磨的钻石是没有人喜欢的，这种钻石戴了也没有好处。但是一旦经过琢磨，加以镶嵌之后，它们便生出光彩来了。美德是精神上的一种宝藏，但是使它们生出光彩的则是良好的礼仪……无论什么事情，只有具有优雅的方法和态度，才能显得漂亮，得到别人的喜爱。"（傅任敢译《约翰洛克教育漫话》）内在的良好道德品质、文化修养只有通过一定的外在形式表现出来，才能在现实的社会生活中具有实际的意义和作用。

道德是礼仪的基础，礼仪是道德的表现形式。公关礼仪的养成教育和优雅的行为规范，能起到约束人们行为的作用，正如约翰所说的那样，它使道德发出熠熠光彩。

(四)公关礼仪能强化公德心

孔子认为，"礼"可以培养一个人的道德人格。孔子要求每个人的视、听、言、行都要合乎礼的规范，只要能做到这一点，那么就能够达到道德的最高境界。人的内在本性，本身就包含了实践道德的倾向，所以礼能够折射出人的道德精神，讲礼能使人格道德化。

公关礼仪正是以其严格规范的言行举止、仪表、仪态、仪式来要求和引导人们努力做到在践行的过程中潜移默化地实现道德的转化与提升，同时强化公民的公德心。我们常常可以看到，礼仪与道德常常是你中有我，我中有你。例如，尊重妇女、女士优先，既反映了一个人的道德观，又反映了一个人的礼仪修养；在公共场所不能大声喧哗，这是公关礼仪的行为规范要求，也是社会公德的基本要求。良好的礼仪能体现人高尚的道德修养，而真正有道德修养的人也一定注重良好的公关礼仪形象。

(五)提升礼仪素质，加强道德修养

提升礼仪素质，加强道德修养是一个国家的责任，更是每一个公民必须做到的。

礼仪是人际交往的"通行证"，在我国已成为WTO成员的今天，进一步走向开放并与国际社会接轨已成必然，而在开放的社会系统中，每一个社会组织和个人都需要在广泛的、频繁的社会交往中谋求组织的发展和自身的发展，争取事业的成功。现代人的交际能力显得十分重要，已成为现代社会必备的素质之一。但往往交际成功的关键在礼仪，如果不懂礼仪，事业将难以成功。

加强道德修养对于提高全民族素质和形成良好的社会道德风尚具有重要的意义。由于我们的社会目前仍处于转型期，市场经济的不完善，受各种思潮的影响等，公民道德建设方面仍然存在着不少问题。在社会上的一些领域和一些地方道德失范，见利忘义、损公肥私的行为时有发生。没有树立正确的荣辱观，是非、善恶、美丑界线混淆，不讲信用、欺骗欺诈等，这些问题亟待解决。

我们希望通过提升礼仪素质、加强道德修养把公民的道德建设提高到一个新的水平。

第九章 公关礼仪

1. 大力普及公关礼仪知识

礼仪，尤其是公关礼仪，是一个人、一个组织、一个民族、一个国家内在精神与风貌的展示，反映出一个社会人们的行为规范和文明程度，代表着国家形象，决不可轻视。公关礼仪对提高公民道德修养、构建和谐社会都有着深刻的意义。因此，在全社会应大力普及公关礼仪知识，让更多的人能真正领到人际交往的"通行证"。

随着社会的发展和社会文明程度的日益提高，人们对礼仪倍加推崇。讲文明、懂礼貌、树新风、尊重他人、服务社会已成为人们的共识。但在现实生活中，还有很多人对人际交往礼仪、国与国之间的涉外礼仪等知识知之甚少。在旅游、商业、服务业等行业的接待服务工作中，也存在着许多礼仪问题。甚至许多政府部门的公务员，在工作中或公务活动中也表现出对公关礼仪知识的缺失，亟须补上这一课。现代人需要注重文明修养，讲究礼仪，每个人都应该努力使自己成为礼仪的载体，成为文明的化身。

我国自古就有重视礼仪教育的优良传统。早在西周时期，礼仪就成为学校教育和社会教育的重要内容。进入 21 世纪的今天，我们更要继承和发扬这一优良传统，重视礼仪教育，要让中华民族"礼仪之邦"的美称代代相传。

2. 积极推进公民道德建设

在重视和加强礼仪教育的过程中，我们要把礼仪知识的学习与积极推进公民道德建设紧密地结合起来。

1) 把礼仪教育作为培养高尚道德品质的平台

要通过礼仪教育引导公众做到：讲文明、讲礼貌、讲卫生、讲秩序、讲道德、心灵美、语言美、行为美、环境美。要引导公民逐步把礼仪修养准则和社会的道德规范内化为自身的道德品质，要牢固地树立起内心的道德信念。

2) 要注重礼仪行为道德品质的养成教育

礼仪的核心是将对他人的尊重和自重相统一。礼仪对个人行为的基本要求是：举止不粗俗，谈吐不失礼，交往不失态。因此，礼仪不仅可以使人充满自信、落落大方，表现出良好的道德修养和精神气质，而且可以通过美丽端庄的容貌、得体的服饰、优雅的举止、礼貌的谈吐、温文尔雅的态度，更好地把对他人的尊重、敬佩、友好与善意表达出来，增进人与人之间的了解与信任，创建和谐、融洽的人际关系。

以良好的礼仪行为和良好道德品质的养成为核心，从基本的礼仪行为入手，教育公民学会尊重他人，完善自己，逐步把礼仪作为一种自觉的待人处世的态度和方式，正确认识和处理个人与他人、个人与社会、个人与集体的关系。从自尊、自重、自信、自强、自律开始，培养"爱祖国、爱人民、爱劳动、爱科学、爱社会主义"的良好道德品质。不断增强公民自觉遵守社会公德、恪守国家法律的意识。

3) 积极推进公民道德建设

我们要大力普及公关礼仪知识，积极推进公民道德建设。公关礼仪是人们在社会交往过程中形成的并得到共同认可的行为规范，它是人们以一定的程序、方式来表现的礼貌待人的行为。而道德品质是一种社会现象，是调整人与人及人与社会之间关系的行为规范。公关礼仪更多的是外显的仪表、仪态、仪式，通过学习、教育等手段可以让人接受或改变。道德品质更多的是内在的，如政治观点和人生观、世界观等，是需要长期的潜移默化

和环境熏陶逐步养成的。

礼仪从某种角度上看可以说是道德的一种示范，讲究礼仪实际上就是讲求社会道德。在公关礼仪教育中，道德教育的具体要求是通过在礼仪这一人际交往过程中所体现出来的具体形式表现出来的，并以此来协调人际关系。

道德教育有利于礼仪的发展，而礼仪教育则有助于推进公民道德建设。当一个人注意用良好的道德标准要求自己时，他就会认识到利用人格的力量约束自己行为的重要性，而约束自己行为的表现方式往往是礼仪和公关礼仪的规范和准则。

加强道德修养是提升礼仪素质的基础，提升礼仪素质是加强道德修养的需要。公关礼仪是协调人际关系、营造和谐的社交氛围、塑造良好的组织和个人形象、净化和美化社会与环境、培养人的美好心灵最有效的教育手段。

第二节 公 关 语 言

现代人的生活离不开交流，而交流中最常见、最重要的手段和工具是语言。美国当代社会学家伊恩·罗伯逊(Ian Robertson)在谈语言的重要性时指出："语言是文化的根本。没有它，文化就无法存在。"可见语言的重要。语言是传递信息的载体，语言的表达方式多种多样，有口头语言、书面语言；有声语言、无声语言；体态语言(副语言)等。公关语言是语言在公关实务领域的具体运用，是充满艺术魅力的语言。

一、公关语言的重要性与基本要求

(一)公关语言的含义与重要性

1．公关语言的含义

语言是人类使用频率最高、最重要的交际工具，是维系人际关系的重要纽带。人类创造了语言，语言又服务于人类。语言是人类表达感情、沟通思想、传递信息最基本、最重要的媒介。

1) 公关语言是语言在公关实务领域的具体运用

公关语言是为实现特定的公关目标而进行的语言活动及其结果。公关语言是一种应用范围广泛、具有很强实用价值的语言。公关语言的作用就是树立组织形象，协调组织内外各种关系。公关语言的运用是实现组织目标的重要因素。

公关语言的运用非常讲究效果，同一种语义，采用公关语言和非公关语言来表达，其效果会截然不同。

2) 公关语言以礼貌语言为基础

公关语言首先必须是礼貌语言，但又不仅仅只是停留在礼貌语言这个层次上。公关语言要遵循公关原则：真诚、平等、互利。运用公关语言与公众交流，要充分体现真诚、平等和互利。

如一位日本售货员的故事。

一位先生带着自己的儿子来到体育服装店购买棒球衣。他很快选中了一套，正准备付

第九章 公关礼仪

款,售货员小姐走上来笑眯眯地对他说:"先生,还有一套与这球衣配套的汗衫、长袜呢!"这位先生一想,说得有理,要买就买全,就点头同意了。这位小姐一边包装衣物,一边注意观察小孩子穿的鞋,亲切地问:"小弟弟,你还没有球鞋吧?"小孩子摇摇头表示没有。小姐转过身来,以恳求的眼光看着这位先生说:"先生,请您再破费一点儿,给孩子买一双球鞋吧!这么英俊的小伙子,穿上一套新球衣、球鞋,那才叫棒呢!"这位先生正在考虑,小姐又将鞋拿给他,选了一双合适的,给他包好。这位先生一边接过东西,一边高兴地称赞售货员小姐:"你真会说话,让人花了钱心里还觉得高兴。"

这位售货员语言亲切热情,既真诚地为顾客提供了服务,又为本店营销尽了责,对双方都有利。

3) 公关语言要有公众意识

公关语言的对象是公众,而公众是与相关公关主体发生联系和产生互动关系的组织、群体和个人的总称。公众是千差万别的,有性别、年龄、性格等个体性差异;有职业、身份、地位等不同的角色差异;有文化程度、宗教信仰、风俗习惯、民族心理等不同的社会性差异。在信息传播中,应根据不同的公众对象,选择不同的语言材料和表达方式,以期达到最佳的传播效果,这就是公关语言的公众意识。

《演讲与口才》杂志上曾讲述这样一件事:有一位著名演讲家,到某市监狱对年轻的犯人作"认罪伏法、教育改造"的演讲。他首先了解了这些罪犯的心理状态,这些年轻的犯人普遍存在一种抵制心理,对教育报告之类的活动有一种逆反心理,形成了一种心理定式。要想使演讲取得好的效果就要排除罪犯们的抵制心理。为此,这位演讲家一开始就巧妙地运用了公关语言,在称呼上做文章,既不称"同志们",因为不能与他们志同道合;也不称"罪犯",因为这个称呼是他们最反感、最敏感也是最讨厌的称呼,而是称"触犯了国家法律的年轻朋友们",这个称呼双方都能接受,又较亲近。当这句话一说出来,立即引起了全体罪犯强烈的共鸣,有的甚至感动得流下了热泪。这场演讲非常有效地消除了罪犯们的抵制心理,使他们受到深刻教育,演讲非常成功。由此看来,公关语言的作用非同小可。

4) 公关语言具有感染力,能打动对方

国外有这样一则故事。

有一位盲人在路旁向人们乞讨,在他面前放着一张纸条,上面写着:"我的眼睛瞎了,请给我几个钱吧!"来来往往的行人从他身边走过,却很少有人施舍。有一位诗人路过这里,盲人向他乞讨,诗人说:"我今天没有带钱,但可以为您写两句诗。"诗人在盲人的纸上写道:"阳光多么美好,可惜我看不见!"匆匆过往的行人看到这简短的两句诗非常感动,纷纷为盲人解囊。前一张纸条要钱却得不到钱;而后一张纸条对钱只字未提,行人却主动施舍。其原因就在于后一种语言是能打动人心的公关语言,这两句诗引发了人们的怜悯之心。

2. 公关语言的重要性

1) 公关语言是开展公关活动必不可少的工具

公关是沟通的艺术,是交际的艺术,沟通和交际在公关活动中占有重要的地位。一个组织若想达到树立组织良好形象、协调好内外关系、广结良缘的目标,就必须借助多种工

具,其中公关语言是最常用、最基本、最重要的工具。公关活动的成功开展离不开对公关语言的运用,包括口头语言、书面语言和副语言(指人的动作、形态、手势、表情等)。

2) 公关语言的运用贯穿于公关活动的始终

一项公关活动的开展,完整的步骤包括公关调查、公关设计、公关实施、公关评估。其中每一步都少不了对公关语言的运用。如公关调查中的问卷法、访谈法、座谈法、观察法等调查方法都需要运用公关语言。公关设计中,公关活动主题词的提炼、公关活动项目的文字表述等;公关实施中,公关活动的宣传、动员,公关广告的撰写、新闻发布、现场介绍等;公关评估中的文字总结、语言表达、成果评价、汇报等都需要运用公关语言。总之,公关语言的运用贯穿于公关活动的始终。

3) 公关语言在"公关危机"中的作用举足轻重

所谓"公关危机",是指由于内部或外部的某些突发事件严重地损害了组织的声誉和形象,使组织陷入巨大的舆论压力和危机之中的一种公共关系状态。恰当的公关语言则可以很好地化解"公关危机"。

(二)公关语言的基本要求

公关语言不同于一般日常用语,它除了要表达思想、传递信息外,还必须围绕组织目标,恰当地运用公关技巧与艺术,美化语言。在与公众进行语言交流时,公关人员的语言应尽可能地准确、完美、耐听。为达到此目的,对公关语言有以下几点基本要求。

1. 原则性与灵活性相统一

每个人都有自己为人处世的原则,这些原则从他说话的方式、语气、语调等方面也可以体现出来。每个组织也有其原则立场,公关人员作为组织形象的代表,应坚持和维护组织的原则立场。

2. 遵循公认的语言规范

公认的语言规范指的是国际国内公认或法定的语言、文字、语法标准。不同国家、不同地区的语言规范不同。世界通用的语言为英语。我国采用汉民族共同语作为国家通用语言。普通话是现代汉民族通用的语言,也是我国各民族之间交际的通用语言。普通话是"以北京语音为标准音,以北方话为基础方言,以典范的现代白话文著作为语法规范的现代汉民族共同语"。普通话是一种规范的语言,它的语音、词汇、语法都有明确的规范标准。公关人员能说一口标准流利的普通话是其基本的素质之一,也是开展公关工作的必要条件之一。当然,在某些特殊场合,如少数民族区域或偏僻山区,方言也需适时运用。

3. 语言文明礼貌

组织成员的言行必须考虑到公众的愿望和利益以及社会影响。无论在什么情况下,公关语言都应该注重文明礼貌,尊重公众。语言粗俗、生硬、偏激、过火等是公关的大忌。

公关语言的文明礼貌表现在语言内容、语言形式、语言行为三个方面。要求说话时举止文雅、态度诚恳、谈吐谦和、不强词夺理、不蛮横无理、不欺诈、不粗俗。具体要求如下:

(1) 语调亲切柔和。
(2) 口气温和委婉。

(3) 措辞庄重典雅。

二、公关语言的表达艺术

公关语言具有极强的艺术性。由于公关语言的应用范围极广，从非正式的社交寒暄，到正规的宴会致辞；从人数不多的对话谈判，到面对大众的演讲报告都需要公关语言。因此，掌握公关语言的表达艺术至关重要。

1．赢得对方的信任

与人交谈说话，一个关键的因素是：你是否能赢得对方的信任。如果对方信任你，你的话就容易被对方接受；否则，就难以取得效果。一个不够真诚、不被人信任的人，说话时碰到的最常见的情况是：别人对他心存芥蒂，要么带搭不理、心不在焉，要么就是虚情假意、逢场作戏。因此，与人说话时，要想达到目的，首先要赢得对方的信任。

2．说话要看身份

说话要看自己的身份。不干不符合自己角色的事，不说不符合自己角色的话。

(1) 说话要符合自己的社会身份。在公共场合讲话，要符合自己的社会身份。

(2) 灵活运用 PAC 沟通理论。与人说话交流要灵活运用 PAC 沟通理论。人格结构的 PAC 沟通，是人的三种心理状态的简称。其中 P(parent state)表示"父母状态"；A(adult state)表示"成人状态"；C(child state)表示"儿童状态"。这里的"父母""成人""儿童"不是实际的指称，而是抽象意义上的概念。"父母状态"通常以偏执、批评、抚养等行为向外表现，而内心充满了权威与优越感；"成人状态"通常以符合逻辑、客观理智等行为向外表现；"儿童状态"则往往具有服从或任性等行为特征。通常情况下，一个人只有处于"成人状态"，明白自己的身份和处境，并与对方进行平行沟通，才能取得较好的效果。

3．说话要看对象

(1) 看对方的年龄说话。
(2) 看对方的性格说话。
(3) 看对方的职业说话。
(4) 看对方的知识水平说话。
(5) 看对方的心境说话。

4．说话要看场合

说话要注意场合。不看场合，随心所欲，信口开河，想到什么说什么，这是"不会说话"的人一种拙劣表现。人，总是在一定的时间、一定的地点、一定的条件下生活的，在不同的场合，面对着不同的人、不同的事，从不同的目的出发，就应该说不同的话，用不同的方式说话，这样才能收到理想的言谈效果。

5．说话要看时机

说话要选择时机，重要的不是说过了什么话，而是选择了在恰当的良机说了什么话、

表了什么态。适当的说话时机有一个不可缺少的要素——在适当的时间里,利用有限的几个语句,充分地表达自己完整的意愿。"一句话说得合宜,就如金苹果放在银网子里"。懂得合宜地说话会使你更受欢迎。

6. 说话要能传情达意

无论是在什么场合说话,为使语言充分地传情达意,就必须使语言准确、简洁。准确,是指说话时语言具有科学性,即所说的话要确切、清晰地表现所要讲述的事实和思想。简洁,是指语言的精练,即词简意达,用语经济,用较少的词语去描绘和概括丰富的生活内容。要达到此标准,首先必须提高认识,明确说话准确、简洁的内涵及意义;要加强平时的积累,建立宏大的"词汇库"和丰富的话题库;要善于吸收学习古语及国外的优秀语言;要多实践,多进行有针对性的训练。

三、演讲的公关语言技巧

演讲,尤其是即兴演讲是现代社会人际交往活动中经常会遇到的情况。在工作、生活中,我们会碰到许多场合,需要当众说几句话,或在公开场合发表演讲。

世上没有与生俱来的演讲家,任何人只要加强锻炼和培训,都可以当众说话或即兴演讲,关键是要掌握和运用一些技巧。

(一)突破语言障碍

有的人对当众说话、演讲感到恐惧;有的人认为自己不善言辞,不断地给自己施加负面的心理压力,造成紧张、胆怯、自卑;有的人演讲缺乏条理性、逻辑性,庞杂而凌乱;有的人吐字不清、结结巴巴等,这些均属语言障碍。每个人都应努力突破语言障碍,逐步走向成功。

1. 树立自信

自信是成功的法宝。卡耐基(Dale Carnegie)曾说过:"只有你具有信心,你才开始有行动,你才会能言善辩。世上没有天生的演说家,任何成功的讲演者都是一步一步地走来的。所以,对于初涉此道的你们,千万要记住,要有自信,要敢讲,只有这样你才能会讲!"

2. 注入真情实感

能够吸引听众、感染听众、打动听众的演讲往往都是流露真情实感的故事、哲理、感悟等。卡耐基始终认为,生命力、活力及热情三个要素是演讲者必须具备的前提条件。而只有注入真情实感的演讲,才具有生命力、活力和热情。

3. 不落俗套

演讲要有自己的特点,不要一味地模仿别人,要有新意。"删繁就简三秋树,领异标新二月花",与众不同才能引人入胜。不落俗套、不模仿,但要善于学习和借鉴,学习别人的方法、技巧和成功的经验,丰富自己,提高自己演讲的水平。

4．不用乡音、土语

乡音、土语只在特定的区域和范围内有一定的作用，而在更大的社交范围、更广的区域内就会形成语言障碍。你的乡音、土语不被更多的听众认可，或者大家根本听不懂，失去了语言交流的基础，结果是可想而知的。

5．控制音调、语速

在演讲中，音调、语速控制得好坏也会影响演讲效果。不加调整，一路高音调，或一直使用低沉的音调，语速太快或太慢都不合适。音调太高，听众易疲劳；音调太低沉，则又不能激起听众的情绪。音调的高低应与演讲的内容相协调，要抑扬顿挫、有起伏。语速要适中，太快太急，听众会听不清；而太慢又会显得拖拖拉拉。要善于把握音调的高低，善于调整语言的速度和节奏，运用声音的美感增强演讲效果。

(二)强化口语训练

口头语言表达能力的培养和提高需要在长期的实践中强化训练。只有多听、多学、多练才能逐渐达到表达得准确、流畅的效果。传说日本前首相田中角荣原来说话口吃，发音不准，吐词不清晰，但他刻苦训练，经常参加演讲活动，不放过任何一次锻炼自己的机会。据说有一次他准备作政治演讲，由于天气原因(狂风暴雨、交通中断)，来听报告的只有一名老人、一名妇女和一名儿童，他面对3名听众，把他们看成是3000名听众，非常有激情地、非常投入地发表了自己的政治演说，竟使三位不同年龄段的听众深深地被打动了。

训练时可参考以下几种方法。

(1) 认真聆听、学习口才好的人的发言、演讲。

(2) 有意识地多听广播，多看电视、录像等，学习播音员、节目主持人、辩论赛的辩手的语言表达。

(3) 选择自己最有兴趣、最熟悉的话题讲给亲朋好友听。

(4) 强化参与意识，把握机会，通过参加演讲、辩论、即兴发言、与陌生人交谈等实战训练，提高水平。

(5) 每周自拟一个主题表达自己的观点，先写成书面讲稿，反复朗读、修改、训练，直到熟练后脱稿演讲。

(6) 录音训练，录下自己的演讲，反复听、练习。

(三)培养独特的语言风格

语言风格是语言运用中各种特点的综合反映，不同的人有不同的语言风格。个性明显、独特的语言风格能给人留下深刻难忘的印象，还能产生意想不到的效果。

公关人员若想用语言打动公众，演讲者若想给公众留下深刻印象，形成自己独特的语言风格是必要的条件之一。

(四)提升自身修养水平

首先,要提高思想品德素质。一个思想健康、品行端正的人,说出来的话也往往是诚挚、有礼、正直、发自内心、令人信服的。

其次,要扩大知识面,提高文化素养和文化品位。在这方面可以以著名的主持人杨澜为榜样。她言谈中信息量之大、知识面之宽为她做出的许多精品节目打下了坚实的基础,她渊博的知识来自常年不断地学习、充电、积累。面对不同的采访对象,对中西文化的冲突、武侠精神的影响、中国建筑问题、因特网对人类发展的影响、生态保护和人对动物的平等意识、金融风暴问题、国有企业改革问题、股票、期货、引资问题等,杨澜都能从容不迫、侃侃而谈,表现出一个资深新闻人的大家风范。

再次,要丰富文风文采,深化语言内涵。博取众才、引经据典、诗文并茂常常能为语言增添色彩,强化公关语言的感染力和艺术性,避免语言的空洞、单调、乏味。

最后,要树立良好的语言形象。

一个人不开口时,其形象主要通过服饰、仪容、姿态、气质、风度、表情等特征表现出来。说话演讲时,语言则很快成为个人形象的又一面镜子。无论长相多么英俊潇洒,如果开口便是污言秽语,或结结巴巴、语无伦次,公众对其形象的打分定会大打折扣。

良好的语言形象应该包括:热情而平稳的心态、优雅而稳重的副语言、得体的着装、高度的自信、生动形象的词汇、流畅的表达、清晰响亮的语音、不紧不慢的语速、抑扬顿挫的语调、富有个性的语言风格、落落大方的不凡气度等。这样的语言形象自然是充满魅力的形象,当然这是高标准的,我们应通过自己的不懈努力达到这一高标准。

第三节 公关艺术

现代社会是一个关系复杂而又组织有序的社会。我们作为社会中的个体,既属于某一组织的成员,又属于众多组织的公众。在公关交往中,我们只有学习和理解公关原理,掌握公关艺术和技巧,才能正确处理和协调好与各方面的关系,才能适应现代社会的需要。

一、公关协调艺术

公共关系是组织与公众之间的一种交流沟通协调机制。公共关系的宗旨是"内求团结完善,外求和谐发展"。一个组织要广结良缘,组织成员或公关人员必须掌握公关协调艺术。

(一)组织内部协调艺术

组织内部的协调主要包括管理层与员工之间关系的协调;各职能部门之间关系的协调;领导层、决策层与管理层之间关系的协调等。

组织内部关系协调艺术如下。

1. 组织内部成员之间相互尊重、以礼相待

尊重他人是做人的基本原则,也是公关礼仪的基本原则。无论是组织领导与管理人员之间，还是组织管理人员与普通员工之间，或是领导与普通员工之间都应相互尊重。不仅要尊重对方的人格，还要懂得尊重对方的各种需要，礼貌待人。

2．把组织内部成员视为合伙人

把所有同事都看作合伙人，这样更有利于相互之间的协调，密切相互之间的关系，增强组织的凝聚力。

3．组织内部成员坦诚沟通

组织内部成员之间的坦诚沟通有利于相互理解，避免隔阂、误解、冲突和矛盾。

4．组织内部成员相互感激

真诚地感激你的同事为公司做的每一件事，不论大事小事。

(二)组织外部协调艺术

公共关系强调建立"天时、地利、人和"的内外部关系。组织的外部协调，除了与外部环境相协调外，主要是指与外部各种关系的协调(即与各类外部公众关系的协调)，包括顾客关系、政府关系、媒体关系、同行关系、竞争对手关系等。

组织外部关系协调艺术如下。

1．迎客热情、真诚友好、彬彬有礼

"有朋自远方来，不亦乐乎！"中国人自古以来就热情好客。如果我们对外部公众像对待朋友一样真诚友好，关系自然会变得融洽、协调。在美国一座公园里立着一个告示牌，上面写着："世上没有陌生人，只有朋友等着你。"当你真诚地把别人当作朋友时，别人也会把你当作朋友的。

2．耐心倾听、善于理解、换位思考

公共关系强调公众意识，公众的事无小事。无论对于哪一类公众的事，都要认真对待、耐心倾听、善于理解。要杜绝冷漠、烦躁，保持冷静、谦恭。要学会换位思考："假如我是顾客……""假如我是公务员……""假如我是记者……"如果能站在对方的立场上考虑问题，就能理解和体谅对方。

3．诚恳答复、实事求是、知错就改

对于外部公众的提问、咨询、疑惑等，要耐心作答、实事求是。要杜绝回避、欺骗、隐瞒、敷衍。对于外部公众的批评、建议，要勇于接受、知错就改。

4．疏通渠道、友好往来、信守诺言

组织要广交良缘，要与外部公众建立良好的关系网络，就必须疏通相互交流、沟通的渠道；信守诺言是赢得外部公众好感的基础，是与外部公众保持友好往来的前提条件。

二、公关交往艺术

公共关系在人际交往中建立，又在公关活动中升华。组织借助公关礼仪的外部形式，

如问候、拜访、握手、邀请、迎送、慰问、谈判、赞助、联谊、参观、游览等,来促进公共关系的协调。在为实现组织公关目标所进行的社会交往中,公共关系人员或组织成员应运用公关交往艺术,遵守公关礼仪行为规范,这样才能与他人保持一种互相尊重、平等互利、相互帮助支持的关系,避免出现交往中的人际障碍和摩擦,使相互之间的关系协调发展,从而促进组织的发展。

公共关系中的各种交往形式,无疑对加强社会组织与公众之间的联系、促进信息的沟通起到积极的作用。

(一)公关交往的特点

一般来说,公关交往具有如下特点。

1. 范围扩大,节奏加快

由于通信手段的快捷、交通的便利,组织活动范围逐渐扩大,与公众交往日益频繁,交往节奏日益加快。明快、高效的交往取代了拖拉、费时而又无实质性意义的交往。

2. 横向拓展,渠道增多

如今处在开放的信息社会,各类组织都需要建立广泛的社会关系网络,需要广交朋友,争取合作伙伴。组织的横向交往不断加宽、拓展,交往、沟通渠道明显增多。合作伙伴、跨国公司和联盟组织等日益增多。

3. 形式多样,费用增大

随着全球经济一体化、社会国际化,公关交往的形式多种多样、丰富多彩。既有高层的各种峰会,又有贸促会、洽谈会、各种论坛和体育文化商贸节等层出不穷。随着公关交往活动层次水平的提升、活动形式的新颖独特及交往活动内容的丰富,公关交往费用不断增多。

4. 注重礼仪,讲究技巧

国际化的公关交往,必然会出现不同文化的碰撞与交融。不同国家、不同民族、不同语言的人会聚在一起,要达到和谐相处的状态,就必须互相尊重、相互接纳、相互理解。注重礼仪、讲究交往技巧已成为现代组织和现代人的必修课。

(二)公关交往活动

组织的公关交往活动总是委派组织的代表去组织、策划和参与。作为参与交往活动的个体总是以组织的身份出现在公众场合。因此,在公关交往活动中,必须很好地掌握和运用公关交往艺术。

1. 魅力展示

魅力展示的核心是:通过展示自己的个人魅力吸引对方,使对方对你产生好感,愿意接近你,从而逐渐建立起良好的人际关系。这是一种看似被动,实则主动的交际方法。

展示自身的魅力可以从两方面努力:一是外在形象魅力的展现,二是注重内在魅力的培养和发挥。外在形象魅力主要是指外貌的俊美、服饰的适宜、言谈的优雅、举止的得

第九章 公关礼仪

体,以及传情的目光、动人的微笑等。在首次交往中,外在形象魅力的作用最为明显。内在的魅力主要是指良好的气质、独特的个性、丰富的学识、出众的才华、高尚的品德等。

展示魅力的关键在于"形象定位"。要搞好自身的形象设计,应注意以下几点。

(1) 不要企求形象完美。

(2) 要显示自己的亮点,表现最有个性、最有魅力之处。

(3) 内外形象要和谐统一。

2. 三A法则

交往的过程是一种双方满足需求的过程。

在交往的过程中,主要是要设法满足对方的精神需要,如尊重需要、自我需要(所谓"自我需要",按照马斯洛的说法,就是自信、自主和自负)以及自我实现需要。当代美国著名的人际关系专家莱斯·布吉林经过多年的研究和实践,发现人们最渴望的三样东西是:接受(acceptance)、赞成(approval)、重视(appreciation)。他说,满足人的这三个方面的需求,是受人欢迎的三大秘诀,简称"三A法则"。

1) 接受

接受对方是指让对方保持原有的本色,不要求全责备。接受的前提是理解。要知道每个人都有缺点和不足,都可能做错事,但也许他的缺点也正表现了他的优点,他做错事只是因为他一时感情冲动。例如,一个人说话太直率,容易伤人,但这也正可以说明他为人正直,只是说话的方式欠妥。

2) 赞成

人人都有自我需要,并且不同程度地存在着自信、自负的心理倾向,希望得到别人的赞美。因为赞美意味着成绩被肯定,优点被发现,良好的自我感觉被证实。因此,赞美是人们所喜爱的最积极的东西。它能鼓舞人、激励人、改变人、塑造人。

3) 重视

重视意味着价值的提高。与他人交往时,你要让对方知道你看重他,让他感觉到自己是重要的、有价值的,这可以大大激发对方与你交往的热情。在交际中,有许多言行可以体现对他人的重视。例如,认真听对方讲话,向对方请教问题,请求对方的帮助,对他人寄予厚望或委以重任。

"三A法则"是建立在"满足他人需求"这一交际宗旨之上的。一个人如果能提供他人三个最喜爱的"食物"——接受、赞成、重视,那么,他就是一个成功的交际者、一个受人欢迎的人物。

3. 接近吸引

交际双方在许多方面的类似或接近,能增强相互间的吸引力,并可能建立起亲密的人际关系——"一致理论"或"类似性效应"。

相互接受或类似性的因素包括以下几种。

(1) 时间、空间上的接近。例如,年龄相近、经历相似,这是时间上的接近;居住地相近、所属一个国家、籍贯相同等,这是空间上的接近。

(2) 兴趣、爱好上的接近。例如,都喜欢旅游、都爱听音乐、都爱好书法、都爱下象棋或都喜欢钓鱼等。

(3) 职业背景的接近。例如，同是教师、都是公务员、都是医务工作者、都是演员、都是 IT 行业职员等。

(4) 信仰、态度上的接近。例如，都信佛教、基督教，都赞成某件事或反对某件事，态度基本一致等。

(5) 心态上的接近。例如，都因下岗心情沮丧、都是乐观向上的人、都是心态平和的人、都受婚姻家庭问题困扰而郁郁寡欢等。

在交际的过程中，要善于寻找和挖掘对方所具有的类似性因素，以便进行快速有效的沟通。

4．互补吸引

性情相投、志趣相同的人可以结为朋友，而爱好各异、性格不同的人也可以结为至交，这是互补因素的作用。

(1) 能力的互补。

(2) 职业、爱好的互补。

(3) 性格、个性的互补。

下列这样一些不同个性和性格的人，都可以互补，并结为伙伴。

① 支配型、关怀型 ←互补→ 依赖型、顺从型。

② 自信自强型 ←互补→ 优柔寡断型。

③ 压抑型 ←互补→ 对抗型。

④ 急躁型 ←互补→ 耐心型。

⑤ 倔强型 ←互补→ 柔顺型。

⑥ 阳刚型 ←互补→ 阴柔型。

⑦ 外向型 ←互补→ 内向型。

5．交往时间运用技巧

1) 尊重别人的私有时间

任何人都有自己的时间间隔(时间占有范围)，人们在自己的这段私有时间内休息、就餐或干自己想干的事，不希望被他人打扰。

2) 在正常交往时间内交往

例如，茶余饭后、节假日或对方闲暇之时，你可以与对方约会、前往访晤或主动邀请对方。由于对方心情舒畅、环境和谐，故易于加深彼此的了解。

3) 在特殊的交往时间内适时交往

同欢乐，共患难，这是朋友间交往的一个基本准则。若把这个准则应用到与他人的交往中，则能使交往变得十分有效。当对方在事业上取得成功，或遇有婚嫁、添子、乔迁之喜时，应适时地给对方以祝贺、赞扬或进一步的鼓励，共同分享欢乐；当对方事业不如意，或生活上遇到困难、挫折、灾祸打击时，应尽快给予理解和关心，帮助对方克服困难，摆脱痛苦，战胜挫折，鼓起勇气。

4) 准时赴约，不要让别人久等

不准时赴约，是对他人的一种不尊重行为，会引起对方的失望和不满。如果你希望在愉快的气氛和情绪下进行交往，那么请切记：不要迟到，更不要让人久等。

5) 把握交往频次和交往时间

交往频次和交往时间的长短是影响交往有效性的重要因素。一般情况下，交往频次越多，越容易建立交往关系，彼此相悦的程度越高；交往历史越长，了解越深，交往的效果越好；每次访晤、相聚的时间越长也越有利于交往。

三、公关形象艺术

在公关交往中，组织的公关形象至关重要："形象是金。"在任何一个第一次与你交往的人面前，你的形象会影响他对你的评价和看法，并成为其决定是否与你交往的关键。

公关礼仪是通过直接塑造公关人员和组织成员良好的个人形象，从而间接塑造组织形象。礼仪是个人内在修养的外在显露，因此，公关人员和组织成员良好的礼仪修养反映了组织良好的员工素质，从而塑造了良好的职工形象，而组织的职工形象是组织形象不可缺少的组成部分。

这里仅从大学生的角度，谈谈大学生如何把握公关形象艺术。当代大学生所处的 21 世纪是一个继往开来、竞争激烈，知识经济超速发展，社会更加开放、更加创新、更加国际化的新世纪。新世纪将赋予当代大学生新的使命。

(一)大学生公关形象塑造刻不容缓

人的形象除了外在形象中的长相、身材、肤色等是与生俱来的，其他如仪表、举止、言谈、态度、服饰以及气质、修养、风度、性格、情绪、才能等则是后天习得和修炼的。人通过学习、训练、修养可以改变自己的总体形象。这种通过接受教育和自身努力改变形象的过程就是形象塑造。这个过程是潜移默化的，但又是可以明显感知的。大学生的亲身感受足以说明教育和自身努力可以改变一个人的形象。

随着社会的发展，人类在不断地美化生活，而美化生活首先要美化自身形象。各高校纷纷开设公关礼仪课程的目的正是为了塑造大学生良好的形象。树立良好形象有助于增强人际吸引，赢得他人的好感，受人欢迎，容易被社会接纳，因而有助于使自己走向成功。这对大学生来说具有十分重要的现实意义。

公关形象是指个人、群体或组织等在公共场合、在社交或公关活动中给社会公众留下的总体印象；或者说，是社会公众对某个人、某个群体或组织在公众中或在开展公关活动中的行为表现的总体评论、看法和态度。大学生公关形象则是指大学生个体或群体在公共场合、在社交或公关活动中给社会公众留下的总体印象。大学生作为具有高素质的知识群体，作为社会的佼佼者，其形象的好坏自然会成为社会公众评论的焦点。

作为大学生，无论是个体还是群体，都因自身的外在表现和行为等客观状况形成实际形象。而在社会公众心目中，对大学生总体有一个理想形象，即有知识、有文化、爱学习、有正义感、穿着朴实、富有朝气，举止言谈符合大学生身份角色，能赢得社会广泛赞誉、受社会公众欢迎的形象。由实际形象努力向理想形象转变的过程就是形象塑造的过程。

大学生面对的是 21 世纪新的竞争、新的挑战、新的考验和新的机遇。以什么样的素质、什么样的姿态、什么样的形象迎接挑战、参与竞争、经受考验、抓住机遇、推销自我,是每一位大学生都无法回避而又不得不认真思考的严肃问题。因此,21 世纪大学生的形象问题已成为高等院校里竞相议论的热门话题,大学生如何塑造良好的公关形象已提到高等院校教育的议事日程上。最近几年来,部分大学生在社会公众眼里越来越不像大学生了。如在外在形象上,盲目追求时髦、赶新潮,穿着失体、着奇装异服者有之;发式怪诞、打扮出格、浓妆艳抹者有之;大庭广众之下搂搂抱抱、打情骂俏、满口粗话脏话、张嘴污言秽语者有之;在公共场合抽烟酗酒、打架斗殴、举止粗俗者有之;在内在修养上,一些大学生道德滑坡、损人利己、目无师长、无视礼仪、素质低下、文明修养差。大学生表现出来的傲气、清高和散漫形象已引起社会,特别是用人单位的反感。北大学子在危机面前开始反省自身,经过深刻反思由北大研究生学会率先在学校提出"治国平天下,先从修身起"的口号,并推出"修身计划"。这个计划一经启动,立即在北大学生中引起强烈反响,许多大学生表示要为重塑北大学子良好形象做出努力。重塑大学生良好形象既是时代的呼唤,同时也是高校教育所面临的严峻课题。

(二)大学生公关形象艺术

良好公关形象的塑造有赖于良好公关素质的培养。一个人公关素质的高低决定其公关形象的好坏。要使自己具有较高的公关素质,需要在以下几个方面做出努力。

1. 加强品德修养

要使自己通过刻苦修炼做到为人真诚忠实,办事公道正派,工作讲求信誉,待人谦恭有礼、不卑不亢。树立社会主义荣辱观,爱祖国、爱人民、爱科学,具有勤奋努力、团结协作、开拓进取的精神。

2. 培养良好性格

大学生在接受文化教育的同时,也要不断优化自己的性格。要培养热情、开朗、大方、自信、乐观、活泼的性格;待人处事文明、礼貌,富于幽默感。"幽默"是美学上的一个名词,是一种生活艺术。在现实生活中,人人都喜欢与幽默的人交往,因为幽默能给人带来欢乐,调动喜悦情绪,消除烦恼,缓解紧张气氛,营造轻松愉快的社交氛围。幽默既是一种人际交往的润滑剂,也是一种乐观的精神状态。

3. 提高社交能力

具不具备社交能力,是衡量一个现代人是否适应现代开放的社会的标志之一。随着国家开放步伐的加快,我们与世界各国的交往也日益频繁。作为当代大学生应善于社交,善于与人交往、沟通,善于与不同地区、不同民族、不同国籍、不同肤色、不同年龄、不同层次、不同性格的人交往沟通,广结良缘,建立良好的人际关系网络。

4. 改进情绪商数

大学生的智力商数(IQ)应该说相对比较高,IQ 是一个人成功的因素之一。成功的另一个因素是情绪商数(EQ),据心理学家研究表明,成功的两个因素中,EQ 是一个人成功的决定因素。EQ 主要指人的个性心理品质，包括动机、兴趣、情绪、信念、意志、性格等。EQ 更多地体现出一个人的综合素质。EQ 高的人，其情绪特质表现出稳定、平和，心理承受能力强，既能认知自身情绪，也能认知他人的情绪，并能妥善管理情绪。大学生要想获得成功，必须提高 EQ，并遵循这样一条成功规律，即树立正确的理想目标，充满自信心，以极强的克制力和恒心为达到目标而付诸行动，养成良好习惯，不断修正不良行为和习惯，培养良好的个性心理品质，以坚强的意志力和百折不挠的努力去赢得成功。

5. 调整和完善知识结构

21 世纪全球科学技术的综合化趋势将日益加强，单一的"专门化"人才已不适应新世纪的要求。随着大学生择业取向的多元化和用人单位对"通才型"人才的需求导向，大学生的知识结构亟待调整和完善。对大学生的教育除了要强调厚基础、宽口径外，还应向与基础化、综合化、现代化相结合的方向发展。大学生只有拓宽知识面，全面提高整体素质，才能塑造出良好的公关形象。

6. 强化公关意识

要注重公关形象塑造，必须强化公关意识，公关意识是公关规范与行为准则的内化。公关意识与公关形象塑造呈正相关关系。公关意识愈强，其公关形象则塑造得愈好；反之，则愈差。"公关的竞争必然是公关人员素质的竞争，而公关素质的核心就是公关意识"。大学生只有强化了公关意识才可能在社会上、在自我推销过程中、在公众面前成功地塑造一个良好的公关形象。

(三)塑造公关形象从校园生活开始

高校的校园生活除了学习之外，文艺、体育、社交、协会团体、剧团、联谊会、沙龙、社会实践、社会公益等活动丰富多彩，其中许多活动属校园公关活动。积极参与这些活动，有利于锻炼和提高自身素质，也有利于公关形象的塑造。例如，校园内经常开展的演讲比赛、辩论赛、文艺会演、公关礼仪大赛、主持人选拔赛、卡拉 OK 赛、时装表演、诗歌朗诵、创文明班级、文明寝室、文明校园等活动都是极富挑战性、竞争性的活动，也是大学生展示风采和自我推销的极好机会。大学生在参与这些活动的过程中，不仅为个人，也为大学生群体塑造了良好的公关形象。

例如，1994 年，在北京召开"远南运动会"期间，首都 30 多所高校数千名大学生加入了志愿服务队、预备队和文明啦啦队，主动为残疾人运动会的运动员服务，体现了良好的道德风尚，在世界各国人民面前展现了中国大学生良好的形象。

大学生在参与校内各种公关活动中，不仅锻炼了性格、磨炼了意志，而且还扩大了社交、陶冶了性情、提高了素质，更重要的是塑造了良好的形象。

大学是教育培养高素质人才的摇篮，是向社会输送服务型人才的学府，而社会是检验和录用人才的场所。社会对大学生的要求是相当高的，社会公众往往会用主导价值观来描述理想大学生的形象，例如，"文化水平高、素质高、掌握现代科技知识"，"有理想、有抱负、思想纯正"，"头脑灵活、刻苦钻研业务、谦虚好学、事业心强"，"竞争意识强、勇于接受新生事物"，"有正义感、乐于助人"，"注重礼仪、文明礼貌、通情达理、能说会道"等。大学生应充分利用在大学学习的大好时光努力塑造自身良好形象，逐

步向社会认同的理想形象靠拢，用自己的实际行动为高校形象建设做出应有的贡献。

【礼仪故事】

微笑的效应

在《处理人际关系的艺术》一书中，卡耐基写道，他要几千名工作人员做这样一件事：对他们周围每天遇到的人都报以微笑，并将结果反馈回来。

不久，纽约场外交易所的经纪人给卡耐基的来信中写道：我结婚已经十八年多了，在此期间我很少对我的太太微笑，从起床到准备去上班这段时间和她说不上几句话，百老汇大街上那些脾气最坏的人中我也算一个。既然你要我们对他人微笑，我想我就试验一个星期吧。

于是，第二天的早上，我在梳头时，对着镜子中的自己闷闷不乐地自言自语："比尔，今天你可再也不能愁眉苦脸了！你要笑，从现在就开始笑！"我坐下来用早餐的时候，笑着对我的太太说："早安，亲爱的。"

你提醒过我，她可能会对此感到惊奇，可是你低估了她的反应。她愣了神，惊讶地茫然不知所措。我告诉她，以后她可以天天看到这种笑容。我坚持这么做，至今已经有两个月了。

这两个月来，由于我态度的转变，我比去年1年得到了更多的家庭幸福。现在，我出门上班时，向公寓开电梯的司机打招呼；我微笑着向门卫打招呼；在地铁票台要求换零钱时，我向出纳员微笑；当我来到场外交易所时，我向同事们微笑。我发现人们很快便对我微笑。我以愉快的态度对待前来找我发牢骚、诉苦的人，我微笑着倾听他们的诉说。这样一来，我发现调解就变得容易多了。微笑还给我带来了美元，每天都很多。

(资料来源：李荣建，宋和平. 现代礼仪教程[M]. 北京：首都经济贸易大学出版社，2008.)

思 考 题

1. 怎样开展公共关系活动？
2. 公关工作和公关礼仪可以画等号吗？
3. 如何塑造大学生的公关形象？

第十章 商务礼仪

　　商务礼仪是从事经济活动的一些组织和个人如公司、企业及从业人员在经济往来中应当遵守的礼仪规范。正如日本著名企业家松下幸之助所说：商务礼仪是管理者在商务场合中的脸面，如果不注重礼仪，就会失去脸面。因此，我们必须了解和重视商务礼仪。

　　随着生活水平的提高，人们的生活内容日益丰富多彩，人际交往也日趋频繁。生活在现实社会的人，只要与他人打交道，或多或少都要进行谈判。例如，在家庭生活中，夫妻过双休日时要协商活动安排，是去公园散步还是上街购物；在工作单位里，制订工作计划时要交流意见，指标定多高为宜，大家要通过讨论取得共识……

　　商务洽谈也叫商务谈判，指的是在商务交往中，存在着某种关系的双方或多方，为了进行合作、达成交易、签订合同或者要求索赔、处理争端、消除分歧等，坐在一起进行会晤和磋商，以求达成某种程度上的妥协。举行洽谈会是商务交往中一项必不可少的内容，它是最重要的商务活动之一。

　　从实践上看，谈判并非人与人之间的一般性交谈，而是有备而至，方针既定，目标明确，志在必得，技巧性与策略性极强。在任何谈判中，礼仪实际上一向都颇被重视。其根本原因在于，在谈判中以礼待人，不仅体现着自身的教养与素质，而且还会对谈判对手的思想、情感产生一定程度的影响，谈判各方都希望在谈判过程中得到谈判对手的礼遇。因此，端庄的仪表仪容，礼貌的言谈举止，彬彬有礼的态度，周到、合适的礼节，是使谈判过程得以顺利进行的重要因素之一。所以，每一位谈判者都应当掌握和讲究谈判礼仪，以便谈判顺利进行并取得成功。

第一节 商务人员形象礼仪

　　商务人员的形象，是其仪表外观和言语举止等在商务活动中给对方留下的综合印象和整体评价，这无疑是影响商务活动成败的重要因素。

　　商务人员与顾客建立关系的第一步，是要给对方留下良好的第一印象。商务礼仪则是塑造商务人员形象的重要手段。

一、营造良好的第一印象

　　商务人员与客户初次见面，可能会成就一笔完美的交易，这意味着一个良好关系的开端；但也可能是一扇大门永远地向你或你所提供的产品和服务关闭，这便是第一印象产生的效应，在心理学上称之为"首轮效应"，即人们在初次见面的前 30 秒，就决定了一方在对方心目中印象的好坏，对方就已经对你盖棺论定了。因而在商务活动中，商务人员的首次登场亮相意义关键，对于一个寻求商机的人，一个良好的印象可能会把握到时机，否则便会失去一个潜在的合作机会。

第一良好印象的要求如图 10.1 所示。

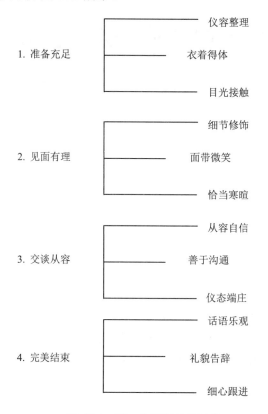

图 10.1　第一良好印象的要求

商务人员给顾客的第一印象，还应体现出良好的个人专业素养。其专业形象的构成如图 10.2 所示。

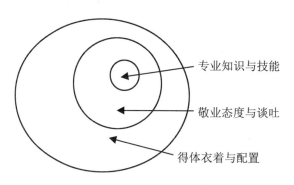

图 10.2　商务人员的专业形象构成

商务人员的第一印象就是商业效益。作为一个成功的商务人士，应不断地、时刻警觉地改进自己的第一形象，以把握更多属于自己的成功机遇。

二、商务人员职业道德修养

礼仪乃属道德范畴，商务人员除了应具有良好的基本道德修养外，还应严格履行商界的职业道德。

(一)遵守公德

遵守公德即遵守社会公共道德。社会公共道德是一种低层次的道德要求，是每个社会成员都必须遵守的最起码的行为准则。在商务活动中，其社会公德的基本要求是：尊重他人，讲究礼貌，仪表整洁，注重环保，尊老敬贤，助人为乐等。商务人员在人际交往中应将外在的礼仪与内在的公德结合起来，使两者互为表里、相得益彰。

(二)尊重为首

尊重是礼仪的核心，也即人际交往的情感基础。尊重他人已被当今国际社会视为人际交往的道德底线。就商务人员职业道德要求而言，对其交往对象，应不分性别、国籍、民族、信仰及经济状况，都应一视同仁、礼貌相待，而不可厚此薄彼、区别对待。在涉外商务活动中，还须尊重对方的信仰、习俗。古人云："尊人者，人恒敬之。"我们尊重他人，从而也能获得他人的尊重。商务活动须靠"尊重"来建立愉快、和谐的人际关系，并促进商务合作关系的良性发展。

(三)诚信为本

诚信为本即商务人员应具有的职业道德规范，也是商务礼仪的核心所在。当今，"诚信"成为国内许多企业获得成功的奥秘，许多商界人士更是将其作为人生的信条。商务人员应具有的"诚信"体现在商务交往中：诚实守信，信守诺言；言必行，行必果，做到言行一致，表里如一，以博得对方的尊敬与信赖。被我国商界称为"巨人"的史玉柱，他创立的巨人集团曾闻名一时。但后来在企业倒下之后，他仍信守诺言，还清了当年在香港发放的"巨人大厦"楼花和契约，约合人民币1亿元。史玉柱最终凭借其在商场上的诚信又一次站起来了。无疑，诚信既是为商之本，也是经商之道，为当今商场上获胜的法宝。

(四)平等互利

由于生产力发展的不平衡，社会存在着贫富悬殊的客观现象。商务人员在从事经营活动中，不应因经济上的贫富差别而影响人际交往，对于富者应保持自己的尊严和人格；对于贫者，应尊重、理解对方。应懂得，从礼仪上而言，只有上下级、长晚辈、主宾的不同，而无贫富之别，况且每个人在人格上都是平等的，因而在商业活动中，应当一视同仁，平等交往。

在商贸往来中，利益是交往双方关注的核心。随着社会的进步，商场如战场的传统意识已经改变，商场中即使是竞争对手关系，也需要努力寻求和建立伙伴关系，以求建立一个合作互利共赢的局面，如英特尔投资总裁所说："我们一方面看自己的市场；一方面看合作伙伴市场，只有他们成功了，我们的整个战略才能成功。" 商务人员遵守平等互利原则，是成功开展商务活动的重要保证。

三、商务人员仪表礼仪规范

在商务活动中，顾客对商务人员做出判断，往往是依从外到内的顺序，即先审视你的

仪表是否合宜，然后再观察你的态度、言谈是否得当，并据此决定有没有兴趣进一步了解你所提供的产品或服务。因此，商务人员的仪表，应遵循如下礼仪规范。

(一)仪容整洁美观

首先，应注重发型。对于男性而言，不宜理成光头，也不宜将头发留得过长。为了显示出商界人士的精明干练，提倡做到：男士头发前不覆额、侧不遮耳、后不及领，并且面不留须；女士应根据其脸型及个性气质，选择适合的发型，在其发型的修饰上应考虑职业的基本要求，庄重、保守，因而不可在头发上添加装饰之物，在一般情况下不宜使用彩色发胶、发膏。

其次，应保持面容洁净。男士均须剃须修面；女士应注重修饰自己的仪容，尤其提醒，女士应淡妆上岗，意在向商界交往对象表示尊重，但仪妆应遵循商界的化妆规则，一般在工作岗位上，避免过量使用芳香型化妆品。

(二)仪态大方得体

在从事商务活动时，商务人员用优美的仪态表现礼仪，比其语言的表达更能让对方感到真实、美好和生动。具体要求如下。

(1) 站姿要求：站立挺直、头正肩平、臂垂腿并，线条优美；精神振作。

(2) 坐姿要求：身姿端庄、文雅、得体，注意入座时要稳和轻，左进左出，以良好的坐姿传递从容、友好热情的信息。

(3) 行姿要求：商务人员的行姿应力求稳健、持重，脚步宜轻且富有节奏感，应随时有意识地对自己的行姿进行调整。

(4) 手势要求：在各项商务活动中，手势的使用应当规范，合乎惯例。例如"介绍""指示方向""请"等手势都有规范的要求，不可以用手指随意指画。应注意，关于竖大拇指这个手势几乎是世界公认表示"好""高""妙""一切顺利""非常出色"等类似含义。但也有例外，在美国和欧洲地区表示搭车；在德国表示数字"1"；在日本表示数字"5"等。商务人员应准确地使用手势去传递各种信息和情感。

(三)衣着及配置合宜

衣着虽然仅是人体的包装，但也是人的自我形象和自我价值的彰显，从心理学意义上来说会影响到自我激励和自我肯定，在商务活动中也会影响客户对我们的主观印象和价值判断。

商界男士在正式场合应首选着西装，所以对西装的穿法及如何搭配的规则应予以掌握；商界女士在正式场合以着裙装为佳，各种裤装都是不宜选择的，而在各种裙式服装中，套裙又列在首位考虑。女性衣着得体在商务活动中尤为重要，不合适的着装只会误导客户注意你的身体而不是你要展示的产品和服务。当然，得体的衣着并不意味着奢华铺张，简朴的衣着照样能带来尊严，体现优雅，展示风采。

好的配饰也同服装一样重要，商务人员可配置一些高档的钢笔、围巾、丝带、公文包、鞋，以及低调而又高贵的珠宝等，作为外观的点缀，以展现自己不凡的风度和气质。

(四)表情真挚、热情

商务人员除了须注重仪表、仪态、穿着与配置礼仪之外，还必须有真挚、热忱的表情，即充满对顾客的诚意和保持脸上的笑容。一位资深礼仪学者指出："诚意是最得体的穿着，笑容是最合适的配置。"与顾客见面，主动给对方一个微笑，既是礼貌的表示，也是自信的体现，当然微笑应发自内心，才能传递真诚、友善之情，令顾客有宾至如归之感。

印度诗人泰戈尔说过："一旦学会了眼睛的语言，表情的变化将是无穷无尽的。"可见，目光语有着极强的表现力，其在商务活动中也有着特殊的作用。有着丰富实践经验的商务人员都能领悟到，以安详的目光与顾客对视是吸引顾客注意力的好方法，没有目光的对视和接触，是难以引起顾客的注意和兴趣的；但应提示，交谈中，应随着话题内容的变换做出及时恰当的目光反应，使交谈融洽、和谐地进行；当双方沉默不语时，则应将目光移开，避免陷入尴尬的局面。要注意与对方目光对视的时间不宜过长，并学会在不同场合及不同情况下，如何应用不同的目光。商务人员应善用目光语，譬如在向顾客介绍产品时，舒展眉头，眼神放光，让对方从你流露出的明快而亲切的目光中产生对产品的信任感；在商务谈判中，令自己双目生辉、炯炯有神，表现出坦诚和自信，以取得对方的信任与合作。总之，商务人员应注重表情的训练，以促使商务活动更顺利、有效地展开。

第二节　商务谈判技巧

商业管理专家一直强调，成功的商业交易主要依赖于谈判的艺术，绝大多数成功商人都是谈判高手，这使他们能轻而易举地完成一笔笔交易。谈判人员务必讲究谈判礼仪和技巧，以便顺利取得谈判的成功。

1．善于倾听

一个谈判高手通常是能提出很尖锐的问题，然后耐心地倾听对方的意见。商务专家说，如果我们能学会如何倾听，很多冲突是很容易解决的。问题的关键是倾听已经成为被遗忘的艺术，而很多商人都忙于确定别人是否听见他们说的话，而不去倾听别人对他们说的话。

2．适时沉默

在谈判中，既要有流利的口才与对方展开周旋，但同时也应明白何时"无声胜有声"。在紧张的谈判中，没有什么比长久的沉默更令人难以忍受的了。让对方首先打破沉默，往往意味着要对方做出让步。

3．耐心等待

在很多情况下，谈判不可能速战速决、一蹴而就，这就要求谈判人员学会等待。时间的流逝往往能够使局面发生变化。等待别人冷静下来，等待问题自身得到解决，等待不理想的生意自然淘汰，等待灵感的来临……一个充满活力的主谈人总是习惯于果断地采取行动，但是很多时候，等待却是人们所能采取的最富建设性的措施。

4．转换阵地

了解对手不一定非要在谈判桌前，在办公室以外的场合也可以随时了解别人。心理学家认为，人类的思维模式总是随着身份的不同、环境的不同而不断改变，谈判桌上的心理肯定和觥筹交错时的心理不一样，作为对手要针锋相对，作为朋友促膝倾谈则肯定另是一番心情。例如，可邀请对手或潜在客户出外就餐、打高尔夫球、钓鱼等，人们在这些场合神经通常就不再绷得那么紧，从而使你更容易了解他们的想法。

5．先行试探，逐个击破

在做出决定之前，可以通过某个人或者某个可靠的渠道将你的意图间接地传达给对手，试探一下对手的反应。然后设法说服其中一个对手接受你的建议，并以此为突破口，让此人帮助你说服其他人。

6．蘑菇战术

当谈判陷入僵局时，有必要把洽谈节奏放慢，看到底阻碍在什么地方，以便想办法解决。但这种"磨"绝不是消极被动的，而是在"磨"的时间内收集情报，分析问题，以期打开局面。消极等待，结果只能是失败。

美国 ITT 公司著名谈判专家 D. 柯尔比曾讲过这样一个案例。

> 柯尔比与 S 公司的谈判已接近尾声，然而此时对方的态度却突然强硬起来，对已谈好的协议横加挑剔，提出种种不合理的要求。这令柯尔比感到非常困惑，因为对方代表并非那种蛮不讲理的人，而协议对双方肯定是都有利的，在这种情况下，S 公司为什么还要阻挠签约呢？柯尔比理智地建议谈判延期。之后，他从各方面收集信息，终于知道了关键之所在——对方认为 ITT 占的便宜比己方多多了。所以价格虽能接受，但心理上不公平的感觉很难接受，这才导致了协议的搁浅。结果重开谈判，在柯尔比一番比价算价后，对方知道双方利润大致相同，一个小时后就签了合同。

7．消磨意志

谈判人员都不太喜欢耗时费力的谈判，但是为了自己的利益，有时是可以把这作为一种战术来使用的。

例如，一些日本公司就常采取这个办法：以一个职权较低的谈判者为先锋，在细节问题上和对方反复纠缠，或许可以让一两次步，但每一次让步都要让对方付出巨大精力。到最后双方把协议已勾画出了大体轮廓，但总有一两个关键点谈不拢，这个过程往往要拖到对方精疲力竭为止。这时本公司的权威人物出场，说一些"再拖下去太不值得，我们再让一点，就这么成交吧！"此时对方身心均已透支，只要这个方案在可接受范围内，往往就会一口答应。

8．营造气氛

当双方谈判人员按照约定的时间到达谈判地点(主人应提前到达)，互致问候后落座。此时不必立刻开始谈判，不妨先谈一些非业务性的话题，营造和谐的气氛，然后轻松地把话题引入谈判正题。谈话时表情要自然，态度要和气，措辞应得当，可做些适当的手势，

第十章 商务礼仪

但动作不宜过大,更不要手舞足蹈,切不可用手指指对方或拿着笔等物品指人。当对方发表意见时,要善于聆听对方的讲话,不要随便打断别人的发言。一般不谈与谈判主题无关的内容,不谈荒诞离奇的事情,不要询问女士的年龄、婚姻等状况,不要打听对方的收入、财产等情况。

营造谈判气氛实例一则。

> 1935年3月底,英国外交大臣艾登访问苏联,商讨有关纳粹德国与欧洲局势问题,以及两国友好合作问题。由于在此之前英国和其他国家对苏联的仇视和封锁,对上述问题双方存在不少分歧。为此,苏联外长李维诺夫邀请艾登共进午餐。艾登在其《回忆录》中对这次午餐作了这样的记述:
>
> 我们在令人心旷神怡的原野之中的平坦道路上行驶了约20英里,到了林中别墅,内有一座花园,甚至还有几只鸭子。这座乡间别墅设备简单,但很风雅,而且这次午餐,即使按照我们好客的主人们的标准也是一次宴会。在正餐前先上的菜照例有鱼子酱和烤乳猪,正餐后还有干果布丁。但是,餐桌的中心(从实际位置和政治意义来说都是中心)是装饰着玫瑰花的奶油,上面还有"和平是不可分割的"字样。我对这种情感是赞成的;但即使我不赞成,在受到那样的欢迎之后,我也难以提出反对意见。谈话的题目仍然同正式会谈时一样,但是气氛更加轻松了。

在苏联、英国两国之间尚存隔阂的时期,苏联方面精心安排的这次午餐非正式会谈,既十分别致又富有情趣,不仅一扫在正式场合会谈时的沉闷空气,而且营造了双方友好的气氛。

商务谈判实例一则。

> 1987年5月,笔者(李荣建,下同)受命与利比亚南方空军司令麦海迪上校洽谈活动板房生意。笔者作为卖方代表,与买方代表麦海迪上校相识后,没有开门见山地谈生意,而是兴致勃勃地谈论利比亚文学艺术,麦海迪上校颇感兴趣。当笔者盛赞利比亚著名漫画家穆罕默德·扎瓦维的艺术精品时,麦海迪上校感到自己遇到了艺术上的知音,他激动地说:"李先生,您对我国的文学艺术了如指掌,如数家珍,令人钦佩。我家里就收藏有漫画大师扎瓦维的画册。"笔者和麦海迪上校两人志趣相投,一见如故。此后,麦海迪上校十分尊重笔者,时时处处以礼相待,这笔大生意也就顺利谈成了。

在这则谈判实例中,笔者与麦海迪上校相识后,没有马上进入会谈正题,因为当时双方感情尚未沟通,如果立刻进入正题,买方会产生防范心理,势必造成针锋相对的不利局面。而通过交谈双方感兴趣的话题,营造出良好的氛围,双方代表从毫不相识到结为友人,从而使谈判取得成功。

9. 据理力争

在举行谈判时,谈判者在发言中应注意语言的客观性、针对性和规范性。

1) 客观性

谈判语言的客观性是指语言表述要尊重事实、反映事实、实事求是,以便双方自然而然地产生彼此"以诚相待"的印象,从而促使双方立场、观点相互接近,为最终取得谈判成功奠定良好的基础。

2) 针对性

谈判语言的针对性，首先，是指语言应围绕主题，有的放矢。在谈判过程中，针对不同的谈判内容，有选择地、有针对性地使用与谈判内容相关的语言和行话、术语，尽量做到言简意赅、恰到好处。

其次，谈判中还应针对不同的谈判对象，使用不同的谈判语言。例如，面对老少、男女、生熟、官民、善恶谈判对手，应区别对待，选择合适的语言。与久经沙场的年长谈判对手对阵时，措辞应精练；与女性谈判对手谈判时，语言要文雅等，以便达到最佳效果。

3) 规范性

谈判语言的规范性是指谈判中语言表述要文明、准确。

谈判者发言时应当使用文明、规范语言，不讲脏话、粗话、黑话。此外，用语要严谨、精确、标准，以便准确无误地表述自己的观点、意见，有利于沟通和交流，从而明确各方的权利、责任和义务等，避免产生分歧和后患。

此外，谈判者可以根据谈判的需要随机应变，灵活地使用富有弹性的外交辞令、丰富多彩的文学词汇、幽默诙谐的语言以及寓意深刻的成语、格言等。

谈判中，谈判双方发言时都应开诚布公，谈判过程中可以据理力争，但不要出言不逊、恶语伤人。双方都应注意求大同、存小异，尽量强调彼此一致的地方，互谅互让。谈判达成协议，应握手言欢；即使谈判破裂，也应当以礼待人，与对方握手话别，以显示风度，争取将来的合作机会。那么，在谈判中怎样据理力争？现举例如下。

1986年7月，在利比亚"九·一"革命节来临前夕，利比亚有关方面召集在利比亚工作的各国建筑公司负责人开会，向各公司下达了出工、出车参与迎接利比亚节日的指令。

按照利比亚的黎波里市市政局的安排，中国建筑工程总公司驻利比亚经理部要派出50人、10辆卡车义务工作一个月。经理部负责人有点犯愁了。抽调这么多人、这么多车义务干一个月的市政活，必将影响公司正在加紧施工的在建学校项目。可是，不派人、派车也不行，这可是一项"光荣的政治任务"。于是他委派笔者去与利比亚的黎波里市市政局进行交涉，希望能减轻本公司的负担。笔者来到的黎波里市市政局，与有关负责人亲切寒暄后，立刻热情洋溢地说："即将来临的'九·一'革命节，是利比亚兄弟人民的重要节日。中国公司十分乐意为迎接这一光辉节日尽一份力。"

利比亚朋友听到笔者的这番话后笑容满面，深感欣慰。

笔者接着说："承蒙利比亚兄弟的信任，本公司目前正在加紧施工，以期完成学校建设项目。本公司一定要保质保量按时完成施工任务，以便让可爱的利比亚少男少女们能够早一天坐在窗明几净的教室里，如饥似渴地吸吮知识的乳汁。"

就在利比亚官员频频点头时，笔者话锋一转，面有难色地说："现在学校建设已进入最后的冲刺阶段，倘若一下子从工地上抽出10辆车、50个人干一个月的市政活，我们担心所承建的学校不能按时交工，将会影响你们的子女上课啊！"

利比亚官员听完这番话，眉头也皱起来。几个官员耳语一阵，然后，赛阿德处长问："请问李先生，贵公司抽出多少人、调几辆车，方不至于对施工产生大的影响呢？"

笔者说："谢谢你们的理解和关照。我公司可以抽出一辆车，供市政部门调遣一个月，我们还将想方设法调遣25个人为迎接'九·一'革命节义务劳动一天。此外，本公司全体职工将全力以赴，以建好学校的实际行动迎接'九·一'革命节。"

> 扎纳提副局长说:"中国兄弟正在为我们的子女修建学校,任务紧迫。他们对我国节日的态度是积极的,李先生所反映的情况也是真实的。我们同意你们在不影响工程施工的前提下,尽力为市政建设做贡献。"
>
> 事情就这样解决了。笔者轻松地舒了一口气。
>
> 此时,赛阿德处长又饶有兴趣地问笔者近来又有什么新作,笔者随即从公文包中取出新近创作的一篇阿拉伯文短篇小说。几位留美、留英、留埃的利比亚高级工程师兴致勃勃地读起来,一阵阵欢笑声在市政局大厅里回荡。

在这场谈判中,中方代表首先以积极的态度赢得了利比亚官员的赞赏。接着,中方代表说明中国公司正紧张施工,若抽调过多的人、车,会影响建校项目,从而影响利比亚中小学生读书。由于中方态度积极、言之有理,所以利比亚有关部门爽快地同意减轻中国公司的负担。

10. 语言技巧

成功的商务谈判都是谈判双方出色运用语言艺术的结果。

1) 针对性强

针对不同的谈判内容、谈判场合、谈判对手,谈判语言的针对性要强,做到有的放矢,才能保证谈判的成功。在谈判中,要充分考虑谈判对手的性格、情绪、习惯、文化以及需求状况的差异,恰当地使用有针对性的语言。

2) 灵活应变

谈判形势的变化是难以预料的,谈判中往往会遇到一些意想不到的事情,这就要求谈判者具有灵活的语言应变能力,以巧妙地摆脱困境。当遇到对手逼你立即做出选择时,你若是说"让我想一想""暂时很难决定"之类的话,便会被对方认为缺乏主见,从而在心理上处于劣势。此时你可以看看表,然后有礼貌地告诉对方:"真对不起,4点钟了,我得出去一下,与一个约定的朋友通电话,请稍等五分钟。"于是,你便很得体地赢得了五分钟的思考时间。

3) 表达方式婉转

谈判中应尽量使用委婉的语言,这样做易于被对方接受。例如,在否决对方要求时,可以这样说:"您说的有一定道理,但实际情况稍微有些出入。"然后再不露痕迹地提出自己的观点。这样做既不会有损于对方的面子,又可以让对方心平气和地认真倾听自己的意见。

其间,谈判高手往往会努力把自己的意见用委婉的方式伪装成对方的见解,以提高说服力。在自己的意见提出之前,先问对手如何解决问题。当对方提出以后,若和自己的意见一致,要让对方相信这也是自己的观点。在这种情况下,谈判对手有被尊重的感觉,他就会认为反对这个方案就是反对他自己,因而容易达成一致,获得谈判成功。

4) 恰当地使用无声语言

商务谈判中,谈判者通过姿势、手势、眼神、表情等来表达的无声语言,往往在谈判过程中发挥着重要的作用。例如,你可以用微笑的眼神接触对方,有分寸、较含蓄、有些不可捉摸的笑最让对方吃不准你的意图。这样可以在谈判中达到争取更大利益的效果。

第三节　商　务　仪　式

　　商务仪式又称为典礼，通常是指在商务交往中，为了引起关注、表达诚意、显示尊重、加深联系等而举办的活动，如开业仪式、剪彩仪式、签字仪式、庆典仪式、交接仪式等。

　　在商务交往之中，仪式通常发挥着重要的作用。首先，它可以展示企业的良好形象；其次，可以扩大企业的影响力度；最后，可以提高企业的自信心、自豪感，表达喜悦之情，增强企业的凝聚力。

　　商务仪式礼仪指的是参加商务仪式时所要遵循的规范。对于经常参加商务仪式的商界人士而言，恰到好处地遵守并履行仪式礼仪，才能代表自己企业的形象，将仪式举办得完美。

一、开业仪式

　　在商业活动中，商店、公司开业，或是本单位所经营的某个项目、工程的完工，某一建筑物落成，都是一项来之不易、可喜可贺的成功，为了制造舆论、扩大影响，或表示郑重其事、庆贺或纪念，商界都要举行开业仪式。

　　商界开业仪式一直颇受人们的青睐与重视。究其原因，不仅是商家为自己讨个吉利，而且它还有以下几个方面的作用。

　　第一，有助于扩大本单位的影响，吸引社会各界的关注。第二，有助于塑造本单位的良好形象，提高自己的知名度与美誉度。第三，有助于加强与商界同仁的联系，共享成功的喜悦，为日后的进一步合作奠定良好的基础。第四，有助于增强本单位的自信心与自豪感，从而为自己创造出一个良好的开端，增强组织的凝聚力。

　　开业礼仪，一般指的是在开业仪式筹备与举行的过程中应当遵从的礼仪规范。

(一)开业仪式的筹备

　　开业仪式尽管所需时间很短，但要营造出现场的热烈气氛，取得彻底的成功，却绝非一桩易事，因此，要认真筹备。

　　筹备开业仪式，要遵循"热烈""隆重"与"节俭"的原则。"热烈"，是指要想方设法在开业仪式的进行过程中营造出一种欢快、喜庆的气氛，而不应令其过于沉闷、乏味。"隆重"是指典礼通常不搞则已，若搞就要搞得郑重其事、有模有样，并且富于新意。只有这样，才有可能借此机会令本单位处于社会各界所关注的焦点之中。

　　所谓"节俭"，是要求主办单位精打细算，在筹备工作中，在经费的支出方面量力而行，反对铺张浪费。有的项目、活动可以省略，有的人士则不必邀请。

　　开业仪式的筹备要注意以下几个方面。

1. 积极宣传

　　为了吸引社会的关注，举办开业仪式之前，要做好宣传工作。例如，在电视、报纸等大众媒体上刊登广告，广告的内容要包括开业仪式举行的日期、地点、开业之际的优惠酬宾活动以及经营特色等。

2. 提前邀请宾客

开业仪式影响的大小，实际上往往取决于来宾身份的高低与其数量的多少。举行隆重的开业典礼，可以邀请政府有关部门的代表、社区负责人、知名人士、同行业代表、社会贤达和记者等参加。应事先把请柬送(寄)给宾客，以便宾客安排时间。用以邀请来宾的请柬应认真书写，并应装入精美的信封。此外，应在邀请宾客的同时，确定剪彩人士，一般由出席开业仪式中比较有声望的知名人士进行剪彩。

3. 布置现场环境

开业仪式多在开业现场举行，举行仪式的现场可以设在门口的开阔地带，也可以是正门之内的大厅，正门口应悬挂"某某商场开业典礼"的横幅。可在来宾尤其是贵宾站立之处铺设红色地毯，并在场地四周悬挂横幅、标语、气球、彩带，还应当在醒目之处摆放来宾赠送的花篮、牌匾。此外，还可安排身穿礼服、身披绶带的礼仪小姐站立在商场门口的两边，请统一着装的乐队演奏欢快的乐曲，渲染开业典礼的气氛。按惯例，举行开业仪式时宾主一律站立，故一般不设置主席台或座椅。来宾的签到簿、本单位的宣传材料等，亦须提前备好。音响、照明设备以及开业仪式举行之时所需使用的用具、设备，必须事先认真进行检查、调试，以防其在使用时出现差错。

4. 做好接待服务工作

在开业仪式的现场，要有专人负责来宾的接待服务工作。负责接待的工作人员应着统一制服，态度亲切、有求必应。接待贵宾时，须由本单位主要负责人亲自出面；在接待其他来宾时，则可由礼仪小姐负责。应为来宾准备好专用的停车场、休息室以及其他方面的相关事务，如递送茶水、安排饮食等。

5. 做好礼品馈赠工作

馈赠礼品不仅是对出席开业仪式人士的感谢，而且能起到很好的广告效应，因此，选择礼品一定要恰当。礼品应具有如下特点：一是宣传性。一般可选用本单位的产品，将其用特别的包装纸包装后，赠送给来宾。也可在其他礼品的包装上印上本企业标志、广告用语、产品图案等。二是荣誉性。要使礼品具有一定的纪念意义，这样，出席者就会珍藏它，并作为装饰品，能够起到广告效果。三是独特性。礼品应与众不同，具有本单位的鲜明特色，使人一目了然，并且可以令人过目不忘。

6. 做好程序议程工作

一般而言，开业仪式由开场、过程、结局三大基本程序构成。开场，首先是奏乐，然后是邀请来宾就位并对其加以介绍，再宣布仪式正式开始；过程，是开业仪式的重要环节，通常包括本单位的负责人讲话，来宾代表致辞，剪彩、揭牌等；结局，则是在开业仪式结束后。开业仪式结束后，宾主可一同合影，然后主人可引导来宾进厂或进店参观，这期间可以向来宾介绍本企业拟生产或销售的主要产品、承揽的主要项目以及经营决策，这是让上级、同行和社会公众了解自己企业的好机会，也是宣传商品和服务的好机会；也可以举行短时间的座谈，广泛征求来宾的意见和建议。

为了开业仪式的顺利进行，一般应选好有经验的仪式主持人。

(二)开业仪式的进程

一般来说开业仪式由下面几个方面组成。

1. 宣布开始

宣布仪式开始，全体肃立，奏国歌，介绍来宾。

2. 主方致辞

企业负责人首先致辞，向来宾及祝贺单位表示感谢，并简单介绍本企业创办经过和经营项目等。

3. 客方致贺词

上级领导和来宾代表致贺词，并祝其生意兴隆。贺词应言简意赅、热烈庄重、真诚友好，切忌信口开河、长篇大论。对外来的贺电、贺信等不必一一宣读，但对其署名的单位或个人应予以公布。

4. 揭幕或剪彩

揭幕的具体做法是：揭幕人行至彩幕前恭立，礼仪小姐双手将开启彩幕的彩带递交给对方。揭幕人随之目视彩幕，双手拉启彩带，令其展开彩幕。全场目视彩幕，鼓掌并奏乐。

剪彩的具体做法是：礼仪小姐手捧托盘并置于彩球下方，由本单位负责人和嘉宾代表剪断彩球，宣告企业的正式成立或活动的正式开始。参加典礼的全体人员鼓掌祝贺。

5. 参观

主方陪同来宾参观，介绍本单位的主要设施、商品、经营项目等。

6. 迎接顾客

开业典礼仪式结束后，商场随即开始正式对外营业。商场负责人可引导来宾进商场参观，导购小姐则在商场门口欢迎首批顾客。商场还可以准备一些印有商场开业典礼字样的购物袋，赠送给顾客作为纪念。

上述过程可以根据具体情况而定，不必一成不变地照搬。

(三)参加开业仪式的礼仪

参加开业典礼时，无论是开业的单位，还是来参加仪式的人士，都要在此过程中注重仪表举止。

对于开业的单位，作为组织者和主办方，需要注意以下几点。

1. 服装要求

单位负责人要着正式礼服。男士穿笔挺的西服配深色皮鞋，仪容整洁。女士则着职业装及同色系或深色皮鞋，发型简洁，略施粉黛。工作人员要穿统一的服装。礼仪小姐应穿红色的旗袍并身披绶带。

2. 守时

要有较强的时间观念。应比客人早到,不要拖延。

3. 礼貌待客

对待来宾及顾客应热情周到,语气客气。

参加开业仪式的来宾,需要注意的事项如下。

(1) 守时。要准时参加开业典礼,如果有特殊原因不能到场的,应尽早通知主办方,以让对方另做安排。

(2) 贺礼。客人应在开业典礼前或开业典礼时送些贺礼,如花篮、牌匾等,并在贺礼上写上贺词及落款。

(3) 仪式进行中要微笑、鼓掌,结束后要跟随主方的安排进行活动。

(四)特别的开业仪式

开业仪式只是一个统称,在不同的适用场合,往往会采用其他一些名称。如开工仪式、破土仪式、奠基仪式、竣工仪式、下水仪式、通车仪式、通航仪式等。

(1) 开工仪式。开工仪式通常是指工厂准备正式开始生产产品、矿山准备正式开采矿石等的时候,专门举行的庆祝性、纪念性活动。

开工仪式大都在生产现场举行。即以工厂的主要生产车间、矿山的主要矿井等处,作为举行开工仪式的场所。

(2) 破土仪式。破土仪式是指在道路、河道、水库、桥梁、电站、厂房、机场、码头、车站等正式开工之际,举行的动工仪式。

破土仪式所举行的地点,大多应选择在工地的中央或某一侧。举行仪式的现场,务必事先进行过认真的清扫、平整、装饰。至少,也要防止出现道路坎坷泥泞、飞沙走石,以及蚊蝇扑面的状况。

(3) 奠基仪式。奠基仪式通常是指一些建筑物,如楼房、场馆、园林、纪念碑等,在动工修建之前举行的庆贺性活动。

奠基仪式现场的选择与布置,有一些特别之处。奠基仪式所举行的地点,一般应选择在动工修筑建筑物的施工现场。奠基的具体地点,按常规应选择在建筑物正门的右侧。在一般情况下,应选择一块完整无损、外观精美的长方形石料作为奠基石。在其右上款,应刻有建筑物的正式名称;在其正中央,应刻有"奠基"两个大字;在其左下款,则应刻有奠基单位的全称以及举行奠基仪式的具体年月日。奠基石上的字体,大都讲究以楷体字竖着刻写,并且最好是白底金字或黑字。在奠基石的下方或一侧,还应安放一只密封完好的铁盒,内装建筑物的各项资料以及奠基人的姓名。

(4) 竣工仪式。竣工仪式有时又称落成仪式或建成仪式。它是指某一建筑物或某项设施建设、安装工作完成之后,或者是某一纪念性、标志性建筑物,诸如纪念碑、纪念塔、纪念堂、纪念像、纪念雕塑等建成之后,举行的庆贺性活动。

举行竣工仪式的地点,一般应以现场为第一选择。例如,新建成的厂区之内、新落成的建筑物之外,以及刚刚建成的纪念碑、纪念塔、纪念堂、纪念像、纪念雕塑旁。

在竣工仪式举行时，全体出席者的情绪应与仪式的具体内容相适应。在庆贺工厂、大厦落成时，应当表现得喜悦；在庆祝纪念碑、纪念堂、纪念雕塑建成时，则须表现得严肃。

(5) 下水仪式。下水仪式是指在新船建成下水之时举行的仪式。下水仪式基本上都是在新船码头举行的。对下水的新船，须认真进行装扮。一般要在船头上扎上由红绸结成的大红花，并且在新船的两侧船舷上扎上彩旗，系上彩带。行掷瓶礼是下水仪式上独具特色的一个节目。具体做法是：由身着礼服的特邀嘉宾双手持着一瓶香槟酒，用力将瓶身向新船的船头投掷，使瓶破之后酒香四溢，酒沫飞溅。在嘉宾掷瓶以后，全体到场者须面向新船行注目礼，并随即热烈鼓掌。

(6) 通车仪式。通车仪式，一般是在重要的交通建筑完工并验收合格之后，举行的启用仪式，如公路、铁路、地铁以及重要的桥梁、隧道等。

举行通车仪式的地点，通常均为公路、铁路、地铁新线路的某一端，新建桥梁的某一头，或者新建隧道的某一侧。

(7) 通航仪式。通航仪式又称首航仪式，它是指飞机或轮船在正式开通某一条新航线之际举行的庆祝性活动。

二、剪彩仪式

剪彩作为一种庆贺的手段，不仅适合于开业典礼，也常用于工程开工、竣工和展览会的开幕仪式等，如某某企业、单位为庆贺企业开业，某某大厦喜封金顶，某某道路、桥梁的首次通车，某某大型展销会、博览会的开幕。

剪彩的由来有两种说法。一种传说认为剪彩起源于西欧。古代，西欧造船业比较发达，新船下水往往能吸引成千上万的观众。为了防止人群涌向新船而发生意外事故，在新船下水前，主持人在离船体较远的地方，用绳索将前来围观者拦在外面，等船下水后再剪去绳索，表示事情已经正式开始。另一种说法是，在20世纪初，美国圣安东尼奥州和迪密镇有家新开的百货店，开张营业之前，店主为防止顾客、闲人蜂拥而入，特在门口拦一布带。这时他的幼女奔跑而入，不慎冲断带子，门外的人乃一拥而入，争相抢购。从此，小店顾客盈门，财源茂盛。店主从这次偶发的事故中得到启迪，在后来开的几家"连锁店"的开业过程中也如法炮制。后来，人们纷纷效仿，并赋予其"剪彩"的名字。这样，剪彩就逐渐演变为一种重要的商务仪式。

剪彩礼仪，一般指的是在剪彩仪式筹备与举行的过程中应当遵从的礼仪规范。

(一)剪彩仪式的筹备

剪彩仪式的筹备工作基本上与开业典礼的筹备工作雷同。

1. 积极宣传

为了吸引社会的关注，举办剪彩仪式之前，先要做好宣传工作。如在电视、报纸等大众媒体上刊登广告进行相应的宣传。

第十章 商务礼仪

2. 邀请宾客

剪彩仪式档次的高低，往往也同剪彩者以及出席剪彩仪式的人员的身份密切相关。因此，在邀请出席剪彩仪式的人员时，最重要的是要把剪彩者选好。举行隆重的剪彩典礼，可以邀请政府有关部门的代表、社区负责人、知名人士、同行业代表、社会贤达和记者等参加。应事先把请柬送(寄)给宾客。根据惯例，剪彩者可以是一个人，也可以是几个人，但最多不能多于五人。剪彩人应在邀请宾客的同时确定，一般由出席开业仪式中比较有声望的知名人士进行剪彩，如上级领导、合作伙伴、社会名流、员工代表或客户代表所担任。

3. 礼仪小姐

在剪彩仪式上服务的礼仪小姐，又可以分为迎宾者、引导者、服务者、拉彩者、捧花者、托盘者。在选聘礼仪小姐时要注意一些基本条件，如相貌姣好、年轻健康、气质高雅、反应敏捷、善于交际。礼仪小姐的装束不宜过于时尚，宜化淡妆，穿统一的旗袍或深色的套裙，黑色高跟皮鞋。此外，不宜佩戴过多首饰。

4. 布置现场

剪彩仪式的会场一般选在商场、展销会、博览会门口，如果是新建工程竣工启用，会场一般安排在新建设施、工程的现场。辅之以"某某商场开业典礼""某某工程落成仪式"的横幅，并在场地四周悬挂横幅、标语、气球、彩带。此外，还可安排身穿礼服、身披绶带的礼仪小姐站立在商场门口的两边，请统一着装的乐队演奏欢快的乐曲，渲染开业典礼的气氛。

5. 剪彩的特殊用具的准备

剪彩的特殊用具的准备是剪彩筹备活动的重点之一。其中包括剪彩仪式上所需的红色缎带、剪刀、白色手套、托盘以及红色地毯等。

(1) 红色缎带。红色缎带，即剪彩中的"彩"，按照传统做法，应当用一整匹崭新的红色绸缎，在中间结成数朵花团，也可视本单位经济状况选用红色的缎带或者以红布代替。其中，花团的具体数目同现场剪彩者的人数相关，因此，应在确定剪彩者人数后确定花团的数目。按照习惯做法，花团的具体数目可分为两种：一种是花团的数目比现场剪彩者的人数多一个，这样可使每位剪彩者总是处于两朵花团之间，显得较为正式；另一种是花团的数目比现场剪彩者的人数少一个。

(2) 剪刀。每位剪彩者人手一把剪刀，并且应该是崭新而且锋利的，以确保剪彩者在正式剪彩时可以顺利剪断彩带，而不需一剪再剪，从而避免出现尴尬局面，或给人留下"不吉利"的心理。在剪彩仪式结束后，主办方可将剪刀包装好，送给剪彩者留作纪念。

(3) 白色手套。白色手套在剪彩过程中不是必备之物，但为了表示郑重其事，可为每位剪彩者配备一双白色手套，但手套的选用宜薄不宜厚。一般情况下也可以不准备。

(4) 托盘。托盘主要用于盛放彩带、剪刀和手套。托盘应崭新干净，一般选用银色的，在使用时可在其上面铺上红色绒布。托盘的数量也和剪彩者人数有关。

(5) 地毯。地毯主要铺设在剪彩者剪彩时站立的地方。地毯也不是剪彩过程中必备之

物，主要为了提升其档次，并营造一种喜庆的气氛。各单位可根据自身的具体情况而定，可选用也可不选用。一般情况下地毯的长度稍长于彩带的长度，其宽度以1米为佳，不宜太窄以免显小气，但也不用太宽，会造成不必要的浪费。

(二)剪彩仪式的进程

一般来说，剪彩仪式由下面几个方面组成。

1. 宣布开始

宣布仪式开始，全体肃立，奏国歌，介绍来宾。

2. 主方致辞

企业负责人首先致辞，向来宾及祝贺单位表示感谢，并简单介绍本企业创办经过和经营项目等。

3. 客方致贺词

上级领导和来宾代表致贺词。贺词应言简意赅、热烈庄重、真诚友好，切忌信口开河、长篇大论。对于外来的贺电、贺信等不必一一宣读，但对其署名的单位或个人应予以公布。

4. 剪彩

主持人宣布正式剪彩之后，剪彩者开始走向剪彩位置，如果同时有几位剪彩者，应让主剪者(一般是指位于中间的剪彩者)走在前面，其他剪彩者紧随其后走向自己的剪彩位置。此时，其他非剪彩人员也应跟随剪彩者走到剪彩处，一般惯例是站在剪彩者之后1～2米处。礼仪小姐手捧托盘送上白色手套和剪刀，剪彩者应还以微笑并戴上手套。此时，礼仪小姐将托盘置于彩球下方，由剪彩者剪断彩球。如几位剪彩者共同剪彩，则要协调行动，处在外端的剪彩者应注意处于中间位置的剪彩者的动作，力争同时剪断彩带。同时，还应和礼仪小姐配合，注意让彩球落于托盘内，而不能使之掉到地上。剪彩者在剪彩成功后，可以右手举起剪刀，面向全体到场者致意，然后将剪刀、手套放入托盘，转身向四周的人们鼓掌致意。接下来，可依次与主人握手道喜，并列队在引导者的引导下退场。

5. 参观

主方陪同来宾参观，介绍本单位的主要设施、商品、经营项目等。若是工程竣工，可向来宾介绍相关工程情况。

(三)剪彩者礼仪

剪彩者是剪彩仪式上的关键人物。剪彩者的仪表和举止，直接影响剪彩仪式的效果。因此，剪彩者应当讲究有关礼仪。

1. 注意着装和修边幅

剪彩者穿着要整洁、庄重，精神要饱满，给人以稳健、干练的印象。一般不宜穿休闲或运动服饰，最合适的衣着为：男士穿西服、打领带、穿正式的皮鞋；女士除穿西服外，

还可穿裙子，但颜色不宜鲜艳，款式也不宜过分追逐潮流，应给人稳重、大方的感觉。

2. 做到举止得当

剪彩者走向要剪彩的绸带时，应面带微笑、落落大方。当工作人员用托盘呈上剪彩用的剪刀时，剪彩者应向工作人员点头致意，并向左右两边手持彩带的工作人员微笑致意，然后全神贯注，将彩带一刀剪断。剪彩完毕，放下剪刀，应转身向四周的人们鼓掌致意。

三、签字仪式

在商务活动中，双方或多方经过谈判，就某项重要交易或重大合作项目达成协议时，为了确保各自的利益，明确规定双方的义务，保证约定的执行，通常要举行签字仪式。商务合同，是具有法律效力的条文，因此，签约仪式在商务交往中是一项庄重而隆重的仪式。

举行签字仪式，应注意以下礼仪。

在举行签字仪式之前，签字各方应做好文本的准备工作，即对文本进行定稿、翻译、校对、印刷和装订。与此同时，主方还要准备好签字的场地、桌椅、文具及饮料等。此外，签字各方共同商定签字人、参加人及签字仪式。

(一)准备工作

1. 准备文本

文本一旦签字就具有法律效力，因此对待文本的准备应慎之又慎。谈判结束后，双方应指定专人按谈判达成的协议做好待签文本的定稿、翻译、校对、印刷、装订、复印等工作。审核文本，必须对照原稿件，对于审核中发现的问题，要及时互相通报，通过再谈判达到一致。

合同需要几个单位签字，就要准备几份文本。如有必要，还应为各方提供一份副本，与外商签署有关的协议、合同时，按照国际惯例，每个待签文本应用宾主双方的母语各准备一份。待签文本应该装订成册，并以真皮、仿皮或其他高档质料作为封面，以示郑重。其规格一般是8开，所使用的纸张质量应为上乘。

由于新《中华人民共和国合同法》对合同生效要件并未有任何规定，则依据一般法理，对于合同生效之判断仍应适用《中华人民共和国民法通则》的有关规定，也就是第五十五条的三项要求：行为人具有相应的民事行为能力，意思表示真实，不违反法律或社会公共利益。

2. 签字人员

在举行签字仪式之前，有关各方应预先确定好参加签字的人员，并向组织者通报。签字者的人选要视文件的性质来定，可由最高负责人签，也可由部门负责人签，但双方签字人的身份应该对等。另外，还需要一名熟悉签字仪式详细程序的助签人员参加。按照惯例，一般由各方参加谈判的人员参加签字仪式。如果一方要求未参加会谈的人员出席，另一方应予以同意，但各方人数最好大体相等。各方签字人的身份也应大体相当。

3. 签字现场的选择和布置

选择举行签字仪式的场地，一般要视参加签字人数的多少以及协议中的商务内容来确定。一般选择客人下榻的宾馆、饭店，或东道主的会客厅、洽谈室。无论是在哪儿，都应征得对方的同意。

签字厅的陈设布置要庄重、整洁，室内铺上地毯。长方形的签字桌横放于室内，桌上铺深绿色的台布。签字桌后摆上签字椅，签署双边性合同时，可放置两张座椅；签署多边性合同时，可以仅放一张座椅，供各方签字人签字时轮流就座，也可以为每位签字人各自提供一张座椅。签字人在就座时，一般应面对正门。

签字桌上应事先安放好待签的合同文本以及签字笔、吸墨器等签字时所用的文具。与外商签署涉外商务合同时还需在签字桌上插放有关各方的国旗，插放国旗时，在其位置与顺序上，必须按照国际礼宾序列，即以右为上。

4. 签字的座次

签字时的座次应按照礼宾顺序。在与国内伙伴签订合同时，应按照中国传统方式，以左为上，即应请客方签字人在签字桌左侧就座，主方签字人则应同时就座于签字桌右侧；而在签订国际性的合同时，应遵循国际礼宾顺序，以右为上。此两点恰好相反，因此应牢记，以免引起尴尬甚至不悦。

双方各自的助签人应分别站立于各自一方签字人的外侧，以便随时给签字人提供帮助。双方其他的随员，可以按照一定的顺序在己方签字人的正对面就座。

在签署多边性合同时，一般仅设一个签字椅。各方签字人签字时，须依照事先约定的先后顺序，依次上前签字。各助签人应随之一同行动。各方的随员，应按照一定的序列，面对签字桌就座或站立。

(二)签字仪式的程序

参加签字的人员都应注意自己的仪表、仪态，穿着打扮要整洁、得体，举止应大方自然。

1. 签字仪式正式开始

各方人员步入签字厅，按照顺序就座。各方陪同人员分主、客两方排列站立于各签字者之后，或坐在己方签字者的对面，双方助签人员分别站在签字者的外侧。

2. 签字人正式签署合同文本

助签人协助翻开文本，指明签字处，签字人先签署己方保存的合同文本，再接着签署他方保存的合同文本。签字时实行"轮换制"，即每个签字人在己方保留的合同文本上签字时，名字应列首位，然后再交他方签字人签字。这样做的意义是：在位次排列上，轮流使各方有机会居于首位一次，以显示机会均等。

3. 签字人交换已签署的合同文本

各方签字人应起立并握手，互致贺词，并相互交换各自一方刚才使用过的签字笔，以资纪念。全场人员应鼓掌，以表示祝贺。

4. 共饮香槟、退场

签字后，签字人一同举起香槟干杯，以示祝贺。然后，签字人退场，客方退场，东道主最后退场。

一般而言，商务合同正式签署后，应进行公证，然后才正式生效。

四、交接仪式

交接仪式，是指施工单位将已经建设成的工程项目或安装完的大型设备，如商厦、机场或轮船、机械等，经验收合格后正式移交给接收单位之时举行的庆祝仪式。

交接仪式既是庆祝合作完成的方式，又是接收单位与施工、安装单位为双方提高知名度和美誉度而进行的一种宣传。

交接仪式的礼仪，是指在举行交接仪式时所须遵守的行为规范。它包括交接仪式的准备、参加交接仪式的礼仪、交接仪式的程序三个方面。

(一)交接仪式的准备

1. 邀请来宾

参加交接仪式的人数越多，场面就会越热闹、喜庆。如果参加者太少，难免会显得冷冷清清。一般应由施工、安装单位拟定参加者的名单，但事先应征求接收单位的意见。

按照习惯，出席交接仪式的人员应当包括：施工、安装单位的有关人员，接收单位的有关人员，上级主管部门和政府代表，行业组织的代表，社会知名人士，新闻媒体等。

上述人员中，除施工、安装单位与接收单位的有关人员之外，对其他的人员，应提前送达或寄达正式的书面邀请，以示对对方的尊重。邀请上级主管部门、政府、行业组织的有关人员时，虽不必勉强对方，但必须努力争取，并表现得心诚意切。交接仪式是一个使施工、安装单位及接收单位与上级主管部门、政府、行业组织进行多方接触的良机，不仅可以宣传自己的工作成绩，而且也有助于各方进行进一步的沟通。此外，在举行交接仪式时，东道主还要争取多邀请新闻媒体参加。邀请海外的媒体参加交接仪式时，则须认真遵守有关的外事规定，事先履行必要的报批手续。

2. 选择布置场地

举行交接仪式的场所一般选择在完工项目的所在地，有时也可安排在东道主单位的会议厅，或者双方商定的其他场所。

将交接仪式安排在完工项目所在地的好处是，可使全体出席仪式的人员身临其境，也方便来宾进行参观。但这样往往会使准备的工作量增大。

将交接仪式安排在东道主单位的会议厅，可免除大量的接待工作，会场的布置也十分方便，特别是完工项目不宜为外人参观的情况下，这是一种较好的选择。但这样主办单位往往需要付出更多的人力、财力和物力，另外全体来宾对于完工项目缺乏直观感受。

3. 准备物品

对于交接仪式上需要的物品，举办单位应提前准备。首先是作为交接象征的物品，如

验收文件、一览表、钥匙等。验收文件是指已经公证的、由交接双方正式签署的接收证明性文件；一览表是指交付给接收单位的全部物资、设备或其他物品的名称、数量明细表；钥匙是指用来开启被交接的建筑物或机械设备的钥匙。

其次，主办单位还需准备一些用以烘托喜庆气氛的物品，并应为来宾略备一份薄礼。

交接仪式的现场，可临时设主席台，预备足量的桌椅。在主席台上方，应悬挂一条红色巨型横幅，上书交接仪式的具体名称，如"××工程交接仪式"，或"热烈庆祝××工程正式交付使用"。

在举行交接仪式的现场四周，尤其是在正门入口之处、干道两侧、交接物四周，可悬挂一定数量的彩带、彩旗、彩球，并放置一些色泽艳丽的花卉。

若来宾赠送了一定数量的祝贺花篮，可依照先来后到的顺序，将其一字排开放在主席台正前方，或是分成两行摆在现场入口处的两侧。

交接仪式上赠送给来宾的礼品，应突出纪念性、宣传性，交接的工程项目、大型设备的微缩模型，或以其为主角的画册、明信片、纪念章、领带针、钥匙扣等，皆为上乘之选。

(二)参加交接仪式的礼仪

参加交接仪式，表现应得体。

(1) 修饰仪表。参加交接仪式的人员，应仪表美观、服饰得体、举止优雅。男士着西服；女士着职业装，化淡妆。

(2) 保持风度。在交接仪式上，应遵循主办单位的安排，不要东游西逛、交头接耳。

(3) 有"备"而来。被邀请参加交接仪式的单位或个人，应尽早以单位或个人的名义发出贺电或贺信，向东道主表示热烈祝贺。此外，还应当略备贺礼，如花篮、牌匾等。如果与主办单位关系密切，则还需提前预备一份书面贺词，供发言时用。

(4) 守时。无论宾主，均应树立良好的时间观念，准时到场。若客人因故无法出席，则应尽早通知主办单位，使其早做准备。

(三)交接仪式的程序

交接仪式的程序是指交接仪式进行时的各个步骤。一般来讲，分为以下几项。

(1) 主持人邀请有关各方人士在主席台上就座，主持人宣布交接仪式正式开始，全体与会者热烈鼓掌以示祝贺。

(2) 全体肃立，奏国歌，并演奏主办单位的标志性歌曲。该项程序有时亦可略去。

(3) 正式交接。施工、安装单位的代表，将有关工程项目、大型设备的验收文件、一览表或者钥匙等象征性物品，正式递交给接收单位的代表。双方应面带微笑，双手递交、接收有关物品并握手。

(4) 各方代表发言。发言顺序：首先是施工、安装单位的代表，然后是接收单位的代表，再接下是来宾代表。发言时间不宜太长，每个人应以3分钟为限。

(5) 宣告交接仪式结束，全体再次热烈鼓掌庆祝顺利交接。随后安排全体来宾进行参观或观看文娱表演。

第十章 商务礼仪

交接仪式的时间不宜过长，一般不应超过一小时。

五、庆典礼仪

庆典，是各种庆祝仪式的统称。在商界所举行的庆祝仪式大致可以分为四种：第一，成立周年。第二，荣获某项荣誉。如荣获了某项荣誉称号、产品在国内外重大展评中获奖。第三，取得重大业绩。如千日无生产事故、某种产品的数量突破 10 万台、某种商品的销售额达到 1 亿元。近年来随着电影事业的发展，一些大制作的电影在票房过亿时，发行商也会举行庆祝仪式。第四，取得显著发展。如兼并收购其他公司、开办新的分公司或连锁店。

对于商家来说，庆典的重要目的之一是对本企业进行宣传。因此，庆典的举办要尽可能多地吸引社会各界的关注。一般要遵循隆重、喜庆、量入为出的原则。庆典的规模及投入应视情况而定，如果对于宣传企业形象、激发员工斗志、增加销售额大有益处，那么，可以多进行一些人力、财力、物力的投入；反之，若是对于宣传企业形象、增强本单位全体员工的自豪感作用不大，那么就没有必要大张旗鼓。

庆典礼仪是指组织及参加庆典的礼仪规范。

(一)庆典的筹备

举行庆典之前，需要先期对其筹划准备。

1. 邀请来宾

庆典的出席者应当具有一定的身份地位，一般来说，应包括如下人士。

(1) 上级领导。地方党政机关以及上级主管部门的领导是被邀请宾客中首先应予以考虑的人选。他们同本企业的发展有直接的关系，并且往往都对本企业的发展给予过关心、支持。邀请他们参加，一方面是为了表示感激，另一方面使得他们对本单位有更多的了解。

(2) 社会名人。庆典的目的之一是为企业做宣传，而宣传过程中最能吸引公众注意力的往往是那些社会名人。因此，能够请到一些社会名人出席本企业的庆典活动不仅能吸引媒体和社会的注意，还能够通过名人提高自身的知名度和美誉度。

(3) 大众传媒。在信息社会里，媒体的作用可谓巨大，尤其是大众媒体。在企业的庆典活动中邀请一些具有权威性且影响力大的媒体参加，将本单位的庆典活动作为"有价值的新闻事件"加以报道，能够有效地扩大企业的影响力，并加强同公众之间的有效沟通。

(4) 合作伙伴。在现代商业活动中，任何企业不可能单独存在，一般有其特定的合作伙伴。在企业的庆典活动中，邀请合作伙伴，不仅能使他们感受到自己被尊重，又能加强双方之间的沟通，建立良好的感情基础和对本企业的信任，有利于今后的进一步合作。

(5) 社区代表。每个企业都存在于特定的社区之中。所谓企业的社区就是指企业所处的特定环境，包括企业的社区居民、团体等，如企业所在地的居委会、街道办、医院、学校、商店等。在企业庆典时邀请社区代表，一方面表达对他们的感谢，另一方面能够使他们进一步了解和支持本企业，为今后的生产经营活动提供方便。

(6) 员工代表。本企业的员工代表也是出席庆典活动的必到人员之一。企业员工是企

业的主人,企业之所以有喜庆的事情值得举办庆典,就是因为员工的辛勤努力。所以在企业庆典时,邀请员工代表参加,能够提高他们的主人翁热情,使他们今后能更加努力地工作,为企业的发展再做贡献。

另外,其他一些和本企业发展密切相关的人员也应在被邀请行列之内,各单位可视其具体情况而定。

在确定出席庆典人士之后,应尽早发出邀请函或通知,以便他们安排时间和做相关准备。

2. 选择及布置现场

庆典的场地应根据其规模以及本单位的实际情况来决定,本单位的礼堂、会议厅,或门前的广场以及内部大厅等,均可选择。场地并非越大越好,应与出席者人数的多少成正比。

庆典现场应呈现热烈、隆重、喜庆的气氛,可在现场张灯结彩,悬挂彩灯、彩带,张贴一些宣传标语,并且张挂标明庆典具体内容的大型横幅。但要视情况而定,铺张浪费是不可取的。

设备的准备。在举行庆典之前,务必把各类设备准备好,如音响、计算机、显示屏等。

庆典前后,应播放一些喜庆、欢快的乐曲。切勿播放背离庆典主题的曲子,或是那些不够庄重的诙谐曲和爱情歌曲,甚至是那些凄惨、哀怨、让人心酸和伤心落泪的乐曲。

3. 拟定庆典的具体程序

庆典的时间不宜过长,一般以一个小时为限。程序也不宜太多。程序拖沓容易使人感到厌倦。

依照常规,庆典大致上包括下述几项程序。

(1) 请来宾就座,介绍来宾。主持人宣布庆典正式开始,全体起立,奏国歌。

(2) 本单位主要负责人致辞。对来宾表示感谢,介绍此次庆典的缘由等。

(3) 来宾致辞。由上级主要领导、协作单位及社区关系单位的代表讲话或致贺词。对于外来的贺电、贺信等不必一一宣读,但对其署名单位或个人应当公布。在进行公布时,可依照其"先来后到"的顺序,或是按照其具体名称的汉字笔画的多少进行排列。

(4) 文艺演出。这项程序可有可无。

(5) 邀请来宾进行参观。可安排来宾参观本单位的展览室或车间等。此项程序有时亦可省略。

(二)参加庆典的礼仪

出席庆典的人员,还须遵守有关礼仪规范。

主办单位的人员在出席庆典时,应注意的问题如下。

(1) 注意仪表。对于出席庆典的主要来宾,男士要着正装,可穿西服或者中式服装,颜色选择不必保守,色彩鲜亮的服装更能凸显喜庆气氛。头发应清洁,颜面应干净,不允许蓬头垢面、浑身臭汗。女士则须着礼服,请发型师为头发造型,突出高贵典雅的气质,化较浓的妆,以示郑重。

第十章 商务礼仪

对于员工或服务人员，则可着制服。无制服的单位，则应着礼仪性服装。男士应穿深色的中山装套装，或穿深色西装套装，配白衬衫、素色领带、黑皮鞋；女士应穿深色西装套裙，配长筒肉色丝袜、黑色高跟鞋，或者穿深色的套裙，或是穿花色素雅的连衣裙。

(2) 守时。任何人都应准时到场或是稍稍提前到场，不得姗姗来迟、无故缺席或中途退场。如果确实有原因不能参加，应及时通知主办方，令其早做准备。

(3) 举止要庄重。庆典虽是喜庆之事，但嬉皮笑脸、嘻嘻哈哈、愁眉苦脸、唉声叹气乃大忌。主方人员应切实做好来宾的接待工作，对人要热情、诚恳。不要有意无意地做出对庆典毫无兴趣的姿态，如看报纸、打扑克、织毛衣等。来宾应遵守主方的安排，庆典进行时应全神贯注、聚精会神，不要交头接耳、东瞧西看。

【礼仪故事】

尊重客户习惯，赢得客户信任

北京某外贸公司一位女业务员，为了开展向中东某国的出口业务，潜心了解阿拉伯国家的民俗礼仪，在去该国推销产品时，尊重阿拉伯国家的习惯，穿上素服，戴上头巾不露秀发，以此赢得了客户的信任。在客户应邀来京谈判时，她又处处注意礼仪，坚持平等互利，每逢伊斯兰教节日，便中止谈判，安排客户前往北京牛街礼拜寺进行宗教活动，这样既建立了友谊，也取得了对方的信任与尊重，不但签署了上百万元的出口合同，而且以后这位阿拉伯客户凡有进出口业务都愿找这位女士。

(资料来源：李荣建，宋和平. 礼仪训练[M]. 武汉：华中理工大学出版社，2005.)

思 考 题

1. 在商务谈判中有哪些基本原则？
2. 在商务谈判中应如何据理力争？
3. 举办签字仪式有哪些讲究？

第十一章 餐饮礼仪

餐饮礼仪是人们在饮食活动中应遵循的社会道德规范。

饮食是人类赖以生存的基本生活方式，古人云"民以食为天"，足见饮食在人们生活中的重要性。饮食又是人类社会礼仪产生的源泉，《礼记·礼运》中说："夫礼之初，始诸饮食。"最早的食礼，源于远古祭神仪式。《礼记·礼运》又说："其燔黍捭豚，污尊而抔饮，蒉桴而土鼓，犹若可以致其敬于鬼神。"其意是说，原始社会的先民，将黍米和猪肉放在烧石上烤熟，在地上凿坑当作酒樽用手掬捧，还用茅草包土扎成槌子敲击土鼓，以此表示对鬼神的敬畏和祭祀。

随着社会的发展，先民对自然界的变化和社会复杂关系有了进一步的认识，仅以祭神祀祖为礼，已不能满足他们日益发展的精神需要，不能调节日益复杂的人际关系，于是，礼仪的范围和内容就从各种"神事"拓展到各种"人事"，这便是郭沫若《十批判书》中所讲的"礼之起，起于祀神，其后扩展而为对人，更其扩展而为吉、凶、军、宾、嘉等各种仪制"。从而奠定了古代饮食礼仪的基石。

中国是一个礼仪之邦，更是一个好吃的民族，吃几乎渗透中华民族社会生活的方方面面。

中国人几乎张口就谈吃，熟人见面打招呼，问："你吃了吗？"不受人引诱叫"不吃那一套"，手头比较拮据叫"吃紧"，上当受骗叫"吃亏"，社交广叫"吃得开"，国营职工叫"吃皇粮"，产生嫉妒叫"吃醋"，受欢迎叫"吃香"，被控告叫"吃官司"，课讲多了叫"吃不消"，甚至把美好的风景形容为"秀色可餐"，好文章叫"回味无穷"。

人的一生也是伴随着各种食礼成长的。恋爱相亲要以茶酒定礼，结婚嫁娶要大办婚宴，祈求生子要以红蛋促孕，十月怀胎食忌多多。生日要吃长寿面，老人去世要喝白喜酒。

中国人逢节必食，中国的传统节日基本都是吃节：春节——包饺子、吃年糕、吃团圆饭；元宵节——吃汤圆；中和节（二月二）——吃龙须面、炒豆；上巳节（三月三）——曲水流觞、荠菜煮鸡蛋；清明节——吃冷食、清明团子；端午节——吃粽子；中秋节——吃月饼；重阳节——吃重阳糕、饮菊花酒；冬至节——吃馄饨、汤圆；腊八节——吃腊八粥、煮腊八豆。

中国人遇事必食，乔迁之喜要办"乔迁宴"，晋级升官要办"升官宴"，金榜题名要办"谢师宴"，商店开业要办"开张宴"，大厦落成要办"上梁酒"，为朋友送行要办"饯行宴"，为朋友接风要办"洗尘宴"。请人办事必设宴相求，事成之后必设宴感谢。民间几乎是无事不设宴，无宴不成礼。

既然饮食是人们日常生活、社交活动不可缺少的一项内容，那么，掌握一定的饮宴社交礼仪就显得十分必要。

第十一章 餐饮礼仪

第一节 中餐进餐礼仪

中国传统进餐方式和中国传统进餐礼仪，历经千百年的传承演变，已形成较为统一的规范和模式。虽然不同的地区、不同民族的饮食礼仪各有特色且略有差异，但相对西方饮食礼仪来讲，中国传统饮食礼仪具有其自身的特点和要求。

一、中式餐饮的特点

中式餐饮的特点主要从烹饪特色、饮食结构、进餐方式体现出来。

(一)中国菜的特点

全世界饮食风味按特色划分，可分为三大类：第一类是以法国菜为代表的西式菜点，第二类是以土耳其菜为代表的阿拉伯菜点，第三类是以中国菜为代表的中式菜点。

中国菜在世界上享有较高的声誉，它之所以备受世人青睐，是因为中国烹饪具有一系列的特点，主要表现在：选料广泛，拼配巧妙；加工精细，造型优美；注重火候，控制得当；调味讲究，味型丰富；菜品多样，变化无常；主副食分明，小吃品种丰富；菜系流派众多，地方风味浓郁。正因如此，中国赢得了"烹饪王国"的美誉。

(二)饮食结构的特点

中国传统饮食结构受地域和地理环境的影响，具有一定的差异性。北方地区，以面为主食，辅以牛、羊、禽、蔬；南方地区，以米为主食，辅以鱼、猪、禽、蔬。新疆、内蒙古、西藏等地各因其地理环境的不同，略有差异。总体来讲，以米面为主体，水产畜肉蔬果为辅，形成了我国饮食结构的主要特征。

(三)进餐方式的特点

中国传统进餐方式最主要的三大特点：一是使用筷子。西餐使用刀叉作进餐工具，阿拉伯以手抓方式进餐，而中国人则用筷子取食。筷子灵活、方便、多用的特点是其他取食方式不可比拟的。二是团聚共食。西餐讲究分餐分食，而中餐则主张众人围坐，共食一盘菜。民间以八仙桌(四方桌)为主，市肆餐饮以圆桌为主。团聚共食体现了中国传统"和合"的儒家文化特征。三是喜好劝菜劝酒。有朋相聚，必尽所能，以好酒好菜相待，这是中国人传统的饮食礼节。举杯推盏之间，人们喜欢把好菜夹给来宾吃，把美酒敬给来宾喝，不管你喜不喜欢吃，不管你能不能喝，似乎只要劝了、敬了，礼仪就到位了，否则就会认为主人不热情。

二、日常进餐礼仪

无论是家庭日常便饭，还是朋友小聚宴饮，抑或是一人独自出入饮食酒店，你的行为举止都有一定的礼仪要求。有时候，或许你在吃饭时不经意间的一个不文雅的小动作，就能让你的身份掉价，让人对你的印象蒙垢。

(一)保持良好的"吃相"

俗话说:"站有站相,坐有坐相,吃有吃相。"所谓"吃相"就是吃饭过程中的礼仪规范。

(1) 主不请,客不尝。取食有先后,宾主相聚,主人先动筷,客人后动筷。家常便饭,长辈先动筷,晚辈后动筷。

(2) 就近拈,勿远夹。在有转盘的餐桌上进餐时,桌上的菜是可移动的,每个菜都可转到自己面前来,因此夹菜时不必迫不及待地取远处的菜,而应只夹面前的菜。

(3) 适量取,不贪食。对桌上自己喜欢吃的菜,也应适量取食,不能不管别人的需求埋头多食。

(4) 食轻言,嚼轻声。俗话说:"食不言,睡不语。"而众人相聚进餐不说话是不可能的,但吃饭时说话要注意两点:一是轻声说话,不可大声嚷叨;二是忌讳口中含着食物说话,这样既不卫生又不文雅。吃东西时应尽可能不发出响声。

(5) 吐骨刺,置骨碟。酒楼吃饭,都备有骨碟,因此,骨刺应吐在骨碟上。如果在家庭没置骨碟,则可把骨刺吐在面前的桌面上,切忌吐在地上。

(6) 用餐毕,擦唇边。用餐结束,应用毛巾或餐巾纸擦拭嘴唇,以免油腻或食物残留在嘴边,影响雅观。

(二)把握劝菜、劝酒的尺度

劝菜、劝酒是中国民间传统饮食礼俗,"有朋自远方来,不亦乐乎"。为了表达对客人的尊敬和活跃餐桌上的气氛,有时少不了要劝菜夹菜,敬酒劝酒。劝菜也有劝菜的礼规:菜上桌,主人应先劝客人动筷,客人则应礼让,主人动筷后客人方可动筷。劝菜要适度,如客人婉言谢绝,就不能勉为其难。劝菜夹菜应用公筷,不可用自己的筷子为别人夹菜。劝菜要劝吃档次和质量较高的菜,或是特色菜,不要劝吃档次低的普通菜。劝菜最好要站起来劝,以示尊重。随着社会的发展进步,劝菜礼俗渐渐弱化了。相反,劝酒礼俗则日益强化,后面会专门谈及。

(三)正确使用筷子

筷子是全世界使用人数最多、最为普及的一种餐具。我国早在公元前殷商时期就已开始使用筷子,公元 4—6 世纪传到日本、朝鲜、东南亚等各国家和地区。它虽然构造简单,但巧妙地运用了杠杆原理,它不仅集刀叉功能于一身,而且有健身益智的功效,因为操作筷子要牵动人体 30 多个关节和 50 多条肌肉,所以有助于手指灵巧、大脑发达。

别看简单的两根筷子,在使用时却有许多礼仪要求和使用禁忌。

首先,要正确摆放。筷子的摆放是很有讲究的。筷子通常应纵放(横放表示进餐完毕)在餐盘旁边的筷架上,不能搁在盘缘或碗缘上。筷子是成双成对的,在摆放时应把它比齐,不要一横一竖交叉摆放,也不要大、小头颠倒摆放,且筷子的大头应离桌边 1~2 厘米。在用餐时,如需临时离开,应把筷子轻轻搁在筷架上,切不可插在饭碗里。

其次,轻拿轻放。在餐前放筷子时,应事先将手洗净,然后将筷子一双双理顺,轻轻放在每一个人的餐位前,切不可随便扔掷。在等待就餐时切忌用筷子击碗敲桌。

最后，文明用筷。筷子是就餐工具，一定要讲究用筷的礼节，注意"用筷十忌"。

一忌迷筷，犹豫不决，不知该如何下筷。

二忌搅筷，用筷子搅动碗中的菜肴，挑菜拣食。

三忌刺筷，以筷当叉戳食。

四忌碎筷，持筷撕拉口中的菜、肉。

五忌泪筷，一面滴着汤汁，一面把菜夹进嘴中。

六忌剔筷，用筷子当牙签挑剔牙缝里的菜肴。

七忌舔筷，用嘴舔筷子。

八忌架筷，把筷架在碗上或插在饭碗中。

九忌传筷，利用自己用过的筷子传递菜肴。

十忌指筷，持筷说话指人。

三、中式宴会礼仪

宴会集饮食、社交、娱乐于一体，是人们为了一定的社交目的而举行的高级宴饮聚会。

自古以来，中国人都有因事设宴的民俗，凡婚嫁寿诞、节令庆典、乔迁新居、金榜题名等，无不大摆宴席，宴飨亲朋好友。当今社会，更是宴饮成风，尤其是一些白领阶层、上层社会人士，几乎是餐餐有应酬，天天有宴请，常常为一些宴会所累。

既然宴会已成为我们生活中不可缺少的一项内容，那么，经常参加那些具有社交意义宴会的人士，就必须了解和懂得一些宴会礼仪。

(一)宴会的种类及特点

(1) 宴会按饮食风格的不同，可分为中餐宴会和西餐宴会。

① 中餐宴会即中式传统宴会，它在进餐方式上使用中式餐具(最有代表性的是筷子)、围圆桌而坐，采用中式服务，以中国菜肴和国产酒水为主。中餐宴会的摆台反映出中华民族的传统文化气息，环境布局、伴餐音乐突出浓郁的民族特色。

② 西餐宴会：在进餐形式上使用刀、叉等西式餐具，桌面设计为长方形，并采用西式服务(主要表现为分餐制)。菜肴以欧美风格的菜式为主，饮西洋酒。整个宴会的厅堂风格、环境布局、台面设计，乃至音乐伴餐等，均强调和突出西洋格调。西餐宴会自20世纪初传入我国，目前在一些旅游涉外宾馆较为流行。

(2) 根据主办目的的不同，宴会可分为庆贺宴、迎宾宴和商务宴。

① 庆贺宴：泛指一切具有纪念、庆典、祝贺意义的宴会，如婚宴、寿宴、生日宴、乔迁之喜宴、开业庆典宴、庆功封赏宴、金榜题名宴、毕业庆典宴、庆贺节日宴等。此类宴会一般都具有较浓郁的喜庆气氛，主题意义突出。

② 迎宾宴：为迎接远方来的客人而举行的宴会，这是社会上较为常见的一种宴会形式之一。迎宾宴有团体迎宾宴和私人迎宾宴之别。无论哪种类型的迎宾宴，一般具有规模小、喜安静、重叙谈、讲面子的特点。迎宾宴较之庆贺宴，少了一份喧闹，多了一份热情。

③ 商务宴：为了一定的商务目的而举办的宴会。商务宴自古已有，尤其是近几年

来,随着我国改革开放和市场经济的建立,商务宴在社会经济交往中起着十分重要的作用,并成为现在一些酒店主要的经营项目。

(3) 根据我国政府外交礼仪的要求,宴会分为国宴、正式宴会、便宴和家宴四种。

① 国宴:国家元首或政府首脑为国家的庆典,或为外国元首、政府首脑来访而举行的正式宴会,是规格最高、礼仪最隆重的一种宴会形式。我国的国宴一般在首都北京举行。20世纪50年代,国宴一般由北京饭店承办。人民大会堂和钓鱼台国宾馆建成后,规模较小的国宴一般在钓鱼台国宾馆举行,规模较大的国宴则由人民大会堂承办。国宴是政治性最强的一种宴会,既要体现民族的自尊心、自信心、自豪感,同时又要体现兄弟国家和民族之间的平等、友好、和睦气氛。国宴环境布置讲究,厅内要求悬挂国旗,安排乐队演奏国歌及席间乐,席间还要致辞和祝酒,礼仪要求十分严格。

② 正式宴会:是仅次于国宴的一种高规格的宴会。它除了不挂国旗、不奏国歌以及出席规格不同外,其余安排大体与国宴相同。有时亦安排乐队奏席间乐,宾主均按身份排位就座。许多国家对正式宴会十分讲究排场,对餐具、酒水、菜肴的道数及上菜程序都有严格的规定。

③ 便宴:非正式宴会。常见的有午宴、晚宴。这种宴会形式没有正式宴会那么复杂、烦琐,不挂国旗、不奏国歌及席间曲,可以不排席位,不作正式讲话,菜肴道数亦可酌减。便宴较随便、亲切,宜用于日常友好交往。

④ 家宴:在家中招待客人的便宴。西方人喜欢采用这种形式,以示亲切友好,我国文化界的一些名人也喜欢这种宴请形式。家宴往往由家庭主妇亲自下厨烹调,家人共同招待。

宴会的情形十分复杂,从不同角度,根据不同的分类标准,还有多种分类方法,这里就不一一赘述了。

(二)赴宴礼仪

赴宴是一项大众性的社交活动,人们在宴饮过程中,通过谈话、吃饭、喝酒等一系列行为举止,将自己的个性与修养,能力与德行展现在公众面前,因此,掌握一定的宴饮礼仪知识,对树立良好的个人形象风范十分重要。

(1) 应邀赴宴,按时到达。正规的宴请一般都会下请柬,接到请柬后,一定要看清宴请的时间与地点,最好是将请柬随身带上,以备忘却之用。如果你是设宴的主人,则应尽量提前15~30分钟到,以便有客人提前到时有主人接待。作为一般的被邀请对象,应于宴会开始前一刻钟以上到场;而作为主宾,则不宜过早赴约,以准时为佳。主宾如果迟到,宴会则不能开席,导致众人等候为大忌。

接到宴会邀请,无论能否出席都应尽早给对方答复,以便主人做出安排。答复可以书面作答,也可用电话。一旦答复接受邀请,非不得已不要随意改动。如有特殊情况实在不能出席,尤其是主宾,应尽早向主人解释、道歉,必要时应亲自登门致歉。

(2) 找准座位,准确落座。正式宴会十分讲究席位的安排,这也是社交礼仪的需要。特别是在我国这样一个礼仪之邦,讲究席位及座次更是有着悠久的历史传统。《史记·项羽本纪》中记载,西楚霸王项羽在鸿门军帐中大摆宴席招待刘邦。在宴会上,"项王、项伯东向坐,亚父南向坐。亚父者,范增也。沛公北向坐,张良西向侍"。在这里,项羽和

第十一章 餐饮礼仪

他的叔父项伯坐的是主位，坐西面东是最尊贵的座位。其次是南向，坐着谋士范增。再次是北向，坐着项羽的客人刘邦，说明在项羽眼里刘邦的地位还不如自己的谋士。最后是西向东坐，因张良地位最低，所以这个位置就安排给了张良，叫作侍坐，即侍从陪客。鸿门宴上的座次安排是主客颠倒，反映了项羽的自尊自大和对刘邦、张良的轻侮。

宴会席位安排从来都没有一个统一不变的标准，它在不同的国家、不同的地区、不同的民族、不同的宴会对象等方面上都各有所异。现在饭店服务力求与国际标准接轨，因此，我们的席位安排也要遵循国际上流行的做法。

按照国际惯例，同一桌上，席位高低以离主人座位的远近而定。我国习惯按各人本身职务的高低排列以便于谈话，两桌以上的宴会，其他各桌第一主人的位置可以与主桌主人的位置同向，也可以以面对主桌的位置为主位。常见的几种席位安排见图11.1。

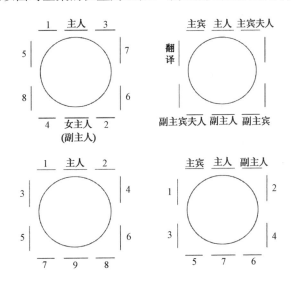

图 11.1 宴席安排的几种方式

在一些外交活动宴会中，礼宾次序是安排宴会席位的主要依据。在编排席位之前，首先要把经落实出席的主、客双方出席名单分别按礼宾次序开列出来(最好由主办单位提供)。除了礼宾顺序之外，在具体安排席位时，还要考虑其他一些因素。如宴请多个国家的客人时，还要注意客人之间的政治关系，政见分歧大、两国关系紧张者，尽量避免排到一起。此外，适当照顾各种实际情况，如身份大体相同，使用同一语言者，或属同一专业者，可以排在一起。翻译一般安排在主宾的右侧。

在国内一般宴请活动中，席位安排要根据不同的实际情况而定。若主宾身份高于主人，则为表示对他的尊重，可以把主宾安排在主人的位置上，而主人则坐在主宾位置上，第二主人坐在主宾的左侧。若赴宴人员不分宾主，如某学术会议宴会，席位安排时可以学术地位、职务职称高低为依据，确定一人为主人席，然后依次按离主人席远近排列。民间商务宴会，埋单者坐主人席位置，其他人员根据埋单者的意图安排。家庭宴会，由年长者或辈分高者坐主人席位，其他依年龄大小或辈分高低依次排列。

如何确定主位？一般情况下，主人席就是一席中正对大门、背靠有特殊装饰的主体墙面的一个席位。但有些餐厅的门不是正开，此时，主人席要以背靠主体墙面的位置为准。

即使有的餐厅门是正门,但装饰特殊的主体墙面不与正门相对,此时应根据实际情况以主体墙面为主要参照物,确定主人席位。

(3) 文雅进餐,礼貌交谈。宴会开始,待主人招呼,即可开始进餐。酒店宴会,设有口布,口布是用来遮挡油渍和滴漏的酒水的,一般是一头压在骨碟上,一头放在双腿上。将口布挂在胸前的做法是不雅观的。如将口布完全放在双腿上,当站起敬酒敬菜时,则易掉落在地上。夹菜不可一次夹得太多,吃完可以再取。如果是按人头定量的菜(如清蒸扇贝、大闸蟹等菜),再好吃也只能定量取食,不可多取。不同的菜,应采用不同的取食方法,一般来讲,汤羹类菜宜用汤勺舀食,带粉丝的汤菜,切记不可用自用筷捞粉丝或原料,而应用公筷捞取。一些整鱼、整鸡等整型菜,宜将整菜最佳部位让给席中尊长者先食用,身份低者宜取一般部位食用。宴席上不要一直把筷子拿在手上不放,每次取完食或交谈时,宜将筷子暂置于筷架上。宴席上,有时会随菜(如基围虾、龙虾、螃蟹)上一小水盂(如铜盆、瓷碗或水晶玻璃碗),水中漂着玫瑰花瓣或柠檬片,这是供洗手用的,千万别当饮料喝,否则就闹笑话了。洗手时只需将手指浸在水中轻轻搓动几下,然后用餐巾或小毛巾擦干,并注意不要妨碍他人。有时拔丝菜也上一碗冷开水,这是供灼热的糖粘菜在冷水中过一下,以免烫伤嘴巴。宴会是以菜为主体,酒贯穿始终,酒没喝完,原则上不能吃饭(主食),否则就是反(饭)上。宴会菜较多,当桌上放不下时,宜将大盘换小盘,不可大盘叠大盘,这样既不雅观又不卫生,同时压下去的菜又不方便取食。吃菜、喝酒、交谈是宴会的三大内容,能坐在一个桌子上参加宴会,大家往往是比较熟悉和友好的,谈话自然比较多。席间谈话应有主调,众人倾听或应和,而不应一人在谈话,另几个人在一旁说笑,这样对人不礼貌。谈话时音量要控制好,不可影响邻桌。席间说话,应尽可能将身子往后倾斜,远离菜盘,以免唾液喷到菜盘上,必要时可用手掩挡。在有邻桌的餐厅,大声嚷叨或划拳都是不文明的行为。

(4) 宴席上菜,讲究程序。宴席菜点品种丰富,而且什么菜先上,什么菜后上,颇有讲究。宴席上菜顺序的基本原则如下。

先上凉菜,后上热菜。凉菜是整个筵席菜肴的开路先锋,它具有干香脆嫩、爽口不腻、味入其骨、香透肌里的特点,为佐酒佳肴。当人们举杯起饮,慢斟细品之后,并已渐渐适应宴会环境,形成良好食欲,此时应上热菜,掀起宴会热烈气氛。

先上主菜,后上辅菜。主菜是筵席中最名贵、烹调最精美的一道菜,如燕窝席中的燕窝、鱼翅席中的鱼翅等。先将主菜端上席,是为了在宴会一开始就给宾客留下美好的第一印象。同时,主菜先上也是为了在筵席最后吃不完的一部分不会是重点菜。当然,所谓先上也是相对而言的,有的地方往往先上 1~2 道普通菜后再上主菜,这如同一台晚会大明星出场,先有人开路,然后明星再隆重登场,起到烘托气氛的作用。

先上酒菜,后上饭菜。宴会的一般规律是先饮酒,后吃饭,酒开头,饭结尾。先上酒菜,以供佐酒,后上饭菜,宜于下饭。

先风味菜,后一般菜。所谓风味菜,是指具有特殊风格的菜肴,或者是地方名菜、本店名菜、时令菜、近期特供菜等。一般来说,开席之初,人们对头几道菜往往比较关注,品尝也比较认真。随着饮酒的不断深入,人的口舌逐渐麻木,食欲也逐渐减退或已满足。此时如果将名菜姗姗端来,定不如开宴之初那么引人关注和重视,于是名菜也就失去了"名菜的价值"。

先上荤菜，后上素菜。筵席菜肴有荤有素，荤菜多为高脂肪、高蛋白原料制成，吃多了会令人感到油腻。素菜有多种，筵席素菜通常是指绿叶蔬菜。吃过了油腻味厚的荤菜，再吃清淡爽口的素菜，会达到解腻清口的效果。

先上造型工艺菜，后上普通风味菜。当筵席刚一开始，席面还比较空敞，人们的注意力还比较集中时，先将工艺菜端上，参宴者可以集中精力欣赏工艺菜的造型特色，谈论菜肴制作工艺，为此留下深刻的印象。如果把这么精美的工艺菜放在后面上，人们酒醉醺醺之时，已无心欣赏菜肴的造型，更谈不上留下什么深刻印象了。

先上量大的菜，后上量小的菜。筵席菜品中，有的菜量较大，有的菜量较小。先上量大的菜，是为了让胃口大开、空腹饿肚的人们能够吃到较多的菜，同时避免很快出现盘子见底的现象。

先上咸味菜，后上甜味菜。咸味和甜味对味觉的刺激性均很大，但比较之下，甜味在味觉器官中滞留的时间要相对长一些。宾客吃了甜味菜点之后，再食用咸味菜点，会出现减味或乏味的感觉，破坏了味觉器官的感应平衡。因此，除极个别情况外，大多数甜品都应放在筵席最后上。

先上浓味菜，后上淡味菜。滋味浓厚的菜先上，可给宾客的味觉器官以强烈的刺激，使味中枢神经处于兴奋状态，呈现出旺盛的食欲。如先上清淡的菜，宾客会有寡而无味的感觉，造成兴趣索然的心理。

先上菜肴，后上点心、水果。点心的上席顺序各地不尽相同，大多数是在宴会进行过程中，随某些特定的菜肴跟上，也有的是在宴会接近尾声时端上。

以上只是中式宴会上菜顺序应遵循的一般规律，在实际操作中，不同地区、不同酒店、不同筵席的菜肴上菜顺序亦各有差异，因此，我们要灵活对待。

(5) 何时散席，取决于主席。单桌宴席何时结束，由主席(主人席)说了算，"主席"起身，其他人方可离席。多桌筵席，要以主席(主桌)为主，"主席"未散，其他筵席不得先行离散。如与宴者因故必须先行离开，离开者应向同桌各位说明原因，并致歉。宴会结束，有人喜欢将未吃完的菜"打包"，这是勤俭节约的良好美德，但打包也有打包的礼仪要求。原则上打包以主人为主，客人不宜主动提出打包。宴席上，身份高的人不宜打包，而应由身份低的人(如随从人员)打包。宴席未结束不宜打包，宴席结束之后方可打包。与宴者不宜亲自动手打包，而应指挥服务生打包。打包选择的菜也要注意：带汤水的菜不宜打包，而应以干爽的菜为主；筷子戳过的菜不宜打包，而应以未动过的部分菜为主；低档菜不宜打包，而应以高档风味菜为主。

第二节　西餐进餐礼仪

西餐是欧美饮食体系的代名词，即以法、德、俄、意、美、澳等国为代表的饮食体系，分布在七十余个国家和地区。

一、西餐的特点

西餐与中餐相比，在进餐方式、餐具使用、饮食结构、饮食习惯、烹调方法等方面都有其特色。

在进餐方式上，西餐注重分食，无论是日常便餐还是高级宴会，西餐都实行分餐制。朋友聚会，各点各的菜，想吃什么点什么，充分体现了西方人对个性的尊重。分餐制既不会造成浪费(吃多少要多少)，又符合现代卫生要求(不会相互吃口水)，是社会进步的产物。

在餐具使用上，西方人习惯于用刀叉：用刀切割，用叉取食。不同刀叉用途各异，餐具种数较多。

在饮食结构上，西餐以肉、禽、鱼等动物原料为主，乳猪、肥犊、羊羔、火鸡、菜鸽、鹅肝、鸡蛋、奶皮、西米旦(发酵奶皮)、奶酪、黄油、鲈鱼、鳜鱼、黄鱼、沙丁鱼、马哈鱼、龙虾、大蟹、牡蛎、鱼翅、蜗牛、兔肉等是常用动物原料。西餐以素食为辅，主要有麦片、柠檬、槟榔、红豆、黑枣、面包、蛋糕、通心粉、胡萝卜、花椰菜、黄瓜、洋葱、生菜、苹果、香蕉、菠萝、土豆、芦笋、腰果、面酱、果酱等。西餐主副食不分，很早的时候西方人以畜牧业为主，肉与奶便是他们的全部食品。

在饮食习惯上，西方人喜欢冷食和生吃。啤酒要喝冰的，饮料要喝冰的，连酒也要加冰块。西餐多生食，蔬菜生吃，鱼生吃，连牛排也只煎七成熟，鸡蛋煎出汤蛋(半熟蛋)。西方人认为，只有生吃才能完整吸收原料中的营养。

在烹调加工上，中餐注重随意与经验，西餐强调科学与规范。一份炸鸡翅，从纽约到旧金山毫无二致，全世界牛排的配料都是番茄、土豆加生菜，非常标准。西餐从某种程度上讲，只烹不调，注重进餐过程中的调味，而烹调的食物也大多是大块大片的，须食客自己用刀叉分割后食用。

二、西餐餐具的摆放与使用

西餐餐具种类繁多，摆放讲究，使用也讲规范，许多不了解西餐的人，坐在西餐桌前，面对琳琅满目的餐具，往往不知所措。

(一)西餐餐具的摆法

西餐餐具主要有刀、叉、匙、盘等。刀分食用刀、鱼刀、肉刀、奶油刀、水果刀；叉分食用叉、鱼叉、肉叉、龙虾叉；匙有汤匙、甜食匙、茶匙等；盘则有大小不同的菜盘、汤盘、垫底盘、面包盘等。酒杯则分为葡萄酒杯、香槟酒杯、烈性酒杯、啤酒杯等。西餐餐具一般在开餐前已在餐桌上摆好。正式宴会的摆法一般是：座位前正面放垫底盘，左叉，右刀、匙。左右侧最外边的刀叉是餐前食用刀叉，中间的刀叉是吃鱼用的刀叉，靠里边的刀叉是吃肉菜用的刀叉。它们都纵向放置在就餐者垫底盘的两侧，分别离桌缘 1~2 厘米。这些刀叉的摆放顺序，从外向里取用，正与上菜的顺序一致。吃甜品用的刀叉，一般在最后使用，被横向摆放在垫底盘的正上方。垫底盘上方放甜食匙，再往前略靠右放酒杯，右起依次为葡萄酒杯、香槟酒杯、啤酒杯(水杯)。餐巾叠成花样插在水杯内或叠好放在餐盘上。面包盘置于叉子左侧 1~2 厘米处，离桌缘 3~4 厘米。此外，在座位左上方有一玻璃或金属水盂，盛有清水，有时还撒有花瓣，是供洗手用的，洗手时把手指轻涮一下即可。西餐餐具的常见摆法如图 11.2 所示。

图 11.2　西餐餐具的常见摆法

(二)西餐餐具的用法

(1) 餐巾。餐巾是为了在用餐时防止衣服弄脏而准备的。一般是点完菜后才将餐巾打开。将餐巾打开后对折，并将开口朝外置于膝上。餐巾除了用来擦拭嘴巴、手指以外，也可以在吐出鱼骨头或水果的种子时，拿来遮住嘴巴。擦拭嘴巴时，拿起餐巾的末端顺着嘴唇轻轻压一下，弄脏的部分为了不让人看见，可往内侧卷起。将鱼骨头或水果的种子吐出时，可利用餐巾遮住嘴后，用手指拿出来或吐在叉子上后再放在餐盘上；也可以直接吐在餐巾内，再将餐巾向内侧折起。通常服务生会注意到并换上一条新的餐巾。然而用餐巾来擦汗或是擦鼻涕，或是将口红整个印在餐巾上等都是不文明的。暂时要离开座位时，应轻轻地将餐巾折好，很自然地放在餐桌上或椅子上。千万不要把餐巾挂在椅背上，或是揉成一团放在桌子上。

(2) 刀、叉、匙的用法。刀、叉又分为肉类用、鱼类用、前菜用、甜点用，而汤匙除了前菜用、汤用、咖啡用、茶用之外，还有调味料用汤匙。调味料用汤匙即是添加调味料时所使用的汤匙，多用于甜点或是鱼类菜品。刀叉正式的用法为两只一组地使用，右手拿刀，左手拿叉。

叉子的拿法为将食指伸直按住叉子的背部。刀子除了与叉子同样拿法外，还可以用拇指与食指紧紧夹住刀柄与刀刃的接合处。可依料理选择较容易进餐的方法。如果以全部的手指握住的话，会破坏整体平衡，利用拇指与食指握住才是拿刀叉的要诀。

当以汤匙代替刀时，须以右手拿汤匙，左手拿叉。汤匙的握法则与握笔方法相同。

吃米饭之类的食物时，可以很自然地将叉子转到下面舀起食用，因为叉子下面的凹下部位正是为此用法而设计的。这时候，也可利用刀子在一旁辅助用餐动作。将餐盘上的食物舀起时，利用刀子挡着以免食物散落到盘子外面，如此一来就可以很利落地将盘内食物舀起。

刀与叉除了将菜肴切开送入口中之外，还有另外一项非常重要的功用，那就是刀叉的摆置方式能传达出"用餐中"或是"结束用餐"的信息。服务生们正是利用这种方式，判断客人的用餐情形以及是否收拾餐具准备接下来的服务等，因此，我们应记住正确的餐具摆置方式。用餐过程中暂时离开时，可将刀与叉呈八字形摆在盘中，而刀刃则必须面向自己,这表示正在进行中;用餐结束的信息是,将叉子的正面向上,刀子的刀刃则向内与叉子并拢,平行放置于餐盘上。而没用过的刀子,原样放在桌子上即可,服务生会自动将它收走。

三、西餐菜点食用礼仪

要了解西餐的吃法,首先必须了解西餐的上菜顺序。西餐正餐的上菜顺序是:第一道菜是开胃菜,这是主菜前的小菜,配以鸡尾酒。第二道菜是面包、黄油(或果酱、奶油)。第三道菜是汤,喝汤是为刺激胃分泌消化液,为进食热菜做准备。喝汤时上雪利酒。第四道菜是冷盘,又叫小吃,用中刀叉,上烈性酒,用立口杯。第五道菜是主菜,一份是鱼,用鱼刀叉,上白葡萄酒;一份是肉(添加海味),用肉刀叉,上红葡萄酒。第六道菜是点心(如蛋糕、饼干、馅儿饼、三明治等)。第七道菜是甜品(如布丁、冰激凌、冷冻食品等),用甜点匙和中叉,上香槟酒。第八道菜是果品(主要是时令水果或什锦果盘),用水果刀。第九道菜是热饮,为红茶或咖啡,这是西餐的"压轴戏"。此外,有时还供应利口酒等饭后酒。

在正式的宴会上,食物应该一道接一道地送上来,等客人吃完一道菜,再上第二道菜。作为参宴者每吃完一道菜,便把刀叉(匙)并排放在盘里,待侍者从你的右手边收走,接着从你的右手边送来下一道菜。

西餐便餐则主要由开胃菜、面包、汤、主菜(一份)、甜品、热饮构成。

西餐各道菜品,其具体的食法各不相同。按照西方礼仪,同桌多人就餐时,必须等每位都上完一道菜后才能同时用餐,而且要注意速度以配合大家。下面介绍几种主要食品的食用方法。

(一)前菜

前菜(又称开胃菜)即是在主菜之前的少量料理。为了使主菜更加美味,所以利用少量的前菜让肚子做一下暖身运动,以增加食欲。正统的前菜大都以鱼子酱、烟熏鲑鱼、生火腿、小龙虾等冷冻肉或沙拉类为主。

冷冻肉的料理又以鹅肝酱最具代表性。鹅肝酱的材料是以特殊饲养方式所养殖的鹅的肝脏为原料,其口感浓郁,与鱼子酱、块菰合称为世界三大珍味。冷冻肉用刀与叉食用,如果有附带切成薄片的吐司,则利用刀将冷冻肉涂抹于吐司上食用。

鱼子酱通常会附加在冷冻肉的料理旁,有时也会直接放置于餐具内端出来,这时候可利用汤匙舀起来吃。不过,有时也会做成开式三明治的样子。开式三明治,即是在切成薄片的吐司上摆上菜肴做成的三明治。如果是开式吐司的话,一般是直接以手拿起来吃。不过,如果大小不是一口即可食用的话,以刀叉切开吃也可以。小龙虾则是一边加酱料一边食用。

(二)面包

正宗的法国餐厅很少提供米饭,大多以面包为主。面包是无限量供应的,只要你喜欢,爱吃多少就吃多少。但是面包并不是你的主菜,充其量只是为了点缀食品而存在的。面包一般会由服务生放入篮子内送出来,你可以挑选自己喜欢的面包并放在左侧的面包盘内。如果没有面包盘,可以直接放在左侧的桌巾上。如果一开始就已经摆上面包,那么左侧的面包就是你的了。为了不吃下太多的面包,最好在用过前菜,汤端上来后再开始吃面包。吃面包的时候应先以手撕下一口大小的量后再吃。用刀切面包,或是以叉子叉住面包后切成几小块都是违反用餐礼仪的。

(三)喝汤

法国人所谓的汤,指的就是浓汤。在中国,汤则分为较清淡的清汤以及浓度较高呈勾芡状的浓汤两种。依季节的不同也有冷汤,不过一般是热汤。汤端到桌上时,首先用手轻轻地接触一下餐盘,确认一下汤的热度。喝的时候,将汤匙由内向外舀起,饮用时不要发出声音。千万不要用力吸汤,应让汤自然流入口中,慢慢地喝。如果是加料的浓汤类,则可以像吃东西那样喝下去。如果汤只剩下一点点,可以将盘子稍微倾斜,利用汤匙轻轻地舀起来喝。但注意不要让汤匙刮到盘底而发出声音。有时硬饼或起司棒会与汤一起送上来。硬饼指的就是浮在汤面上的料。有时一端上来就已经加在汤里面了,有时会另外放在类似放调味酱那样的小杯子内与汤一起端上来,这时候可以用附在一旁的小汤匙取一些放入自己的汤中。

起司棒也可以直接拿起来吃,不过最初人们是将其弄碎放入汤中与汤一起食用。喝完汤后,汤匙直接放在汤盘内或放在汤盘下的餐盘内都是可以的。不过千万不要放在桌巾上,这样会把桌巾弄脏。

(四)主菜

主菜主要有鱼、肉类食品和搭配的蔬菜。

(1) 如是整条鱼,先是左手用叉压住鱼头,右手用刀自头后面沿着中间脊骨至尾部划开,起出上边一半鱼肉放在盘子靠自己的一边,淋上酱汁,用刀叉自左侧吃起;吃鱼不能翻转鱼身。吃完上边的鱼肉后,再用叉压住鱼头,用刀从骨头和下层鱼肉之间划过,把鱼骨剔出,将下层鱼肉移至面前的盘上食用。吐出鱼刺时,应将叉子靠近嘴边拦住,与鱼头、鱼骨等剩余物整齐地放在盘子的另一侧。如果是吃整块鱼片,则应从左边开始,每切一口大小蘸调料吃。这种鱼有时会以蒸烤用的玻璃纸或锡箔纸包裹端上桌,应用刀把玻璃纸或锡箔纸从中间划开,让鱼露出,再开始食用。吃龙虾要用刀叉先把虾肉取出后再吃。

(2) 吃肉菜时,应从左侧切成一口大小,吃一块切一块,切勿一次全切好。如肉很大,可先切成两半,把其中一块移至盘中间,切而食之。如是带骨的肉,可用叉子压住肉,刀沿着骨头划开,将骨取出,再切成一口大小食用。

(3) 吃鸡肉时,同样用刀叉先去掉鸡骨之后,再用餐刀切成一小块,叉而食之。吃煎荷包蛋,欧美人习惯煎成两面白,先戳破半熟的蛋黄,然后用刀切成小块,用叉叉着吃,盘中流出的蛋黄可用小块面包蘸着吃。

(4) 吃牛排,可根据自己的口味选择全熟或半熟的,搭配的蔬菜要和主菜交互着吃才显现出菜肴的美味。盘里剩的肉汁或调味汁,可以用面包蘸干,再用叉子送进嘴里。

(五)咖啡

咖啡是西餐中最常用的一种饮品,不论是小咖啡杯还是普通的咖啡杯,如果内侧有华丽的装饰，服务生一般会先让客人观赏后再把咖啡倒入。喝咖啡时，加入糖与牛奶之前先小饮一口，品尝一下纯咖啡的香气。随后，再将糖、牛奶等与咖啡混合，轻轻地捏住杯耳并注意不要让咖啡匙伤到杯子内侧，轻轻地搅拌液体即可。加方糖时，应用夹子将方糖先放在汤匙上，再轻轻倒入咖啡杯中，这样咖啡不会溅起来。

欧洲人习惯把糖放入浓缩咖啡后不加以搅拌，而花 20～30 分钟慢慢饮用，享受糖在咖啡杯底慢慢溶化，咖啡逐渐变甜的乐趣。偶尔刻意地模仿一下法国人的习惯也是蛮有趣的。

四、西餐宴会礼仪

(一)西餐宴会的形式

西餐宴会按进餐时间及内容的不同，分为晚宴、午宴、下午茶派对、鸡尾酒派对、花园派对、招待会等。

晚宴是一种最讲究形式的宴会，一般从晚上 7 点开始聚餐。晚宴台型讲究，菜品丰盛，形式热烈，是较正规的一种宴会。

午宴是中午 12 点开始举行的宴会，内容与晚宴相当，但在规模和形式上较晚宴简略些。

下午茶派对是多在下午 2 点举办的以红茶、非酒精类饮料和茶点为主来招待宾客的轻松派对。

鸡尾酒派对多在下午晚些时候举行，以酒类及简单饮食款待宾客。比起以用餐为主的宴会，这种以社交为主要目的的宴会，来宾可以依自己喜欢的时间入场或退场。

花园派对是以私人庭院为场地举办的站立式宴会，通常从上午 11 点开始至下午 3 点左右。日本皇室于每年春天所举办的园游会也属花园式派对的一种。

招待会虽然和鸡尾酒会同样都是以社交为主要目的的，但所谓的招待会大多带有公家的色彩，当然也有以外国大使或公使为主人而举办的招待会。

(二)西餐宴会台型及席位安排

正式宴会一般均排席位，也可只排几位主宾的席位，其他客人只排桌次或让其自由入座。

西式宴席一般采用长条桌或蹄形桌，在座位的排列上，亦以右为尊，并以离主人座位的远近来决定客人地位的高低。离主人越近者，地位越高。

此外，在安排席位时，还需要考虑一些其他因素。如多边活动需要考虑客人之间的政治关系，政见分歧大、两国关系紧张的，要尽量避免安排在一起；还要适当考虑照顾身份大体相当、使用同一语言或属同一个专业者，可以把他们安排在一起。翻译人员一般安排在主宾的右侧。在以长桌作主宾席时，翻译人员也可以考虑安排在对面，以便于交谈。

西式宴会宾主席位的安排大致与中式宴会相同，主人席位通常安排在席上方和正中，主宾席位安排在主人席位右边，副主宾安排在主人席位的左边，其他宾客则从上至下、从左至右依次排列。如宴会的正副主宾都偕夫人出席，在有副主宾陪同的情况下，副主人的席位则应安排在主人席位的对面，即餐台下方的中间席位上，右边安排副主宾，左边安排副主宾的夫人，主人席位的左边安排主宾夫人的席位。常见西餐台型及席位安排如图 11.3 所示。

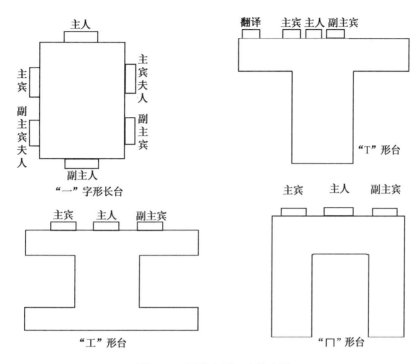

图 11.3 西餐台型及席位安排

遇到特殊情况时，则可视具体情况灵活处理。如主宾身份高于主人，为表示对他的尊重，也可以让主宾坐主人位，而主人则坐在主宾的位置上，第二主人坐在主宾的左侧；如果本国出席人员中有身份高于主人者，可由身份高者坐主位，主人坐在身份高者左侧。

(三)西餐宴会中的礼仪

有道是："吃中餐，主要是看桌上的美味佳肴；吃西餐，主要是看就餐者的举止风度。"参加正规西餐宴会，吃已不重要了，社交反而成为宴会的主题，于是每个人的行为举止、谈吐风度，在这种特殊的社交场所就显得十分重要。

(1) 着装讲究。针对不同的宴会形态、规模以及举办时间，适合出席的服装也各有不同。若是邀请函已经指定服装的话，就依照指定穿着。一般来说，在正式的晚宴上，男性都是穿着无尾晚礼服(tuxedo)，女性则是穿着晚礼服或小礼服出席。要是宴会没那么正式的话，男性可以身着深色西装出席，女性则穿着优雅的连衣裙或套装出席即可。有一点女性必须留心，由于这是用餐场合，所以应以清洁感的发型和化妆为主，香水也易酌量使用。

(2) 入座规范。根据请柬上注明的席位，或根据自己在众宾客中的身份位置，或由服务生(司仪)引坐，或自己寻找适合自己身份的位置落座。入座时，要从椅子的左侧进入，手扶椅背，将椅子略微抬起往后拉开；落座后，双手要抬起椅子，慢慢靠近桌边，使胸部与餐桌保持一个半拳头的距离为宜。坐定后，上体挺直，不能或仰或俯、东倒西歪；脚并拢，勿伸、勿跷、勿蹬；双手自然平放，手腕靠近桌缘或把手放在自己的膝腿上，不能趴在桌上也不能藏于桌下。进餐时,身子可以略向前靠,但不要把头低向盘子,更不要低头用嘴凑近盘边吃东西,也不要把盘碟端起来吃。

(3) 女士优先。尊重女士是西餐礼仪的一大特点。在非官方的西餐宴会上,女主人通常处于第一主人的位置,主宾往往在女主人的右上方;用餐的开始和结束,往往由女主人示意;来宾均先向女主人致意或送花。

西餐宴会一般是男女交叉安排,相邻而坐。为了体现男士的绅士风度,男客人应帮助他右边的女宾拉出座椅,待女宾入席坐下前,再帮助女士将座椅稍稍往前推,使其身体靠近桌子的适宜位置,待女士坐下后男士再就座。作为女士应对帮自己就座的男士微微一笑表示感谢后再坐下,同时请身边的男士就座,并转身和他寒暄,以便引出交谈的话题。

在正式的西餐宴会上,除安排个别的女领位员以外,概不使用女侍者,以体现对女士的尊重。

(4) 友好交际。西餐宴会的主旨是交际,宴会交际已成为社会交往活动的重要组成部分。与宴者赴宴前应备好足够的名片,放在西装口袋(女士可放在小提包内)等易于取出的地方,以便交换名片之用。赴宴时的交际更多的是表现在餐桌上。有人说,没有交谈的餐桌上仿佛少了一道菜。餐宴时的交谈当然以风雅为上,可谈一些大家感兴趣而又轻松愉快的话题,如赞美餐桌上的菜肴、酒水饮料和摆饰,或文艺、体育、旅游等话题,不宜谈及宗教、政治、疾病等可能触及别人忌讳的话题。

交谈对象一般以左右邻座为宜,最好不要隔着别人交谈,尤其不宜大声与餐桌对面的人交谈,但也不要耳语。满嘴食物和正在咀嚼食物时,不要与人交谈,如他人与自己交谈,也应等食物咽下后再应声。如果自己不擅长聊天又缺少话题,不妨当一个好听众;如果自己擅长聊天,也不要随意插话或打断别人的谈话。

为了广交朋友,餐桌上当然少不了交谈,但又不宜太多,也不要说俏皮话、讽刺话和笑话。

(5) 礼貌告辞。除了结婚喜宴和正式宴会之外,通常普通的宴会并不会清楚确定结束的时间。例如,参加鸡尾酒宴会,并没有规定何时离开会比较好,只要没什么重要的事,应尽量避免比主宾早离场。这当然也不是说待越久越好。在离席的时机上,以"中场"为标准。中场为散会的间接说法,当司仪宣布"宴会已经进行到中场了",即是在示意该陆陆续续离席了,因此借此为离席的时机是不错的。离席时不要忘记向主办者打声招呼。

(四)自助餐进餐礼仪

自助餐本是西餐的一种进餐形式,由于它具有自由灵活、品种丰富、时间机动、卫生洁净等特点,近年来逐渐与中餐结合,成为饮食市场上的主力军。自助餐也有自助餐的礼仪规范,具体如下。

(1) 先落座,再取食。有些人一进自助餐厅就拿盘取食,取完食后,拿着满盘食物到处找座位,这是不文雅的行为。正确的做法是:由服务生领坐,服务生安排在什么位置,就在什么位置落座,除非你向服务生提出特殊要求,但须得到服务生允许。落座后将口布取下,压在盘碟下面,这时服务生会给客人倒上茶水,稍坐片刻再行取食。

(2) 少量取,多次拿。自助餐菜品种类繁多,一般由冷菜、热菜(包括汤品)、水果、小点心及各种饮料组成。取食程序应该是:先取饮品小饮两口,再取冷菜(或开胃菜),吃完

冷菜再取热菜，吃完热菜再取小点心主食，吃完小点心主食，最后取水果。每次取食切忌贪多，自助餐以每次取食全部用完为佳，不许浪费。取食时不可将不同类别的食物混装于一盘，那种将冷菜、热菜、水果、点心等码在一个盘子内的做法是不文明的行为。

(3) 菜取完，及时补。自助餐的菜品，有的菜会有较多人喜爱，于是会被迅速取完，进餐者不必慌抢，服务生会通知厨房及时添加，这时，可以先品尝其他菜，待菜添上后再取。

(4) 现加工，提要求。自助餐厅有许多食品是现加工的，如煎蛋、煎牛扒、下汤粉面等，当你点要某道食品后，要向厨师说明烹调要求，常见有人因点要的食品不符合自己的要求而弃之不用，这是一种不文明的表现，更是一种浪费行为。

(5) 只能吃，不能带。所有的自助餐，不管是以之待客的由主人亲自操办的自助餐，还是对外营业的正式餐馆里所经营的自助餐，都有一条不成文的规定，即自助餐只许可就餐者在用餐现场内自行享用，而绝对不许可对方在用餐完毕之后携带回家。商务人员在参加自助餐时，一定要牢牢记住这一点。在用餐时不论吃多少东西都不碍事，但是千万不要偷偷往自己的口袋、皮包里装一些自己的"心爱之物"，更不要要求侍者替自己"打包"。那样的表现，必定会使自己见笑于人。

第三节 饮酒礼仪

酒是一种奇特的食品，千百年来，没有哪一种食品像它这样令人惊奇、令人赞叹、令人陶醉。

酒，能够健身。我国最早创造的黄酒素有"天乳""天之美禄"之称。啤酒含有人体需要的多种维生素，被誉为"液体面包"。药酒具有奇特的滋补作用和医药功能。就是各种白酒，只要少饮、适量，也能舒筋活血、理气和神，对身体健康大有益处。

酒，可助兴、寄情、陶情怡志，因此，古人又称之为"欢伯"。在中国，人们的喜、怒、哀、乐、悲、欢、离、合等种种情感，往往都借酒来抒发和寄托。

酒，是友好的使者。大到官场外交，小到民间往来，大凡迎宾待客，往往都离不开酒。酒已成为公共关系活动中传送友谊的一种"载体"。

然而，酒同世间万物一样，也具有两重性：既能造福，也能惹祸；既能给人们带来乐趣，也能给人们造成危害。在古代，有多少无道昏君因沉湎酒色、狂饮无度而亡国害民，有多少文臣武将因贪杯暴饮而身败名裂，甚至送命。看今天，又有多少因酗酒醉酒而伤身误事，更有甚者酒后无德，干出一桩桩危害他人、危害社会的违法乱纪之事。有鉴于此，要提倡新的酒德酒风，养成有益于身心健康的饮酒习惯。

一、酒的种类及特点

酒的种类颇多，常见的分类方法有如下三种。

(一)按生产方法的不同分为蒸馏酒、发酵酒、配制酒

(1) 蒸馏酒。原料发酵后，用蒸馏法制成的酒叫蒸馏酒。这类酒的酒精度较高，其他

固形物含量极少，刺激性较强。白酒、白兰地等酒均属于蒸馏酒。

(2) 发酵酒，又叫压榨酒。原料经过发酵后，直接提取或用压榨法制成的酒叫发酵酒。这类酒度数较低，而且固形物含量较多，刺激性小。啤酒、果酒等均属于压榨酒。

(3) 配制酒。它是用成品酒或食用酒精，配合一定比例的糖分、芳香原料或中药材，混合储存后经过滤而成。用芳香原料配制的称为露酒；用中药材配制的称为药酒。常见的露酒有青梅酒、玫瑰酒；药酒有莲花白、竹叶青等。

(二)按酒精含量的高低分为高度酒、中度酒、低度酒

(1) 高度酒。这种酒的酒精含量均在40%以上。所以酒精含量在40°以上的酒称为高度酒。

(2) 中度酒。酒精含量在20°～40°的酒属于中度酒。多数露酒和药酒都是中度酒。

(3) 低度酒。酒精含量在20°以下的酒属于低度酒，如啤酒、黄酒、葡萄酒。

(三)按商业经营分为白酒、啤酒、葡萄酒、黄酒、露酒、药酒

(1) 白酒。白酒又称烧酒或中国白酒，它与白兰地、威士忌、劳姆酒、伏特加、金酒齐名，被誉为世界六大蒸馏酒。我国白酒按香型分为酱香型白酒(以茅台酒为代表)、浓香型白酒(以泸州老窖为代表)、清香型白酒(以汾酒为代表)、米香型白酒(以桂林三花酒为代表)和其他香型白酒。

(2) 啤酒。啤酒为营养丰富型的清凉饮料，素有"液体面包"之称。啤酒根据杀菌与否分鲜啤和熟啤。

(3) 葡萄酒。葡萄酒即以葡萄为原料酿造的酒。葡萄酒因酒液中含有人体所需的多种维生素和氨基酸，故成为高档宴会上不可缺少的饮料。葡萄酒根据葡萄颜色的不同分为白葡萄酒和红葡萄酒；根据含糖的多少分为干葡萄酒和甜葡萄酒。

(4) 黄酒。它是用粮食酿造的弱性酒，一般含酒精10%～15%，因色泽黄亮而取名"黄酒"，是我国特有的传统饮用酒。

(5) 露酒。它是用葡萄酒或黄酒、食用酒精为酒基，加入一定的香料、糖料和食用色素等配制而成的一种酒。

(6) 药酒。它是以黄酒或白酒为酒基，配以各种药材经浸泡等工艺制作的，具有一定医疗作用和滋补作用的一类酒。

二、饮酒礼仪与禁忌

传承数千年的中华酒文化，积淀了丰厚的饮酒礼仪风俗，无论是三朋四友小酌，还是盛大宴席豪饮，人们必须遵循约定俗成的饮酒礼仪规范。

《晏子》载：有一次，齐景公乘着酒兴在酒宴上说，"今天我想和诸位大夫们纵情酣饮，请大家不要拘于礼"。这时齐相晏婴马上进行规劝，但是齐景公不听。饮了一会儿酒，齐景公外出解手从晏婴身前走，晏婴不起身致礼；齐景公回来时从晏婴面前经过，他还是不起身致礼，对此，齐景公已有几分不快了。待到大家举杯饮酒时，晏婴不等齐景公先喝，便抢先喝了自己杯中的酒。对于晏婴一再违礼的做法，齐景公再也忍不住而大怒起来："晏子，你一向主张无礼不可。今寡人出入你不起身，举杯时你又抢在寡人前喝酒。

第十一章 餐饮礼仪

难道这就是礼吗！"晏婴连忙离席再拜，然后对齐景公说道："晏婴怎敢违背君王在酒宴上所说的不需用礼的话呢。我刚才的举动是遵您的旨意而办的。君王如果真的想不拘礼的话，其后果必然这样，难道能说我无礼的做法不对吗？"齐景公于是恍然大悟，便请晏婴入席，然后按照君臣饮酒的礼仪，行三巡酒而结束了酒宴。

由此可知，传承已久的饮宴礼仪是不能随便被打破的，齐景公所说的不用拘于礼的话只不过是酒席上的醉语而已，一旦别人真的在酒桌上不讲君臣之礼，他就受不了了。

饮酒不讲礼不仅在官宴上不允许，就是在平民百姓的酒席上也会遭到人们的指责或被罚酒。

(一)古今通行饮酒礼仪

(1) 无酒不成席。凡设席宴客必置酒，否则被视为对设宴的不重视或对被宴请的客人不尊重。即使主宾或主人不胜酒力，也应拿些红酒、啤酒甚至米酒充当，总之，酒席中少了酒就失去了灵魂。

(2) 七分茶八分酒。这是流传很广的一句话，也就是说给客人沏茶只能沏七分，而斟酒只能斟八成。常说的"满上满上"就是指斟上八成酒而言。这也是暗示喝酒之人不可贪杯过量，就是有十成酒量的人，喝到八成就行了，这样既不伤身体，又不会出洋相，这可谓是斟酒的一礼。

(3) 叩指礼。当主人给你斟酒的时候，把食指和中指捏在一块，轻轻地在桌边上点几下，以示感谢，就叫"叩指礼"。叩指礼说起来还有一个民间传说呢！那是乾隆皇帝微服私访江南的时候，和太监一块饮酒，乾隆让太监坐在旁边。本来，朝廷里规矩多，奴才见了主子都得三叩九拜，太监和皇上坐在一起，他必须要喊几声"谢主隆恩"了。可这是微服私访，不能暴露身份，于是，聪明的太监就想出这么个办法，用三个指头在桌边轻轻地点了九下，象征着三叩九拜。后来，慢慢地流传到民间，一直延续至今，只不过没有点那么多下罢了。这个礼节在新加坡、马来西亚和我国广东、福建、香港等地尤为盛行。

(4) 先干为敬。两人碰杯，先干者为表敬意。下级向上级敬酒碰杯时，下级先干；晚辈向长辈敬酒碰杯时，晚辈先干；男士向女士敬酒碰杯时，男士先干。总之，先干者表示对对方的敬意和尊重。

(5) 低杯为敬。两人碰杯，身份低者或年轻者与身份高者或年长者敬酒碰杯时，前者应将杯身略低于后者的杯身为佳，否则为不礼貌。

(6) 起身为敬。同桌敬酒，如身份、年龄相差较大，年轻、身份低者应站起来向长者或身份高者敬酒。个别为表敬意，也可下位走近长者或身份高者身旁敬酒。

(7) 双手捧杯为敬。年轻、身份低者向长辈或身份高的人敬酒，以双手握杯为表尊敬。

(8) 碰杯必喝干。通常所说干杯，都是象征性的，而酒杯与酒杯相碰之后则必须喝干，并且还应将酒杯倒过来，以示干净。若杯中还有酒滴出来，滴一滴就要罚酒一杯。

(9) 敬酒讲秩序。同桌敬酒，讲究一定的秩序。随从人员陪上司宴请来宾时，陪同人员不可抢在上司之前向来宾敬酒，而应让上司先敬后，随从再敬。敬酒讲究顺序，或从最尊贵的客人敬起，以席上人员地位或年龄的高低，依次往后敬；或从主宾开始，顺时针方向敬。只要敬酒，全桌皆要敬，不可遗漏。

(10) 代酒讲规矩。酒宴上，对方给自己敬酒，而自己又不胜酒力，这时可请人代酒(代饮)。代酒讲究一定的规矩：只能上级找下级代、年长者找年轻者代、女士找男士代；反之，则为不礼貌。

(二)饮酒之礼忌

忌者，人之忌讳也。酒具有兴奋和麻醉神经的作用，人一旦饮酒过量，容易控制不住自己的情感，并失去理智，因而会导致一些失礼的行为发生。

(1) 忌纵饮无度。孔子说："饮酒以不醉为度。"然而有许多人却喜欢贪杯，贪杯则易醉，醉酒易失礼。醉酒之人往往话多，言多必失，酒后吐真言，如果吐出的是一些矛盾，则易引起纠纷；如果吐出的是机密，则是违法行为。因此，嗜酒者切忌贪杯、酗酒。

(2) 忌闪约。朋友相邀，既已应约，须准时赴会。否则，酒菜已上，众宾客就座，唯独你一个人迟迟不来，不等你为不恭，等你又酒菜易凉，又似怠慢到席之人，徒使主人焦急为难。

(3) 忌久饮不休。对于饮酒的时间，应有所控制，喝了即止，切忌"打疲劳战""持久战"，动则"为长夜饮"。即使有朋自远方来，边饮边叙，时间不免要长一些，但也不应忘乎所以，不顾休息，以免影响来日的生产、工作和学习。

(4) 忌苦劝。要敬酒，可劝酒，但不能逼酒。应该能喝多少就喝多少。善意的劝酒，目的是使人喝好尽兴，绝非将人灌醉，使其遭罪。愿饮者，不用劝；不善饮者，不宜强劝。此外，劝酒不应"轮番轰炸"，盯住一个人，你敬我劝，都来"亲近"，人欲推辞，则必以种种理由强其干杯，或云："你喝了张三的，不喝我李四的？"或说："你喝了领导的，不喝群众的？"总之，不达目的，誓不罢休。须知，即使"酒场宿将"，也经不起"车轮战术"，如此下去，是非让人醉了不可。那么，你劝酒的善意又在哪里？

(5) 忌不诚恳。不诚恳有种种表现：一是以水代酒，捉弄他人。酒席之上，觥筹交错，主客欢饮，必欲尽兴，不诚之人，乃趁机暗做手脚，以水代酒，邀人干杯，与人争胜。一旦"把戏"被人揭穿，则必当场丢丑，留下话柄。二是入口不咽，暗地吐出。邀人同饮或被邀同饮，故作豪爽，二话不说，引颈举杯，倾酒入口，引得旁人喝彩叫好，然而就在这喝彩叫好声中，此君或若不经意而回身，或极自然而低首，则酒已吐之于地，旁人却浑然不觉；或酒刚入口，随即掏出手帕拭唇，趁势将酒吐之于手帕上。三是初饮推托，将散不休。常见一些"耍心眼""留后手"者，参加宴饮，唯恐喝醉，初饮时小心翼翼，略略沾唇而已，一巡过后，别人已酒尽杯空，他的杯中犹然半满。别人见此情形，必然出面劝酒，此君则连称己不善饮，谦恭有加。别人信以为实，也就准其随意自饮，不再强劝，酒宴自始至终，在一片和谐欢乐的气氛中进行。不想酒宴将阑，众人微醉之际，此君却突然酒瘾大发、酒兴大盛，呼甲唤乙，发动攻势，弄得众人瞠目结舌、不知所措，欲罢不甘、欲饮不能，不欢而散。四是能饮不饮，表面敷衍。众人干杯，能饮而不饮尽。更有一等人，"看人下菜碟"，如果有地位有身份的人邀他干杯，他会情绪昂扬，一饮而尽；而一般人邀他干杯，则或推辞，或饮而不尽，淡然冷漠，这样往往会伤害对方的自尊心。

(6) 忌争执骂座。众人饮酒，本来图个愉快欢乐，如果酒后骂座，挑起争斗，就无异于聚众闹事了。即使在席双方平素有些疙疙瘩瘩，但既然坐在一起，又当着其他宾客，双方就应克制，最好是趁此机会，彼此冰释前嫌、言归于好，这样将给酒宴添辉，主客皆为

之祝贺、高兴，切忌"酒后借端，发泄宿怨"，出言无忌，指桑骂槐，弄得主人不安，客人不快。

(7) 忌当场呕吐。一旦饮酒过量，觉得反胃时，应赶快离开酒桌，切不可当场呕吐，那样既不卫生，又大煞风景。

(8) 忌不遵令。众人饮酒，人人都要遵守酒席上的规矩。特别是飞觞行令时，酒令大于军令，一定要听令而行。第一是要听清楚酒令的内容、要求，不可违令。第二违令时要认罚，不得推托抵赖。

(9) 忌酒后饭上。按照我国多数地方的民间礼俗，吃完饭以后就不能喝酒，而在喝酒之前却可以吃面。因为"饭"和"犯"，"酒"和"久"是谐音字，若是吃饭后喝酒，就会被忌喻为"久后犯上"对长辈不敬，要触犯上人；若是先吃面后喝酒，则被忌喻为"久后面上"，会孝顺老人。

第四节 饮 茶 礼 仪

茶是世界三大饮品(酒、茶、咖啡)之一，也是中国的"国饮"。我国历来有"客来敬茶"的礼俗，早在三千多年前，茶已被奉为礼品与贡品，到两晋、南北朝时，客来敬茶已经普遍成为人际交往的社交礼仪。

当今社会，饮茶更是人们日常社交活动中不可缺少的一项内容，并形成了一系列与日常生活相适应的礼仪。

一、茶的种类及其特点

茶树的鲜叶采摘后经过加工即可制成各种茶叶。所有的茶叶可分为两大类：基本茶类和再加工茶类。基本茶类包括绿茶、红茶、乌龙茶、白茶、黄茶、黑茶。再加工茶类包括花茶、紧压茶、萃取茶、果叶茶、保健茶。

(1) 绿茶。绿茶是我国产量最多的茶叶，占世界绿茶贸易总量的 70%。绿茶的基本特征是：叶绿汤清，加工工艺是鲜叶采摘后经过高温杀青，然后经揉捻、干燥后制成(揉捻后用热锅炒干称为炒青，揉捻后进行烘干的称为烘青，烘青的绿茶主要用来窨制花茶)。著名的绿茶品种有杭州的龙井、苏州的碧螺春、江西婺源的婺绿和庐山云雾、安徽屯溪的屯绿和六安瓜片以及河南的信阳毛尖等。绿茶中有所谓"明前茶"和"雨前茶"，是在每年清明和谷雨前采摘嫩芽幼叶制成，特别珍贵。

(2) 红茶。红茶的基本特征是叶红汤红。红茶的加工工艺是鲜叶采摘后不用高温杀青，而是经过萎凋、揉捻、发酵(绿茶是不发酵的)，叶子变红后再进行干燥。红茶又分为小种红茶(经过松柴烟熏具有特殊松烟香味)、工夫红茶、红碎茶(将叶片切碎后再发酵、干燥)。著名的品种有安徽的祁门红茶(祁红)、云南的滇红、江西的宁红等。

(3) 乌龙茶。乌龙茶也称青茶，外形色泽青褐，属于半发酵茶。其加工工艺是鲜叶采摘后经过晒青萎凋、反复数次摇青，叶子进行部分发酵红变，然后经高温锅炒、揉捻、干燥而成。冲泡后叶片上有红有绿，汤色黄红，有天然花香，滋味浓醇。著名的品种有福建的武夷山岩茶、安溪铁观音等。

(4) 白茶。白茶属于轻微发酵茶，基本工艺是萎凋、晒干或烘干。成茶芽叶自然舒展，满披白色茸毛，汤色清淡，主产于福建福鼎一带。

(5) 黄茶。由鲜叶杀青、揉捻后经过堆积闷黄，再炒，再堆积闷黄，然后烘焙干燥而成。著名的品种有湖南岳阳的君山银叶、安徽的霍山黄芽、四川的蒙顶黄芽等。

(6) 黑茶。一般是原料较粗老，制作过程中堆积发酵时间较长，叶色油黑，故称为黑茶。可以直接饮用，也可制成紧压茶销往边区供少数民族消费。

(7) 花茶。一般是用烘青绿茶和香花拼和窨制，使茶叶吸收花香制成花茶。花茶有茉莉花茶、白兰花茶、珠兰花茶、桂花茶等品种，以茉莉花茶最常见。北方人饮花茶者较多。

(8) 紧压茶、萃取茶、果味茶和保健茶。紧压茶是用各类茶叶经过加工蒸压成一定形状，如销往边区的砖茶、云南的普洱茶(沱茶)。萃取茶是用热水萃取茶叶中的可溶物，过滤后获得茶汤，再经过浓缩干燥成固态的"速溶茶"或不经干燥的液态的"茶饮料"。果味茶是在茶中加入果汁制成茶饮料，如柠檬茶、橘汁茶等。保健茶则是在茶中加入中草药，加强防病治病的功效。严格来说，后二者茶的比重较小，如保健茶中更多的是靠中草药发挥作用，不能算是真正的茶。

二、约定俗成的饮茶礼仪

1. "客来敬茶"

客来敬茶是我国生活礼仪的一项重要内容。有朋友来做客，主人首先要奉上一杯清茶。"请喝茶"通常是主人对客人表示欢迎或尊重的一句话。待人以茶，常被视为高雅之举。我国古代许多的清廉高洁之士奉行"淡泊以明志，宁静以致远"的人生哲学，而淡泊正是茶的天性。现代社会流行"喝茶的男人不会变坏""喝茶的女人更加可爱"的名言。这充分说明，饮茶可以使人达到一种平静和谐的心灵境界，它可以陶冶个人性情，培养高雅情趣，协调人际关系，有助于社会风气的改良，有助于社会秩序的稳定。

2. "端茶送客"

茶可用来敬客，在中国历史上，也有用茶逐客的。这种做法多见于官场中。如大官接见小官，倘若有言语冲突，或言繁而烦心，大官就会严肃地端起茶杯，以一种端茶的特殊方式示意侍从送客。相传，民国初时，孙中山先生为求团结救国，曾北上去找清政府的官僚李鸿章，面呈政见，但由于话不投机，不一会李鸿章就生气地喊道："端茶！"于是孙中山愤然起立，拂袖而去。端茶逐客与客来敬茶的美德是背道而驰的，在提倡社会文明进步的今天，这种习俗应当摒弃。

3. "茶三酒四"

茶三酒四所表示的意思是品茶时，人不宜多，以两三人为宜；而喝酒则不然，与品茶相比，人可以多些。明人陈继儒在《岩栖幽事》中提出："品茶，一人得神，两人得趣，三人得味，七八人是名施茶。"人多嘈杂，不可能静心品饮，只不过是喝茶解渴而已。因此，如果是以品茶为形式的社交活动，人数以两三人为佳。

4. "浅茶满酒"

在中国民间有一种习俗，叫作"茶满欺人，酒满敬人"，或叫"浅茶满酒"。它指的是，在用玻璃杯或瓷杯或盖碗直接冲泡茶水，用来供宾客品饮时，一般只将茶水冲泡到品茗器的七八分满为止。这是因为茶水是用热水冲泡的，主人泡好茶后，马上奉茶给宾客，倘若满满的一杯热水，无法用双手端茶敬客，一旦茶汤晃出，又颇失礼仪。其次，人们品茶，通常采用热饮，满满一杯热茶会烫坏嘴唇，这不是叫人无法饮茶吗？这会使宾客处于尴尬的场面。最后，茶叶经热水冲泡后，总会或多或少地有部分叶片浮在水面。所以，人们饮茶时，常会用嘴稍稍吹口气，使茶杯内浮在表面的茶叶下沉，有利于品饮。而饮酒则不然，大口畅饮显得更为豪放，所以在民间有"劝酒"的做法。加之通常饮酒，不必加热，提倡的是温饮。即使加热，也是稍稍加温就可以了，因此，大口喝酒也不会伤口。所以说浅茶满酒，既是民间习俗，又符合饮茶喝酒的要求。

5. "七分茶、三分情"

七分茶、三分情，其实就是浅茶满酒的体现。其做法是主人在为宾客分茶或直接泡茶时，用量正好控制在品茗杯(碗)的七分满为止，而留下的三分空间，当作是充满了主人对客人的情意。其实，这是泡茶和品茶的需要，而民间，则上升成为融洽宾主关系的一种礼仪用语。

6. "叩桌行礼"

人们在饮茶时，经常能看到当冲泡者向客人奉茶、续水时，客人往往会端坐桌前，用右手中指和食指，缓慢而有节奏地屈指叩打桌面，以示行礼之举。在茶界，人们将这一动作俗称为"叩桌行礼"，或叫"屈膝下跪"，是下跪叩首之意。这一动作的寓意与前面所说的"叩指礼"相同，均表示对主人的尊重。不过，这一寓意动作又有了新的发展：有的茶客也会用一个食指叩桌，表示我向你叩首；倘用除大拇指以外的其余四指连连叩桌，寓意我代表大家或全家向你叩首，这种情况，多用于主人向你敬茶时。

7. "以茶代酒"

在中国民间有以茶代酒之习俗，无论在饭席、宴请间，还有为朋友迎送叙谊时，凡遇有酒量小的宾客或不胜饮酒的宾客，总会以茶代酒，以饮茶的方式来代替喝酒。这种做法不但无损礼节，反而有优待之意。所以，在我国，此举随处可见。宋人杜耒诗曰："寒夜客来茶当酒，竹炉汤沸火初红。寻常一样窗前月，为有梅花便不同。"说的就是这个意思。

8. "及时续水"

按照中国民间饮茶礼仪，当客人饮茶时，茶杯中的茶水只剩 1/3 时就得续水，否则就被视为主人不热情，或认为主人不愿与来客多谈，请客人离开。因此，在日常接待活动中，一定要注意及时为客人续茶水。

9. "揞杯谢茶"

宾主双方经过长时间品饮聊天后来宾要告辞了，这时如果主人或服务生续水，客人可

社交礼仪(第 4 版)

以用左手掌轻轻按一下杯(碗)口,意思是:谢谢你,请不必再续水,我要告辞了。使用这种无声的语言,既显来宾讲礼貌、有涵养,又符合"廉、美、和、敬"的中国茶道精神。

10. "饮茶五忌"

在较为正式的场合饮茶时,应禁止下面五种不文明行为,统称"五忌":一忌狼吞虎咽,二忌连饮数杯,三忌响声大作,四忌嚼食茶叶,五忌吐回杯中。

【礼仪故事】

1956 年夏,英国首相艾德礼访华,由北京来到上海。印度驻沪总领事在官邸花园举行酒会款待艾德礼,上海市市长陈毅应邀出席。他和艾德礼在官邸草坪边踱步边交谈,长达二十多分钟。他们踱回酒会中心地带时,服务员用托盘送上酒水,艾德礼拿的是一杯威士忌苏打,陈毅则拿一杯红葡萄酒。当两人碰杯时,陈毅风趣而又意味深长地说:"我们两人拿的酒不同,但这不妨碍我们碰杯。"

(资料来源:黄金祺. 外交外事知识和技能[M]. 北京:世界知识出版社,1999.)

思 考 题

1. 吃中餐有哪些讲究?
2. 吃西餐有哪些讲究?
3. 饮酒礼仪价值何在?

第十二章 外事礼仪

随着中国综合国力的增强,我国在国际上的地位不断提高。中国已与多个国家建立了正式的外交关系,前来中国访问的外国客人越来越多。

在对外交往活动中,应当熟悉外事礼仪,按照国际惯例和中国优良的礼仪传统,组织好迎送工作和宴请活动,妥善安排会见与会谈,重视国际礼宾次序,从而增进中国人民与世界各国人民的友好情谊。

第一节 迎送礼仪

迎来送往是外事活动中的两个重要环节。应认真做好接待准备工作,举行周到的迎送仪式,使来宾高兴而来、满意而归。

一、接待准备

外国贵宾来访,有关部门和人员应事先做好接待准备工作。访问有正式访问(又称国事访问)、非正式访问、工作访问、私人访问、顺道访问、秘密访问、过境访问等。来访者若为国宾(国家元首、政府首脑),则是正式访问,接待准备工作应当更加周密、细致。

(一)成立接待班子

为了接待好贵宾和重要的代表团,一般东道主都要组成一个接待班子。我国目前采用设陪同团的做法,陪同团团长一般由国务院有关部门的部长、副部长担任,并成立由外事、警卫、后勤、医疗、交通、通信等部门人员组成的接待班子。

(二)收集来访者的信息

为了安排好接待工作,首先,要了解来访者对本次访问的具体要求,包括会谈内容、参观访问的愿望、往返路线及交通工具、抵离时间等。此外,还须了解来访者的生活习惯、饮食爱好与禁忌等。有的国家还索取来访者的血型和健康资料。

其次,向对方索取来访者的简历和近期照片,请对方提供国歌乐谱、国旗旗样及制作说明。此外,还要收集来访者国的代表乐曲,供宴会上演奏席间乐或晚会演出使用。

最后,请对方尽早提供按礼宾顺序排列,注明每个人职务、性别的全体来访者名单,以便妥善、周到地为他们安排住处、交通工具等。

(三)拟订接待方案

接待方案包括接待规格及各项主要活动的安排。日程确定后,酌情译成客方使用的文字并打印好,届时与客方进行沟通。

二、迎送仪式

迎送仪式是国际交往中迎来送往的礼宾仪式,根据国际惯例已经形成一整套规范程序。现择要简介如下。

(一)正式迎送礼仪

外国领导人抵达或离开邀请国首都时,通常会举行正式的迎送仪式。举行迎送仪式的场所应铺红地毯,悬挂两国国旗。

1. 迎接

当来访国元首或政府首脑到达时,主方元首或政府首脑迎上前去与之握手,双方互致问候。

2. 献花

当两国领导人握手之后,由儿童或女青年向主宾献花。有的国家由女主人向女宾献花。

3. 奏两国国歌

当主人陪同贵宾在检阅台或其他指定位置站定后,乐队开始奏两国国歌,并开始鸣放礼炮。国家元首来访,鸣放礼炮 21 响;政府首脑来访,鸣放礼炮 19 响。歌起炮响,歌落炮停。

4. 检阅三军仪仗队

来访国宾在主人陪同下检阅陆、海、空三军仪仗队。

5. 互相介绍

主宾见面时应互相介绍。通常先由主方礼宾人员、翻译或职位最高者将迎接人员介绍给来宾,职位从高到低。然后,客方向主方介绍客方人员。

随后,陪同团团长等陪来访国宾乘车前往宾馆下榻。

国宾离京回国,主方领导人到宾馆话别,由陪同团团长等前往机场(车站)送行。

(二)一般迎送

对于普通代表团和人员的访问,一般不举行迎送仪式。但是,对应邀前来的访问者,无论是官方人士、专业代表团,还是民间团体、知名人士,在他们抵离时,均应安排相应身份的人员前往机场(或车站、码头)迎送。对于长期在本国工作的外国人士、外交使节、外国专家等,当他们到任或离任时,有关方面亦应安排相应人员迎送。

第二节　会见与会谈

会见与会谈是外事活动中的重要事务之一。无论是正式访问、谈判,还是礼节性拜访，通常要安排会见与会谈，以便双方加强了解与交流，增进友谊与合作。

一、会见与会谈的安排

(一)会见与会谈的特点

会见，在国际上一般称接见或拜会。凡身份高的人士会见身份低者，一般称为接见；而身份低者会见身份高者，一般称为拜会。我国一般不作上述区别，统称会见。

会见的性质有礼节性的、政治性的、事务性的，或兼而有之。其中，礼节性会见时间较短，话题较为广泛；政治性会见一般涉及双边关系、国际局势等重大问题；事务性会见一般涉及外交、经贸、科技文化交流等。

会谈是指双方或多方就某些重大的政治、经济、文化、军事等问题及其他共同关心的问题进行磋商，交换意见。一般来说，会谈的专业性较强。

东道国和来访者(包括外国常驻外交使节)都可酌情提出会见的要求。从礼节和两国关系上考虑，东道国应根据来访者的身份及来访目的，在来访者抵达的当日或次日，安排相应的领导人和部门负责人会见。来访者及外交使节也可根据国家关系，以及本人身份和业务性质，主动提出拜会东道国领导人和部门负责人。

来访者若是正式访问或专业性访问，主宾双方则应安排相应的会谈。

(二)会场布置与座位安排

会见与会谈通常在会客室或办公室进行。会场可以设在主方的会客厅里，客方下榻宾馆的会客室也可用作临时会场。布置会场时应酌情安装扩音器，准备饮料等，并精心安排座位。

1. 会见的座位安排

会见宜在比较宽敞的场所进行。会见的座位安排有多种形式，有宾主各坐一方的，也有宾主穿插坐在一起的。但通常安排主宾、主人坐在面对正门的位置，主宾座位在主人右侧，其他客人按礼宾顺序在主宾一侧就座，主方陪见人在主人一侧就座，翻译、记录员通常坐在主人和主宾的后面。

2. 会谈的座位安排

会谈分为双边会谈与多边会谈。双边会谈通常用长方形或椭圆形桌子，多边会谈采用圆桌或摆成方形。会谈时，会谈桌上放置与会国国旗，摆放座位卡，以便与会者对号入座。

双边会谈时，宾主相对而坐，以会场正门为准，客人面对正门，主人背对正门。主谈人居中，翻译可坐在主谈人右侧，但有的国家让翻译坐在后面，一般应尊重主人的安排。其他人按礼宾顺序左右排列。主宾多边会谈时，座位可摆成圆形、方形等。

二、会见与会谈的程序

会见与会谈的程序安排大体一致。

(1) 提出会见要求的一方应将要求会见人的姓名、职务以及会见什么人、会见的目的告知对方。接见一方应尽早给予回复。如因故不能接见，应婉言解释。

(2) 接见方应及时将会见的时间、地点、主方出席人员、具体安排及有关注意事项通知对方。会见方则应主动向对方了解上述情况，并通知有关出席人员。

(3) 双方均应准确掌握会见的时间、地点。主方应先于客方到达会场。客人到达时，主人应在门口迎候。

(4) 宾主计划合影，要事先排好合影图，人数众多时应准备架子。合影时，主人和主宾居中，以主人右侧为上，按礼宾次序，主客双方间隔排列。第一排人员既要考虑身份，又要考虑能否都摄入镜头。通常安排主方人员站在两端。合影时间宜安排在宾主寒暄、握手后。

(5) 领导人之间的会见、会谈，除陪见人和必要的翻译、记录员外，其他工作人员安排就绪后均应退出。如允许记者采访，也只是在正式谈话开始前采访几分钟，然后一起离开。在谈话过程中，旁人不要随意进出。

(6) 会见或会谈结束时，主人应送客人至车前或门口握别，目送客人离去后再退回室内。

一般官员、民间人士的会见，安排大体同上，也要事先申明来意，约妥时间、地点，再准时赴约。而礼节性的会见，不宜逗留过久，半小时左右即可告辞。

第三节　约请与应邀

诸如会见、宴请等外事活动，主方要事先通知对方，而客方应及时给予答复。

一、约请

约请是外事工作中的重要环节，丝毫不能马虎。

(一)约请的种类

约请可分为口头约请和书面约请两种。

1. 口头约请

口头约请即当面或打电话将活动目的、时间、地点告诉对方。

2. 书面约请

书面约请分为发请柬(亦称"请帖")与发便函两种。有些国家，邀请最高领导人作为主宾参加活动，须单独发邀请函，其他宾客发请柬。发请柬，既表示对客人的尊敬，也表明邀请者的诚意和郑重态度。

请柬一般提前 1~2 周发出，以便被邀请人及早安排。已经口头约妥的活动，补送请柬时，在请柬右上方或下方注上"To remind(备忘)"字样；需安排座位的活动，请柬上一般用法文缩写注上"R.S.V.P(请答复)"字样；如果只需要不出席者答复，则可注上"Regrets only (因故不能出席者请答复)"。

第十二章 外事礼仪

请柬内容包括活动的目的、名义、时间、地点。中文请柬行文不用标点符号,所提到的人名、单位名、节日名称都应用全称。中文请柬行文中不提被邀请人姓名(其姓名写在请柬信封上),主人姓名(如以单位名义邀请,则用单位名称)放在落款处。请柬可以印刷也可以手写,字迹应美观、清晰。

中文请柬格式如下。

> 为庆祝中华人民共和国成立××周年谨订于××××年×月×日(星期×)下午×时在×××××举行招待会。
> 敬请
> 光临
> ×××
> (主人姓名)
>   (请进×门)

请柬信封上被邀请人的姓名、职务书写要准确。若所举办活动对服装有要求,应注明是正式服装还是便服。如已排好座次,应在请柬信封下角注明。

便函多用于非正式活动,起通知作用。

(二)约请应做的工作

(1) 确定活动目的、邀请范围,注意被邀请人同主宾是否有矛盾。
(2) 确定时间、地点。选择时间要考虑客方的习俗。
(3) 举办宴会,应注意客人的饮食禁忌。
(4) 布置会场,安排座次。
(5) 及时发出请柬或便函。

二、应邀

应邀是接到邀请后做出的反应,应讲究有关礼仪。

(一)及时答复

被邀请人接到邀请后,不论是否接受对方的约请都应及时作答。可给予书面答复,也可以作口头答复。若因故不能赴约,应婉言说明。

(二)应邀注意事项

(1) 核定邀请范围,是否携带夫人、子女。留意服装等的要求。
(2) 若应邀参加节日、生日庆贺活动,应准备鲜花等礼品;若应邀参加自费聚会,应带钱前往。
(3) 准时赴约,到达现场后,应主动与站在门口迎接的东道主或工作人员打招呼。
(4) 入座前看准自己的座次,不是主宾不要坐在主宾座位。
(5) 活动结束时向主人告别,并酌情与周围的人话别。

第四节 宴会礼仪

宴请是涉外活动中常见的交际形式之一。各国宴请都有自己国家或民族的特点与习俗，可根据活动目的、邀请对象以及经费开支等因素，举办不同形式的宴会。

一、宴请

(一)宴请的形式

通常的宴请形式有四种：宴会、招待会、茶会、工作进餐。每种形式的宴请均有特定的规格及要求。

1. 宴会

宴会系盛情邀请贵宾餐饮的聚会。宴会有国宴、正式宴会、便宴和家宴之分；按举行的时间，又有早宴、午宴和晚宴之分。其中，晚宴最隆重。

1) 国宴

国宴是国家元首或政府首脑为国家的庆典或为外国元首、政府首脑来访而举行的正式宴会，需要排座次，宴会厅内挂国旗。宾主入席后，乐队奏国歌，主人和主宾先后发表讲话或致祝酒词。乐队奏席间乐。

2) 正式宴会

正式宴会除不挂国旗、不奏国歌以及出席人员级别不同外，其余的安排大体与国宴相同，需要排座次，有时也安排乐队奏席间乐。许多国家对正式宴会讲究排场，请柬上往往会注明服饰要求。

正式宴会对餐具、酒水、菜肴道数及上菜程序均有严格规定，对服务人员的服饰、仪态都有很高的要求。通常菜肴为汤和几道热菜(中餐一般用四道，西餐用两三道)，另有冷盘、甜食、水果。外国宴会餐前上开胃酒，常用的开胃酒有雪梨酒、白葡萄酒、马丁尼酒、金酒加汽水(冰块)、苏格兰威士忌加冰水(苏打水)。另上啤酒、水果汁、番茄汁和矿泉水等。席间佐餐用酒，一般多用红、白葡萄酒，很少用烈性酒，尤其是白酒。餐后在休息室上一小杯烈性酒，通常为白兰地。我国在这方面的做法较简单，餐前如有条件，可在休息室稍事叙谈，通常上茶和汽水、啤酒等饮料。餐后不再回休息室座谈，亦不再上饭或酒。

3) 便宴

便宴即非正式宴会，常见的有午宴、晚宴，有时也举行早宴。便宴简便、灵活，可以不排席位，不作正式讲话，菜肴可丰可俭。便宴气氛较轻松，便于交往和交谈。

4) 家宴

家宴即在家中设便宴招待客人。西方人喜欢采用这种形式，以示亲切友好。我国领导人有时也在家中设便宴招待外国友人。家宴往往由主妇亲自下厨烹调，家人共同招待。

2. 招待会

招待会是指各种不备正餐的宴请形式，一般备有食品和酒水，通常不排固定席位，可以自由活动。常见的招待会有冷餐会和酒会。

1) 冷餐会

冷餐会的特点是不排席位，菜肴以冷食为主，也可用热菜，连同餐具陈设在菜桌上，供客人自取。客人可自由活动，可以多次取食。酒水可陈放在桌上，也可由服务员端送。冷餐会在室内或院子里、花园里举行，可设小桌、椅子，自由入座；也可以不设座椅，站立进餐。根据主、客双方身份，招待会规格隆重程度可高可低，举办时间一般在中午12点至下午2点，或下午5点至7点。冷餐会适宜于招待人数众多的宾客。

我国举行的大型冷餐招待会，往往用大圆桌，设座椅，主宾席排座次，其余各席不固定座次。食品与饮料均事先放置在桌上，招待会开始后，自行进餐。

2) 酒会

酒会又称鸡尾酒会，这种招待会形式较为活泼，便于广泛接触交谈。招待品以酒水为主，略备小吃、菜点。不设座椅，仅摆小桌或茶几，以便出席者随意走动。酒会举行的时间比较灵活，中午、下午和晚上均可。请柬上通常注明酒会起讫时间，客人可在此间任何时候入席、退席，来去自由，不受约束。

酒会不仅提供用多种酒调配成的鸡尾酒，还备有多种酒、果汁，但不用或少用烈性酒。食品多为三明治、小香肠和炸春卷等，应插上牙签以便取食。饮料和食品由服务员用托盘端送，也有部分放置桌上。

近年来，国际上举办大型活动采用酒会形式招待渐趋普遍。自1980年起，我国国庆招待会也改用酒会形式。

下面简单介绍我国1980年的国庆招待会。

> 1980年9月30日，采用酒会形式的国庆招待会在北京人民大会堂宴会厅举行。大厅中央悬挂中华人民共和国国徽。
>
> 下午5时30分，来宾入场完毕。各国驻华使节和夫人按礼宾顺序列队。中方各部门负责人站在华侨代表队伍之后。
>
> 5时35分，国务院总理及谷牧、姚依林、廖承志、韩念龙等同志进入宴会厅。中国人民解放军军乐团奏迎宾曲。领导人一行5人至舞台前中央处站定，乐队奏国歌。随后，领导人与来宾一一握手，持续时间约20分钟。此后，领导人分别重点会见了部分国家大使。
>
> 酒会进入实质性内容时，乐队奏席间曲，曲目有《我们的祖国多美好》《彩云追月》《太阳岛上》《弹起我的冬不拉》和《祝你快乐》等。
>
> 500位中外人士在轻快的乐曲声中互相敬酒致意，品尝着美味佳肴：五香花生米、龙虾片、芝麻糖、土豆片、凤尾鱼、烤羊腿、烤鸭、酸黄瓜、红黑鱼子、纸包鸡、炸鱼、面包虾托、煎鹿肉、清酥蛋角、花蛋糕、豆沙包、炸蛋皮卷、鸡肉烧饼、各式月饼、冰激凌、水果，以及白酒、红葡萄酒、白葡萄酒、汽水、矿泉水。
>
> 6时15分，领导人登台致祝酒词。6时30分，礼宾官宣布招待会结束，感谢大家的光临！

3. 茶会

茶会是一种简便的招待形式，一般在下午 4 时左右举行，偶尔在上午 10 时举行，地点通常设在客厅，厅内摆茶几、座椅，不排席位。但若是为贵宾举行的茶会，入座时，应有意识地安排主宾与主人坐在一起，其他出席者随意就座。

茶会，顾名思义就是请客人品茶，故对茶叶、茶具的选用要有所讲究。茶具一般选用陶瓷器皿，不用玻璃杯，也不用热水瓶代替茶壶。外国人一般用红茶，略备点心和地方风味小吃。也有不用茶而用咖啡者，其组织安排与茶会相同。

4. 工作进餐

工作进餐简称工作餐，是国际交往中常用的非正式宴请形式，主客双方利用共同进餐的时间边吃边谈。工作进餐按用餐时间分为工作早餐、工作午餐和工作晚餐。工作餐既简便，又符合卫生要求，往往因日程活动紧张时而采用这种形式。此类活动一般只请与工作有关的人员，而不请配偶。双边工作餐通常使用长桌，其座位与会谈桌座位安排相仿，以便主宾双方交谈。

与外国人交谈时，要注意态度诚恳，选谈合适的话题，尊重各国人民的风俗习惯，不要涉及他人隐私，避免议论别国的政党作用等。

(1) 态度要诚恳。与外国人交谈时表情要自然，语调要亲切，声音要适度，言辞要文雅、婉转。既要尊重外国友人，又要不卑不亢，维护国格、人格。

(2) 选择合适的话题。与外国人交谈时，可以选择历史、文化、名人、风土人情、社会进步或教育、体育等外国人感兴趣的话题；不要谈论疾病、死亡之类的话题，也不要询问对方的年龄、婚姻状况等私人生活方面的问题。此外，在与外国人交谈中，应严守国家机密，不应有意无意地泄露属于国家机密的内容。国家机密包括以下内容。

① 国防军事建设措施。
② 武装部队编制、番号、实力、装备、驻防、调动、部署、后勤兵工等机密。
③ 外交、公安、财务、金融、海关事务等机密。
④ 铁路交通、邮政、电信机密。
⑤ 国家经济建设计划和经济建设事业的机密。
⑥ 资源调查、地质勘探、气象测报、地理测绘机密。
⑦ 科学发明、文教卫生机密。
⑧ 立法、司法、检查、监察事务机密。
⑨ 民族事务和华侨事务机密。
⑩ 内务和人事机密。
⑪ 档案、密码、数字、图表、书刊机密。
⑫ 有关国家机密的机构编制、仓库、场所等。
⑬ 未经决定或虽经决定尚未公布的国家事务等。

(二)宴请的组织

宴请通常是为了应酬答谢、增进友谊等。为了使宴请活动顺利进行，达到预期的目的，务必认真做好宴请的组织工作。

第十二章　外事礼仪

1. 确定宴请对象、范围与形式

确定邀请对象的主要依据是主、客双方的身份，也就是主、客身份应该对等。邀请多少人，请什么人作陪，则要考虑宴请的性质、国际惯例等。至于宴请采取何种形式，一般来说，正式、规格高、人数少的以宴会为宜；人数多则以冷餐或酒会更为合适；妇女界活动多用茶会。

2. 确定宴请时间、地点

宴请的时间应对主、客双方都合适。驻外机构举行较大规模的活动，应与驻在国主管部门商定时间。注意不要选择对方的重大节日、有重要活动或有禁忌的日期和时间。不妨事先征询主宾意见，商定宴请时间。

官方举办正式宴会，一般安排在政府、议会大厦或宾馆内举行，其余则按活动性质、规模大小、形式及实际可能而定。

3. 发邀请

各种宴请活动，一般均发请柬，亦有手写短笺、电话邀请。其内容包括活动形式，举行的时间、地点等的请柬，既是礼貌，亦是对客人起提醒、备忘的作用。便宴经约妥后，可发也可不发请柬。工作餐一般不发请柬。

请柬通常提前 1～2 周发出，以便被邀请人及早做安排。

4. 订菜

宴请的菜谱根据宴请的形式和规格，在预算标准内安排。选菜主要考虑主宾的口味喜好与禁忌。例如，宴请信奉伊斯兰教的穆斯林客人不用猪肉和酒；宴请印度教徒不能用牛肉等。如果个别贵宾有特殊需要，也可以单独为其上菜。大型宴请，则应照顾到各个方面。菜肴道数与分量要适当。地方上宜用有地方特色的食品招待。菜单经主管负责人同意后即可印制。讲究的宴会每人一份菜单，一般宴会每桌两三份菜单，或至少一份。

5. 席位安排

正式宴会一般均排座次，也可只排部分客人的席位，其他人只排桌次或自由入座。国际上的习惯，桌次高低以离主桌位置远近而定，右高左低。桌数较多时，要摆桌次牌。同一桌上，席位高低以离主人的座位远近而定。外国习惯男女穿插安排，以女主人为准，主宾在女主人右上方，主宾夫人在男主人右上方；我国习惯按各人本身职务排列，以便于交谈，如夫人出席，通常把女方排在一起，即主宾坐男主人右上方，其夫人坐女主人右上方。

礼宾次序是排席位的主要依据。具体安排席位时，还应当考虑其他一些因素。多边的活动需要注意客人之间的政治关系，尽量不要把政见分歧大、两国关系紧张者排在一起。例如，尽量避免将以色列驻华大使和叙利亚驻华大使的席位排在一起。此外，适当照顾各种实际情况。例如，身份大体相同，使用同一语言者，或属同一专业者，可以排在一起。如桌次按主宾职业划分可分为文化区、军方区、经济区、体育区等。

遇到特殊情况时，可灵活处理。例如，主宾有夫人，而主人的夫人又不能出席，通常可以请其他身份相当的妇女做第二主人；若无适当身份的妇女出席，也可以把主宾夫人安

排在主人的左右两侧。

座位排妥后应准备座位卡。我方举行的宴会，座位卡中文在上面，外文在下面。

6. 现场布置

宴会厅和休息厅的布置，取决于活动的性质和形式。官方正式活动场所的布置，应该庄重大方，不宜用霓虹灯作装饰，可用少量鲜花、盆景、刻花作点缀。

宴会可用圆桌，也可用长桌或方桌。一桌以上的宴会，桌子之间的距离要适当，各个座位之间的距离也要相等。宴会休息厅通常放小茶几或小圆桌。

冷餐会的菜台用长方桌。如坐着用餐，可摆四五人一桌的方桌或圆桌。

酒会一般摆小圆桌或茶几，以便放花瓶、小吃等。也可在四周放些椅子，供妇女和年老体弱者就座。

7. 餐具的摆放

根据宴请人数和酒、菜的道数，准备足够的餐具。餐桌上的一切用品均要清洁卫生。桌布、餐巾应浆洗干净熨平，玻璃杯、酒杯、筷子、刀叉、碗碟，在宴请之前都应洗净擦亮。

1) 中餐具的摆放

中餐用筷子、盘、碗、匙、小碟等。摆放时，先放餐盘，水杯放在餐盘上方，右上方放酒杯，酒杯数与所上酒的品种相同。杯子之间的距离均为1厘米。餐巾叠成花插在水杯中，或平放在餐盘上。我国宴请外国宾客时，除摆放筷子外，还摆上刀叉。酱油、醋、辣油等作料，通常一桌数份。并且要有备用的公筷和汤勺等，其中一套放在主人面前。餐桌上还应配备牙签筒、烟灰缸。

2) 西餐具的摆放

西餐具有刀、叉、匙、盘、杯等。刀分食用刀、鱼刀、肉刀、奶油刀、水果刀；叉分食用叉、鱼叉、龙虾叉；匙有汤匙、茶勺等；杯有茶杯、咖啡杯、水杯、酒杯等(茶杯、咖啡杯均为瓷器，水杯、酒杯多为玻璃制品)。酒杯有啤酒杯、白葡萄酒杯、红葡萄酒杯、香槟酒杯、鸡尾酒杯、白兰地酒杯、威士忌酒杯等。宴会上有几道酒，就配几种酒杯。公用刀叉一般大于食用刀叉。

西餐具的摆法是：正面放餐盘。在餐盘的右侧从里向外依次摆放主菜刀、鱼刀、开胃品刀；在餐盘的左侧从里向外依次摆放主菜叉、鱼叉、开胃品叉，刀刃朝向餐盘，叉面朝上。餐盘上方放匙，右上方放酒杯，右起烈性酒杯、葡萄酒杯、香槟酒杯、啤酒杯。餐巾叠成盘花摆在餐盘内。餐盘左上方放面包盘、奶油盘。刀叉数目应与上菜的道数相等。此外，餐桌上还应配备胡椒瓶、盐瓶、烟灰缸和牙签筒。

(三) 宴请礼仪

1. 迎宾

主人一般在门口迎接客人。官方活动除男女主人外，还有其他官员陪同主人按顺序排列站在门口迎宾。当宾客到达时，主人应热情迎接，并主动招呼问好。迎宾员接过客人的衣帽后，应提衣领，不可倒拿，以防衣袋内的物品掉出，并妥善挂好。

2. 引宾客入席

主人和客人寒暄完毕，由引宾员将客人引入休息厅或直接领进宴会厅。休息厅或宴会厅内应有身份相应的人员陪同、照顾客人，服务员及时递送饮料。

主宾到达后，由主人陪同进入休息厅与其他客人见面。主人陪同主宾进入宴会厅，全体客人就座，宴会即开始。

3. 致辞

正式宴会一般均有致辞，但各国安排的时间不尽一致。有的一入席双方即致辞，但多数是在热菜之后甜食之前由主人致辞，接着由客人致答谢词。通常双方事先交换讲话稿，一般由举办宴会的一方先提供讲话稿。代表团来访，欢迎宴会东道国先提供讲话稿，答谢宴会则由代表团先提供。由何人翻译也要事先协商好。

致辞时，服务员应暂停服务活动，参加宴会的人员均应暂停饮食，专心聆听，以示尊重。

4. 上菜

按照国际惯例，上菜顺序应先从男主人右侧的女宾或男主宾开始，接着是男主人，由此自右向左按顺时针方向进行。

5. 斟酒

斟酒时，服务员站在客人的右边后侧，面向客人，将右臂伸出进行斟倒，瓶口与杯口保持 1 厘米的距离，红葡萄酒斟至酒杯容量的一半即可；白酒、白葡萄酒、香槟酒斟至酒杯的 2/3 处；白兰地酒则斟至酒杯容量的 1/5 处。每斟一杯换一个位置，不允许在同一位置给左右客人斟酒。

6. 送客

吃完水果，主人与主宾起立，宴会即告结束。主宾告辞，主人送至门口。主宾离去后，原迎宾人员按顺序排列，与其他客人握手话别。

二、赴宴

应邀出席宴会，要讲究有关礼节，做一位懂礼貌、有教养的赴宴者。

(一)应邀

接到宴会邀请(无论是请柬或邀请信)，无论能否出席都应尽早回复，以便主人安排。一般来说，对注有"R.S.V.P.(请答复)"字样的请柬或邀请信，无论出席与否，均应迅速答复；注有"Regrets only(不能出席请答复)"字样的请柬或邀请信，则不能出席时才回复；若是已经口头约妥后，再发来的请柬，上面一般注有"To remind(备忘)"字样，只起提醒作用，可不必答复。答复对方，可打电话或复以便函。

一旦接受邀请，不宜随意改动。万一遇特殊情况不能出席宴会，尤其是主宾缺席，应尽早向主人解释、道歉。

应邀出席宴会前,要核实宴请的时间和地点,是否邀请了配偶,有无服装要求等,以免搞错。

(二)掌握出席时间

出席宴会,根据各地习惯,正点或晚一两分钟到达即可。在我国则正点或提前两三分钟到达。出席酒会,可在请柬上注明的时间内到达。

若有事需提前退席,应向主人说明后悄悄离去;也可事先打招呼,届时离席。

(三)抵达

抵达宴请地点后,应先到衣帽间脱下大衣、帽子,然后前往迎宾处,主动向主人问好,并根据活动内容表示祝贺等。

(四)赠花

赴宴时,可按宴请性质和当地习惯,赠送花束或花篮。赴家宴时可酌情赠送女主人少量鲜花。

(五)入座

进入宴会厅之前,要先了解自己的桌次和座位,入座时应进行核对,不要随意乱坐。如邻座是长者或妇女,应主动为其拉开椅子,协助他们先坐下。

(六)进餐

入座后,主人招呼后即开始进餐。在中国是男主人为主,西方是女主人为主。招呼的方法是将餐巾拿起来,意为"可以用餐了"。可用餐巾擦嘴,但不可擦汗或抹桌子。若要临时离开,则应把餐巾放在座椅上。用餐完毕后,应把餐巾放桌上。

取菜时,不要盛得过多。盘中食物吃完后,如不够,可以再取。如由服务员分菜,遇到不爱吃的菜肴,可取少量放入盘内。对于不合口味的菜,不要显露出难堪的表情。

进餐时要文雅,吃东西时应闭着嘴细嚼慢咽,不要舔嘴唇或咂嘴发出声音。如汤、菜太热,待稍凉后再食用,不要用嘴吹。对于吃剩的菜,用过的餐具、牙签及鱼刺、骨头等,都要放入骨盘内,勿置桌上。剔牙时,要用手或餐巾遮口。

进餐过程中,由于不慎或用力过猛,使刀叉撞击盘子而发出声响,或餐具掉落到地上,或打翻酒水等,应沉着冷静。餐具碰出声音,可轻轻说声"对不起"。餐具掉落后,可请服务员另送一套。酒水溅到邻座身上,应道歉并协助擦干;如对方是女士,则应递上干净餐巾或手帕,由她自己擦干。

(七)敬酒

主人和主宾致辞、祝酒时,应暂停进餐和交谈。奏国歌时应肃立。主人和主宾致辞后往往到各桌敬酒,各桌宾客应起立举杯。碰杯时,主人和主宾先碰,人多时可同时举杯示意,不一定碰杯。主桌未祝酒前,其他桌不可先起立或串桌祝酒。宴会上互相敬酒可活跃气氛,但要适可而止,不能强人所难。

(八)宽衣

在宴会上，无论天气多么炎热，都不能当众解开纽扣，脱下衣服。小型便宴上，如主人请客人宽衣，男宾可脱下外衣搭在椅背上。

(九)纪念物品

有的主人会为每位出席者准备小纪念品。宴会结束时，主人会招呼客人带上。除主人特别示意作为纪念品的东西外，各种招待用品，包括干果、水果、香烟等，都不要顺手带走。

(十)致谢

出席私人宴请之后，应在三日内致便函或名片表示感谢。

第五节 文艺晚会

邀请外宾观看文艺演出，既是宣传本国文化艺术的好机会，又能带给外宾喜闻乐见的艺术享受。

一、文艺晚会的组织

涉外文艺晚会，是一种集娱乐与艺术享受为一体的外事活动，务必精心组织，给客人留下好印象。

(一)选定节目

选定涉外文艺晚会的节目，一方面要符合主方的意图，另一方面也要考虑来宾的兴趣，因此，应主要选择具有本国民族风格的节目。此外，可酌情安排一些来宾所属国家的节目。为避免引起不愉快，应尽量不安排政治色彩、宗教色彩浓厚的节目。

(二)座位安排

观看文艺节目，一般以第 7~8 排中间座位为最佳(外国大剧院以包厢为最好)。看电影，则以第 15 排前后中间座位最理想。安排座位时，应按照礼宾次序，同时考虑上述特点。专场演出，通常把贵宾席留给主人和主宾，其他客人可安排座位，也可自由入座。若是对号入座，则可将座位号与请柬一并发出。

(三)准备说明书

涉外文艺晚会应准备说明书，用主、客双方使用的文字印成。最好能提前把说明书提供给客人，最迟在演出开始前把说明书送到客人手中。

二、出席文艺晚会礼仪

应邀出席文艺晚会,应讲究有关礼仪。

(一)及时答复

被邀请人接到晚会请柬后,对于能否出席应尽早答复主人,以免剧场、影院空缺,影响气氛。若不能出席,应将收到的票券按主人的意见处理。

(二)入座礼仪

决定出席的被邀请人应准时或提前数分钟到达演出地点。若请柬附有座位号码,应对号入座;若无座次,则可自由入座,但不要随便坐到贵宾席。

(三)观看礼仪

观看演出时不要大声咳嗽或打哈欠。如有即席翻译,说话声音要轻,不要影响其他观众。演出结束时,节目若无政治问题,都应鼓掌,不要表现出不满或失望。

第六节 国际礼宾次序与国旗的悬挂

涉外活动中的礼宾次序与国旗的悬挂,往往关系到国家的地位和民族的尊严,因此,务必认真处理。

一、礼宾次序

礼宾次序是指在国际交往中对出席活动的国家、团体、各国人士的位次按某些规则和惯例进行排列的先后顺序。一般来说,礼宾次序体现东道主对各国宾客所给予的礼遇;在一些国际性的集会上则表现各国主权平等的地位。若礼宾次序安排不当或不符合国际惯例,则会引起不必要的争执与交涉,甚至影响国家关系。因此,组织涉外活动时,对礼宾次序应给予足够的重视。

对于礼宾次序的排列,国际上已有一些惯例,各国也有各国的具体做法。有些排列顺序和做法已由国际法或国内法所肯定,如外交代表位次的排列,在《维也纳外交关系公约》中就有专门的规定。

常见的礼宾次序排列方法有以下几种。

(一)按身份与职务的高低排列

一般的官方活动,经常是按身份与职务的高低安排礼宾次序,如按国家元首、副元首、政府总理(首相)、副总理(副首相)、部长、副部长等顺序排列。

(二)按字母顺序排列

在国际会议、体育比赛中,有时按参加国国名的字母顺序排列,一般按英文字母顺序排列，少数情况按其他语种的字母顺序排列。联合国大会的席次也按英文字母顺序排列。但为了避免一些国家总是占据前排席位，因此每年抽签一次，决定本年度大会席位以哪一个字母打头排起，以便各国都有机会排在前列。

(三)按通知代表团抵达的日期先后排列

在一些国家举行的多边活动中，常按通知代表团组成的日期先后排列礼宾次序。东道国对同等身份的外国代表团，按派遣国通知代表团组成的日期先后排列，或按代表团抵达活动地点的时间先后排列，或按派遣国决定应邀派遣代表团参加该活动的答复时间先后排列。

在排列国际礼宾次序时，可酌情选用上述方法，并在邀请书中明确说明。当情况复杂时，则不妨交叉使用数种排列方法，并考虑其他因素。如排列与会代表团礼宾次序时，首先按代表团团长的身份高低排列，在同级代表团中则按派遣国通知代表团组成的日期先后排列，对同级和同时收到通知的代表团则按国名英文字母顺序排列。

在安排礼宾次序时，还应适当考虑其他因素，诸如国家之间的关系、与会方对于活动的贡献大小等。有时还应酌情考虑与会人员的业务性质、相互关系、宗教信仰、语言交流习惯等因素。

二、国旗的悬挂

国旗是国家的一种标志，是国家的象征。人们往往通过悬挂本国国旗或他国国旗，表示对本国的热爱或对他国的尊重。但在一个主权国家领土上，一般不得随意悬挂他国国旗。不少国家对悬挂本国国旗和外国国旗都有专门的规定，例如，中国制定了《中华人民共和国国旗法》。在国际交往中，还形成了一些悬挂国旗的惯例，为各国所公认。

(一)外事活动中悬挂国旗的几种场合

按国际关系准则，一国元首、政府首脑在他国领土上访问时，在其住所及交通工具上悬挂国旗(有的挂元首旗)，是一种外交特权。

东道国接待来访的外国元首、政府首脑时，在举行迎送仪式地点等隆重的场合，在贵宾下榻的宾馆、乘坐的汽车上悬挂对方(或双方)的国旗(或元首旗)，则是一种礼遇。

国际上公认，一个国家的外交代表在接受国境内，有权在其办公处和官邸以及交通工具上悬挂本国国旗。

在国际会议上，除会场悬挂与会国国旗外，各国政府代表团团长亦按会议组织者的有关规定，在一些场所或车辆上悬挂本国国旗。有些国际博览会、世界体育比赛等国际性活动，也往往悬挂有关国家的国旗。

(二)悬挂国旗的礼仪

悬挂双方国旗，按照国际惯例，在右为上，在左为下。以旗本身面向为准，右挂客方国旗，左挂本国国旗。在汽车上挂旗，则以汽车前进方向为准，驾驶员右方为上。在墙壁上挂国旗时，应挂其正面，而不能用反面。国旗不能倒挂。

在室外的旗杆或建筑物上挂旗，一般应日出升旗，日落降旗。升、降国旗时，在场者要立正脱帽行注目礼。不能使用破损和污损的国旗。

悬挂国旗，有并挂、悬挂。交叉挂等多种挂旗法。并排悬挂两面不同尺寸的国旗，应将其中一面略放大或缩小，以使两面旗的面积大致相同。

【礼仪故事】

邓小平与舒尔茨

1983年2月，邓小平在钓鱼台国宾馆会见了美国国务卿、里根特使舒尔茨。

邓小平首先热情地邀请客人入座，然后笑着问道："舒尔茨特使这次来中国生活得还愉快吗？"舒尔茨答道："很好，谢谢中国的热情招待。里根总统要我转达他对邓小平先生的问候！"

"谢谢他的好意。"邓小平很快把话引入正题，"自1972年《中美上海联合公报》发表以来，中美关系发展比较正常。作为中美双方，我们都应珍惜这种关系。"

"但是，邓小平先生，"舒尔茨说，"在某些地方，还是发生了小摩擦。"

"是的，有摩擦，但责任不在中国。"邓小平指出，"就说技术转让吧，中国并不是非依靠美国的先进技术不可。老实讲，我们搞现代化主要是靠自力更生，即使美国的技术可以全部转让，中国也未必都全部买进。"

舒尔茨摇摇头说："某些尖端技术，可能也不是贵国自力更生所能办到的吧？"

邓小平用事实回答说："不，舒尔茨特使，您错了！""原子弹、氢弹等核武器，算得上'尖端'吧？美国这方面的技术一直在对中国搞封锁，但是，我们不都通过独立钻研、自力更生办到了吗？问题不在于美国对我们转让什么，而在于美国究竟把中国当作潜在敌人还是真正的朋友？时至今日，在许多中国人心目中，同美国能不能交朋友，美国够不够得上朋友，还存在着许多疑问呢！"

舒尔茨尴尬地说："这……未免太多心了吧？"

邓小平继续说道："不，这是历史的经验告诉我们的。别说历史上美国对中国不平等，就是现在，也未必平等。前不久，美国司法机关公然企图'传讯'中国政府，这是典型的霸权行径，真是岂有此理！请特使转告里根政府，中国作为一个主权国，神圣不可侵犯。我们对此提出严正抗议！"

舒尔茨辩解说："邓小平先生有所不知，美国司法制度是独立的，政府无权过问！"

邓小平说："如此说来，美国实际上就有三个政府了：国会、内阁、法院。那么，究竟要人家同你们哪个政府打交道才好呢？"

舒尔茨无言以对。

(资料来源：于俊道，邹洋. 邓小平交往录[M]. 成都：四川人民出版社，1996.)

思 考 题

1. 正式宴会和国宴有何区别？
2. 怎样选择涉外文艺晚会的节目？
3. 怎样排列国际礼宾次序？

第十三章 中国民俗

中华人民共和国是一个统一的、多民族的社会主义国家。在广阔的中华大地上生活着 56 个民族，各民族既有热爱祖国、尊老爱幼、勤劳勇敢等许多共同之处，又有各自独特的风俗习惯。限于篇幅，本章着重介绍汉族的一些习俗与礼仪，并简要介绍壮、满、回、苗、维吾尔、土家、蒙古、藏、朝鲜、高山族 10 个少数民族富有特色的习俗与礼仪。

第一节 汉族习俗与礼仪

汉族主要是由先秦时代的华夏族发展而来的，在长期的历史发展过程中融合了众多民族，成为中华民族的主体民族。汉族居民分布于全国各地，主要聚居区在黄河、长江、珠江流域和松辽平原。

在漫长的历史发展过程中，汉族人民创造了光辉灿烂的汉文化，形成了丰富多彩的习俗与礼仪。这里主要介绍汉族传统节日、诞辰礼仪及婚俗中的礼仪。

一、传统节日

(一)元旦

元旦在古代亦称"元日"。据说以农历正月为元，初一为旦。后历代的元旦日期不尽一致。辛亥革命后，农历正月初一改称春节，把阳历 1 月 1 日称为新年。1949 年 9 月 27 日，中国人民政治协商会议第一届全体会议通过决议，"中华人民共和国纪年采用公元纪年法……"将公历(阳历)1 月 1 日正式定为元旦，农历(阴历)1 月 1 日定为春节。

北宋著名政治家、文学家王安石的佳作《元日》，生动地描述了古时人们欢庆元旦的热闹情景："爆竹声中一岁除，春风送暖入屠苏。千门万户曈曈日，总把新桃换旧符。"

如今，每逢元旦，全国放假一天。祖国各地张灯结彩，欢庆元旦。家家户户收拾得干干净净、整整齐齐。亲友互寄节日贺卡，互道亲切问候，大家都沉浸在节日的欢乐气氛中。

(二)春节

春节是汉族人民最隆重的传统节日。春节持续时间较长，过去一般从农历腊月二十三日(俗称"小年")到正月十五日前，其内容丰富多彩，主要有过小年、祭灶、扫尘、买年货、贴春联、贴年画、除夕守岁、放鞭炮、拜年等。喜庆活动通常在大年三十(俗称"除夕")达到高潮。家家户户装饰一新，男女老少欢聚一堂，吃丰盛的团圆饭(年夜饭)。许多人家彻夜不眠，"秉烛待旦"，迎接新年的到来，谓之"守岁"。唐太宗李世民有《守岁》诗一首记其事："暮景斜芳殿，年华丽绮宫。寒辞去冬雪，暖带入春风。阶馥舒梅素，盘花卷烛红。共欢新故岁，迎送一宵中。"正月初一，人们开始拜年，先拜高堂尊长，然后向亲朋好友恭贺新禧。

如今，春节习俗有所改变。每逢新春佳节，全国放假三天。扫尘、守岁、拜年等习俗仍然盛行，但祭灶、拜天地神祇、行跪拜磕头礼等一些带有封建迷信色彩的陋俗被扬弃，而除夕晚上观看中央电视台的春节联欢晚会节目，春节期间举行团拜、发短信等具有时代特色的活动，为春节增添了新方式、新内容。

(三)元宵节

农历正月十五是元宵节。

据载，汉文帝刘恒将农历正月十五定为元宵节。农历正月十五之夜，是一年中第一个月圆之夜。相传汉明帝于元宵节在宫廷、寺院"燃灯表佛"，令士族庶民仿行，以后相沿成俗。因此，元宵节亦称"灯节"。

每逢元宵节，家家户户吃元宵(又名"汤圆")，象征家庭团圆，和睦幸福。入夜，大街小巷张灯结彩，人们上街观灯，其乐融融。南宋著名词人辛弃疾(1140－1207)的《青玉案·元夕》，准确描述了宋代的灯会盛况："东风夜放花千树，更吹落，星如雨。宝马雕车香满路。凤箫声动，玉壶光转，一夜鱼龙舞。蛾儿雪柳黄金缕，笑语盈盈暗香去。众里寻她千百度。蓦然回首，那人却在，灯火阑珊处。"

元宵节习俗一直流传下来。如今，每逢农历正月十五，家家户户都吃汤圆。华灯初上，城市里各种灯会竞放异彩，吸引了大量观众；农村儿童手提各种形状的小灯笼游玩，十分开心。而一些城乡居民开展的扭秧歌、猜灯谜等活动，更增添了节日的欢乐气氛。

(四)清明节

清明节一般在农历二月中，公历4月5日前后(多为5日，有时为4日或6日)。清明节前一天，是纪念春秋时代晋文公的贤臣介子推的寒食节。

古时候，到了清明节，人们焚火寒食，上坟扫墓。唐代著名诗人杜牧的佳作《清明》脍炙人口；而唐代诗人高菊桐的清明诗，则形象地描述了清明节扫墓的情景："南北山头多墓田，清明祭扫各纷然。纸灰飞作白蝴蝶，泪血染成红杜鹃。"此外，节日活动还有插柳、踏青、斗鸡、放风筝、荡秋千等。

如今，每逢清明节，人们会手持鲜花或小花圈，为故人扫墓。不少单位还组织学生、职工为英烈扫墓，向他们敬献花篮。许多人结伴踏青，欣赏美丽的春色。而"世界风筝都"潍坊市举办的国际风筝节和北京等城市举办的风筝比赛，也让国内外游客大开眼界。

(五)端午节

农历五月初五日是端午节。

关于端午节的起源，主要有"屈原说""伍子胥说""龙节说""恶日说"和"夏至说"五种。其中"屈原说"在民间流传最广。

屈原是战国时代楚国人，著有《离骚》等传世之作。他热爱楚国，刚正不阿，曾担任左徒。后来楚王听信谗言，把屈原削职流放。公元前278年，楚国郢都被秦军攻破。屈原悲愤万分，于同年农历五月初五日抱石投汨罗江，以身殉国。两岸百姓惊悉噩耗后，纷纷划船打捞他的尸体，往江里扔粽子，使鱼虾饱食，不吃他的尸体。唐代文秀的《端午诗》

中说:"节分端午自谁言,万言传闻为屈原。堪笑楚江空渺渺,不能洗得直臣冤。"宋代朝廷追封屈原为"忠烈公",定农历五月初五日为端午节,并谕知全国纪念屈原。历代沿袭下来,演变成端午节吃粽子、赛龙舟的习俗。

直到今天,每逢端午节,家家户户都会吃粽子,怀念屈原。许多地方还会举行龙舟赛,鼓声震天,欢声动地,蔚为壮观。

(六)中秋节

农历八月十五日是中秋节。

中国古代把月亮尊奉为"月神",周代已有中秋祭月活动。汉晋隋唐,出现登台观月、泛舟赏月等活动。宋代始定农历八月十五日为中秋节。

中秋之夜,金风玉露,月亮又圆又亮。家家户户围坐在一起,一边观赏明月,一边品尝月饼。人们因月圆联想到合家团圆,盼望与亲人团聚。北宋著名文学家苏轼的佳作《水调歌头》,隽永地表达了怀念亲人的眷眷情思而传颂至今:"明月几时有?把酒问青天。不知天上宫阙,今夕是何年?我欲乘风归去,又恐琼楼玉宇,高处不胜寒。起舞弄清影,何似在人间?转朱阁,低绮户,照无眠。不应有恨,何事长向别时圆?人有悲欢离合,月有阴晴圆缺,此事古难全。但愿人长久,千里共婵娟。"

如今,每逢中秋佳节,家家户户欢聚一堂,一边品尝月饼,一边欣赏明月。而昔日带有迷信色彩的祭月活动,则早已被人们所扬弃。

(七)重阳节

农历九月初九日是重阳节。

据《易经》"以阳爻为九",九为阳数。九月初九日是两个阳数相重,故名"重阳"。战国时,重阳日已被视为吉日。汉代时,在重阳日过节渐成风习。重阳节活动内容主要有登高、赏菊(重阳节亦称"菊花节")、喝菊花酒、插茱萸(一种中药植物)、吃重阳糕。在描写重阳登高的大量诗篇中,唐代优秀诗人王维(701—761)的《九月九日忆山东兄弟》久负盛名:"独在异乡为异客,每逢佳节倍思亲;遥知兄弟登高处,遍插茱萸少一人。"

重阳节习俗一直流传下来。如今,每逢重阳节,人们登山远足,进行野餐。政府职能部门和一些社会团体向老年人表达敬意,帮助他们解决困难。全国许多城市在重阳节前后举办菊花展,造型奇特、色彩纷呈的菊花展,吸引了无数爱菊、赏菊的市民。眼下菊花酒已不多见,但醇香爽口的菊花晶、菊花茶等,则颇受广大顾客的青睐。

二、诞辰礼仪

诞辰礼仪可细分为诞生礼和生日礼。

(一)诞生礼

诞生礼,是指孩子出生后举行的一系列喜庆活动,主要有贺三朝、满月礼、百日礼、周岁礼等。

实际上,孩子尚在母腹中,亲友们已是喜上眉梢,开始为孩子准备衣物。孩子出生后，女婿应去岳父家"报喜"，送去染红的鸡蛋(俗称"喜蛋")等。

1. 贺三朝

孩子出生的第三天，家长要宴请亲家及诸亲友，称"贺三朝"。该日午饭后给孩子洗澡，俗称"洗三"。

2. 满月礼

孩子满月，家长要请亲朋好友喝满月酒，宾客携贺礼赴宴。满月日给孩子剃头发(称"剃胎发")。

3. 百日礼

孩子出生一百天，家长要设宴款待前来庆贺的亲友。贺百日的传统礼物有百家衣、长命锁及鞋帽等。

4. 周岁礼

孩子满周岁时，家长要盛宴亲朋宾客，还要举行富有特色的"抓周"活动。

抓周旨在检测周岁幼儿的性情、志趣，并据此预测其未来。通常在男孩子面前放上弓箭、纸笔、算盘、珠宝、饮食、玩具等，在女孩子面前再加上刀剪针线，看孩子抓取何物。古时候，父母最希望儿子抓纸笔、弓箭，盼望儿子长大后"文能治国，武能安邦"。其实，孩子抓取何物并不能决定其一生，家长也不必太在意，但观看幼儿摸爬玩耍的天真神态倒是别有一番情趣。

(二)生日礼

生日礼，即过生日的礼俗。

青少年和中年人每逢生日来临，都要举行庆贺活动，即"过生日"。一般逢十举行一次隆重庆贺，尤以10岁、30岁为重。为年满60岁的老人举行庆贺活动，则称"做寿"，逢十(如70岁、80岁、90岁)做大寿。

古代孩子过生日，吃喝一顿就算了事。但为老人祝寿则特别讲究，通常要设寿堂、贴寿联、挂寿幛、点寿烛、献寿桃、吃寿面等。

近些年来，孩子们的生日越来越受重视。一般家庭父母等长辈要给过生日的孩子送礼物，如送玩具、新衣服、学习用品等，另给 50 元或 100 元甚至更多的现金。如今过生日，点生日蜡烛、吃生日蛋糕，已成为新时尚。

生日蛋糕上所插蜡烛的支数要与生日主人的年龄相对应。通常 20 岁以下可用 1 支蜡烛代表 1 岁，有多少岁插多少支，如过 20 岁生日便插 20 支蜡烛。20 岁以上者，可用 1 支大蜡烛代表 10 岁，1 支小蜡烛代表 1 岁。

现在给老人祝寿，一般是中西结合，既吃生日蛋糕，又吃长寿面，还要拍"全家福"照片，以资留念。

三、婚俗

婚俗，即婚姻习俗。

男大当婚，女大当嫁。婚姻是一个人的终身大事，关系重大，因此，婚姻大事自古以来就很受重视。早在先秦时代，便形成了旨在使婚礼隆重而正大光明的"六礼"。

"六礼"即纳采、问名、纳吉、纳征、请期、亲迎。

(一)纳采

男方父亲遣媒人向女方家提亲，女方父母同意后，男方派使者以雁、家鹅等物品为贽礼，正式向女方求婚。

(二)问名

男方通过媒人询问女方姓名、出生年月日、排行、生辰八字等。男方收到女方的庚帖后请人占卜，预测这门亲事的吉凶。

(三)纳吉

男方占卜获得吉兆，便立即向女方家报喜，双方换帖，订立婚约。

(四)纳征

男方向女方送聘礼，进一步确定婚事。近代婚俗中的"送彩礼"即由此演变而来。

(五)请期

请期即议定结婚日期。男方择定完婚吉日，备礼去女方家，以征得同意。

(六)亲迎

男方于择定成婚日去女方家迎娶新娘。迎娶是婚礼的高潮，主要仪式包括迎轿、拜堂、合卺(后改为喝交杯酒)、闹洞房等。

上述"六礼"，对汉族婚俗的演变长期起着主导作用。"六礼"使婚礼规范化，有章可循，但过于烦琐、迂腐，故此在历史上曾造成许多有情人难以结合的悲剧。到了近代，婚俗有所简化，婚嫁礼仪主要有说媒、相亲、定亲、迎娶等。而如今，婚俗趋于简便。男女双方认识后彼此满意，大多数青年征得父母同意后，交往一段日子便可筹办婚事，然后选择春节、元旦、"五一"或"十一"等节庆假日举办婚礼。也有些青年人选择旅行结婚的方式。

第二节 少数民族习俗与礼仪

中国是个统一的多民族国家，有 55 个少数民族，每个民族都各有千秋和特色。本节仅介绍壮族、满族、回族、苗族、维吾尔族、土家族、蒙古族、藏族、朝鲜族和高山族 10 个少数民族颇具特色的民风民俗。

一、壮族习俗与礼仪

　　壮族是中国人口最多的少数民族之一，现有人口 1600 多万，其中绝大多数分布在广西壮族自治区，另有少部分生活在云南、广东、贵州和湖南等省境内。

　　壮族以大米、玉米、糯米为主食，喜欢吃清淡食物和粽子，其风味食品有色、香、味俱全的五色饭、沙糕，鲜美可口、略带甜味的白斩鸡，以及色泽金黄、脆嫩香酥的烤乳猪等。

　　壮族婚姻是一夫一妻制。男女青年可以自由参加社交活动，谈情说爱，结婚则需要事先征得父母的同意。

　　壮族盛行入赘的习俗，即男子上女方家门。婚礼在女方家举行。在婚礼上有一项特别的仪式，就是女方家请本族德高望重的长者为新女婿改姓换名。姓从妻，名只保留后一个字，中间的字表示辈分，参加女方家的排行。入赘后的男子，在家庭中与社会上与其他男子享有同等的地位，不受歧视。不过，少数地方认为上门不光彩。

　　壮族人素有尊老敬老的传统美德，平时尊敬老人，细心赡养老人，为老人祝寿时唱的《祝寿歌》简朴、动人：祝贺啊祝贺，祝你老人家，寿如清溪白鹤鸟，坚似高山香樟心。祝你七十好高龄，祝你八十好诞辰，祝你九十好高寿，祝你百岁抱玄孙。

　　壮族是一个善于歌唱的民族。农历三月初三是壮族富有特色的歌节。相传三月初三是壮族歌仙刘三姐去世的日子，人们为了纪念她，便在她的忌日唱歌怀念她。每逢三月初三歌节，人们做五色饭和彩蛋，姑娘们精心赶制绣球。该日，小伙子们打扮得英俊潇洒，姑娘们穿戴得如花似锦。人们先抬歌仙刘三姐的神像游行，然后会集在风景秀丽的河边、山谷等进行交流和对歌。小伙子和他中意的姑娘对歌，姑娘把绣球抛向意中人，小伙子若中意抛绣球的姑娘，就把礼品绑在绣球上抛还女方。歌节里歌声动人，笑声朗朗，充满了诗情画意。

二、满族习俗与礼仪

　　满族是中国人口较多的少数民族之一，现有人口约 1038 万，其中大部分分布在辽宁、吉林、黑龙江三省，其余的散居于内蒙古、河北、北京、西安等地。

　　满族的主食有大菜包、大饼子、窝窝头、发糕等。满族人喜欢吃甜食和猪肉炖酸菜，喜欢喝酒，喜欢抽烟。中原人视为"关东三大怪"之一的"十七八的姑娘叼着大烟袋"，正是东北地区满族人嗜好抽烟的生动写照。满族的著名风味食品有萨其马、满汉全席等。满族人忌吃狗肉。

　　满族妇女的服饰较有特色，其中最有名的就是旗袍。妇女特别讲究头饰，看重头簪装饰。

　　满族人住房内一般均设有"万字炕"(里屋西、南、北三面都是土炕)，西炕被视为最尊贵之处，用来供奉祖宗，故不可随意坐在上面。

　　满族的家庭添丁加口时也有传统的习俗。"引弓之民"——满族精于骑射，所以，生了男孩就在家门口挂上一把弓箭；生了女孩则挂一根红布条，表示吉祥。

　　满族人重礼节，讲礼仪。平时相见都要行请安礼。若遇长辈，先请安再讲话。逢年过节，晚辈要向长辈行大礼——打千。男子曲右膝，右手沿膝下垂；妇女双手扶膝下蹲。平辈亲友相见，不分男女行抱腰接面大礼。

满族盛行挂旗习俗，旗亦叫门笺、窗笺，类似剪纸。春节时，家家户户都要在门楣上、窗户上挂旗，以增添节日气氛。

三、回族习俗与礼仪

回族是回回民族的简称。回族是中国少数民族中人口较多、分布地区最广的一个民族。全国两千多个县、市中，几乎都有回族居民。回族相对集中在宁夏回族自治区，以及甘肃、河南、新疆、青海、云南、河北、山东、安徽、辽宁、陕西、天津、北京等地。

回族因长期和汉族杂居，因此基本使用汉族语言，但在宗教生活中常使用一些阿拉伯语和波斯语词汇。回族人一般都用汉名汉姓，同时有一个阿拉伯语名字，称"经名"。例如，现代著名回族学者马坚，其经名为穆罕默德。

回族的衣着与汉族差别不大，其主要不同之处是，回族男士头戴白色平顶圆帽，妇女戴头巾(盖头)较普遍。通常老年妇女戴白色盖头，已婚妇女戴黑色盖头，未婚女子戴绿色盖头。

回族信奉伊斯兰教。依据伊斯兰教义，回族在肉食上以牛、羊肉为主，严禁食猪肉，严禁食用诵安拉之名而宰杀的动物，禁止食用猛禽猛兽和不反刍的畜类，禁食自死动物，禁食血液和禁止饮酒。回族的风味食品有油香、馓子等。

回族一般是族内通婚，也有少量回族人与外族人结婚。

回族的民族节日主要有开斋节(伊斯兰教教历 10 月 1 日)、宰牲节(伊斯兰教教历 12 月 10 日)和圣纪(伊斯兰教教历 3 月 12 日)三大节。每逢这三大节日，回族和其他信奉伊斯兰教的中国少数民族特放假一天，以便欢度伊斯兰教节日。

四、苗族习俗与礼仪

苗族是中国西南地区人口较多的一个少数民族，现有人口约 942 万。苗族主要居住在贵州省东南部和湖南省西部，另有少数分布在云南、四川、广西、广东等地。贵州、云南等地的苗族多数居住在山区，以务农为主。

苗族妇女心灵手巧，擅长刺绣。苗族人民普遍爱穿带花纹的衣服，因此，苗族被誉为"无人不穿花"的爱美民族。苗族妇女爱穿百褶裙，佩戴金银制作的饰品。每逢盛大的民族节日和群众性的聚会，青年男女都要披上美丽的花披肩，光彩照人。

苗族青年的恋爱习俗比较独特，十五六岁的女孩子和十六七岁的男孩子可以参加"游方"，即寻找异性朋友。每逢节假日或农闲时，男女青年便会不约而同地聚集到村寨附近的社交场所"马郎场"，通过低声轻唱情歌找对象，谈情说爱。苗族青年还有"踩脚传情"的习俗。游方时，小伙子用脚尖轻踩女青年的脚，表达爱慕之情。若女青年接受小伙子的求爱，便也轻踩小伙子的脚；若不接受，则不理会。

每年农历正月初一至初八，是苗族人民一年一度的传统佳节——采花山。节日里，人们穿着民族盛装，喝香醇的美酒，跳起古老的芦笙舞。而传统的斗牛、舞狮等活动，更增添了欢乐的气氛。

五、维吾尔族习俗与礼仪

维吾尔族是中国古老的少数民族之一，现有人口约 1006 万，主要聚居于新疆维吾尔自治区，其中 88%居住在天山以南的新疆南部地区。另有少数维吾尔族人居住在湖南省的桃源、常德等县。

维吾尔族有本民族的语言和文字。

维吾尔族的服饰丰富多彩。维吾尔族人戴的四楞绣花帽图案精美、鲜艳夺目，富有特色。维吾尔族妇女喜爱穿用鲜艳绸缎制作的连衣裙。

维吾尔族人喜欢吃面食、牛羊肉及酸奶，其特色食品有烤全羊、香脆的圆形烤饼和色香味俱全的抓饭等。在节日或喜庆日子里，或者有贵客光临，维吾尔族人要吃抓饭或以抓饭招待客人。维吾尔族在居家进餐时，讲究长辈坐上席，长辈先动筷。汉族喜欢纯清茶，回族喜欢盖碗茶，哈萨克族人喜欢奶茶，而维吾尔族人则喜欢喝药茶。

维吾尔族素有"歌舞民族"之称，无论男女老少，几乎人人都能歌善舞。

维吾尔族信奉伊斯兰教，禁食猪肉等。

维吾尔族的传统节日主要有肉孜节、古尔邦节，另有巴拉提节、诺肉兹节等。

六、土家族习俗与礼仪

土家族是中国历史悠久的少数民族之一，现有人口约 835 万，主要分布在湖南省湘西土家族苗族自治州和湖北省西南部的恩施地区。

土家族服饰独特，妇女挽发髻、用布缠头，穿滚有三道花边的左襟大褂，俗称"三滴水"；男子则穿扣子很多的对襟短衣。

土家族的风味食品有坨子菜和合菜。坨子菜是把大坨的猪肉拌上小米和灌肠一块蒸在米饭上；合菜是把油炸豆腐、粉条、胡萝卜和白菜一锅炒，猪杂、海带放在锅上蒸。

土家族热情好客。每当家里来了客人，土家族人就会为客人端上一碗香气扑鼻的太婆油茶。此茶油而不腻，相当可口。

土家族人爱唱山歌。他们说："不唱山歌喉咙痒，嘴巴一张像河淌。"土家族人的传统舞蹈是摆手舞。舞蹈开始时，首先，一人在中间打鼓敲锣，其他人则由领舞者带领围圈跳舞，以两手摆舞为主，舞一圈或数圈变换一个动作。摆手舞节奏明快、动作优美，具有鲜明的民族特色。

七、蒙古族习俗与礼仪

蒙古族是中国人口较多的少数民族之一，现有人口约 598 万，大多数聚居在内蒙古自治区，其余分布在辽宁、吉林、黑龙江、甘肃、青海等省以及新疆维吾尔自治区境内。

蒙古族有自己的语言和文字。

蒙古族男女老少都喜欢穿长袍、束腰带、穿马靴。

蒙古族以肉食、奶食为主，爱吃羊肉、炒米，爱喝奶酒、奶茶(砖茶熬好后加牛奶和盐)。饮茶既可提神，解除疲劳，又可消化油腻食物，补充维生素。

挡风御寒、易于搬迁的蒙古包，是生活在大草原上的蒙古族人民喜爱的居所。

蒙古族热情好客，讲究礼貌。蒙古族有句谚语："没有羽毛，有多大的翅膀也不能飞翔；没有礼貌，再好看的容颜也被人耻笑。"蒙古族人民对来客，不论熟人还是生人，总是热情问候，殷勤待客。他们把客人请进蒙古包，先煮奶茶招待，再请客人吃酥脆的油炸馃子以及独具草原风味的手扒羊肉等。

蒙古族同辈相遇要互相问好，遇到长辈则首先请安。走路、上车、进门、落座、喝茶、吃饭、喝酒，一定要让老人或长辈领先。

一年一度的那达慕大会是蒙古族传统的节日盛会。"那达慕"系蒙古语音译，意为"娱乐""欢聚"或"游戏"。在那达慕大会上除了"好汉的三种竞赛"——摔跤、射箭、赛马外，还有各种歌舞游艺和物资交流活动，热闹非凡。

八、藏族习俗与礼仪

藏族是中国历史悠久的少数民族之一，现有人口约 628 万，主要分布在西藏自治区以及与之相邻接的四川、青海、甘肃和云南等省的部分地区。

藏族有自己的语言和文字。

藏族的服饰美观大方。男子普遍头戴镶边皮帽或毡帽、身穿长袍、束腰带、穿长靴，腰佩藏刀。女子头梳小辫，再戴帽或包布帕，穿藏袍。

藏族人爱吃糌粑、肉食、奶制品，爱喝酥油茶。

藏族青年的恋爱方式颇具特色，抢帽子就是其中之一。当小伙子看中了一位姑娘，他不是先向姑娘表白，而是会设法抢走她的帽子，过几天再奉还。倘若姑娘喜欢这个小伙子，就会高兴地收回帽子；如果不喜欢，就不要这顶帽子了。

藏族姑娘向小伙子表达爱情的方式则是赠送自己随身佩戴的耳环或者项珠之类的饰物。倘若正合小伙子的心意，他就会乐意接受，否则就不得收取姑娘的信物。

藏族人民有尊老爱幼的优良习俗。每年藏历新年(藏历正月初一，与汉族的春节相近)的黎明，家里的女儿或儿媳，要出去背回当年的第一罐水，即"吉祥水"，煮好酥油茶敬献给老人。

献哈达是藏族最常见的一种礼仪。藏族人民在迎送宾客或与亲朋交往中，会把哈达赠送给对方，以表示敬意和祝福。

藏族是一个能歌善舞的民族，其歌声悠扬、嘹亮。男性的舞蹈动作粗犷、奔放；女性的动作则优美、轻柔。

九、朝鲜族习俗与礼仪

朝鲜族是中国颇有特色的少数民族之一，现有人口近 200 万，主要聚居在吉林省，另有少数分布在辽宁、黑龙江等省。

朝鲜族服装比较精美。男子爱穿漂亮的坎肩，妇女喜欢穿白色和色彩艳丽的短衣长裙。短衣为斜襟，无扣，以布带打结，衣襟上挂上彩绸飘带；裙的长短视年龄大小有别，中年以上的妇女穿长及脚面的裙，少女及女青年的裙子则较短。

朝鲜族以大米、小米为主食，其风味食品有打糕、冷面、泡菜等。朝鲜族人爱吃狗肉，爱喝花茶和白酒。

朝鲜族素有尊老爱幼、礼貌待人的优良传统。老年人在家庭中和社会上处处受到人们的尊重。平时对老人说话要用尊称敬语。

朝鲜族是一个能歌善舞的民族，无论男女老少，几乎人人能唱会跳。每逢节假日或喜庆日，朝鲜族群众会载歌载舞、欢腾雀跃。

十、高山族习俗与礼仪

高山族这一名称，是祖国大陆使用的统称。高山族是中国宝岛台湾的主要少数民族，现有人口 40 多万。高山族是我国台湾省最早的居民，世世代代生活在那里。高山族主要分布在台湾岛的山区和东部纵谷平原及兰屿岛上，也有少数高山族人散居在福建、上海、北京、武汉等省市。

大部分高山族人居住在山区，主要从事农业和狩猎业。

高山族实行一夫一妻制的婚姻。高山族姑娘可以自由恋爱。当她们长大成人后，父母便另盖一间房子让其独自居住。钟情于她的小伙子便在她门前吹奏鼻箫或口琴，表达爱慕之意，若姑娘愿意就请他进屋谈情说爱。当感情成熟时，男女双方会手牵手来到姑娘的父母面前，表明他们已两情相许，愿意结成伴侣。

高山族人忌讳接触死者的家属与遗物。他们不吃动物的头和尾巴。部分高山族人出门时若遇见百步蛇或山猫，便认为不吉利。

第三节　现　代　礼　俗

礼俗是历史的产物，随着时代的进展不断发生变革。近百年来，中国发生了翻天覆地的变化。20 世纪初，清王朝覆灭；20 世纪中叶，国民党反动统治崩溃，中华人民共和国成立；20 世纪后半叶，站起来的中华儿女阔步向前，历经风雨磨难，但百折不挠，奋斗进取，使一个初步繁荣昌盛、充满勃勃生机的社会主义新中国巍然屹立在世界的东方。

百年沧桑，华夏巨变，其间，产生了一些新的礼俗。本节着重介绍"五四"青年节等九个比较重要的现代节日的渊源，简要介绍 20 世纪 90 年代以来时兴的成人仪式，并择要介绍近年来相继出现和逐渐形成的一些新时尚。

一、现代节日

(一)妇女节

3 月 8 日是世界各国劳动妇女的节日。

1909 年 3 月 8 日，美国芝加哥女工为争取自由平等，举行大罢工和示威游行，得到美国广大劳动妇女的积极响应。

1910 年 8 月，第二届国际社会主义妇女代表大会在丹麦哥本哈根举行，大会通过了德国革命家克拉拉·蔡特金的建议，确定 3 月 8 日为国际劳动妇女节。

1911 年 3 月，美国、德国、瑞士等国的妇女首次举行纪念活动。1924 年 3 月，中国妇女代表在广州举行活动，纪念"三八"国际妇女节。

1949年12月，中国中央人民政府政务院通令全国，规定每年3月8日为妇女节。

每年"三八"节，全国妇女放假半天。许多单位举办各种各样的活动，如召开小型座谈会，举行表彰优秀妇女大会，组织女职工看电影等。

(二)植树节

3月12日是中国的植树节。

1929年，当时的国民政府行政院农矿部长易培基遵照孙中山先生遗训，积极提倡造林，并规定3月12日为植树节。

1979年2月23日，第五届全国人民代表大会常务委员会第六次会议根据国务院的建议，正式确定3月12日为植树节。此后，每年3月12日，党和国家领导人与群众一起植树造林，绿化祖国。

(三)劳动节

5月1日是全世界劳动人民的节日。

1886年5月1日，美国芝加哥工人举行大罢工，要求改善劳动条件，实行每天8小时工作制。经过流血斗争，终于赢得了胜利。

1889年7月14日，第二国际成立大会在法国巴黎举行，大会通过了法国代表拉文的提议，把5月1日定为"国际示威游行日"，也称"劳动节"。

1890年5月1日，法国、美国、荷兰等国许多城市的工人举行声势浩大的示威游行，显示了欧美无产阶级的战斗力量。1922年5月1日，中国劳动人民代表在广州召开全国第一次劳动大会，庆祝国际劳动节。

1949年12月，中国中央人民政府政务院规定5月1日为劳动节。目前每年劳动节期间，全国放假三天，许多单位召开表彰大会、庆功会，宣传劳动模范的先进事迹，不少地方举办游园会，欢庆"五一"国际劳动节。

(四)青年节

5月4日是中国青年节。

1919年5月4日，以北京大学为首的北京13所高校的3000多名学生举行集会和示威游行，抗议帝国主义列强侵犯中国领土主权，要求惩办亲日派卖国贼曹汝霖、陆宗舆、章宗祥。爱国学生痛打了正在曹汝霖住宅的章宗祥，放火焚烧了曹宅，北洋军阀派出大批军警镇压学生的爱国运动。

北京学生的反帝爱国斗争得到全国各地学生的响应，他们纷纷举行罢课和示威游行。6月3日以后，上海、唐山、九江等地工人举行罢工游行，上海和其他城市的工商业者相继罢市。起初主要由青年学生参加的爱国运动，逐渐发展成为无产阶级、小资产阶级和民族资产阶级共同参加的全国范围的革命运动，并最终取得了胜利。

1939年，陕甘宁边区西北青年联合会规定5月4日为中国青年节。1949年12月，中央人民政府政务院正式宣布5月4日为中国青年节。

每年5月4日，全国各地青年均举办报告会、演讲会、文艺晚会等各种活动，纪念五四运动，欢度青年节。

(五)儿童节

6月1日是国际儿童节,是全世界儿童的节日。

1949年11月,为了保障全世界儿童的生存权、保健权和受教育权,反对帝国主义战争贩子虐杀儿童,改善儿童生活,国际民主妇女联合会在莫斯科举行的理事会上做出决定,规定每年6月1日为国际儿童节。1949年12月,中华人民共和国中央人民政府政务院规定6月1日为中国儿童节。

每年6月1日,中国各地儿童身穿节日盛装举行联欢会、游园会等各种活动,和世界各国儿童共同欢庆自己的节日。

(六)建党节

7月1日是中国共产党诞生纪念日。

1921年7月,中国共产党第一次全国代表大会在上海举行,出席大会的有毛泽东、董必武、何叔衡、陈潭秋、李达等12名代表,包惠僧、共产国际代表马林和尼科尔斯基也列席会议。大会通过了党纲,选举了党的领导人,宣告中国共产党正式成立。

1941年6月,中共中央决定7月1日为党的诞生纪念日。

每年7月1日,全国各地举行研讨会、表彰会、庆功会、文艺晚会等活动,纪念党的生日。许多新党员在这一天宣誓入党。全国各条战线的共产党员和广大群众积极工作,以实际行动庆祝党的生日。

(七)建军节

8月1日是中国人民解放军诞生纪念日。

1927年8月1日,周恩来、朱德、贺龙、叶挺、刘伯承等领导武装部队3万余人,在江西南昌举行起义,向国民党反动派打响了第一枪。经过5个多小时的激战,全歼南昌守敌。当天,在南昌成立了以共产党人为核心,有国民党左派人士参加的中国国民革命委员会。此后,朱德、陈毅率领一部分起义部队到达井冈山,同毛泽东领导的工农革命军会师,成立了中国工农红军第四军。

1933年7月,中华苏维埃中央政府在瑞金做出了《中央政府关于"八一"纪念运动的决议》,规定8月1日为中国工农红军诞生纪念日。1949年6月15日,中国人民革命军事委员会正式发布命令,规定以"八一"字样作为中国人民解放军军旗和军徽的标志。从此,8月1日成为纪念中国人民解放军诞生的日子。

每年8月1日,全国各地广泛开展拥军优属活动,举办军民联欢会等,纪念"八一"建军节。

(八)教师节

9月10日是中国教师节。

中国曾于20世纪30年代设立过教师节。1951年,教育部和全国教育工会宣布"五一"国际劳动节同时为教师节。1985年1月11日,国务院向全国人民代表大会常务委员会提出关于确定每年9月10日为"教师节"的议案。同年1月21日,第六届全国人民代

表大会常务委员会第九次会议同意国务院关于设立教师节的议案,决定每年9月10日为我国教师节。

每年9月10日,全国各地举办茶话会、表彰会、联欢会等多种活动,欢庆教师节。

(九)国庆节

10月1日是中华人民共和国成立纪念日,亦称国庆节。

1949年9月21日至9月30日,中国人民政治协商会议第一次全体会议召开,会议通过了《中国人民政治协商会议共同纲领》,确定"中华人民共和国"为新中国的国家名称;选举毛泽东为中央人民政府主席,朱德、刘少奇、宋庆龄等为副主席;确定了国旗,规定《义勇军进行曲》为国歌,决定把北平改名为北京,并作为首都。

1949年10月1日,在北京天安门举行了隆重的开国大典,毛泽东、朱德、周恩来等国家领导人登上天安门城楼。毛主席亲手按动电钮,升起新中国第一面五星红旗,并庄严宣告:"中华人民共和国成立了,中国人民从此站起来了!"1949年12月3日,中央人民政府委员会第四次会议通过决议:10月1日为中华人民共和国国庆节。

目前国庆节期间全国放假一周。祖国各地张灯结彩,全国各族人民以各种方式热烈欢庆国庆节。

二、成人仪式

成人仪式即成年礼,是一种古今中外都流行的风习。

(一)古今中外成人仪式一瞥

1. 中国成年礼

在中国,行成年礼由来已久,它是由上古氏族社会的成丁礼演变而来的。男子20岁成年,要举行加冠礼。男子加冠,先把垂发束在一起,盘绕在头顶,用一块整幅(0.7米宽、2米长)的黑帛包住头发,然后加冠。加冠后便进入成人行列,既可以享受成年人的权利,又要为社会尽一个成年人应尽的义务。

女子15岁成年,行加笄礼。笄,即簪子。女子加笄,先把头发绾到头顶,用黑布包上发髻,然后插簪子固定。女子加笄后方可婚嫁。

汉唐以后,人们逐渐把成年礼和婚礼合在一起。但我国一些少数民族,如纳西族至今还流行该民族传统的成年礼:男子成年行穿裤子礼,女子成年行穿裙子礼。

20世纪90年代以来,为了帮助年满18岁的公民树立成人意识,明确社会责任,全国许多城市开始举办现代成人仪式。1993年12月18日,共青团上海市委在上海人民英雄纪念塔前举办了"上海市首届18岁成人仪式";1995年"五四"青年节,北京、上海、天津等地分别举办了隆重的成人仪式;1995年国庆期间,全国20多个省的许多城市普遍举行了成人仪式。通过举行成人仪式,极大地激发了广大青年人的责任感和使命感。如今,每逢"五四"青年节和"十一"国庆节,全国各地纷纷举办成人仪式。

2. 外国成人仪式

成人是人生旅程中的一个重要转折点。世界上许多国家都有成人节或举办成人仪式的习俗。这里仅简单介绍日本、德国的成人节和以色列犹太人的成人仪式。

1) 日本的成人节

日本为成年人举行仪式古已有之。1948年，日本政府决定每年1月15日为成人节，并规定年满20岁的青年(从上一年1月15日到当年1月15日期间年满20岁者)均有权参加成人仪式。届时全国放假一天。

每逢成人节，年满20岁的青年身穿节日盛装(男穿笔挺的西服，女穿华丽的和服)，到当地公会堂或区民会馆参加政府部门为他们举办的成人仪式。举行成人仪式时，首先由当地政府首脑致辞，然后青年们高声宣誓。宣誓完毕，政府职员把领带、围巾、影集、日记本等礼品、纪念品赠送给青年，以示祝贺。这些青年人从此正式进入成人的行列，享有法律赋予的一切权利，履行法律规定的所有义务。

2) 德国的成人节

在德国，根据日耳曼民族的古老传统，年满14岁便意味着已长大成人。在成人节这天上午，年满14岁的男子、女子身穿鲜艳的服装参加成人仪式。在成人仪式上，当地负责人首先致辞，然后成年男女举起右手宣誓。然后，前来庆贺的师长、亲友向他们赠送礼物，天真活泼的小朋友向他们敬献鲜花。晚上，则举行盛大的晚会，欢庆成人节。

3) 以色列犹太人的成人仪式

在以色列，年满13岁的犹太男子、年满12岁的犹太女子便算成人，他们要参加在耶路撒冷老城举行的成人仪式，其主要程序包括在哭墙前起誓、成为犹太教徒等。

(二)我国成人仪式

举行成人仪式是一项十分有意义的活动，时间可安排在"五四"青年节或"十一"国庆节，地点宜选择在具有历史意义的标志性场所。

成人仪式的基本程序如下。

升国旗，奏、唱国歌；

党政领导讲话；

革命老前辈代表致辞；

父母代表发言；

成人代表表达心声；

面对国旗宣誓；

颁发纪念品；

参加公益活动。

下面的附录是1995年5月4日李岚清同志的讲话与成人誓词。

附一：

在北京中学生成人仪式上的讲话

(一九九五年五月四日)

李岚清

青年朋友们：

今天，参加你们的18岁成人仪式，我感到十分高兴。从现在起，你们就踏进了成年

人的行列，成为共和国的年轻公民。在此，我向你们及你们的同龄人表示热烈的祝贺！向为千千万万青少年的健康成长付出辛勤劳动的老师、家长和社会各界致以诚挚的谢意！

18岁是人生的一个重大转折点，是人生新的起点。从今天开始，你们将以更加自主、更为积极的姿态去面对人生，你们的生活将会越来越丰富多彩。你们将享有全部宪法权利，承担全部宪法义务，在社会生活中扮演更加重要的角色，发挥更大的作用。你们将和你们的父母兄姐一样，担负起对国家、社会和家庭的责任，成为共和国新的建设者和保卫者，成为建设有中国特色社会主义的生力军。共和国因为拥有你们这样朝气蓬勃、风华正茂的年轻人而充满生机、活力和希望。

今天是"五四"青年节。1976年以来，"五四"精神激励着一代又一代热血青年，为民族的振兴、国家的富强，前赴后继、英勇奋斗。当前我国正处在改革和发展的关键时刻，作为跨世纪的一代青年，你们身上凝聚着党和人民的殷切期望，担负着中华民族21世纪崛起和腾飞的历史使命，希望你们努力把自己培养成为跨世纪的一代"四有"新人。你们要树立远大的理想和坚定的信念，在学习和实践中确立正确的世界观、人生观和价值观；你们要弘扬中华民族的传统美德和社会主义的新风正气，努力养成良好的社会公德和高尚的道德情操；你们要刻苦学习现代科学文化知识，不断掌握新知识、新技能、新本领；你们要锻炼身体、磨炼意志，努力拥有一个能够担当起建设祖国未来重任的强健体魄。

我借此机会，将江泽民总书记提倡的64个字的创业精神作为对你们的赠言，希望我们共勉：解放思想，实事求是，积极探索，勇于创新，艰苦奋斗，知难而进，学习外国，自强不息，谦虚谨慎，不骄不躁，同心同德，顾全大局，勤俭节约，清正廉洁，励精图治，无私奉献。

青年朋友们，我们所处的时代是一个需要青年而又培养青年的时代，是一个呼唤人才而又造就人才的时代。希望你们珍惜青春年华，珍惜时代赋予的宝贵机遇，在奉献、奋斗和创造中领悟青春的瑰丽、人生的真谛和生命的价值，用自己的双肩担负起振兴祖国的历史责任，用坚定的信念撑起中华民族时代精神的脊梁。

附二：

成人誓词

我是中华人民共和国公民，在18岁成人之际，面对国旗，庄严宣誓：

我立志成为有理想、有道德、有文化、有纪律的社会主义公民，遵守宪法和法律，热爱社会主义祖国，拥护中国共产党的领导。正确行使公民权利，积极履行公民义务，自觉遵守社会公德。服务他人，奉献社会；崇尚科学，追求真知；完善人格，强健体魄，为中华民族的富强、民主和文明，艰苦创业，奋斗终生！

三、新时尚

自从中国实行改革开放政策以来，中外交流日益扩大，国民经济迅速发展，城乡居民的收入水平和生活水平不断提高，人们在衣、食、住、行、社会交往以及娱乐消费等方面，相继出现和逐渐形成一些新时尚。现择要介绍如下。

(一)衣着趋向优美、个性化

过去,中国老百姓的服装样式简单,颜色单调,大多数男士穿着蓝色中山装或列宁装。因此,外国人戏称中国人是"蓝蚂蚁"。但近二十年来,这种情况发生了巨大的变化,人们的衣着从单一走向多元化,服装的质地越来越考究,款式越来越新颖,色彩越来越丰富,美不胜收。

(二)饮食讲究质量、科学化

随着经济的蓬勃发展和"菜篮子"等工程的顺利实施,饮食品种逐渐齐全,商品数量日益充足,市场走向兴旺与繁荣。广大消费者的饮食观及饮食结构也随之发生了很大的变化。

过去,中国实行计划经济,许多商品凭票证限量供应。改革开放后,市场逐渐活跃起来,商品丰富、充足,百货大楼、超级市场、副食品商店里货物琳琅满目,人们只要有钱,想买什么就买什么,非常方便。

如今,大多数居民家庭的饮食观发生了变化,不仅要吃饱,而且要吃好,饮食消费从量的满足转向对质的追求。餐桌上的花样增多,有牛奶、咖啡、果汁、啤酒、白酒、葡萄酒、矿泉水等多种酒水供人们选用。人们的膳食结构正在改变,米饭、馒头等传统主食逐渐减少,肉、鱼、蛋、奶、植物油、豆制品、水果、蔬菜相应增加。部分家庭注意饮食科学化,根据人体需要合理安排饮食,摄取适量的蛋白质、脂肪、糖、维生素、矿物质和水。

(三)室内装修追求新潮、舒适

近些年,中国城乡居民的居住条件有了较大的改善,人均居住面积逐渐扩大。无数城镇居民从一居室住房扩展到两居室、两室一厅,不少家庭搬进了三室一厅,一些家庭甚至住上了三室两厅、四室两厅。

许多家庭拥有了宽敞或较为宽敞的住房后,便开始对室内进行精心装修。地上铺地板或地砖,墙上贴瓷砖或刷乳胶漆,天花板吊顶。客厅、卧室里不同形状的吊灯、壁灯、吸顶灯、床头灯以及五光十色的窗帘与精美的地毯壁挂,使家里充满了温馨和浪漫色彩;厨房装吊柜、无烟灶台以及配备电饭锅、微波炉等现代炊具,烹调既省时省力,又赏心悦目;卫生间安装浴盆、洗脸台、烘发器等,方便而舒适。此外,人们还在房间隔音、家具艺术化等方面下足了功夫,使居住环境更加舒适和安逸。

(四)化妆、美容之风日盛

随着对外交流的不断扩大和人们生活水平的提高,化妆不再仅仅是演员、空姐的专利,从营业员到乘务员,从白领丽人到普通市民,化妆之风盛行。早霜、晚霜、洗面奶、营养护肤品、增白霜、防晒霜以及香水、口红、睫毛膏等各种国产的、进口的美容品、护肤品、化妆品应有尽有。

近些年来,人们从最初的注意理发到讲究美发,从画眉发展到文眉、文眼线,从隆鼻发展到隆胸以及割双眼皮、切除眼袋、挖酒窝等一系列美容。

爱美之心，人皆有之，整形美容无可非议。不过，说实话，整容得当，的确可以美化容貌；但若整容不当，则会弄巧成拙。因此，整形美容应慎重，要因人而异。千万不要一味赶时髦、追潮流，以免事与愿违，后悔莫及。

(五)交通日益发达

近些年中国的交通业取得了巨大的发展，其中，公路建设和航空事业更是突飞猛进。目前，中国公路、铁路、内河航道、航线里程总长度已达 200 多万千米。人们上班乘车、乘地铁，旅行坐船、坐飞机，均很方便。

出租汽车行业在全国大部分城市中迅速崛起，仅武汉市就有 1 万多辆出租车。

随着中国轿车工业的崛起，购买小轿车已不再是一个难圆的梦，现在购买小汽车的家庭为数不少，准备购车者为数也不少。在城市和农村，虽然不少家庭购买了摩托车，有些家庭甚至购买了小汽车，但自行车至今仍是中国城乡居民常用的交通工具。

(六)都市兴起礼仪文化热

中国是一个具有五千多年历史的文明古国、礼仪之邦，尊老爱幼、讲究信义、以诚待人、先人后己等美德传承至今。近些年来，随着经济的大发展，人民生活水平不断提高。物质生活逐渐富裕起来的人们，对精神生活有着更强烈的渴求，从而自觉或不自觉地加入了精神文明建设的大军之中。

这些年，以贺卡(如贺年卡、生日卡等)为代表的礼品热日趋流行，它将人们的温情和祝福传至四面八方。遍布大街小巷装饰精美的礼品店和香气四溢的鲜花店，让人感到生活是多么美好。在都市，逢年过节，探亲访友，不再总是拎着罐头、水果，而送上一束康乃馨或红玫瑰已成为许多人尤其是青年人的首选。在政府和企业的社会活动中，礼仪的成分也明显加重。一些注重企业形象的企业、文化品位较高的公司，纷纷建立起自己的礼仪队伍和以礼仪表演为主要任务的管乐队、时装队等，既给都市增添了斑斓的色彩，又提高了企业的知名度和美誉度。礼仪文化已成为现代企业文化的一个重要组成部分。

礼仪文化热的另一重要标志，是教育文化领域和新闻出版界对它表现出的极大兴趣。例如，1995 年暑假期间，武汉大学开设礼仪文化课，预计会有 200 余人选修此课，没想到一下子竟来了 800 多名学生，教务部只好临时增开一个班，但蜂拥而至的学生仍把教室挤得满满的。而为了满足人们对礼仪知识的渴求，一批涉及礼仪文化的报刊及介绍礼仪知识的图书也及时面世，这对礼仪文化热的兴起和发展起到了推波助澜的作用。

如今，越来越多的人在社会交往中自觉使用礼貌用语，到别人家登门拜访时事先预约。自费到境内外旅游者也多了起来。节日里，报名参加集体婚礼的新人踊跃，电台、电视台生日点歌，逢年过节电话拜年和使用手机发短信拜年非常时兴。"英语热""考研热""出国热""创业热"和"健身热"在辽阔的中华大地上不断升温。此外，随着社会的发展与科技的进步，通过国际互联网发电子邮件以及网上聊天、交往等，逐渐成为新时尚。

【礼仪故事】

超凡脱俗的"超天婚礼"

1993 年 10 月 28 日，上海展览中心喷泉广场上，搭起了一个漂亮的鲜花彩台，中间簇拥着一颗用鲜花镶成的"爱心",上空高悬着"今生今世——超天婚礼"八个大字,超天集团和上海市公共关系协会联合主办的一场新颖别致、格调高雅的盛大婚礼正在举行。9对新郎、新娘中,有5位分别来自美国、瑞士、加拿大和中国香港。

广场上空,证婚人——著名电影表演艺术家白杨郑重宣布证婚词的声音响起。此后,新郎、新娘互赠戒指,拥抱亲吻。一块上下五层、直径1米多的特大蛋糕由9对新人分切,广场上响起洪亮的钟声。

——首次在大陆举行涉外集体婚礼;

——首次在上海展览中心喷泉广场举行大型婚礼;

——首次由一家企业和公共关系协会联合主办公益性婚典活动;

……

"首次",自然成为新闻热点,上海的大众传播媒介纷纷播发了这则新闻。超天集团策划的这次公共关系新闻产生了轰动效应,获得了极大的成功。

(资料来源:李荣建,宋和平. 社交礼仪[M]. 武汉:武汉大学出版社,2005.)

思 考 题

1. 古今汉族习俗有哪些异同?
2. 我国蒙古族习俗有哪些特点?
3. 我国近年来出现了哪些新时尚?

第十四章　外国习俗与礼仪

目前地球上有近两百个国家，各国风土人情均颇具特色。限于篇幅，本章仅对部分有代表性的国家和地区的习俗与礼仪进行简单介绍。

第一节　亚非国家习俗与礼仪

一、日本习俗与礼仪

(一)民族

日本列岛居住着约 1.28 亿人(2010 年)，其中大和族有 1.2 亿多人，占日本全国人口的 99%。阿伊努族是日本最古老的居民，现有约 2.4 万人，主要居住在北海道地区。此外，还有一些朝鲜人、华人、美国人以及少数英国人、加拿大人，在日本学习、工作和生活。

(二)语言

日本以日语为国语。日语与汉语有着悠久的历史渊源。从公元前 1 世纪起，中国的汉朝和日本就开始了友好往来和文化交流。在古代，日本民族只有自己的语言，而没有自己的文字。公元 5—6 世纪，日本人民开始借用中国汉字创造字母——假名。现代日语主要由 51 个假名和 1850 个常用汉字组成。

(三)姓名

古时候，日本只有贵族、豪族有带姓的资格，平民百姓则不准有姓，仅以兄弟排行加职称为名，如"太郎兵卫"。直到 1869 年的"明治维新"时期，为了编造户籍，平民才开始择姓。于是，地名(如田中、三木等)、住所(如山上、松冈等)都成了选作姓氏的依据。例如，某人家门口有棵松树，便姓松下。后来，子从父姓，妻随夫姓，世代相袭，沿用至今。据日本学者统计，"日本人的姓名有 80%是取自地名"。除此之外，有一些日本人的姓取自人体器官的名字或取自家具名、劳动工具名、职业、日月星辰及动植物名称。例如，姓"目"是取自人体器官，姓"机"是取自家具名，姓"除柄"是取自劳动工具等。

日本人的姓名和我国汉族人姓名相似，姓在前，名在后。不同的是，日本人的姓以两个字的居多，最常见者有铃木、左藤、田中、山本、渡边、高桥、小林、中村、伊藤、斋藤、加藤、山田 12 个姓。在日本最长的姓多达八九个字。

日本人起名字很讲究，一般在婴儿出生后的第七天，婴儿的父母便邀请婚姻介绍人、亲友、医生、助产士等举行小孩命名仪式。给男孩起名，较多选用表示英武的"雄""夫"，或表示吉祥的"喜""庆"以及"清""郎"等字；而给女孩起名，则较多选用表示长寿的"松""千代"等字和表示文雅的字，例如，"春""惠""美""芳"，再加上"子"字，构成"春子""惠子""美子""芳子"等名字。

日本人姓名一般利用汉字表示，这从一个侧面反映出中日两国人民的友好交往源远流长。

(四)宗教

日本人信奉的宗教，主要有日本的民族宗教——神道教及公元 5—6 世纪经中国、朝鲜传入日本的佛教。信仰神道教和佛教的人口分别占宗教人口的 49.6%和 44.8%。此外，还有数百万人信奉基督教，另有新兴宗教两三百种。全国除 8 万多个神社外，还有 30 多万个已经登记的宗教团体。据调查，日本按宗教类别划分的人口总数是全国人口的 2.7 倍左右。这说明，在日本一个人信奉两种以上的宗教的情况相当普遍，这是日本人宗教信仰的一个特点。

神道教最初以自然精灵崇拜和祖先崇拜为主要内容，后来吸收了某些儒家观念和佛教教义，从而形成了较完整的宗教体系。目前，神道教经常用于庆贺新年、祈求丰收、祈求新建房屋的安全、预防灾害等场合。此外，在神像面前举行婚礼的人相当多。

佛教在日本流传很广，佛教寺院共有 7 万余座，遍布全国各地，其中京都《三十三间堂》内的 1001 尊佛像被日本政府指定为文化国宝。大多数日本人形式上是佛教徒，但在家庭中，神龛与佛坛常常并放在一起祭祀。他们既进寺院烧香拜佛，又参拜神社。

基督教传入日本较晚，第二次世界大战后日本基督教徒人数激增。如今，不少日本人都选择在教堂举行婚礼。

(五)衣、食、住、行

1. 衣

和服是日本传统的民族服装，以高度的艺术性和独特的款式闻名于世。

和服宽大舒适、美观大方，特别是女式和服，色彩缤纷、图案美丽。图案上的花卉、人物、风景、动物栩栩如生、鲜艳夺目。

和服不用纽扣，用带子束腰和固定造型。女式和服背后的背包，常见的有正方形、长方形、蝴蝶形和花瓣形等，是由一根宽腰带结扎成的，用来起装饰作用，使人显得身材修长、风姿绰约。

日本妇女常在节日、假日、婚礼、葬礼、聚会等场合穿和服，在不同的季节、场合，分别穿质地、色彩、图案不同的和服。

日本女子在跳民间舞、串门或出席隆重的仪式时，与和服相配套，要穿一种名叫"草履"的草鞋。草鞋呈椭圆形，用草、皮革、布制作而成。而日本男子在夏季穿和式单衣时，特别喜欢穿木屐(称"下驮")。日本的木屐类似我国南方的木拖鞋，不同之处是木屐底下前后有两个齿支撑鞋底，上面用带子系住脚趾。

日本男士上班时大都穿西装，打领带。同样，日本大多数的职业女性和姑娘也穿西服套裙或连衣裙。

2. 食

日本人的饮食，有日本固有的"日本料理"(日餐、日本饭菜)、从中国传入的"中国料理"(中餐)和从欧洲传入的"西洋料理"(西餐)三种。日餐主食是米饭，副食是蔬菜和海产品。日本菜的特点是清淡。"日本料理"自古就被称为"五味、五色、五法的料理"。"五味"指甜、酸、咸、苦、辣;"五色"指白、黄、赤、青、黑;"五法"指生、煮、烤、烫、蒸。日本人以熟食为主,但也喜吃生食。日本著名的风味食品有生鱼片、寿司和鸡素烧等。这里略作介绍。

1) 生鱼片(刺身)

把鲜鱼(金枪鱼最佳)、鲜贝等切成薄片,蘸着放有山葵末(味似芥末,呈绿色)的酱油吃,配些鲜嫩的菜叶,如黄色的花、绿色的叶和青白相间的萝卜丝等,色味诱人,新鲜可口。

2) 寿司

将浇了醋的米饭捏成小团,然后在饭团里放各种生鱼片或生虾、生鱼子、黄瓜、香菇、菠菜、紫菜等,卷好后切成数块,蘸着酱油吃,鲜美爽口。

3) 鸡素烧

以牛肉(偶尔用鸡肉、猪肉)为主要原料,外加白菜、洋葱、大葱、芹菜、豆腐、粉丝等,放在锅里一起炖,炖的过程中加酱油、砂糖、清酒、盐等作料,炖好后盛起来。吃的时候先在碗里打一个生鸡蛋,然后放入鸡素烧搅拌着吃,吃起来滑溜溜的,别有一番风味。

此外,日本的名菜还有烤鱼、油炸大虾、鸡肉串、涮牛肉、汤豆腐等。

日本人一日三餐中较重视晚餐。传统早餐就是咸菜、酸梅(梅干)和米饭、酱汤。但不少日本人尤其是日本青年人早餐吃一块面包,煎两个鸡蛋,喝一杯牛奶或咖啡等,既简单,又方便。中午大多数日本员工在各自单位或单位附近吃饭,或在立式食堂站着吃碗荞麦面条或意大利宽面条,或在咖啡馆吃盒饭,或下饭馆进餐;学生则在学校吃午餐。日本人的晚餐较丰盛。不少家庭主妇都会做中国菜、西餐等,因此,晚餐虽然以日本饭菜为主,但常常辅以中式或西式烹调的菜肴。饭后还要喝茶,以助消化。

日本人喜欢喝酒,全国饮酒者有 5000 多万,几乎占全国人口的一半。日本人饮酒以啤酒、清酒为主,偶尔也喝威士忌、白兰地。通常在晚间开怀畅饮,有的日本人一个晚上下几家酒馆,下酒菜有一包鱼片干、一包牛肉干或一袋花生米就行了。

日本人对餐具很讲究,除了使用陶瓷、金银、木制器外,大多还使用比较保温的漆器。日本人比较注重美感,餐具形状也是多姿多彩,有扁有圆、有高有低、有八角形、有叶状等。日本人吃日餐、中餐时使用尖头筷子,吃西餐时使用刀子和叉子。

日本人进餐时,习惯于用筷子把饭碗里的米饭夹起来放进嘴里,而不是把饭碗送到嘴边,用筷子把米饭扒进口中。日本人请客时,头一个开始用餐的往往不是主人而是主宾,主人和其他客人都要等主宾拿起筷子后才能跟着拿起筷子。

3. 住

日本人的住房主要有两种类型:一种是钢筋混凝土结构的西式房屋,另一种是和式房屋。城市住房以前者居多,农村以后者为多。和式房屋占全日本房屋总数的一半左右,一般是一层或两层木结构房屋,有利于抗震、抗风、防潮。屋内以可移动的屏板分隔房间,装有滑动的拉门、拉窗,美观实用、古朴大方。木地板上铺有"榻榻米"(草垫子)和"座蒲团"(棉垫)。卧室里则铺"榻榻米"或摆设床,晚上把被褥铺在"榻榻米"上或床上睡

觉，白天将被褥和枕头收进壁橱里。在"榻榻米"上行走时不能穿鞋。在日本，不少家庭是西式客厅、和式卧室。

4．行

日本的交通相当发达，从陆路到水路，从天空到地下，构成一个立体交通网。

(六)婚俗与礼仪

1．婚俗

日本人的婚姻习俗经历了从访妻婚、招婿婚、一夫多妻制到一夫一妻制的演变。现在日本实行一夫一妻制，法定结婚年龄男性在18岁以上，女性在16岁以上。

1) 对象

过去，日本人的婚姻大事多由父母包办。现代日本青年则大都是自由恋爱，有在工作单位或社交场合相识的，也有经亲朋好友或婚姻介绍所介绍认识的。若是由媒人或电子媒人介绍，双方可在介绍人家中，或在旅馆、饭店、剧场、茶馆等场所"相对象"。相对象时，女子身穿高雅的和服或西装裙，男子西装革履，男女进行自我介绍和互相提问，诸如学历、单位、收入、兴趣等，时间以一小时为宜。之后，男方要主动送女方回家。两天或最迟一周内，男女双方要向介绍人报告相对象结果。若满意，请介绍人通知对方，以后继续往来； 如不同意深交，则可托介绍人婉言谢绝。

2) 订婚

男女双方经过3个月至半年的接触，假如合不来，可通过介绍人向对方提出停止往来；如果情投意合，便可订婚。常见的订婚仪式有以下两种。

(1) 若是男女双方不是经人介绍认识，而是自己认识的，一般由男方母亲前往女方家中送订婚彩礼并交换纪念品，可在双方中的一家或者饭店举行订婚礼交换仪式，还可以委托一位介绍人协理此事。

(2) 若是经人介绍相识的，通常由男方委托介绍人前往女方家中交换订婚纪念品，也可在介绍人家中举行交换订婚礼品的仪式。

订婚仪式上男女双方要交换三种物品：第一，交换纪念品。过去互赠鲤鱼，象征胜利，后来时兴互赠多种吉祥礼品。随着社会的发展，订婚礼品的内容也发生了变化。当代青年认为传统的做法烦琐，而选择简单、实惠的新潮做法，如互赠现金、互送戒指等。第二，交换家属名单，以免将来举办婚礼时因漏请而失礼。第三，交换健康诊断书，以便保证婚后生活幸福和下一代的健康。订婚后，订婚者要把订婚的消息印成明信片，赠送给亲朋和同事，以期得到亲朋、同事的祝福和社会承认。

3) 结婚

大多数日本人订婚1~2年后方才正式结婚，这一方面是为了进一步相互了解，同时也是为结婚做物质上的准备。

日本人自古以来就有讲究婚礼的习俗："宁省一生，不省婚礼。"

结婚季节以春秋之际为最佳，而大办喜事的日子则一定要选择在黄道吉日，若是吉日又巧逢节假日最妙。日本人结婚，大多数人要举行正式而隆重的仪式。结婚仪式通常有下列几种。

(1) 神前结婚式。即在神社的神殿或设有临时神殿的饭店举行。相当多的日本人选择这种传统结婚仪式。

(2) 基督教结婚式。即在教堂举行结婚仪式。

(3) 佛前结婚式。即在寺院举行结婚仪式。

(4) 自宅结婚式。多在新郎家中举行结婚仪式，新郎、新娘要用大、中、小三对酒杯对饮三杯交杯酒。

(5) 人前结婚式。这是一种简便的结婚式，多在会馆或饭店举行。仪式由聘请的司仪主持。通常的程序是：首先是新郎、新娘的父母、近亲入场，然后媒人陪同新人双双入场。司仪宣布结婚仪式开始，接着请媒人或司仪简单介绍新人的恋爱经过；新郎、新娘宣读永远相爱、白头偕老的结婚誓词，交换结婚戒指；大家鼓掌，干杯庆贺。

(6) 古风淳朴的乡村结婚式。前五种结婚仪式结束后，要举行"披露宴"。所谓"披露宴"，即将新人成亲的喜讯透露给来参加结婚仪式的广大亲朋的喜庆宴会。披露宴规模较大，参加者除了结婚仪式的出席者外，新郎、新娘的远亲好友、同学、同事等，凡接到请帖者均可入席。披露宴在司仪指挥下按程序进行。首先，宾客举杯恭喜新人新婚快乐。随后，介绍人发言，介绍新郎、新娘的情况及恋爱经过等。此后，主宾致辞，祝贺二人喜结良缘，祝愿新婚夫妇婚后幸福。接着新人致谢，家人致谢。此后大厅里响起欢乐的婚礼进行曲，新郎与新娘一起切开结婚蛋糕，全体宾客开始进餐。这时身穿和服、头戴蒙头纱巾——"角隐"的新娘要更换一次服装，故暂时离席。当身着西式白色婚纱礼服或漂亮的普通服装的新娘再次入场前，应把桌上的灯熄灭，新郎新娘再次点燃。这时司仪请致贺词的人发言。在进餐过程中，新郎新娘要逐桌向来宾敬酒。此后，司仪宣布新郎新娘向双方的父母献花致谢。然后，来宾可即席诵诗、唱歌等。披露宴一般持续两个小时左右。客人离去时，主人要送来宾每人一份礼物，里面通常装有数千日元的路费。

婚礼后，许多新婚伉俪去外地进行一周左右的蜜月旅行，大都选择环境幽静、气候宜人的岛屿。作为度蜜月的圣地，日本青年人最热门的去处是美国的夏威夷。

2. 礼仪

1) 礼仪教育与社交礼仪

在日本，小孩子从会说话起就开始接受父母、亲属的礼仪教育。小学生入学后，要接受学校的礼仪教育。在小学生守则上，有关待人接物的规矩都写得清清楚楚。礼仪是日本中学生的必修课。日本青年走上社会后，还要接受工作单位的岗前培训和礼仪训练，从发型、衣着、坐立姿势、鞠躬角度、打电话和接电话的口气与表情，到怎样带路和开门以及如何奉茶、如何与主管谈话等都有一定的规矩。许多单位还将厚达数百页的礼仪手册发给新职员，借此规范他们的行为举止，以提高他们的礼仪水平。此外，日本还有不少团体和个人积极提倡、组织开展礼仪活动。

日本人平时见面互致问候，行鞠躬礼，15°是一般礼节，30°为普通礼节，45°为最尊敬礼节，只有老朋友久别重逢才一边握手，一边鞠躬。初次见面，要行90°的鞠躬礼，男士双手垂下贴腿鞠躬；女士一边将左手压着右手放在小腹前鞠躬，一边说"初次见面，请多关照"，然后互相交换名片。交换名片时，年纪较轻和身份较低的人先递上名片。

日本人在社交场合特别注意仪表的美观，勤修边幅，保持衣着整洁。天气炎热时穿衬

衣不卷袖子，在公共场合不穿背心。日本人讲究坐立姿势，讲话低声细语，措辞含蓄婉转，笑不露齿。接电话时，当对方通报姓名后，自己也会迅速自报单位、姓名。通话完毕，等拨号者先挂断，自己才放话筒。

在日本，根深蒂固的等级观念与盘根错节的集团意识已浸透到社交活动中。日本人相当重视等级观念，在工作单位里，下级对上级毕恭毕敬；在社交场合，对地位比自己高的人要用敬语称呼，交谈中使用的动词也要用敬语。不论举行何种性质的集会，与会者各自谦让一番后，最终总是按最恰当的等级次序落座。此外，不少日本人有相当强的集团观念，注意集团内外有别，即使平时对集团领导人有意见、牢骚满腹，但与集团外的人接触时，也总是说自己集团的好话；在作自我介绍时，也是突出介绍自己所在的集团，而简单地介绍自己。由于强烈的集团意识，导致一些谨小慎微的日本人局限于内部交流的小圈子里，而较少参与集团外的横向交流。

2) 社交10条

日本人认为谦恭是一种美德，他们提倡在社交中克制自己、尊重他人，并总结出以下10条礼俗。

(1) 忘掉自我。

(2) 切莫自夸和自我吹嘘。

(3) 要尽量避免议论别人。

(4) 说话要有条理，表达清楚。

(5) 避免使用直接性语言。

(6) 避免攻击他人。

(7) 避免道破他人的秘密。

(8) 不显示自己曾施惠于他人。

(9) 不忘记自己曾接受过他人的恩惠。

(10) 不可说大话。

3) 送礼礼仪

日本人在社交活动中非常重视送礼和还礼。日文中"馈赠"一词写作"赠答"。遇红白喜事送礼，访亲探友、做客赴宴要携带礼物。此外，还有季节性送礼习俗。每年仲夏，下级给上级、晚辈给长辈、孩子给父母送礼，以表谢意；每年岁末，上级给下级、长辈给晚辈，大人给孩子及孩子的老师送礼，以示关怀。日本人送礼的内容丰富多彩，礼品包括土特产、工艺品或其他有实用价值的东西。日本人送礼时喜欢单数，礼品讲究装潢，往往要包上好几层，再系上一条美观的红白纸绳和缎带。送礼时要双手捧着送上，受礼也应用双手，并要微微鞠躬。日本人很注重礼尚往来，除了办丧事等特殊情况接受赠礼后不宜立即还礼外，一般都要尽快还礼，或等待适当的时机给予回报，所赠礼品的价值应与赠礼价值大体相等。

为了保持关系和增进情谊，日本人在新年来临前夕纷纷给亲友师长寄贺年卡。此外，许多日本人讲究礼节性书信往来，如按照时令寄早春(或梅雨、暑期、寒冬)书信，根据不同情况寄祝贺信、慰问信、感谢信、通知信等。

4) 家访礼仪

在日本，到他人家中做客要预先和主人约定时间并按时赴约。进门前要按电铃、通报姓名。进屋前，主动摘帽、摘围巾、脱鞋、脱大衣。寒暄后，即把礼品献给主人。做客时要讲礼貌，未经允许不得擅自进入人家的卧室、厨房。交谈完毕和茶余饭后，由客人主动表示谢意和提出告别。回到住所后要打电话告诉对方，并再次致谢。

3. 禁忌

日本人举止庄重，谈吐文雅，图吉利，避凶祸，在日常生活和社会交往中有不少忌讳，现归纳如下。

1) 语言忌

参加别人的婚礼时忌说"完了""断绝"等词；参加葬礼时，忌说"频繁""又"等词。与男士交谈时忌问收入、物价等；与女士谈话时忌问年龄及婚配情况。对老人忌用"年迈"等字眼。和残疾人谈话时忌说"残疾"之类的词语。应称盲人为"眼睛不自由的人"，称聋子为"耳朵不自由的人"，称哑巴为"嘴巴不自由的人"。众人一起评论他人时，忌谈他人的生理缺陷等。

2) 数字忌

日本人对数字的吉凶概念很敏感，忌讳 4(与"死"发音同)、9(在日语中有一种发音同"苦"字谐音)。因此，在喜庆场合和剧场、影院、医院等场所，一般不使用这几个"不吉利"的数字。

3) 衣着忌

在正式场合忌衣着不整。参加别人的婚礼时，男士宜穿黑西服，系白领带；女士宜穿色彩明快的服装，但艳丽的程度忌超过新娘的服装。参加葬礼时，男士应穿黑色西装或燕尾服，系黑色领带；女士应穿黑色套装或黑色连衣裙，忌衣服颜色过于明快。

4) 筷子忌

日本人一家人或亲朋好友围坐在一张桌子上吃饭的时候，忌舔筷(用舌头舔筷子)、迷筷(拿筷子在餐桌上晃来晃去)、移筷(连续夹两种菜)、扭筷(扭转着筷子用嘴舔粘在筷子上的饭粒)、插筷(用筷子插着菜送进嘴里)、掏筷(用筷子从菜的当中扒开挑菜吃)、跨筷(把筷子跨放在碗、碟上面)、剔筷(用筷子当牙签剔牙)。

5) 邮信忌

日本人忌邮票倒贴。向受灾人发慰问信时，忌用双层信封。折叠信纸时，忌将收信人的名字头朝下。

6) 馈赠忌

日本人赠送礼品时，忌赠送容易破损的陶瓷、玻璃制品。最忌讳以梳子作礼品。

7) 颜色忌

日本人忌绿色，认为绿色是不祥的颜色，因此忌用绿色作装饰色；忌紫色，认为紫色不牢靠，因此忌用紫色纸或紫色布包装食品等。

此外，在商品上，日本人忌用荷花(丧花)、狐狸(贪婪)、獾(狡诈)等图案。

二、韩国习俗与礼仪

(一)民族

韩国是单一民族国家。2011 年，韩国全国总人口为 5051.1 万人。

(二)语言

韩国以韩语为国语。韩国人使用的主要语言韩语中，含有大量中文词汇。此外，英语在韩国也比较普及。

(三)姓名

韩国人姓名的组成、排列顺序与中国汉族人的姓名基本相同，都是姓在前，名在后。韩国人的姓名一般由三个字组成，其中姓金、李、朴、崔、郑的人数最多。称呼他人时，用头衔、职称或尊称称呼，不应直接称呼其名。不了解对方时，可用先生、夫人、小姐等称呼。

(四)宗教

韩国是一个多宗教的国家，50%左右的人信奉佛教、基督教等宗教。此外，韩国民族宗教(萨满教)以及新兴宗教(统一教)和其他宗教，也有不少信徒。

韩国的宗教大多是外来宗教，如诞生于印度，后经由中国传入的佛教；来自中国的道教；来自阿拉伯的伊斯兰教以及西方的基督教等。萨满教也叫巫教，是韩国最古老的土著宗教。在外来宗教传入韩国之前，古代韩国人的全部宗教活动就是萨满教的自然崇拜、祭天仪式、祖先崇拜、巫俗信仰等。他们相信世上万物都有灵魂，各类神灵都具有不同的属性和功能，它们的地位是平等的。因而萨满教与其说是一种宗教，不如说是一种非制度化的民俗。韩国新兴的大部分民族宗教不仅吸收了儒家、佛教、道教的教理，也吸收了基督教的教理，新兴宗教"统一教"的名字，则取自统合所有宗教神灵之意。

佛教传入最早，影响最大。佛教通过与其他宗教信仰体系，特别是与韩国民间信仰的亲和实现了韩国化，韩国的佛教寺刹里供奉着萨满教的山神即是证明。圆佛教作为韩国民族宗教之一，在教理上与佛教根本不同，但佛教能接受圆佛教作为自己的宗团，显示了韩国佛教的宽容性。佛教与基督教一直存在着矛盾与摩擦，对此，韩国佛教团体不是采取排斥、敌对的态度，而是以基督教团体为榜样和竞争对手，在许多方面采取基督教的做法，例如，加强对俗家弟子的重视，通过大学、印刷品和广播媒体等进行宣传、布教，普及佛教仪式及用语，就如同基督教普及圣歌一样。

在韩国，基督教的规模和社会、政治影响力巨大，但至今尚未摆脱外来宗教的形象。但随着天主教实行简化礼仪、韩国语弥撒、教会韩国化等措施，天主教的影响有所扩大。

此外，中国的儒家思想对韩国人的家庭观念和伦理道德也有较大的影响。

(五)衣、食、住、行

1. 衣

韩国传统的民族服装有上千年的历史。男装宽袖短褂、长袍，裤子肥大。长袍在前右侧交叉，由长带结成蝴蝶结系住，裤腿口有带子束在脚踝处。女装为宽松短衫和高腰长裙。宽松短衫在前面交叉，由长带结成蝴蝶结系住，高腰长裙则系在胸部，脚上穿白色袜子和船形鞋。传统的韩国服装不用纽扣、拉链或领钩、裤钩，而用带子系住。以前，大多数韩国人平时喜欢穿白色衣服，节日期间穿颜色鲜艳的服装。不少男士爱戴帽子。韩国人

现在的服装是传统民族服装和新式流行服装并存。城市里,男士平时以穿西服为主,只有在出席重要的集会或庆祝盛大的节日时才穿传统的民族服装。在农村,大多数老年男子仍喜欢穿民族服装,少数老年人戴斗笠、穿长袍;中老年妇女喜欢穿民族服装,穿带钩的船形胶鞋。在日常生活中,年轻人大多穿流行服装,只是在按传统仪式举行婚礼时,新郎、新娘才穿传统的民族服装。

2. 食

韩国的食品以辣为一大特色,另一个特色是少油。韩国人的日常伙食比较简单,一般就是米饭、泡菜再加一碗汤。韩国米饭白而香软,吃起来十分可口。韩国人生活崇尚简朴,在吃的方面比较随意,唯独对泡菜情有独钟。

韩国泡菜的种类较多,按季节可以分为春季的大白菜泡菜、夏季的黄瓜泡菜、秋季的萝卜泡菜、冬季的辣椒泡菜。韩国人做泡菜的材料五花八门,最常见的一种是大白菜泡菜,红艳、清香,保持了原有的水分,吃起来辛辣却没有苦涩的感觉。韩国家庭一般有腌菜的器皿,自己腌制各种泡菜,随时取用。每到初冬,韩国几乎家家户户开始制作泡菜。以最常见的大白菜泡菜为例,先把一棵棵大白菜放在盐水里泡一两天,然后取出用清水洗干净,用辣椒粉、蒜、姜、葱、白糖、芝麻、鱼虾酱等十多种作料拌成的底料一层层涂抹在白菜上,然后再一层层包好,装入菜坛或者菜缸里密封好,发酵一个月左右,便成了爽口、酸辣的韩国泡菜。如今,韩国人已经开发出泡菜沙拉、快餐泡菜等新品种,从而更适应了生活节奏加快的人们的需要。

除了泡菜外,韩国人还非常喜欢吃烤肉。烤肉的种类很多,如烤牛肉、烤牛排、烤五花肉等,其中最常见的是烤牛肉。吃烤肉时,生菜、芝麻叶、生蒜及小青椒是不可少的,尤其是用芝麻叶包烤肉,别有一番风味。

3. 住

韩国的居住条件较好,通过 7 个五年计划的实施,韩国缺房问题得到很好的改善。住房普及率逐渐从 1990 年的 72.4%增加到 1997 年的 92%。如今,韩国的住房普及率几乎达到 100%。

韩国城市中的房屋可以分为公寓和住宅两种。公寓多数为高层建筑;而住宅多数为单门独户的两层小楼,有自家的花园和停车场。

由于韩国多雨,所以传统住房一般要高出院内地面,以防潮湿。各地还根据不同气候,设计和建造"O"形、"L"形和"一"形等多种样式的住房。

4. 行

韩国交通运输发达,随着经济的发展,交通运输量迅速增长。全国已建成铁路网和高速公路网。

(六)婚俗与礼仪

1. 婚俗

过去韩国人的婚姻多由媒人搭桥,父亲做主。如今,大部分韩国青年自由恋爱,结婚前须征得父母同意。一般韩国人结婚时,新郎、新娘职责分明:男方准备新婚住房,女方准备家用电器以及日常用品。过去,韩国人的婚礼通常在新娘家举行;如今,韩国人的婚礼多数在婚礼厅举行。韩国人的婚礼一般在周末或礼拜日举行。婚期选择双日,忌单日。婚礼仪式结束后,还要在附近饭店举行宴会,宴请各位来宾。

目前,大多数韩国新婚夫妇的旅行目的地是风光秀丽的济州岛。此外,泰国以及太平洋中部的岛屿也成为新婚夫妇们爱去的地方。新婚旅行一般持续 3~7 天。新婚夫妇旅行归来后,先在新娘家住一夜,第二天回新郎家。现在的韩国年轻人一旦结婚,就离开父母家,营造自己的二人世界。

2. 礼仪

大部分韩国人热情、好客,性格开朗,彬彬有礼。韩国人重视礼节,尊老爱幼,讲究等级(职务和头衔)和男女有别。

1) 尊老礼仪

韩国社会具有"尊老"传统。在韩国的公共场合,年轻人与年长者打交道,必须表现应有的礼节:无论是认识的还是陌生的,让座、让道,使用敬语,表示谦恭的姿势。而年长者则要表现出尊严,对看不顺眼的事可直接指斥。除了地位高低以外,一般来说,年龄关系大于其他关系。在韩国,年轻人不能在年长者面前吸烟,否则会被认为是一件非常失礼的事情。万一正在吸烟时碰到年长者,也应马上把拿烟的手藏在背后,等年长者走了以后再吸。在韩国,谁要是"没大没小",会被看成粗俗无礼之辈。

2) 着装礼仪

在韩国,大学男教师必须穿西服,打领带,即使在夏天穿短袖衬衣,也一律打领带。一位教师衣着端庄、仪表整洁,不仅是为人师表者的仪容所要求,而且也是对学生的尊重。此外,韩国公务员和公司职员等,也十分讲究着装礼仪。

3) 饮食礼仪

韩国人吃饭,一般要等长辈先动筷,晚辈才能动筷。吃饭时,要安静地坐着吃,不可喋喋不休。进餐时,晚辈不能正面对着长辈喝酒,而是应该侧身 90°左右喝酒。韩国人非常重视环保,环保意识较强。在韩国大大小小的餐馆,包括学校的教师餐厅、学生餐厅,一律使用金属筷子。由于金属筷子夹食容易滑动,所以厂家特意在筷子下端制成锯齿形状。韩国禁止使用一次性木筷,认为一次性消费浪费太大,不利于生态环保。因此,韩国所有餐厅的水杯都是金属杯子,而不提供一次性纸杯。

4) 见面礼仪

在社交场合,韩国男士一般先鞠躬再握手。男士一般不主动和女士握手。在社交场合,女士很少握手,但如果女士先伸出手,男士也应该和她握手;年少者见到年长者、下级见到上级要先鞠躬,待对方伸出手后再握手;初次见面的两个韩国人,通常先仔细阅读对方的名片,再比较彼此的年龄,然后才正式开始交谈。

3. 禁忌

(1) 韩国人忌讳数字4,因为在韩语中,4 和"死"的发音一样。

(2) 韩国人聚会时,除了专业女歌手外,忌讳随便邀请女性唱歌。

(3) 韩国人说话比较直率,但是在公共场合和社交活动中,他们忌谈国内政治、宗教问题。

三、泰国习俗与礼仪

(一)民族

泰国是一个多民族国家,全国有 30 多个民族。其中泰族(也称"暹罗人")是泰国的主体民族,占人口总数的 40%,老挝族占 35%,马来族占 3.5%,高棉族占 2%。此外,还有华人、华泰混血人。

(二)语言

泰语为国语,通用英语。

(三)姓名

泰国人的姓名分为姓和名两部分,名在前,姓在后。如乍仑·拔达蓬,乍仑是名,拔达蓬是姓。在社交场合,通常只呼其名,而不叫姓。但出于礼貌,要在其名前加一个字"坤"(意思为先生或女士),如称呼乍仑为坤乍仑,即乍仑先生,以表示尊敬。

在古代,泰国人有名而无姓。到了近代,泰国人才开始用姓。由国王赐予姓,被认为是一种荣耀。此外,还有以居住地等为姓的。如今,泰国人习惯子继父姓、妻从夫姓(男方到女方入赘,也是妻从夫姓)。

泰国男性的名字多选择英武、美好的词,例如,巴裕是"战斗"的意思,巴色是"卓越"的意思;而女性的名字则以文雅、动听为其特点。

(四)宗教

泰国以佛教为国教,泰国居民 90%以上信奉佛教。马来人信奉伊斯兰教,属逊尼派。泰国有基督教徒 20 多万人。山区一些少数民族仍保持原始信仰。

泰国现有佛寺 2 万多座,有 9000 多所中小学设在寺院内。在政府制定的中小学教科书中,还包括佛教的伦理、拜佛常识、寺院祭奠和加入僧籍的手续等内容。

泰国男子,上至王公贵族,下至平民百姓,信佛者成年后必须举行出家剃度仪式,过一段剃发为僧的生活,少则 3 个月,多则一生。否则,国王不得执政,贵族不得袭爵,平民不得结婚。成年女子也要举行剃度仪式,但不必住寺,而在家中恪守佛律、八戒。

泰国的宗教色彩相当浓厚,崇佛拜佛是泰国人生活的显著特点。佛教徒人人胸前挂一个小佛像,家家大门旁设土地神龛。神龛多用金箔和瓷片筑成,大小不一。每天清晨,佛教徒手捧佛饰合十祷告;每家女子开门后第一件事就是把一束鲜花或一只鲜花环献于家门外家庙的佛像前。每天夜晚睡觉前,佛教徒也要拜佛祷告。而僧侣是不干活的,每天早晨化缘,人们给他们施斋,奉献新鲜饭菜和传统糕点、蕉叶糍粑等。此外,僧侣在守夏节接受佛教徒奉献的糖、牙膏、牙刷、肥皂、浴巾和僧衣、袈裟等日用品。

(五)衣、食、住、行

1. 衣

泰国男子一般穿衬衫、长裤。泰国女子上身穿长袖短衫,常披披巾(亦称围幔);下身多穿筒裙。泰国各族妇女筒裙的颜色有所不同,例如,腊佤族妇女喜欢穿长到膝盖的白上衣和黑底红花纹的筒裙;而克木族妇女则喜欢身穿齐腰的黑色上衣,下身着有多种花纹的筒裙。如今,喜欢穿长裤的妇女逐渐增多。

在泰国,人们到庙里烧香拜佛或参观访问必须衣冠整洁。进庙前,得先脱鞋。若穿背心、裤衩进入庙内,则被视为亵渎神灵。

2. 食

泰国气候炎热,盛产大米,因此,泰国各族均以大米为主食。泰国人喜欢吃鱼、鸡、鸭、猪肉、鸡蛋等;菜肴多为煎、炸、炒、烤,以酸、辣、鲜、冷为特点。

泰国人爱吃酸东西,例如,他们有一道名菜即为"酸猪肉"。此外,他们十分喜欢喝酸辣汤,而住在海边的泰国人,则几乎顿顿少不了渍酸鱼。

泰国人爱吃辣味,无论在城市还是农村,用虾酱、蒜、辣椒、柠檬等原料制成的辣椒酱,是家家饭桌上不可缺少的调味品。他们的传统食品——米线也要浇辣汤吃。他们还喜欢喝椰浆辣汤,几乎是无辣不下饭。

泰国人常吃的蔬菜是青白菜、南瓜、黄瓜、豆荚、豌豆、芭蕉蕾、含羞草以及各种鲜嫩的菜类野生植物。剁生牛肉也是泰国人喜爱的美味。

泰国人习惯吃冷食,如凉菜、冷面等。他们不仅喝茶放冰,而且饮用其他饮料,如可口可乐、水果汁、啤酒、咖啡等也放冰块。

泰国人一般7点左右吃早餐,12点左右吃午餐,下午6点左右吃晚餐。早餐喜欢吃猪油糕、甜面包、水饺、汤面和西式点心。他们的家常饭还有咖喱饭、米粉面条、肉末炒饭等。此外,香甜可口的粉蕉糯米粽子和花汁粽子也是泰国人喜爱的食品,而香喷喷的泰式春卷和可口的炸香蕉,则是他们的风味小吃。槟榔和榴莲是他们最爱吃的水果。

3. 住

泰国人的传统住宅是高脚屋,又称高脚楼。高脚屋是一种用桩柱支起、下部架空的两层建筑。上层住人,下层圈养牲畜和放置家什、农具等物品,中间有楼梯与地面连接。楼梯级数多为单数。房子的墙绝大多数都是用宽竹篾编的席子做成。地板用竹板拼成。房顶呈人字形,材料通常是竹子和稻草。无论主人或客人,必须先脱鞋才能进屋。上层一般由正屋、阳台和过廊三部分组成。正屋为住房,阳台是会客或者举行各种仪式的地方,人们可以站在过廊上眺望。高脚屋的支柱平均高1.5米,这样既通风,又可以防野兽、防潮湿,还可以避免积水为害。现在,城市居民大多住进了楼房,但部分农村居民仍然习惯住高脚屋。

泰国河流很多,纵横交错,因此,以前许多生活在湄南河和蒙河两岸的泰国人家曾居住在建在临靠岸边的水上浮屋里。水上浮屋的上层与高脚屋相同,不同之处是建在竹筏或浮箱上,用铁链固定在埋入岸边水底的圆木上。需要搬迁时,解开铁链子,整座房屋便可漂移。19世纪初,曼谷的水上浮屋曾多达7万栋。如今,原住在水上浮屋的居民多弃水登陆,水上浮屋所剩无几。

4. 行

泰国人出远门大都乘坐各种机动车辆,但有时骑在大象背上一摇一颠地缓行,也颇为风光和别有情趣。

(六)婚俗与礼仪

1. 婚俗

现代泰国人多为自由恋爱,自主婚姻,但在农村一些地方,仍保留着问婚习俗。

问婚即男方请媒人前往女方家提亲。女方家长同意或认为这门亲事值得考虑,便询问男方品行及家境,然后给媒人明确答复,并一起商量定聘之事。

婚事确定后,要选定婚期。泰国人认为双月为新婚佳期,取"双"的吉利。因此,结婚多选择在2月、4月、6月、9月(泰语中,9与"发展"一词同音)、10月、12月进行。而在这几个月份中,泰国人认为星期一和星期五是良辰吉日。不过,现在有不少青年人不拘泥于这些习俗,而根据个人意愿和方便决定婚期。

泰国城市青年的婚礼比较简单。举行婚礼时,身穿结婚礼服的新人首先燃香、拜佛,然后,跪拜祖宗神灵,拜谢双方父母和长辈。和尚或父母用一壶清水浇在新人相合的手上,亲友赠送香蕉、甘蔗等礼品,祝愿新婚夫妇美满幸福。

农村青年的婚礼较复杂。热闹成婚之日,新娘家要斋僧、布施。上午11点,新娘家请有身份的人士携带荤食,前往新郎家通报并请迎亲队伍出发。于是,新郎便带着彩礼盘和槟榔盘等礼品到新娘家成亲,迎亲队伍出村前和到达新娘所在村庄时各鸣放一枪。一路上,迎亲队伍敲锣打鼓、载歌载舞。在新娘家楼梯口,伴娘们设"银门""金门""玉门"三道门,新郎欲过门,须拿钱"买路",然后方可登楼进屋。女方收下彩礼盘等礼品,宴请参加婚礼的宾客。接着举行婚礼。

婚礼中,先后要举行戴双喜纱圈、洒水、拜祖宗神灵、铺房和入洞房等仪式。新人首先燃香、拜佛,然后坐在矮榻上,双手合掌向前伸出,准备接受洒水,下方放有接法水的盆。婚礼主持人(多为和尚)在新人头上戴上由圣纱连接的双喜纱圈,祝他们吉祥如意,然后将法水洒在新人的手上,祝新婚夫妇白头偕老;接着参加婚礼的客人依次为新人洒水祝福,而后由亲戚洒水祝福;最后长者为新人拿去纱圈,结束洒水仪式。此后,仪式主持人分发一些小礼物给客人留念,并请新郎进入室内。女方父母将白布铺于室内中间,并摆上椰子酒和拜神布。新郎点燃两支蜡烛、两炷佛香,然后与新娘一起礼拜祖宗神灵。三拜祖宗后,新郎还要跪拜女方父母及女方其他长辈。此后进行铺床仪式。新娘请一对老夫妻(必须是儿女双全、德高望重的恩爱夫妻)来铺床。铺床人要为新人扫床铺、铺被褥、摆枕头、挂蚊帐,并在新人床上躺一下,说些祝福的话。铺床仪式结束后,新娘父母或铺床夫妻送新娘入洞房,并教导新婚夫妻要相亲相爱。第二天清晨,新婚夫妇要一起拿饭菜去斋僧。

在昔日的泰国婚俗中,新郎要独守洞房三夜、五夜或七夜,现已简化该程序,婚礼多在一日内完成。

2. 礼仪

1) 合十礼

泰国人见面时一般不握手,而是行合十礼,并互道一声"沙越里"(泰语音译,意思为"安乐吉祥")。合十礼源于佛教的合掌礼。行礼时双手合掌,十指并拢,置于胸前,手掌尖对鼻尖,微微低头。晚辈见长辈时双手举至眼部;平辈相见举至鼻部;长辈对晚辈还礼时举至胸前。地位较低或年纪较轻者应先行礼。行礼时动作缓慢有度。当一方致意时，受礼者应还合十礼。泰国人告辞时也互致合十礼。但是，现在泰国政府官员、知识分子见面时常握手问好。

2) 新屋落成仪式

泰国人在新屋建成后要举行庆祝仪式，以求平安。仪式的主要活动是清晨僧人诵经。诵经时，要用法纱环绕新屋，法纱的一端由僧人执在手中，据说此举可以驱邪避灾。僧人诵经后，将法水和沙子撒在新房四周。此后，新屋主人向僧人布施斋饭以及日常用品，并宴请前来祝贺的亲友。

3) 生日燃烛式

泰国人大都重视过生日。在过生日的前夜，往往要举办燃烛式。点燃两支长长的蜡烛，其中一支必须与过生日者一样高，以祈健康长寿。

许多泰国人讲文明、讲礼貌；老人和蔼可亲；青年人彬彬有礼；妇女谦恭端庄，脸上常带着友好的微笑。泰国人讲话轻声细语，举止温文尔雅。泰国人讲究礼仪，例如，泰国平民遇见王室成员或高僧须行下跪礼，而王室成员和高僧则无须还礼；行人从坐着的人身边经过时要略微躬身，以示礼貌；长者在座，晚辈应坐地或蹲跪，头的高度不可超过长者。此外，泰国人的拜师仪式也相当隆重。

3．禁忌

1) 头部忌

泰国人十分重视头部，认为头部是人的智慧所在，是身体最重要的部位，是神圣不可侵犯的。随便用手触摸他人的头部，被视为是对他人的极大侮辱。即使对小孩表示亲昵，也不要随便抚摸头部，以免给小孩带来"噩运"。

2) 门槛忌

到泰国朋友家中做客，进门时要小心跨过门槛，万万不可踩着人家的门槛。泰国人认为门槛下住着神灵，断不可冒犯。

3) 红色忌

在泰国，人们用红笔将死者的姓名写在棺木上。因此，泰国人忌用红笔签名，认为红色是不吉利的。

4) 鹤、龟忌

鹤和龟的图案在泰国是不受欢迎的。鹤被视为"色情"鸟，龟则被视为男性"性"的象征。因此，泰国人忌讳这两种动物以及印有其形象的物品。

5) 发怒忌

泰国人讨厌在公共场所勃然大怒的人。在社交场所大发脾气的人，常常会失去朋友；在商务活动中容易发怒的人，往往会丢掉生意。

四、菲律宾习俗与礼仪

(一)民族

菲律宾是一个多民族国家，现有居民9401万(2010年统计)，分属90多个民族。马来族占全国人口的 85%以上，包括他加禄人、伊洛戈人、邦班牙人、维萨亚人和比科尔人等。人口较多的民族还有摩洛人(245 万)等。人数较少的山区民族有 60 多个，总计 200 万。此外，华侨、华裔和菲籍华人有 100 多万。

(二)语言

使用拉丁字母的菲律宾语(以他加禄语为基础)是菲律宾的国语，英语为官方语言，使用较广泛。另有语言 70 多种，其中比较重要的地方性语言有比萨扬语、伊洛科语和比科尔语等。摩洛人使用阿拉伯语。华人内部交流使用汉语。

(三)姓名

菲律宾人的姓名由姓和名组成。由于西班牙统治菲律宾 300 多年，所以菲律宾人的姓多半是西班牙姓。子承父姓，妻从夫姓，排列的顺序是名在前，姓在后。例如，费迪南德·马科斯，费迪南德是名，马科斯是姓，在社交场合，可以称他为马科斯先生(或总统等)。但对亲友、熟人，要叫其名或爱称，而不必叫他的姓。

绝大多数菲律宾人出世不久，就由教堂神父取名，因此他们的教名也就是生名。不过，也有一些菲律宾人根据自己的爱好或历史人物给自己取名。菲律宾部分少数民族的人名则与之不同。例如，菲律宾南部的摩洛人，受阿拉伯人风俗习惯的影响，男士大多取阿里、穆斯塔法等阿拉伯名字。

(四)宗教

菲律宾国民约 84%信奉天主教，4.9%信奉伊斯兰教，少数人信奉独立教和基督教新教，华人多信奉佛教，原住民多信奉原始宗教，崇拜自然神、鲜鱼和鸟类等。

(五)衣、食、住、行

1. 衣

现代菲律宾男士上身多穿一种名叫"巴龙"的丝质紧身衬衣，下身则穿西装长裤，通常把衬衣下摆放在裤子外面。女士的服装叫"特尔诺"，是一种圆领短袖连衣裙，腰细下宽，两袖挺直，两边高出肩，宛如蝴蝶展翅，所以也叫"蝴蝶服"。因布料质地薄而透明，所以加穿内衣为汗衫。男女学生则通常穿 T 恤衫和西装短裤。摩洛男子通常穿紧身短上衣和肥大的灯笼裤，头戴白色小圆帽，外出时系腰带，佩带短弯刀；而妇女上穿长袖对襟的衣衫，下穿裙子或纱笼，喜欢戴色彩鲜艳的头巾和镯子、项链、耳坠等首饰。阿埃塔男子穿窄的遮裆布，妇女穿长围裆布或裙子，手腕、脚腕都戴上用野猪獠牙串成的镯子，鼻子和耳朵穿戴野猪獠牙和木圈。

2. 食

菲律宾人的主食是大米和玉米，米饭用瓦罐或竹筒煮熟，味道清香。菲律宾的椰子产量居世界首位。许多菲律宾人喜欢用椰子汁煮饭和煮木薯，并用香蕉叶包饭，别有风味。菲律宾人把玉米晒干后磨成粉，然后做成各种食品。副食是各种肉、海鲜和蔬菜等，喜欢香辣味道。菲律宾的名菜有醋焖鸡、咖喱牛肉、虾子煮汤、肉类炖蒜、炭火烤乳猪等。居住在城市的上层家庭则大多吃西餐。市民 7～8 点用早餐，常吃米饭、鸡蛋、发酵面包和小圆甜面包，喝茶或咖啡；12 点至下午 1 点用午餐，一般吃面条、米饭、猪肉、鱼汤和水果(如菠萝、杧果)等；下午 3～5 点吃蛋糕、甜煎饼、果馅饼，饮茶等；晚上 7～8 点进晚餐，饭前喝开胃酒(甜酒或啤酒)，吃米饭、甜糕点、海味、蔬菜等。阿埃塔人每天只吃两餐，早起上工或出猎前吃昨天晚餐的剩饭，晚餐是正餐。游猎的阿埃塔人猎食野生动物肉，还食用野蜂蜜以及野果；务农的阿埃塔人日常食用大米和芋类等。传统的烧饭方法是把米和水放入绿竹筒，封好口放在火上烧。阿埃塔人用手抓饭吃。信奉伊斯兰教的摩洛人喜欢吃鱼、虾，炒菜时常用刺激性的调味品，习惯用右手抓饭吃。菲律宾人多爱咀嚼槟榔和烟叶。

3．住

菲律宾城市居民如今大都住进了楼房，但在乡村，许多农民仍然住在建在木桩之上的茅屋里。屋子地板离地约 1 米，用竹作地板，墙壁用藤条片编结而成，墙上留一个长方形的口做窗户，用尼帕棕做屋顶，因此，这种茅屋被称为尼帕棕屋。这种房屋便于移动，需要搬家时，亲戚朋友或者邻居帮助扛起茅屋即可搬到新址。

伊洛科人也住高脚屋。一幢高脚屋通常间隔成三四间房：一间做卧室，晚上睡觉的时候铺上棕榈叶席子；一间当作厨房并兼作餐厅；一小间做储藏室；还有一间做浴室。

由于菲律宾属于热带海洋性气候，白天虽然炎热，但是因为有海风调节，到了晚上，特别是后半夜比较凉，所以，不少菲律宾人后半夜时常怀抱一个装有木棉枕芯的长枕头睡觉，以防着凉。

4．行

菲律宾水运、空运较发达。

(六)婚俗与礼仪

1．婚俗

在菲律宾绝大多数人信奉基督教，多数人是自由恋爱，天主教徒的婚礼均在教堂中举行。婚礼基本程序如下：新郎先行到圣坛前等候，身穿白色婚纱的新娘则由父亲陪伴，乘坐一辆由茉莉花装饰的敞篷四轮马车前往教堂。婚礼由神父主持。神父询问男女双方是否同意结为夫妇，新郎、新娘表示愿意结成夫妻，并宣誓同甘共苦，永远忠实于对方。身着五光十色礼服的乐队在教堂外欢奏结婚进行曲。新婚夫妇举行婚礼后步出教堂时，两旁观众鼓掌欢呼，向他们抛撒白色鲜花。新人随即前往教堂旁边的法庭签署结婚证书。婚礼后即举行喜宴。

许多他加禄人和伊洛科人在喜宴上奉行传统婚礼。婚礼从模仿抢姑娘开始，新郎、新娘同碗吃、喝后，新郎宣布他要娶这位姑娘为妻。女亲属中年纪大的一位祝他们多子多福，一位年长的男亲属将新郎、新娘的手在一碗米饭的上边连接在一起，然后把米饭抛撒在所有出席婚礼的人的头上。大家祝一对新人子孙满堂，婚礼便告结束。此后，在场的人边吃饭边跳舞，欢庆这对新人喜结良缘。

2．礼仪

1）见面礼

菲律宾人很讲礼貌，同辈人相见时，互相握手问好；遇见长辈时，要亲吻长辈的手背，或者拿起长者的右手碰自己的前额，以示尊敬；女友之间久别重逢时往往拥抱和亲吻。

2）叫门礼

菲律宾他加禄人在访亲拜友时，进屋前要先敲门，并轻声而有礼貌地说："先生，有人！"

3．禁忌

1）颜色忌

菲律宾青年人恋爱时，男友常赠送女友化妆品和鲜花等。花的颜色以白色为佳，茶色和红色属禁忌之色。

2）话题忌

菲律宾人聊天时常谈论教育、孩子等大众话题，而忌谈政治、宗教等敏感话题。

五、马来西亚习俗与礼仪

(一)民族

马来西亚是一个多民族国家，有30多个民族。现有居民约3064万(截至2015年)，其中马来人约56%，华人约23%，印度人约7.3%。此外，还有巴基斯坦人、爪哇人等。

(二)语言

马来西亚以马来语为国语。现代马来文分使用阿拉伯字母的"爪威"马来文和使用拉丁(罗马)字母的马来文(也叫卢米文)。自1960年起，卢米文成为全国的官方马来文，但允许爪威文继续使用。华人使用汉语；印度人使用泰米尔语。过去长时间作为官方语言的英语，继续在当地知识分子和政府机构中使用。

(三)姓名

马来西亚人有名无姓，名字包括前后两部分，本名在前，父名在后。如阿里·艾哈迈德，阿里是本名，艾哈迈德是其父名。马来西亚人多采用阿拉伯名字，也有把夫妻的名字合起来给儿女取名的。有姓的马来西亚人多是来自其他民族的后代，如中国人的后代、阿拉伯人的后代。印度尼西亚苏门答腊塔帕奴里族的后代，也保持原民族的姓。

在马来西亚，人们在书面语中一般写出全名，但平时口头称呼只叫某人的本名。

(四)宗教

马来西亚以伊斯兰教为国教。绝大多数马来人和爪哇人信奉伊斯兰教，属逊尼派。华人信奉佛教，印度人多数信奉印度教，另有部分华人、欧亚混血人和其他一些居民信奉基督教。

(五)衣、食、住、行

1．衣

马来西亚人传统服装的特点是又宽又长，穿在身上遮手盖脚。平时，男子穿着长到足踝的布质纱笼，上身再套一件衣身宽松、袖子宽大的无领衬衣"巴汝"。逢年过节或者访亲探友时，男子上穿巴汝，下着长裤，腰部围上一条叫"三宾"的短纱笼，头戴一顶叫"宋谷"的白色无边帽，脚穿皮鞋。近些年来，男子常在社交场合穿由蜡染花布做成的长袖上衣"巴迪"，美观而凉爽。女子穿无领长袖的连衣长裙，上有手工绣的精美图案，头上围一条薄薄的纱巾垂挂到肩旁或胸前；平时在家或出门购物时，则多穿式样和男子服装差不多的便装。由于马来装宽大，所以现代马来西亚人上班时大都穿轻便的西服。但在工作之余，马来西亚人还是喜欢穿传统的民族服装。此外，马来西亚成年男子外出时一般佩带一把长约 12～15 英寸的短剑，他们把它视为一种力量、智慧、坚强、勇敢和吉祥的象征。

2．食

马来西亚人以米饭为主食，副食是海鲜、鸡肉和牛肉等，喜欢吃辣味，风味佳肴有烤羊肉串、鸡肉炒饭和鱼汤面条等。马来西亚人的一日三餐，通常是 7～8 点用早餐，主要食品有椰子汁配鱼烹制的米饭、咖喱鱼和盐渍玉米等；下午 1～2 点用午餐，主食有米饭、肉类和咖喱鱼，辅助食品有腌鸡蛋、辣椒酱以及白菜、菠菜和黄瓜等蔬菜，饭后饮茶，吃杧果、菠萝等水果；晚上 7～9 点用晚餐，食品与午餐大体相同。马来西亚人进餐时，菜肴、食物摆在地上的草席上或餐毯上，辣椒等作料盛在椰壳做的碗里。男子或年长妇女盘坐于地；年轻女子则屈腿而坐，均用洗干净的右手抓饭菜吃。在一些传统的家庭中，妇女要在男人们吃完以后才开始就餐。

马来西亚人多数信奉伊斯兰教，食牛肉、鸡肉和鱼。

华人的菜肴以"色、香、味"出名，多是中国广东和福建风味。

大部分印度族人信奉印度教，普遍喜欢辣味，饭菜中常加辛辣咖喱和多种浓稠的调味品。

3．住

现代马来西亚的城市居民大多住在楼房里，但在城市郊区和乡村，不少马来西亚人还住在传统房子"浮脚楼"里。浮脚楼的房顶用树叶(现在也用木板)铺盖，墙和地板用木料建成。地板离地面数尺，可以防潮湿及蛇、鼠侵害。门口有一张固定的梯子，进屋前，须先脱鞋。

4．行

马来西亚政府重视交通运输的发展，因而公路、铁路、海运和航空运输都相应得到发展。

(六)婚俗与礼仪

1．婚俗

马来西亚人的婚姻多为父母包办。结婚年龄一般是女 14 岁，男 16 岁，但实际上许多姑娘嫁时尚不满14岁，而多数男青年成婚时都大于16岁。在乡村，男方父母看中了哪位姑娘，便托媒人去女方家提亲。若女方同意这门亲事，男方要向女方送聘礼，并在女方家举行订婚仪式。

订婚这一天，小伙子身穿马来西亚民族服装，带着聘礼前往女方家。聘礼通常包括聘金、钻石戒指一枚、上衣一件、花裙两条，此外还有点心、水果以及香水喷雾器和两个蜡烛台。小伙子一到，女方家人立即出来迎接，把礼品排列在为新人专设的座位前面。女方验收聘礼后，开始举行由伊斯兰宗教法官主持的订婚仪式。仪式上要当众高声宣读婚约书。仪式完毕，以喜宴招待宾客。此后，另择吉日举行婚礼。

马来西亚人的婚礼由饰发、染手掌和并坐礼三部分组成。

(1) 饰发。饰发是指新郎、新娘去发廊或美容室饰发、美容、化妆，然后用掺有柠檬汁的水洗澡。

(2) 染手掌分为私染、小染和大染。新郎先在自己家进行私染和小染，然后到女方家参加大染仪式。新郎到女方家后，便被请到并坐台上。并坐台前放着一个高脚铜盘，盘中放着一个装有指甲花糊的器皿，周围有三个碟子，分别装有黄姜米、米花以及掺有碾碎的山姜叶的水。仪式由男宾主持。一名年长的男宾站在并坐台前，取一点黄姜米撒在新郎的右肩上，再撒在左肩上，然后像撒黄姜米一样撒些米花，接着用喷雾器蘸些山姜叶水，喷湿新郎的手背，最后取少许指甲花糊涂抹在新郎的手掌上。染毕，新郎在亲友的陪伴下先回家去。接着举行新娘染掌仪式，做法与新郎染掌相同。

(3) 并坐礼。并坐礼是婚礼的高潮，通常在婚礼的最后一天下午在女方家举行。要事先准备一座饰以彩灯和绣花丝绸的并坐台，台上摆放两张套着绒布的椅子或一把特制的长椅，座位前放着一个盛有黄姜米饭的高脚铜盘。新娘身着盛装，由母亲带领步出新房，由伴娘扶着登上有三级台阶的并坐台，坐在左边的椅子上。新娘垂首闭目，羞羞答答。此后，身穿马来西亚民族服装、头缠头巾、腰佩短剑的新郎在伴郎的引导下走上并坐台，坐在右边。在朗读《古兰经》后，新娘的母亲走上前去，从高脚铜盘里取少许黄姜米饭，放在新娘的手指上，抬起新娘的手作喂新郎状，然后抬起新郎的手作喂新娘状。随后举行婚宴。

马来西亚人完婚的当天晚上，新婚夫妇须回男方家拜访并小住几天。然后由小两口决定住在谁家或自立门户。

2．礼仪

1) 见面礼

马来西亚人见面时通常行鞠躬礼。男子行礼时，一边举右手抚于胸前，一边深深鞠躬，以示敬意；女子行礼时，双膝微微弯曲，然后再深深鞠躬，以示敬意。

2) 做客礼

马来西亚人注重礼节，到别人家访问或做客时，要衣冠整洁，按时赴约，否则会被认为失礼。马来西亚人的内厅是祈祷和做礼拜的地方，因此，进屋时应当脱鞋；若穿鞋进内厅，则被认为有渎神灵。在马来西亚人家做客时，主人会以马来西亚糕或点心以及冰水等招待客人。客人应当吃一点、喝一点，以示领受主人的情意；客人如果谢绝主人的殷勤款待，会引起主人的反感。因此客人不要太客气，以免宾主之间产生隔阂和不愉快。

3. 禁忌

1) 触摸头部忌

马来西亚人认为头部是神圣不可侵犯的,因此忌摸别人头部。如果某人的头部被别人触摸了,便认为是受了极大的侮辱。

2) 公开亲热忌

在首都吉隆坡,严禁男女在公共场合接吻,违者会被处以 2000 林吉特(合 530 美元)罚款或一年的囚禁。

3) 黄色、白色忌

马来西亚人忌黄色,黄色是马来西亚王公贵族的专用色。马来西亚人忌用白色纸包礼品,因为白色与办丧事有联系。

六、新加坡习俗与礼仪

(一)民族

新加坡是一个多民族国家,境内住有 20 多个民族的居民。公民和永久居民有 325 万,常住人口约为 547 万(2014 年)。新加坡主要有三大民族:华人、马来人、印度人。其中,华人约占新加坡总人口的 74.2%,马来人约占 13.3%,印度人约占 9.1%,其他民族约占 3.4%。

(二)语言

新加坡国语为马来西亚语;行政机关用英语。官方语言有四种:汉语、马来语、泰米尔语和英语。在日常生活中,华人以讲汉语为主;马来人以讲马来语为主;印度人以讲泰米尔语为主。

(三)姓名

新加坡的华人姓名与中国人姓名结构相同,姓在前,名在后,如新加坡前总理李光耀。马来人姓名同前文所述,本名加父名,这里不再赘述。印度人姓名通常也是由两部分组成,名在前,姓在后。如邬霞·班德,邬霞是名,班德是姓。印度妇女的姓名在结婚前是本名加父姓,婚后是本名加夫姓。

(四)宗教

新加坡各族人民的宗教信仰分别为:中国血统的人大都信仰佛教或道教,少数人信仰基督教;马来血统的人(包括在新加坡、马来西亚出生的马来人和从印度尼西亚迁来的马来人)绝大多数信奉伊斯兰教;印度血统中(包括印度、巴基斯坦、孟加拉、斯里兰卡等)的印度人多数信仰印度教,少数人信仰基督教;巴基斯坦人大多信奉伊斯兰教;欧美人多数信仰基督教。

(五)衣、食、住、行

1．衣

新加坡华人的衣着很清爽，女士们大都穿裙子，年轻姑娘喜欢穿颜色鲜艳的裙子；老年妇女则爱穿颜色淡雅的裙子，端庄大方。男士文职人员着装较为规范，一般是白衬衣、系领带，下穿西装裤。学生上学都穿校服，男生穿白衬衫、黑裤子；女生穿白上衣、红裙子。

新加坡印度人的服饰另有特色，男士常包头(以布缠头)，上穿带袖短衫，下穿围裤(用两块白布或丝织品缠绕下身)，扎白色腰带；女士则穿别具一格的纱丽。纱丽是印度妇女的传统民族服装，由一块宽 1 米、长 5～8 米的丝绸或其他布料做成，通常不用剪裁和缝制，是一种披围式服装。布料四周有花边，中间有编织或印染上的各种图案。纱丽的穿法是：将一块纱丽从腰部自左向右围起，一直围到脚跟，成一筒裙状，系一个活结，然后把末端搭在左肩；如果反方向围，则把末端搭向右肩。印度妇女一般上身内穿一件短袖紧身胸衣，中间露出两寸左右宽的一段腰肢。

印度女子十分讲究佩戴首饰，除了佩戴头饰(一种用小链子和钩子固定在头顶和额部的装饰品)外，常戴手镯、耳环。已婚妇女还戴鼻饰，结婚时戴上的项链更是时刻戴在脖子上。

2．食

新加坡华人的主食为米饭、包子等，副食是以甜味为主的闽粤风味的菜肴，如炒鱼片、炒虾仁、油炸鱼等。传统早餐是油条和热豆浆，而现代青年人乐意吃面包、蛋糕，喝牛奶、咖啡。午餐有海味(海参、虾、蟹)、豆腐及各种新鲜蔬菜等。下午则喜欢吃些点心。点心花样繁多，有桂花汤圆、不同做法的年糕、独具风味的粽子和江米莲藕等，还有著名的八宝饭。晚餐也较丰盛。饭后常喝绿茶，最爱吃桃子、荔枝等水果。华人把中国的烹调技艺带到了新加坡。该国流传着这样的食谣："潮州果条福建面，广府叉烧海南鸡，北方水饺湖南辣，客家狗肉上海糕。"

印度人的主食为大米饭和印度烙饼，副食以鸡、鸭、鱼、虾和番茄、洋葱、土豆、白菜、山芋等蔬菜为主，喜欢用辣椒做调料。常喝羊肉汤，忌食牛肉。爱喝红茶、咖啡、酸奶和冷开水。

3．住

新加坡人的居住条件比较优越。到 1981 年年底，占新加坡总人口 71%的居民已住进政府主导建造的设备齐全、价格低廉的住宅。目前 80%的新加坡人购买了住房。由于新加坡国土狭小，人口密度高，因此，该国已经建成的住宅中有 2/3 是 10～20 层的高楼。每幢高楼都有楼梯和电梯上下。为了防止电梯断电等故障而使乘电梯者困于电梯之内，或对付在电梯内发生流氓、抢劫犯罪活动，各大楼电梯都装有自动营救装置和闭路电视系统。

20 世纪 50 年代末 60 年代初，新加坡房屋以出租为主。60 年代中期以来，逐渐过渡到以分期付款的方式购买为主。目前，建造好的房屋有 70%左右已为住户所购买。除了若干大家庭之外，一般 4 口人的小家庭都是购买三间一套的住房(面积为 53～61 平方米，厕所和浴室分开)，此外，还有不少建造面积为 83.5 平方米的四间一套和 120 平方米的五间

一套以及六居室的住房。

新加坡居民十分讲究环境卫生，不论是公共场所，还是家庭住宅，都打扫得干干净净。他们还十分注意绿化环境，经常在房前屋后养花种草，在道路两旁植树，使生活环境更加优美。

4．行

新加坡交通发达，设施便利，是世界重要的转口港及联系亚、欧、非、大洋洲的航空中心。

(六)婚俗与礼仪

1．婚俗

现代新加坡华人青年的婚姻大事多数由自己做主，他们在择偶方面注重实际，男士有较好的学历和职业为佳；"秀外慧中"的女青年受人青睐。男女双方经过自由恋爱，只要情投意合，就可以注册成为合法夫妻。

新加坡华人的婚礼既保留了民族传统习俗，如纳彩、迎亲、回门等，又吸收了西方的一些礼仪，如穿婚纱、撒彩纸等，可谓"中西合璧"。

新加坡华人的"纳彩"又叫送大礼。纳彩须择吉日，一般在婚礼前一两周由男方把聘金、聘礼送到女方家。新郎送聘礼时，要有一位名义上的媒婆陪伴，媒婆通常由男方亲属中丈夫健在、子孙满堂的妇女充当。由于华人祖籍(如福建、广东等)不同，彩礼的品种也不尽相同。女方收礼后要还礼。

新加坡华人的迎亲礼也因祖籍不同而各有特点，一般是新郎坐上结彩的婚礼车，在男傧相的陪伴下，由捧着鸡、肉、酒和水果的媒婆引领到新娘家。新郎要和新娘拜天地，并向岳父母及长辈敬茶。新郎把新娘接回家后，也是先拜祖先，向长辈敬茶等。

新加坡华人至今仍沿袭回门习俗，即新娘出嫁的当天下午就回娘家，回娘家时要携带一对烧猪、两瓶酒以及龙凤饼等。娘家除收下猪身外，其余都送回婆家，并送还甘蔗和雌雄鸡各一对，祈望新人永远恩爱，生活甜美。

近些年来，新加坡独身女性逐渐增多，这种现象在高学历女性中尤为突出。例如，大学毕业生 35～39 岁独身女性的比率，1988 年便急剧上升到 22%。1989 年，新加坡掀起了轰轰烈烈的结婚宣传活动，新加坡政府进一步采取对结婚者提供奖励的措施。

2．礼仪

1) 见面礼

新加坡的华人见面时多行传统礼——相互作揖；马来人见面时多行握手礼；印度人见面时常行合十礼。

2) 红包礼

新加坡华人过春节时，亲友之间要互赠红包，以联络感情。有些企业家在员工初四上班时，要分发一个开工红包给员工，以表示开门吉利。

3) 敬长礼

新加坡人非常尊重长辈，他们的敬老准则是：对父母和其他长辈，要用亲切的称呼；

当父母或其他长辈讲话时，不要插嘴；当被父母或其他长辈呼唤时，要随叫随到。

4) 待邻礼

在日常生活中，大多数新加坡人都能够自觉地执行《邻里礼貌守则》：见到邻居要互相问候；逢年过节要请邻居来访；帮助邻居照管房屋；使用公共电话或在公用场所，要时时多为别人着想。

5) 微笑礼

新加坡人十分重视"礼貌之道重于行"的准则，他们的礼貌口号是"真诚微笑"。人们处世待物总是伴以真诚的微笑。当因故对别人有所干扰时，当事人总要笑着说："对不起，打扰您了。"在公共电话机旁排队打电话时，打电话者会笑着对等候者说："对不起，让您久等了。"即使交通警察对违章者罚款时，也是笑容可掬。因此，一些司机幽默地说："我最怕警察对我笑。"

新加坡重视礼貌教育，文化部印发了《礼貌手册》，对在家庭、学校、工作场所和马路如何讲礼貌提供指导。而在街头张贴的讲礼貌宣传品上，总是印有一张笑脸和一句口号："处世待人，讲究礼貌""真诚微笑，处世之道"或"人人讲礼貌，生活更美好"。

6) 待客礼

新加坡店员更重视礼貌待客，他们严格遵循的守则是："顾客临门，笑脸相迎；顾客购物，别等他开口；顾客选物，耐心介绍；顾客提问，细心聆听，认真解答。"

3．禁忌

1) 言辞忌

新加坡人忌说"恭喜发财"。他们将"发财"理解为"不义之财"，认为说这句话不是教唆人发不义之财，就是诬蔑别人的财路不正。

2) 长发忌

新加坡人对留胡须、蓄长发的男士较厌恶。众多的家长和学校，严禁男青年留长发。许多公共场所的标语牌上写着"长发男子不受欢迎！"

3) 颜色忌

新加坡人忌黄色。

七、印度尼西亚习俗与礼仪

(一)民族

印度尼西亚是一个多民族国家，全国有 100 多个民族，是世界第四个人口大国。印度尼西亚有四个大民族，其中爪哇族占全国总人口的 45%，巽他族占 14%，马都拉族占 7.5%，马来族占 7.5%，其他民族占 26%。人数较多的民族还有米南卡保族、华人、巴塔克族、巴厘族和齐亚族。

(二)语言

印度尼西亚以在马来语的基础上发展起来的印度尼西亚语为国语；英语是第二语言，在政府部门及商业上广泛使用；荷兰语也较流行。另外还有爪哇语、巽他语、汉语等民族语言。

(三)姓名

印度尼西亚人大多数只有名字而没有姓,占印度尼西亚人口大部分的爪哇族、巽他族只有本名,少数人在本名后面还有父名。爪哇族和巽他族由于历史上长期受印度教文化的影响,人们往往从梵文中选字取名。现在爪哇人和巽他人大都信奉伊斯兰教,有的人就在自己的梵文名前加上一个阿拉伯文名。例如,阿里·苏米特罗,阿里是阿拉伯文,苏米特罗(Sumitro)是梵文。

印度尼西亚的马都拉族、马来族的名字形式是本名加父名,在一般情况下只用本名;在正规场合用父名。马都拉族和巽他族受伊斯兰教影响较深,故此他们大都取阿拉伯文名字,尤其喜欢选用伊斯兰教真主安拉的 99 个美名和 25 位先知的名字。

印度尼西亚人的名字也有带姓的,主要是米南卡保人、基督教徒和华人。米南卡保人由于母系社会影响的长期存在,人们常常以母系家族的名作为姓,名在前,姓在后。基督教徒有的用家族名作姓,有的是接受传教士洗礼时授予的西方姓。华人大部分已改用印度尼西亚人名,一些华裔穆斯林在本名前加阿拉伯名。

封号和职称是印度尼西亚人称号不可忽视的一部分。例如,名叫 Supomo(苏波莫)的人,他既是教授,又是医生,在正式场合,他的名字应该写成 Prof, Dr. Supomo(医生 苏波莫教授)。

(四)宗教

印度尼西亚居民中有约 87%的人口信奉伊斯兰教,属逊尼派;6.1%的人口信奉基督教(2/3 的人是新教徒,1/3 的人是天主教徒);约 2%的土著人信奉拜物教;2%的人信奉佛教;2%的人信奉印度教。印度尼西亚是世界上穆斯林人口最多的国家。

(五)衣、食、住、行

1. 衣

印度尼西亚人喜欢穿色彩鲜艳的蜡染服装,克巴雅上衣是印度尼西亚妇女的民族服装。克巴雅长袖、无领、不安纽扣,穿时用别针将左右两片襟边别住。这种服装分长式、短式和便服、礼服。长式服装长至膝盖;短式服装到腰以下;便服以单色或花棉布制作,不加绣饰,适用于日常穿;礼服的料子相当考究,通常为纱、绸或浮花锦缎以及麻为主。作礼服穿时,下身配以长花裙或纱笼。长裙一般长 2.25 米,宽 1 米。纱笼是一种长 2.5 米、宽 1.5 米的圆筒裙,男女均可穿用。穿时从头顶套入,拉至下身,双手各执纱笼的一端往前伸展,然后对折,折起的边摆放左边或右边均可,最后用一条窄布带系上。纱笼的图案有的用蜡染法,有的用彩线和金银线织成。印度尼西亚男子平时多戴帽子或裹头巾,身着无领衬衫,下穿纱笼。现代青年人喜欢颜色鲜艳的 T 恤衫、斜纹布牛仔裤等流行服装。

印度尼西亚各岛居民的服装大同小异,几乎都是上穿衬衫,下着纱笼。在印度尼西亚城市生活的华人妇女大都穿印尼式服装,男士则普遍穿欧式服装,上着衬衫,下穿长裤;而生活在印度尼西亚乡村的华人,通常穿长裤子和衬衫,头戴编织的凉帽,脚穿平底凉

第十四章 外国习俗与礼仪

鞋。此外，巴塔克人的服装比较独特，男士上身穿低领长袖短上衣，下身着缠裙，肩披长围巾；女士下身着长缠裙，姑娘胸部用布裹起来，已婚妇女则裸露上身，她们右肩搭条布巾，为背孩子用。无论男女，头上都缠头巾。男子头巾缠在头的周围，头顶露出；而女子的头巾缠成水牛角状。

总的说来，印度尼西亚人衣着比较保守。不过，城市男士上班时普遍穿衬衫、长裤；而女士多穿色彩淡雅的有袖罩衫及长裙，普遍喜欢佩戴戒指、耳坠等金银首饰。

2．食

印度尼西亚人的主食为米饭，副食为牛肉、羊肉、鸡肉和鱼，爱吃烤牛、羊肉，爱吃动物的内脏，如肚、肠、肝等。烹调方法以烤、煎、爆、炒为主，喜欢脆、酥、甜、香。喜欢在饭菜中加入香料和辛辣调味品(如香菜、丁香、柠檬草、辣椒、咖喱等)。著名的什锦黄饭是印度尼西亚人举行隆重庆典的礼饭和祭祖时的供品。它的具体做法是：将姜黄汁、椰汁、香茅草及小橘叶放入大米里煮，煮熟后即成黄色米饭，盛到盘子里或椰叶盒中，上面再盖上肉丝、鸡蛋丝、炸黄豆和炸红葱等。

印度尼西亚人一日三餐。通常 7 点半左右吃早餐，许多人喜欢吃西餐，喝鲜橘汁。此外，炒饭和炒面也是人们喜爱的早餐食品。12 点到下午 1 点吃午餐。午餐食品有米饭、虾饼、牛肉或红烧鸡、鱼及豆芽等蔬菜。饭后吃杧果、菠萝、荔枝等水果。晚上 7～8 点吃晚餐。晚餐一般比较简单、清淡，普通食品有鸡蛋煎饼、鸡粥、面食等。印度尼西亚人喜欢吃中国菜，尤其爱吃粤菜、川菜。他们通常喝的饮料是冰茶和冰水，爱喝加糖的红茶以及果酒等。

印度尼西亚的主要风味食品有咖喱鸡、烤肉串、咖喱叉烧肉、肉蛋炒面以及酸辣鱼酱等。

印度尼西亚盛产香蕉，香蕉有十多个品种，因此，印度尼西亚人香蕉的吃法也是多种多样，如生吃、炸吃、做成团烤熟、做成香蕉泥、羹、面，煮香蕉粥，以及晒成香蕉干等。

3．住

印度尼西亚人的住房因地因民族而异。城市居民的住宅多是楼房和木板房，农村住房更具地方色彩和民族特点。苏门答腊米南卡保人的住房很别致，房屋是长方形的木结构，房基高于地面 2 米，内有高至屋顶的柱子，用来分隔房间。整个大房子分成前后两部分，前半部是大厅，中间有一个大火炉，夜间可供单身汉及孩子们住宿，大厅还可以做接待宾客及举行宴会之用；后半部分则分隔成小房间，做已婚或及龄女眷的卧室。小房间数必须是奇数，最少 3 间，一般是 7 间，最多可达 17 间。屋顶呈马鞍形，饰以水牛角，有几代人同宅居住，屋顶就有几对木刻水牛角。印度尼西亚巴塔克人的传统住宅是高脚屋。而托拉查人(意思是"山民")则按大家族居住长屋。长屋是建在粗木桩上的高脚屋，房顶呈马鞍形，整个建筑外形看起来像条大船。屋内中央是公屋，两侧是小家的住屋。不过，现代托拉查人大多已单独建屋，自立门户。

4．行

在印度尼西亚，公路和水路系重要运输手段，其中公路担负着国内近 90%的客运和

50%的货运。除了现代化的交通工具外,在城市,尤其是小城市和市郊,还使用马车来运载乘客和货物。马车的种类和式样各地不同。在印度尼西亚城市中乘公共汽车很方便,出租车也很多。在爪哇和苏门答腊有火车。空运近些年发展迅速,大城市之间航班相当多,票价适中。

(六)婚俗与礼仪

1. 婚俗

1) 爪哇人的婚礼

爪哇人通常在定亲后第七天举行婚礼,婚礼前要分别进行"沐浴"等仪式。婚礼前夜,新郎在双亲的陪同下来到新娘家。次日,新郎、新娘各持花球见面。女左男右落座后,新郎捏一团黄饭喂进新娘口中,新娘也用黄饭回敬新郎,以示互相祝福成为恩爱夫妻,白头偕老。为表示两人婚后要勤俭持家,新郎要从随身携带的小袋子里倒出花生、大米、黄豆和硬币等礼品,新娘要用大红手帕接住。婚礼中,一对十几岁的伴郎和伴娘分立新人两旁。新郎和新娘还要同时分别坐在新娘父亲的左右腿上,此时新娘母亲问丈夫哪个孩子重,丈夫须大声回答"一样重",表示双方家长要对新人同等看待,不偏不倚。婚礼中还要诵读《古兰经》,在婚姻证书上签字等。最后宴请宾客。

2) 巴塔克人的婚礼

巴塔克人结婚时先在教堂或清真寺举行宗教仪式,然后在广场或宽阔的场所摆设筵席。新婚夫妇信奉伊斯兰教,设水牛肉筵席;若信仰基督教,则摆猪肉筵席。新婚夫妇同坐在一张席子上,共吃同碟饭,碟中央放一只鸡蛋。新婚夫妇共吃同碟饭后,新娘向新郎身上撒饭粒,以此表示多生孩子的愿望。然后,新婚夫妇接受亲人和来宾的祝福。参加婚礼的人越多,说明新郎家的威望越高。

2. 礼仪

1) 见面礼

印度尼西亚穆斯林见面时通常行握手礼,互致问候;也有一些印度尼西亚人习惯行鞠躬礼,行礼时,上身前倾30°为宜。信奉印度教的巴厘人则行合十礼。

2) 名片礼

在印度尼西亚,知识分子、公务人员,尤其是商人,当与生人初次结识的时候,总要立刻将自己的名片呈递给对方,借此表达友好之情和敬意。

3) 搀扶礼

按照印度尼西亚人的礼节,年轻人见到行动不便的长者或老人,应主动前去搀扶。在某些情况下,如走险路、上下楼梯和台阶、上下车等的时候,男子也应搀扶女子。男子搀扶女子时,只能轻扶其臂,切不可挽其手,否则便为失礼。

4) 宴会礼节

宾客赴宴不可太早或过迟,应准时到达或略晚 5 分钟。到达时要先向女主人致意,并与邻近者握手,向较远者点头示意。席次一般按男宾职位高低安排,以男女宾相间为原则。入座后姿势宜端正。每道菜上桌时,女主人先作品尝的表示,客人要注意女主人的动作。喝汤时不要发出响声。如果出席西式宴会,要注意刀、叉、勺的用法和饮酒礼节。侍者先上鸡尾酒，上鱼时上白酒，上鸡时上红酒，上点心、水果时倒香槟酒。红白酒杯及香槟酒杯均有区别，不可混用。白兰地等烈性酒一般饭后在客厅中饮咖啡时享用。宴毕，主宾应尽余兴，不要过早告辞。通常应等主宾告辞后，其他宾客方可向主人致谢、告辞。

5) 巴塔克人的公媳对话礼节

苏门答腊岛上的巴塔克人，儿媳与公公不能直接对话，有话要说时，须通过"中间人"做媒介。如儿媳要问公公中午吃什么饭，须对在场的第三者发问："××，请问一下公公，中午吃什么饭？"公公答："××，请告诉她，中午吃米饭。"而充当中间人的第三者不必讲话。如果没有第三者在场，房屋、家具、石头、树木、公路等均可充当"中间人"。

6) 米南卡保人的岳母、女婿对话礼节

米南卡保人实行的是母权制家庭制度。男子出嫁，女子娶亲，丈夫夜间到女家过夜。在夫从妻居的情况下，规定岳母和女婿不能同盆吃饭，不能同席而坐，不能直接对话，有事得通过第三者转达。

3．禁忌

1) 口哨忌

爪哇人夜间外出忌吹口哨，以免口哨声招来恶魔，导致不幸。

2) 左手忌

印度尼西亚人敬烟、倒酒、端茶、递东西等均用右手，忌用左手。用左手待客被视为不礼貌。

3) 打听隐私忌

在印度尼西亚，不要打听别人的私事，以免引起对方的反感。

4) 动作忌

在印度尼西亚，用手对别人指指点点是不礼貌的行为，故应谨慎与之处事。

5) 触摸头部忌

印度尼西亚人认为头部是神圣的部位，不容亵渎，因此，在与印度尼西亚人交往时，不要随便触摸其头部。

八、阿拉伯国家习俗与礼仪

阿拉伯国家是指以阿拉伯民族为主，居民大多数信奉伊斯兰教、讲阿拉伯语，并且加入了阿拉伯联盟的国家。阿拉伯国家也称阿拉伯世界，分布在亚洲的西部和西南部以及非洲的北部和东北部。

阿拉伯世界地处中东，是连接亚、非、欧三大洲的枢纽，自古以来就是国际交通要道和兵家必争之地。阿拉伯世界总面积约 1420 万平方千米。阿拉伯世界拥有丰富的石油和天然气资源，其石油储藏量占世界石油总储量的 62.1%，天然气储藏量占世界天然气总储量的 21.9%，阿拉伯产油国在石油输出国组织中占有举足轻重的地位。地处非洲的埃及、利比亚、突尼斯与阿尔及利亚和位于西亚的也门、叙利亚、伊拉克及沙特阿拉伯等阿拉伯国家，均是历史悠久且充满活力的文明古国，曾在人类文明史上大放异彩，如今又分别在七十七国集团、伊斯兰会议组织和非洲联盟中发挥着重要的作用。阿拉伯世界重要的战略

地位、悠久的历史文明、丰富的油气资源和在国际舞台上的作用令人瞩目,而与阿拉伯世界交织在一起的巴勒斯坦问题、伊拉克问题等中东热点问题,更是世人关注的焦点。

(一)民族

阿拉伯国家以阿拉伯人为主体,其中又可细分为伊拉克阿拉伯人、叙利亚阿拉伯人和沙特阿拉伯人等。此外,人数较多的少数民族有库尔德人、柏柏尔人、土耳其人和黑人等。阿拉伯世界总人口约3.7亿。

(二)语言

阿拉伯语是阿拉伯国家的官方语言。阿拉伯语可分为正规语和方言,正规语在阿拉伯各国都通用;方言是各国当地流行的语言。此外,部分阿拉伯国家通行两种官方语言,如伊拉克通行阿拉伯语和库尔德语。在一些阿拉伯国家里,少数民族在日常生活中使用本民族语言,如叙利亚的库尔德人、亚美尼亚人和土耳其人分别使用库尔德语、亚美尼亚语和土耳其语;摩洛哥的柏柏尔人使用柏柏尔语;而不少阿拉伯国家还通用英语或法语,如阿尔及利亚和突尼斯通用法语,阿拉伯联合酋长国和巴林通用英语。

(三)姓名

阿拉伯人的姓名一般由三节组成,其基本排列顺序为本人名、父名、姓(祖籍家族或部落名等)。例如,利比亚当代学者阿里·穆斯托法·米斯拉提,阿里为本人名,穆斯托法为父名,米斯拉提表示其祖籍为米斯拉泰。在古代,阿拉伯人的全名很长,本名后面有父名、祖父名,还有曾祖父名、高祖名等,犹如一张家谱。

阿拉伯男子常选用具有一定含义的名字,如穆罕默德(伊斯兰教创始人的名字)、艾哈迈德(德高望重者)、艾敏(老实人)、拉赫曼(仁慈者)、阿卜杜拉(安拉的仆人)等;而阿拉伯女子常选用阿拉伯先知穆罕默德母亲的名字阿米娜,先知妻子们的名字赫迪杰、阿依莎、宰娜卜等以及先知女儿的名字法蒂玛等。

阿拉伯人在正式场合用全名,平时只称本名。但是,人们对众所周知的社会名人却习惯称其姓,并冠以其职务或职称。例如,埃及前总统加麦尔·阿卜杜拉·纳赛尔,简称纳赛尔总统;利比亚大作家阿里·穆斯托法·米斯拉提,简称米斯拉提教授。

(四)宗教

绝大多数阿拉伯人信奉伊斯兰教,但阿拉伯各国穆斯林所占的比例不同。阿拉伯各国穆斯林所属教派也有所不同,例如叙利亚居民中85%信奉伊斯兰教,14%信奉基督教。其中,伊斯兰教逊尼派占80%(约占全国人口的68%),什叶派占20%,在什叶派中阿拉维派占75%(约占全国人口的11.5%);也门穆斯林中什叶派的宰德教派和逊尼派的沙裴仪教派各占50%;埃及穆斯林99.9%属逊尼派。黎巴嫩居民54%信奉伊斯兰教,主要是什叶派、逊尼派和德鲁兹派;46%信奉基督教。

此外,一些阿拉伯国家尚有部分居民信奉基督教,如埃及有400多万科普特人(古埃及人中保持基督教信仰者的后裔)信奉基督教,属科普特教派;黎巴嫩约有近半数居民信奉基督教,分属马龙派、希腊东正教、罗马天主教和亚美尼亚东正教等。另有少数居民信奉万物有灵等原始宗教，而一些侨民则保持其移入该国前母国的宗教信仰。

虔诚的穆斯林每天朝着麦加天房做五次礼拜，分别在太阳升起前、下午1点左右、下午4点左右、日落后、夜晚进行，分别称作晨礼、晌礼、晡礼、昏礼、宵礼；每周五下午参加由教长(伊玛目)领导举行的集体礼拜——聚礼。

(五)衣、食、住、行

1．衣

大袍是阿拉伯人的传统服装。大袍衣袖宽大，袍长至脚，它既是平民百姓的便服，也是达官贵人的礼服。大袍衣料有棉布、纱类、毛料、尼龙和聚酯纤维混纺等。对于生活在炎热少雨地区的阿拉伯人来说，宽松舒适的大袍比其他式样的服装更具散热护身的特点。大袍犹如一个立式通风管，上下流动的气流可以带走人体的汗水，使人觉得凉爽。阿拉伯男子多穿白色大袍；而阿拉伯妇女常穿黑色大袍，其中苏丹等国妇女也穿白色大袍。

阿拉伯人都习惯穿大袍，但各国阿拉伯人的衣着又有所区别。例如，沙特阿拉伯、科威特、阿联酋和巴勒斯坦等国的男士，常用白布缠头，并套上一个黑色头箍。头巾起帽子的作用，夏天遮阳防晒；冬天保暖御寒。而也门人、阿曼人和毛里塔尼亚人只包头巾，不戴头箍。埃及、利比亚和阿尔及利亚等国的男子很少包头巾，常戴高筒毡帽。此外，也门、阿曼、阿联酋等国流行男穿裙子女穿裤，而利比亚、突尼斯等国的男士则喜欢穿肥大的灯笼裤。

埃及、利比亚、叙利亚、伊拉克等阿拉伯国家的不少知识分子和公务人员，上班时西装革履，回到家中再换上传统服装。不少年轻人则常穿T恤衫、牛仔服、夹克衫等。也门和阿曼的成年男子常佩带腰刀，有的挂在腰带上，有的插在胸前特制的宽皮带上，以显示男子汉的威武气概。

阿拉伯各国妇女的衣着也有所不同。例如，沙特妇女的黑袍是一件宽大的黑斗篷；埃及妇女的黑袍穿、披均可；苏丹妇女爱穿拖地长袍；利比亚妇女外出时，常用一块类似披单的布(城市妇女多用白布，农村妇女喜欢用花布)把全身裹得严严实实，只露出双眼或一只眼睛。

海湾阿拉伯国家妇女至今仍严守伊斯兰教教规，外出时戴黑面纱，以免被陌生男子窥见容貌，但她们穿的刺绣服装却相当华丽；而叙利亚、伊拉克、埃及、利比亚、黎巴嫩等国的妇女很少戴面纱，在这些较开放国家的城市，妇女尤其是现代女青年和上流社会妇女，常穿典雅的西装套裙和飘逸的连衣裙。此外，也有不少女学生喜欢穿长裤和牛仔裤。阿拉伯各国妇女均讲究佩戴金银首饰。在喜庆、节日期间，她们佩戴银头箍，头箍系银链，前额挂金银线，佩戴金鼻环、金耳环、金项链、金戒指、金手镯、金脚镯与脚铃，有的富家女还在胸前佩一块上面镶有宝石、珍珠的金胸饰，珠光宝气，雍容华贵。

苏丹、突尼斯和利比亚等阿拉伯国家的部分妇女至今还保留文身(刺青)的习俗，她们一般在鼻子上用针刺细线条，然后抹上绿色或红色香膏；还常在两腮、下巴、前胸、后背、手背、脚背等部位刺上星星、月亮、花朵等图案。她们认为文身是成人成婚的标志，并使人吉祥如意和保持永恒的美丽。

2. 食

阿拉伯人的食品种类繁多，他们以大饼、面包、米饭为主食，喜吃牛肉、羊肉、鸡肉、鸭肉、鱼肉和鸡蛋等，忌吃猪肉、驴肉、狗肉。阿拉伯菜也有冷热之分，热菜一般以炖煮、熏烤为主；冷菜有切碎的西红柿、香芹菜，再淋上橄榄油制成的沙拉，有羊肝、豌豆酱等。阿拉伯名菜有烤全羊、烤羊肉串和烤鱼，这里略作介绍。

1) 烤全羊

把一只肥嫩的羔羊宰杀后，去掉头、蹄，掏空内脏后塞满大米、葡萄干、杏仁、橄榄、松子等干果和调料，放在火上烘烤到熟。烤熟的羔羊外焦里嫩。

2) 烤羊肉串

把撒上作料的羊肉块穿在铁钎上用火烤熟后，切成片夹在薄饼或面包里，配上洋葱、西红柿等。

3) 烤鱼

将活鲤鱼或草鱼由脊背处从头到尾劈开，去掉内脏，洗净，撒盐，用两头削尖的木棒从有皮的一面插进肉里，把棒的另一端插在地上，竖立在用杏树、桃树等果木树枝燃烧的火堆旁，大约烤半小时就呈焦黄色，并散发出淡淡的香味。这时，把穿在木棒上的鱼取下来，皮朝下放在文火上再炙烤 10 分钟，就可拌作料食用了。

阿拉伯人一日三餐。信奉伊斯兰教的阿拉伯穆斯林餐前都要说："以普慈特悲的安拉的名义。"用餐后则说："一切赞颂全归万物之主安拉。"早餐一般是夹奶酪的大饼或面包，喝一杯牛奶、茶或咖啡。下午 2 点左右吃午餐，午餐主食通常是加入黄油、葡萄干等其他调料的炒米饭，副食有烤鸡、烤牛肉、羊肉泥和白菜以及用黄瓜、洋葱、香菜等做成的杂拌汤。晚餐以大饼或面包为主食，佐以豆角、烤肉、沙拉、泡菜、果酱，另有蚕豆粥等。

阿拉伯人比较喜欢吃甜食。

逢年过节，家家户户都吃抓饭。抓饭是用羊肉、鸡肉、豆子、茄子、葡萄干、柠檬、橘皮和香菜焖制的浅黄色米饭。阿拉伯人吃抓饭时用右手。现在的阿拉伯人除了吃传统的抓饭仍用手抓外，吃其他饭菜时均使用刀、叉和勺子。

阿拉伯人禁忌饮酒，喜欢喝茶、咖啡、酸牛奶、柠檬汁和各种果汁等；爱吃苹果、桃、梨、椰枣、石榴、柑橘、无花果、西瓜、葡萄等水果。

3. 住

在城市里生活的阿拉伯人的住宅样式繁多。如摩洛哥马拉喀什市居民以土筑成房屋；阿尔及利亚阿尔及尔市部分居民习惯用石块砌成二层或三层的楼房；埃及、利比亚富有人家普遍居住带庭院、筑有围墙的二层小楼。此外，阿拉伯各国大、中城市，均建有大批安装了现代化设施的住宅，既有层次不同的高层公寓，又有规格统一的一层平房或二层小楼。

阿拉伯人的住宅式样千姿百态，造型各异，但室内布局有一个共同点：分别配有男女会客室，以便接待不同性别的客人。过去，以游牧为生的阿拉伯人逐水草而居，多住在帐篷里。如今，活动在沙漠深处的游牧民仍然居住在低矮的帐篷里，帐篷通常用驼毛或粗羊毛织成，多为黑色和深褐色。帐篷一般由 9 根柱子搭成，中间有 3 长根，两侧各有 3 短根。夏天，帐篷四周固定在高高的木桩上，以便通风；冬天，帐篷四周着地，三面用沙土或苇席围牢，以便挡风御寒。朝东两面留作门。也有人用苇席、树枝等搭棚居住。

从事农业的阿拉伯人的住宅多为平顶房屋，而突尼斯等国生活在很少下雨的沙漠地区的农民，则习惯住地下洞穴式房屋。其建造方法是先从地面下挖一个深 6～7 米、直径 10～12 米的圆柱形大洞作为院子，再从底部向四面发展，挖成一个拱形山洞作为居室。

4．行

由于自然环境和国情不同，阿拉伯国家贫富不均，交通状况相差悬殊。

(六)婚俗与礼仪

1．婚俗

过去，阿拉伯人的婚姻多由父母包办，随着社会的进步，现在自由恋爱者越来越多。不过，在沙特阿拉伯、卡塔尔、阿曼、也门等一些比较保守的阿拉伯国家里，由父母包办婚姻的现象仍然比较普遍；而在埃及和阿尔及利亚等一些相对开放的阿拉伯国家里，自主婚姻的男女青年较多。

阿拉伯各国挑选对象的习俗有所不同。例如，在埃及，城市男女青年多由自己挑选意中人，他们关心的主要是对方的身材相貌、学历、收入等。在叙利亚，传统的方式则多由小伙子的母亲代成年的儿子物色对象。当她看中某位妙龄少女时，便选择吉日邀请这位少女及其母亲共赴浴室，在共浴的过程中仔细观察少女的身体、举止等。若满意，便请少女母女到饭店进餐，然后再到女方家正式提亲。在利比亚，也是由小伙子的母亲或姑嫂出面，为儿子或兄弟挑选媳妇。若遇到合适的姑娘，小伙子的母亲就会带媒婆去女方家"探家"，一是提亲；二是品尝这位姑娘做的饭菜，考察姑娘的品行。双方若无异议，便可结亲。不论以哪种方式选择对象，双方谈妥后一般均要举行订婚仪式。在订婚仪式上，男女双方及其亲属代表和宗教人士聚在一起，商定婚事的条件及彩礼的数额等。男方要向女方赠送礼品、衣物和首饰等。各国阿拉伯人赠送的礼品有所不同，例如，索马里阿拉伯人赠送的是母骆驼，而阿拉伯联合酋长国阿拉伯人赠送的是钻石，但多数阿拉伯国家的阿拉伯人以赠送衣物和金戒指为主。

男女双方定亲后即筹备婚礼。一切准备好后，首先在清真寺举行传统的宗教婚礼，由双方家庭的男性代表参加。仪式包括由教长诵伊斯兰教经典——《古兰经》和宣读婚约等。在双方签订的婚约中，写明彩礼的具体数额以及丈夫不得自行娶二房等内容。宗教仪式结束后，便分别在女方和男方家大摆宴席，招待宾客。阿拉伯各国举办婚礼的时间长短不一，最短的时间是两天(如沙特阿拉伯)，最长的时间为两周(如卡塔尔)。但多数阿拉伯国家为三天(如阿联酋、科威特等国)或七天(如苏丹、约旦、利比亚、突尼斯等国)。

阿拉伯人多选择节假日举行婚礼，如开斋节等节日或星期四(阿拉伯人的周末)。举行婚礼前，新娘要沐浴，染红手、脚趾甲和化妆打扮；新郎也要沐浴更衣，换上崭新的礼服(民族服装或西服)。在新婚之夜的前两天或一周，新郎和新娘家均开始张灯结彩，宴请宾客，唱歌跳舞，新娘还要向女宾展示金银首饰、衣服、香料等嫁妆。在最热闹的新婚之夜，新郎家要派迎亲队伍去新娘家迎娶新娘。大多数阿拉伯国家现在时兴用十几辆甚至几十辆小轿车组成的车队迎接新娘。最引人注目的是前后相接的新郎车和新娘车，这两辆喜车车前披挂五色彩带，车顶四周装饰彩灯，新娘车前还摆放着一个大洋娃娃。新娘身穿白

色婚礼服，左右两侧坐着两位伴娘。一路上，迎亲车队欢歌笑语，喇叭声声。突尼斯人习惯用骆驼轿迎接新娘。

阿拉伯人有的在新郎家举行世俗婚礼，有的在俱乐部举行婚礼，而埃及、伊拉克等国的阿拉伯富人一般在豪华的大饭店里举行婚礼。在婚礼上，新郎、新娘互为对方戴上戒指，并接受大家的祝福。新人还要手把手切开一块大蛋糕，并请大家尽情吃喝。而后新郎、新娘共舞以及贺喜的宾客唱歌跳舞，将婚礼的气氛推向高潮。摄像师将欢喜的场面摄入镜头，以作留念。

在阿拉伯国家，一些阿拉伯青年选择在婚后进行蜜月旅行。不过，由于阿拉伯人结婚所需要的费用，如彩礼、婚礼费、建房费等较高，使不少经济条件差的小青年望而却步，甚至打一辈子光棍。

2．礼仪

1) 见面礼

阿拉伯人见面时通常行握手礼。人们首次见面或关系一般者见面时行握手礼；同性亲朋好友见面时行亲吻礼；关系特别要好的男子见面时要互相贴面，先贴左脸颊，再贴右脸颊，之后再贴一下左脸颊，以示友好；彼此熟悉或合得来的女子之间平时行握手礼，久别重逢时则互相亲吻对方的脸颊，先亲一下对方的右脸颊，再亲一下左脸颊，之后再亲一下右脸颊。此外，部分阿拉伯国家的一些地区还有特殊的见面礼节。例如，一些科威特人见面时，除了握手外，还喜欢吻对方的额头和鼻子。因为信奉伊斯兰教的阿拉伯人做礼拜时，额头和鼻子是头部最先着地的部位，吻这两个部位，一是表示尊重对方，二是期望双方吉祥如意。而也门马里卜地区的阿拉伯人则常行碰鼻尖礼。

2) 家庭礼仪

大多数阿拉伯家庭讲究家庭礼仪，敬重双亲，尊老爱幼，亲人之间互相关心、互相帮助。不过，在一些男尊女卑的传统观念较严重的阿拉伯家庭里，男主女从的现象普遍存在。

3) 公共场所礼仪

阿拉伯人比较讲究公共道德，出门时衣冠整洁，购物时自觉排队，在公共场合特别尊重妇女，会在公共汽车上为老人让座等。当人们相遇时，步行者先问候骑乘者，年轻者先问候年长者，行者先问候坐者，后到者先问候先到者，个人先问候大家等。讲话时注意看着对方，声音不大不小，语言婉转；听讲者神情专注，不轻易打断对方的讲话。当有人需要帮忙时，大家都会自觉地伸出援助之手。阿拉伯人具有好客的优良传统，他们不仅逢年过节邀请亲朋好友到家里做客，盛情款待，而且对于素不相识的不速之客和萍水相逢的过路人也同样以礼相待。倘若有谁待客冷淡或将远方客人拒之门外，则被认为有伤风化，会受到众人的批评。

3．禁忌

1) 饮食忌

伊斯兰教禁酒和禁吃猪肉。虔诚的阿拉伯穆斯林滴酒不沾，不食猪肉。

2) 问候忌

许多阿拉伯人在交往中忌问候对方的女眷，所以，在阿拉伯国家，很少有人唐突、热情地问对方:"您夫人近来好吗?"

3) 偶像忌

恪守伊斯兰教的阿拉伯人禁止崇拜一切偶像,尤其是膜拜制作的人物塑像是绝对禁止的。

4) 左手忌

大多数阿拉伯人习惯在卫生间用左手清洁身体,故认为左手是不干净的。所以,人们吃饭、握手或传递物品等均用右手,而忌用左手递给别人东西和用左手行握手礼等。

九、以色列习俗与礼仪

(一)民族

以色列现有居民约 813 万(2014 年),其中犹太人约占 75%,阿拉伯人、德鲁兹人及其他人约占 25%。

(二)语言

以色列的国语是希伯来语,官方语言是希伯来语和阿拉伯语。通用语言为英语。

(三)姓名

犹太人的姓名分为姓和名两部分,名在前,姓在后。如现任以色列副总理西蒙·佩雷斯,西蒙是名,佩雷斯是姓。

(四)宗教

以色列绝大部分犹太人信奉犹太教,尊耶和华为至高唯一的神,以《旧约全书》为最高经典。犹太教徒每天在会堂或家中做三次祷告:晨祷、午祷和晚祷。以色列全国有 4000 余座犹太教会堂。居住在以色列的阿拉伯人大多信奉伊斯兰教,另有一部分居民信奉基督教和其他宗教。

(五)衣、食、住、行

1. 衣

以色列人的传统服装为长袍,外出时常束腰带。此外,许多男子外出时还用亚麻头巾缠头,而妇女则戴面纱。妇女喜欢佩戴耳环、手镯等首饰。现代以色列人的服装逐渐欧化,政府、公司职员上班时多穿西服,而不少年轻人更喜欢样式新颖的欧美流行服装。

2. 食

以色列人一日三餐,主食是面饼、面包。一般食用牛、羊和禽类的肉及鸡蛋,吃葱、蒜、韭菜和瓜类等。他们爱吃豆子,喜欢喝牛奶、咖啡、啤酒、葡萄酒等,常吃的水果有葡萄、石榴、无花果、柑橘、香蕉、西瓜等。以色列人独特的烹饪方法不多,但他们会做多种风味菜。在他们的餐桌上,既有阿拉伯的油炸丸子,又有欧洲的红烧牛肉等。

3．住

以色列人的祖先希伯来人原属于游牧民族，在漫长的年代中一直逐水草而居，习惯于住羊毛帐篷。移居迦南后，逐渐转变为比较稳定的农业生活，开始建造平顶住房。房顶用途很大，白天在上面晒粮草，天热时夜晚在上面睡觉。

现代以色列人大都住进了楼房。大约80%以上的人拥有自己的住房，其余的家庭则租政府的公寓或私人住房住。有钱人住豪华的别墅，而穷人住在狭小而拥挤的住房里。一套以色列标准的单元住房(豪华型)包括一间大到可以在里面吃饭的厨房、一间起居室、一至两间浴室和三间卧室。

4．行

以色列陆、海、空运输业比较发达。

(六)婚俗与礼仪

1．婚俗

以色列人的婚姻通常由父母做主，若小伙子看中了一位姑娘而想进一步交往，则应征得双亲的同意。不过，也有不少年轻人自由恋爱，自主婚姻。通常是小伙子比较主动。如果两人相处合得来，小伙子求亲征得同意后，要付给姑娘的父亲一笔聘金。

以色列人有订婚的习俗。订婚不仅表明家长的允许，同时也是对婚姻的正式认可。订婚仪式一般是相爱男女及双方家长聚会，并邀请部分亲朋好友和一些长者参加。在订婚仪式上，小伙子要给女子一枚订婚戒指，并发誓将娶她为妻。男女举行订婚仪式后便成为未婚夫妇，若男方退婚，则不能索回聘金；若女方退婚，则须加倍偿还。

信奉犹太教的以色列人通常在会堂里举行宗教婚礼，婚礼由犹太教士主持，由有名望的证婚人介绍新郎、新娘的情况。教士向众人宣布新郎、新娘的婚姻是合法的，同时教导新郎和新娘要和睦相处、白头偕老。婚礼仪式结束后，在新郎家举行婚宴，款待前来祝福的亲友及来宾。

2．礼仪

1) 见面礼

以色列人见面时通常行握手礼；亲密朋友久别重逢时行拥抱礼；女友之间相互亲吻。宾主见面相互躬身施礼，把手放在胸口、嘴上和额头，分别表示我的心、我的嘴、我的头脑，都愿意为您效劳。

2) 待客礼

以色列人非常好客，把远道而来的客人看成上帝派来的使者。他们热情迎接客人，以丰盛的饮食款待客人。当客人执意要走时，主人常送出很远。

一般来说，以色列人的性格比较急躁，对于烦琐的仪式缺乏耐心。但大多数以色列人待人坦率、诚恳。

3．禁忌

1) 忌造偶像等

信奉犹太教的以色列人严格遵守"摩西十诫"，即所谓古代以色列部族首领摩西在西奈山接受上帝授予的十条诫命：不可信他神、不可造偶像、不可妄称神的名称、安息日不可工作、孝敬父母、不可杀人、不可奸淫、不可偷盗、不可作伪证、不可贪恋他人之物。

2) 饮食禁忌

犹太教禁止食用出自不干净动物身上的东西，因此，以色列人忌吃不洁的动物(马、猫、猪、狗、自死动物)以及虾、蟹、贝类等。

第二节　欧洲国家习俗与礼仪

一、俄罗斯习俗与礼仪

(一)民族

俄罗斯联邦是个多民族国家，居住着 130 多个民族，人口总数居世界第 7 位。其中俄罗斯族人占全国总人口的 81.5%；鞑靼族人占 3.8%；乌克兰族人占 3%；楚瓦什族人占 1.2%；巴什基尔族人占 0.9%；白俄罗斯族人占 0.8%；摩尔多瓦族人占 0.7%；德意志人和车臣族人占 0.6%；阿瓦尔族人、亚美尼亚族人和犹太人占 4%。

(二)语言

俄语是俄罗斯族人的民族语言，系俄罗斯联邦境内的官方语言和通用语言。各共和国有权规定自己的国语，并在该共和国境内与俄语一起使用。一些少数民族也讲民族语言，如鞑靼人讲鞑靼语；乌克兰人讲乌克兰语；楚瓦什人讲楚瓦什语；巴什基尔人讲巴什基尔语；白俄罗斯人讲白俄罗斯语；车臣人讲车臣语。

(三)姓名

近、现代俄罗斯人的姓名一般由三个部分组成，其排列顺序为本人名、父称、姓。父称是由父亲的名字加后缀构成。例如，俄罗斯著名诗人亚历山大·谢尔盖耶维奇·普希金(1799—1837)，亚历山大是诗人的名，谢尔盖是诗人的父名，加上后缀耶维奇构成父称——谢尔盖耶维奇，意思为"谢尔盖之子"，普希金是姓。而诗人的姐姐姓名为奥丽珈·谢尔盖耶芙娜·普希金娜，谢尔盖耶芙娜意思为"谢尔盖之女"。

俄罗斯人起名有的使用俄罗斯古名，如弗拉基米尔，意思为"致和"；柳德米拉，意思为"佳人"。大多数人用俄罗斯人信奉的东正教教历上的名字，如伊万(约翰)、保尔(保罗)等。此外，也有一些人起与俄国革命有关的新名，如列内拉，意思为"列宁时代"；扎莉姬，意思为"黎明"等。

俄罗斯男子常起有"健美"含意的名字，如亚历山大、阿列克塞、瓦西里、计果尔等；而女子姓名多以秀气的娃、娅结尾。女子婚前用父亲的姓，婚后多用丈夫的姓，但本人的名字和父称不变。

(四)宗教

俄罗斯居民 55%信奉宗教，其中 91%信奉东正教，5%信奉伊斯兰教，信奉天主教和犹太教的各为1%，0.8%信奉佛教，其余信奉其他宗教。俄罗斯人、俄境内的乌克兰人、楚瓦什人和白俄罗斯人中，信教者多信仰东正教；亚美尼亚人多数信奉基督教；鞑靼人、巴什基尔人和车臣人大多信奉伊斯兰教；犹太人信奉犹太教。还有一些人(贝加尔湖以东的布里亚特人和伏尔加河下游的卡尔梅克族人)信奉佛教(喇嘛教)。"十月革命"后，俄罗斯人信教人数锐减，但目前信教人数又呈上升趋势，参加宗教洗礼、婚礼、安魂礼的人数不断增加。

(五)衣、食、住、行

1. 衣

俄罗斯联邦各民族的服装在款式和花色上都有各自独特的风格。俄罗斯北部地区妇女的传统服装是在衬衣外面罩上无袖长裙——"萨腊方"，每逢过节或婚嫁时还要戴一顶用锦缎和彩珠装饰华丽的头饰；而男子通常穿领口和下摆都绣着花的斜领衬衫。俄罗斯人习惯戴帽子，秋戴呢帽，冬戴皮帽。在春秋两季，人们喜欢在西服外面穿上件漂亮的风衣；冬季，男女老少皆穿羊皮大衣或羊皮外套，穿皮鞋、皮靴或毡靴。现代俄罗斯男青年平时以穿深色(青色较多)西服为时尚；而女青年则喜欢穿美观大方的浅色连衣裙、西服上衣或西装裙，夏天系花头巾。顿河一带的哥萨克妇女则在发髻上蒙一块小小的绸帕。

俄罗斯境内乌克兰族少女常戴飘垂着彩带的花冠，脖颈上挂一串珊瑚或珠子项链。已婚妇女戴一种能遮住头和面颊的白色帽子；男子戴没有帽檐的黑色筒帽，肥袖口的绣花衬衣掖在灯笼裤内，腰间系一条宽宽的黑色腰带。

俄罗斯境内白俄罗斯族农村姑娘至今仍穿传统的民族服装——双肩绣满各种美丽图案的衬衫和大方格的布料短裙，腰间系一条小花围裙，再配上五彩丝绒编织成的腰带。

许多俄罗斯人爱好体育锻炼，因此，在各种训练基地和体育场所，不同项目的体育爱好者身穿网球套装、体操紧身衣、游泳衣、足球服、速滑连衫服或骑自行车时穿的连衫服等，显得格外精神。

2. 食

俄罗斯人讲究烹调，做菜时很重视调料，菜肴丰富多彩，主要食物有面包、牛奶、土豆、牛肉、猪肉、鱼、鸡蛋和蔬菜。俄罗斯人喜欢吃黑麦面包、鱼子酱、咸鱼、黄油、酸黄瓜、酸白菜、酸牛奶、西红柿、蘑菇、火腿、冻肉等，还喜欢吃用面粉、蜂蜜加香料做成的甜食(蜜糖饼干)和鱼肉馅的面点，一般不吃乌贼、海蜇、海参和木耳等食物。

俄罗斯人通常一日三餐。早餐时间在7～8点，吃面包时抹上黄油或鱼子酱，夹一块奶酪或几片香肠，吃个煎鸡蛋，喝一杯甜茶或咖啡或酸牛奶。午餐在下午1～3点之间，菜肴较为丰盛。人们喜欢在吃饭的时候喝伏特加(饭前或饭后一般不喝)，沙拉、火腿、凉拌生菜、腌青鱼是大家爱吃的菜。正规的俄式中餐第一道菜是汤，汤的品种繁多，有鲜鱼汤、鸡清汤、肉丸豌豆汤、酸白菜汤等。与西方人不同的是，俄罗斯人在喝汤时可以吃面包，而且餐桌上除了白面包以外还必须放一碟黑面包。第二道菜一般为煎烤的鸡、鸭、鱼、肉，如铁扒笋鸡、奶汁烤鱼、煎牛排、炸肉饼等。饭后吃些果子冻、煮水果、冰激凌一类的甜食，再喝一杯橘汁或柠檬茶或加牛奶的咖啡等饮料。绝大多数机关、企业、学校都有自己的食堂，许多人在单位食堂进午餐，也有一些人到单位附近的快餐部就餐，少数

人则去菜饭讲究、价格昂贵的餐馆。晚餐在下午 7 点左右，与午餐不同之处只是少了一道汤菜。但多数人的晚餐比较简单，只吃一道鱼或肉菜，有人干脆以面包和茶当饭。

俄罗斯人喜欢喝红茶，一般下午 5～6 点为喝茶的时间。茶水中放糖，就着点心、饼干、蛋糕等甜点心喝。农民们则喜欢用茶炊(过去多是富有特色的铜制茶炊，现在则大多使用电茶炊)将水煮沸，用时将茶叶放入水壶，沏开，再将滚烫的茶水倒在小碟中，一边嚼着方糖，一边小口小口地啜饮。

不少俄罗斯人有饮酒的嗜好，平日里除了经常饮用葡萄酒、香槟酒和冰镇啤酒以外，最喜欢就着咸青鱼块、酸黄瓜和鱼子酱夹心面包，喝上几杯大众化的烧酒伏特加。喝酒时，通常一个男子喝一瓶，而且往往是豪饮，一杯酒一饮而尽。

3．住

俄罗斯人的居住条件比较好，目前人均住房面积约 15 平方米。城市居民中不少人有属于自己的住房，无房户则住公寓或租私房。市区里的住宅楼大都是六层左右，建在市郊的住宅楼则多为十几层。许多高收入者都在市郊或乡村建有木房别墅，平时住在城里，一到星期五，纷纷倾城而出，到充满田园风光的乡下别墅度周末。别墅一般为一层楼，精巧别致，有的上面还绘有美丽的图案花纹。每家的别墅内都有菜园及果园，一到秋天，家家的果园结满果实，这样冬天的果酱和果脯就不成问题了。

农村居民一般住砖瓦平房或用圆木建成的壁桁式木屋。俄罗斯人喜欢洗蒸汽浴，故此许多人家都有自己的浴室。农家屋内布置典雅，地上铺地毯，墙上挂有彩色壁毯，还会用民间艺术品及民间刺绣品点缀房间。

4．行

俄罗斯各类交通均较发达。

(六)婚俗与礼仪

1．婚俗

过去，俄罗斯人的婚姻主要由父母包办，而现代俄罗斯青年大多是自由恋爱，自主婚姻。现在时兴举行订婚仪式，城市青年在男方或女方家设茶点款待亲朋好友，宣布订婚消息；农村青年一般在女方家举行订婚仪式，女方要大摆酒席，宴请宾客。仪式开始的时候，男方父母给女方父母献上俄罗斯传统礼物——面包和盐(放在铺着绣花面巾的托盘上面的大圆面包和面包上面的小纸包盐)，亲家公双手接过后，要吻一下面包表示感谢。接着，未婚夫妇交换信物：小伙子向心上人赠送戒指，姑娘回赠亲手刺绣的围巾。然后，大家入席畅饮喜酒。

未婚夫妇通常在订婚后一至三个月内举行婚礼。俄罗斯各城市都设有"幸福宫"，专为新婚夫妇举行结婚典礼之用。"幸福宫"一般是两层楼房：一层设有表格登记室，女宾、男宾室；二层设有婚礼大厅、宴会厅、礼品屋和休息室等。婚礼前的 10～15 分钟，新人由亲友陪同，分乘两辆披红挂彩的小轿车来到幸福宫。新郎乘坐的汽车车头前系着象征善良和力量的毛茸茸的大型玩具熊，而新娘乘坐的汽车车头前则系着一个大洋娃娃，预示生儿育女的好兆头。新娘身穿雪白的纱裙，头戴装饰有白色花冠的轻纱，手上捧着一束鲜花；新郎身穿深色礼服，左边的衣襟上佩戴一朵鲜红或洁白的鲜花。在优美、欢快的《婚礼进行曲》的旋律中，新郎、新娘手挽手步入婚礼大厅。

面对身穿制服、斜佩红色绶带的婚礼主持人，新婚夫妇站在大厅中央，他们的两侧是双方家长，身后是证婚人和男女傧相。主持人首先致贺词，然后向新人提出一些问题，如"你们是自愿结合吗？""你们是否诚心诚意地组织新家庭？""你们成亲后，女方选择谁的姓？"在得到肯定、明确的答复后，主持人请一对新人在结婚证书上签字，证婚人也应邀签字。主持人正式宣布新人结为终身伴侣，并祝愿他们同甘共苦、白头偕老。大厅里奏起贝多芬的《欢乐颂》，主持人端出一个事先准备好的蒙着红丝绒的金属小盘，盘子里放有一对刻着双方姓名的戒指，请新郎和新娘相互给对方戴在手指上。市政府代表宣读贺信，将印有国徽、装有华美烫金封面的结婚证书授给他们。新婚夫妇在音乐和热烈的掌声中，和双方父母拥抱亲吻。此后，他们走出大厅，在幸福宫大门前摄影留念。然后，新婚夫妇到无名烈士墓前或无名英雄纪念碑前献花默哀，以表达对前辈的怀念之情。婚礼后，新婚夫妇在家中或餐馆或幸福宫的宴会厅设宴款待亲朋好友。

当新郎、新娘进入宴会厅时，人们将硬币、彩带、花瓣、松子等撒向新人，为他们祝福。接着有人用托盘端来一个大圆面包和一小盅食盐，新婚夫妇各掰下一小块面包，蘸上一点盐敬献父母，然后各自再掰一块蘸盐后送入对方口中。此后同父母拥抱、亲吻，感谢父母的养育之恩，父母则祝他们生活幸福。进餐时，新婚夫妇坐在餐桌的正位，两边是双方家长。新人在席间不多饮，但当客人叫"苦啊"时必须接吻。喜宴上香槟酒必不可少，伏特加、葡萄酒、啤酒、矿泉水等一应俱全。参加喜宴的人们开怀畅饮，尽情跳舞。

目前也有不少俄罗斯人选择在教堂举行宗教婚礼。而农村的迎娶仪式又别有洞天，新郎迎亲，夏天乘三匹马拉的车；冬天乘三匹马拉的雪橇。新郎的伙伴个个身穿节日盛装，他们拉着手风琴，弹着吉他，一路欢笑一路歌地来到新娘家迎接新娘。迎亲车一到新娘家，一群少女便轻歌曼舞欢迎新郎。新郎在新娘双亲陪同下进屋与新娘见面。当迎亲车回到新郎家时，人们竞相把成把的啤酒花撒向新人，祝愿他俩生活富足。进屋后，一群孩子又把黄米撒在新人身上，祝福新婚夫妇儿女满堂。

俄罗斯人重视婚礼纪念日。结婚当天称为"绿婚"，因为"绿"字在俄语中有"年轻"和"不成熟"的意思；婚后1周年称为"花布婚"，夫妇互赠花布；第三年称为"皮婚"，表示爱情已具有一定的韧性；5周年称为"木婚"；6周年称为"锌婚"；7周年称为"铜婚"；8周年称为"白铁婚"；9周年称为"锡婚"；10周年称为"玫瑰婚"；25周年称为"银婚"；30周年称为"珠婚"；40周年称为"红宝石婚"；50周年称为"金婚"；60周年称为"钻石婚"；70周年称为"福婚"；75周年称为"王冠婚"。其中"银婚"和"金婚"的纪念特别隆重。

2．礼仪

1) 见面礼

俄罗斯人民注重礼貌，见面时要相互问好，道一声"早安""日安"或"晚安"。同事相见一般行握手礼；女子之间好友相遇时，通常是亲切拥抱，有时也接吻；男子之间则只互相拥抱；男士对女士则以亲吻手背为宜。

俄罗斯人初相识时，一般称姓并加同志，熟悉了以后就会互用爱称(如喀秋莎是叶卡切琳娜的爱称)。对一般的同志和朋友只称其姓，对晚辈和至亲好友可直呼其名，对成年人以称其名和父名为最适宜。

2) 公共场所礼仪

俄罗斯人外出时都衣冠楚楚，在电车和公共汽车上主动给老人、残疾人、孕妇和儿童让座。人们在言谈中常使用"请""谢谢""对不起"等礼貌语言，普遍自觉遵守公共秩序，注意保持公共场所的卫生。

3) 待客、做客礼

俄罗斯人比较好客，喜欢在节日或工作之暇邀友小聚。主人请客之前要打扫和布置房间，餐桌上一定要摆放鲜花。餐具要在客人到来之前摆好，并且要食品丰盛，饮料充足。

应邀做客要准时赴约，进屋要敲门，得到允许才能入内。进屋先脱外套和帽子、手套、围巾，然后向女主人鞠躬问好，并向男主人和其他人问好。进餐时动作要文雅，嚼东西时要微闭嘴唇，不要嚼出声来。

4) 赠礼礼仪

俄罗斯人也有在逢年过节或婚丧嫁娶等特殊日子和做客、探望病人等特殊情况时向亲友赠送礼物的习惯。他们讲究送礼要及时，不要雨后送伞。礼品要合适，应因人因事而异，如给女主人送鲜花，给儿童送智力游戏玩具等。俄罗斯人特别注重礼品的美观及实用。收礼者要对送礼者表示谢意。

3. 禁忌

1) 颜色忌

俄罗斯人忌讳黑色，他们认为黑色是不吉利的颜色。黄色在俄罗斯人的眼中是背叛、分手的象征，因此，送花一般不送黄色的花。

2) 数字忌

俄罗斯人和西方人一样，也忌讳13这个数字，认为它是凶险和死亡的象征。

3) 动物忌

俄罗斯人忌讳兔子，他们认为兔子胆小无能，是不吉利的动物。

此外，俄罗斯人还忌讳打翻装盐的瓶子、打碎镜子、打听女子的年龄、询问别人的收入等。

尤其需要提到的是，送花一般要送单数，最好是 3~5 枝，不送一枝花。而参加葬礼的时候要送双数花。

二、德国习俗与礼仪

(一)民族

德意志联邦共和国现有人口约为 8110 万(2015 年年底)，居民中主要是德意志人(也称"日耳曼"人)，另有少数丹麦人、荷兰人、吉卜赛人、索布族人、土耳其人、南斯拉夫人、意大利人、希腊人、阿拉伯人、波兰人、西班牙人、奥地利人、罗马尼亚人和葡萄牙人等。

(二)语言

德意志部族之间使用各自的方言，但通用语言标准德语。

(三)姓名

德国人的姓名一般包括两部分，即名和姓，名在前，姓在后。例如，卡尔·马克思，卡尔是名，马克思是姓。

在德国，名字主要用于家庭内部的相互称呼，如夫妻之间或父母呼叫子女。此外，在青少年和亲密朋友、同学、同事之间也是只呼其名。姓作为家庭名称世代沿用，是一个人姓名中的主要组成部分。对成年人的尊称，仅称其姓而略其名，并在其姓的前面因人而异加上先生、夫人、小姐、职务、学位等各种称呼，例如，Frau Schmidt(施密特夫人)、Doctor Marx(马克思博士)。但在正式登记、注册时，名和姓都要写上。

(四)宗教

在德国西部地区，大约有 90%的居民信奉基督教，其中 55%信奉基督教新教，多属于路德教派；45%信奉天主教。约有 190 多万人信奉伊斯兰教，大部分是土耳其人和阿拉伯人。另外，还有 65 个犹太教区，约有 2.8 万多教徒。

在东部地区，多数德意志人信奉基督教新教，属路德教派，在南方有一些天主教徒。此外，无神论者也不少。

(五)衣、食、住、行

1．衣

绝大多数德国人的衣着无鲜明的民族特色，但穿戴很整洁。成年男士平时穿西服套装或夹克，备有合适的大衣；锻炼时穿运动服；看歌剧或出席社交场合时穿礼服。有些员工上班时穿工作服。大中学生着装则较随便，往往穿宽松的衣服。年轻人中比较流行穿牛仔服等休闲服。生活在德国北部的汉堡人，男士爱戴一种小便帽；而南部巴伐利亚州的男士，则习惯戴插有羚羊毛的毡帽。

德国女士通常穿西服套装、短上衣和裙服，在特别隆重的场合穿长夜礼服。不少青年女子喜欢穿连衣裙，而上年纪的女性多爱穿色彩艳丽的衣裙，外套是一件浅色风衣或呢大衣，戴一顶呢帽或绒线帽。

德国中年人对服装的颜色、款式较讲究，力图选购与自己的肤色、头发、体形相协调的衣服，以便反映出自己的个性和特点。

2．食

德国人以面包、土豆为主食，偶尔用大米、面条作主食；喜欢吃猪肉、牛肉、鸡、鸭、野味和青菜；爱吃香蕉、苹果、柑橘、草莓等水果；口味喜欢酸甜、清淡，不爱吃太油腻、过辣的菜肴。相对而言，居住在德国东部的人较重视早餐和午餐。早餐爱吃面包和蛋糕，还有黄油蜂蜜、果酱、香肠、火腿和煮得很嫩的鸡蛋，喝咖啡或可可之类的饮料；午餐主要包括汤、带配菜的肉食和甜食，以及男士喜欢喝的啤酒、白兰地等。饭后上冰激凌和咖啡。晚餐一般不准备热菜，而以凉菜、凉肉、沙拉、面包、干酪、鲜嫩可口的小萝卜头、西红柿、黄瓜、鱼子酱为主，有时喝点酒。晚饭后要饮茶。

居住在德国西部的人早餐较简单，通常吃面包、黄油、果酱或少许火腿、灌肠。午

第十四章　外国习俗与礼仪

餐、晚餐较丰盛，主副食有烤肉、煮土豆、炸土豆条、面包、面条、沙拉、鸡蛋、鸡肉、鸭肉、海味等之类的食物以及啤酒、咖啡和水果。

德国人对餐具很讲究，一般家庭都备有各种碟盘、杯子、刀叉和匙子。吃肉、鱼、奶酪要分别使用不同的刀。通常右手持刀，左手持叉。饮酒也有规矩，吃饭时应先喝啤酒，再喝葡萄酒；吃凉菜饮甜葡萄酒；吃鱼、蛋和烤肉饮白葡萄酒；吃野味饮烈性红葡萄酒；吃干奶酪时饮啤酒。伏特加酒应当一饮而尽，而甜酒和白兰地酒则分若干口喝干。

3. 住

德国人的住房条件比较好，他们十分注重整理和美化自己的住宅，不仅把各个房间布置得井井有条，打扫得干干净净，摆设美观实用的家具，而且着意用绿色植物、美丽的花卉和漂亮的图案装饰房间、阳台和自家小花园，使整个住所舒适、雅致、趣味盎然。由于德国家家户户注意绿化，因此德国的许多大小城市宛如美丽的花园。

4. 行

德国的交通相当发达。

(六)婚俗与礼仪

1. 婚俗

过去，德国求婚的男子要跟自己的媒人一起，在约定的时间到姑娘家向姑娘的父母请求与其女儿结婚，征得同意后，便开始商议新娘的嫁妆和未婚夫的聘礼，并立下一个详细的婚约。如今，虽然一些地方仍然保留着这种古老的婚姻习俗，但大多数地区的绝大多数青年男女已进入自由恋爱、自主婚姻的时代。

现在，男女青年确定恋爱关系后，首先由男方向女方求婚，然后男女双方一起拜访男方的父母。此后，在女方父母家举行订婚仪式。

在订婚仪式上，未婚夫妇除了接受和感谢亲友们的祝福外，还要交换订婚银戒指，并互相给对方戴在左手中指上。

当未婚夫妇做好了结婚的准备，便由女方的父母或监护人用信件和明信片通知亲属和好友，注明婚礼的日期和地点，邀请他们光临。

信奉基督教的青年男女婚礼大多在教堂里举行，由牧师主持结婚仪式。身穿深色西装的新郎和身披白色婚纱的新娘宣誓后，互相将结婚金戒指戴在对方左手的无名指上。

婚礼后举行喜宴，喜宴通常在新娘父母家举办。宴会前，新郎、新娘要向所有来宾及送礼者表示谢意。结婚宴席先上凉菜和啤酒、甜酒，然后上汤，再上热菜，如鱼、烤肉以及飞禽等。此外，分别上甜食、干酪和水果。最后上土耳其咖啡和烈性甜酒。祝酒一般安排在两道菜的间歇时间。首先是德高望重的来宾致辞，祝新郎、新娘婚姻美满、生活幸福。然后其他宾客按恰当的次序分别为新人祝酒，最后一个祝酒的是新娘的父亲。

宴会之后是舞会，先由新郎、新娘跳第一支舞——多半是华尔兹舞。此后，新郎陪岳母跳，再陪自己的母亲以及近亲的女宾跳；而新娘则相继陪公公、父亲以及近亲的男宾跳。新郎、新娘在跳了几支舞曲后可悄然离开，或回房间休息或打点度蜜月的行装，而宾客们可以继续进行欢乐的活动。婚宴及舞会常常持续数小时。在农村，至今还沿袭婚礼大庆几天的习俗。

2．礼仪

1）见面礼

在德国，当熟人相见时，男性首先向女性致意；年轻男性首先向年老男性致意，年轻女性首先向年长女性和比自己年纪大得多的男性致意；下级首先向上级致意。握手时，年长女性先向年轻女性伸手；女性先向男性伸手；老师先向学生伸手。如果两对夫妇见面，先是女性互相致意，然后男性分别向对方的妻子致意，最后才是男性相互致意。在街上打招呼，男性应欠身、脱帽。

2）交谈礼

交谈时要看着对方的眼睛。讲话应从容不迫、吐词清晰，不要吹牛、说大话，不要应承自己办不到的事。谈话时，不要将两手插在衣袋或裤兜里，更不能对别人指手画脚。当对方反驳自己的意见时，切勿急躁、恼怒。

3）待客礼

星期日下午是德国人在家接待宾客的时间，家家户户都保持着最佳状态的整洁，以便随时准备开门迎接客人。大多数德国人不喜欢夸夸其谈，待人接物以诚恳为礼。一般来说，主人要等客人坐定之后才能坐下，并应热情待客，如给客人上饮料、敬烟、递打火机等。细心的主人上饮料前会征求客人的意见："我可以为您倒什么饮料？"或者问："您想喝点什么？"德国人敬烟不劝烟。客人告别时，要让客人自己开门，否则容易使人误解是下逐客令。

3．禁忌

1）符号忌

德国人最禁忌的符号是卐。1921 年，希特勒设置卐字旗作为纳粹党(nazi)的标志。第二次世界大战期间，纳粹的暴行令人发指。因此，德国人对这个符号十分反感。

2）颜色忌

德国人禁忌以茶色、红色、深蓝色和黑色做包装物颜色的物品。在德国一些地方，红色被视为色情的颜色；而黑色是悲哀的颜色，令人毛骨悚然。

3）食物忌

德国人忌食核桃。

三、法国习俗与礼仪

(一)民族

法国现有人口约为 6661 万(2014 年)，包括 400 万外国侨民，有 150 万来自欧盟各国。其中法兰西人约占 90%，还有阿尔萨斯人、布列塔尼人、科西嘉人、佛拉芒人、加泰隆人和巴斯克人等少数民族以及葡萄牙人、阿尔及利亚人、摩洛哥人、意大利人、西班牙人、突尼斯人和中国人等外国移民。

(二)语言

法国的官方语言为法语。法兰西人都使用法语,一些少数民族及外来移民在使用法语的同时还使用本民族语言,例如,布列塔尼人讲布列塔尼语;科西嘉人操意大利语;阿尔萨斯人通用法语并使用德语;阿拉伯移民兼讲法语和阿拉伯语。

(三)姓名

法国人的名字由姓和名组成,一般是名在前,姓在后。如已故法国总统乔治·蓬皮杜,乔治是名,蓬皮杜是姓。许多法国人有两个或三个名,通常第一个名是父母起的,信教的父母习惯于以婴儿诞生日那天的圣徒名为新生儿命名,或是按婴儿性别在基督教教历中挑选。因此,法国人名大多取自耶稣门徒或宗教传说中的天使、圣徒的名字。故重首名而不同姓的法国人不少。第二个名是由教父或教母取的。第三个名往往取自祖父或祖母名,或外祖父、外祖母名,或亲朋好友和知名人士的名字。虽然许多法国人不止一个名字,但在称呼时,往往只用为首的本人名和姓。例如,已故法国前总统戴高乐将军的姓名全称是夏尔·安德烈·约瑟夫·玛丽·戴高乐,但通常仅称之为夏尔·戴高乐。平时,一般人之间仅称姓而不称名,并加先生、夫人、小姐等尊称;亲朋好友、熟人同事之间,一般称名而不称姓;父母对子女以及关系很好的密友之间,则常常使用爱称,如皮埃尔的爱称是皮埃洛,热拉尔的爱称是热热,伊丽莎白的爱称是丽丽等。但在正式场合,人们则以姓名全称相称。

(四)宗教

法国居民中90%的人信奉天主教,不过严守教规的教徒不断减少。此外,有200多万人信奉伊斯兰教,50余万人信奉犹太教。另外,还有少量佛教徒。

(五)衣、食、住、行

1. 衣

法国人十分重视服饰,把服饰看作身份的象征。法国男士通常穿全套黑色、灰色或蓝色西服,内穿白衬衣、西装背心,系领带。

法国女士大多穿美观、舒适的流行时装,平时普遍穿连衣裙和套服,岁数大的女士喜欢穿裙子,而不少女青年爱穿各种裤装,但她们在正式场合均穿华丽的礼服。

法国人讲究衣服的面料、色彩和款式,有选择地穿戴适合自己的服饰。随着季节的变化,五颜六色、不同款式的毛衣、夹克衫、运动服、羽绒服、毛料长大衣、皮衣等把人们装扮得更加潇洒。

2. 食

法国人讲究饮食,好吃也会吃。他们重视烹调技艺,制作的美味佳肴和法国大菜名扬四海,法国亦被誉为"烹调之国"。

法国烹调以煎、炸、煮、烤、熏为主,著名的美味佳肴有炸牛排、烤蜗牛、烤鹌鹑、葡萄酒煮虾和鲜鱼、鹅肝等。

法国人的宴会十分考究，饭前先喝威士忌或罗姆等开胃酒。上菜的顺序如下：第一道是汤；第二道是冷盘，多为肉肠、火腿肉就小哈密瓜之类的菜；第三道是正菜，通常是炸牛排、烧羊肉、烤鸡、海鲜等；第四道是蔬菜，多为生菜、番茄配以作料制成的沙拉，或是其他青菜与火腿肉拌成；第五道是各式各样的奶酪；第六道是蛋糕、巧克力等甜食和冷饮；第七道是水果和咖啡；最后还有一道白兰地之类的烈酒或香槟酒。席间，配备有各色葡萄酒和长面包。

如今，法国人的日常饮食也是一日三餐。早、午餐比较简单，晚餐较丰盛。早餐一般在 7~8 点，通常是一杯加奶咖啡或红茶，吃几片涂有果酱、黄油的面包或油酥面包或巧克力，再来一只煮鸡蛋。午餐一般在 12 点半至下午 1 点。大半职工和学生回家用膳，也有不少职工在单位食堂进餐，可以吃到胡萝卜沙拉、猪排加土豆泥、小红肠，以及新鲜蔬菜、水果等。食堂里还备有各种酒、饮料。而许多年轻人则喜欢上快速方便的快餐店，买一份火腿三明治加甜点或麦当劳快餐，吃点水果，再喝一杯咖啡，就是一顿午餐。晚餐一般在下午 6~7 点，主食仍然是面包，但菜肴、酒水充足，汤、各式生菜、炸牛排、青蛙腿、罐焖鸡以及鱼虾等，是餐桌上的佳肴。此外，50%的法国人临睡前要喝点东西。

法国人十分讲究作料的调配，并精于此道。大多数法国人喜欢吃奶酪，每人每年平均消费 18.6 千克奶酪，居世界前列。法国奶酪也久负盛名。奶酪有长形、方形、圆形、柱形、三角形等诸多形状；颜色有红、绿、蓝、白、黄、黑等；味道不仅有浓、淡、香、苦、酸等不同口味，而且还有加入胡椒、果仁等独具特色的多味奶酪，从而满足了各种消费者的需求。

法国人喜欢喝咖啡，一日三餐都少不了。法国的大街小巷均设有咖啡馆，人们边喝咖啡边聊天，其乐融融。

法国人很喜欢饮酒。法国是名酒白兰地、香槟酒的故乡，酒店遍布法国城乡。善饮的法国人很讲究酒具，例如，用镂花大口半球形的鸳鸯脚空杯喝香槟酒，用小口鼓腹的高脚玻璃杯喝白兰地。

法国人还非常注重酒与菜的搭配，例如，吃肉时喝红葡萄酒，吃鱼或海鲜时喝白葡萄酒。而多种味道较淡的玫瑰红葡萄酒，吃鱼、吃肉时均可饮用。

法国人还喜欢喝矿泉水和酸牛奶。

3. 住

法国的现代化高层住宅分两大类：第一类通常称作"低租金住宅"，其主要对象是收入较少的家庭；第二类住宅的租金很高。如今许多法国人不愿住现代化的高楼大厦，而乐意住古色古香的老房子和独门独院的住宅。因此，近年来独门独院的建筑数量剧增，特别是在幽静的乡村或郊区，类似农舍的"别墅"格外受青睐。目前，约 1/3 的法国家庭拥有一栋"别墅"，这种别墅大多用矮墙或栅栏围起来，院内除住房外还有一个小花园，既可作常年居住之所，亦可供周末、假期消闲之用。20 世纪 80 年代以来，法国兴起了一股"自建住房热"，凡加入自建住房组织的成员均可购折价建材。不过，自己建房虽然节省了开支，却费工费时。于是法国的建筑商适时推出组装式房屋，这种房屋由于价格便宜、组装省力而受到民众的欢迎。

目前，法国的所有住房均装有自来水设施，90%的住房有卫生设备，70%的住房有供暖设备。55%以上的法国人拥有自己的住房，近45%的法国人仍然住公寓房或租私房住。12%的法国家庭有第二住所，其中第二住所在乡村的占56%；在海滨的占32%；在山区的占12%。

4．行

法国是世界上交通最发达的国家之一。

(六)婚俗与礼仪

1．婚俗

过去法国人的婚姻一贯由父母操办，为的是把双方的家庭结合起来。那时候，儿女们特别是姑娘们的成家立业，在相当程度上要依靠父母。现今，青年男女一起学习、一起出游，往往在告诉父母之前就已经情投意合了。当然，"物以类聚，人以群分"的古老格言仍然有效。青年人谈对象除了考虑年岁相仿(70%的法国青年结婚年龄在20～30岁之间，女子结婚的平均年龄为23岁；男子结婚的平均年龄为25岁)和对方的身材相貌外，同样重视门当户对、条件相仿，包括所受的教育、职业与居住状况等因素在内，但对利益和家庭联姻的考虑已退居次要地位。

如今法国一些地区仍沿袭订婚的习俗，如在波尔尼克，男女双方须经过正式订婚，方被承认为未婚夫妻。订婚仪式通常是一顿午餐。席间，男方的父亲要当众表示同意这桩婚事，并送给姑娘一本弥撒书、一顶帽子和一笔钱；而在卢瓦尔南部地区，男女订婚时要喝"同瓦酒"。这种仪式是由双方父母水平地端稳一片凹面瓦，里面斟满酒，订婚的男女同时喝瓦里的酒，就算正式订婚了。

当未婚夫妇做好了结婚的准备，便到市政府登记，然后到教堂举行由神父主持的宗教婚礼。新娘穿白色衣裙，新郎穿燕尾服或大礼服，由于双方父母、亲朋好友及伴郎、伴娘都参加婚礼，所以场面显得声势浩大。举行宗教仪式后，所有应邀参加婚礼的亲朋好友与新人共进午餐，接受新人双方家长的盛情款待，吃蛋糕和丰盛的饭菜，喝喜酒和咖啡等。喜宴后大家欢快地唱歌、跳舞，而新郎和新娘可以悄悄地先离开去休息。

20世纪70年代所谓"性解放"的浪潮，使法国人的传统婚姻观受到了极大的冲击，社会曾一度性爱泛滥。但是，爱的天平经过摇摆之后正在慢慢摆向它的适中点。在今日的法国，对待恋爱、婚姻态度严肃的夫妇大有人在，并日益增多，而一年一度的婚龄纪念为婚姻美满的夫妻平添甘甜、浪漫的情趣。以下是法国人婚龄纪念的称谓：1年——棉婚；2年——皮婚；3年——麦婚；4年——蜡婚；5年——木婚；6年——塞浦路斯婚；7年——毛婚；8年——丽春花婚；9年——搪瓷婚；10年——锡婚；11年——珊瑚婚；12年——丝婚；13年——铃兰婚；14年——铅婚；15年——玻璃婚；16年——蓝宝石婚；17年——玫瑰婚；18年——绿松石婚；19年——印花婚；20年——瓷婚；21年——乳白石婚；22年——青铜婚；23年——绿玉婚；24年——萨丁婚；25年——银婚；26年——玉婚；27年——桃花心木婚；28年——镍婚；29年——绒婚；30年——珍珠婚；31年——羊皮婚；32年——紫铜婚；33年——斑岩婚；34年——琥珀婚；35年——红宝石婚；36年——梅斯林婚；37年——纸婚；38年——水银婚；39年——绉纱婚；40年——碧玉婚；41年——铁婚；42年——珠质婚；43年——法兰绒婚；44年——黄玉婚；45年——

朱红婚；46年——薰衣草婚；47年——开斯米婚；48年——紫晶婚；49年——雪松婚；50年——金婚；60年——金刚钻婚；70年——白金婚；80年——橡树婚。

2. 礼仪

大多数法国人讲究文明礼貌，具有良好的社交风范。他们注重外表美，衣着整洁；他们崇尚"骑士风度"，特别尊重妇女；他们谈吐文雅，在日常生活中经常使用"对不起""不客气""很乐意为您服务""谢谢"等礼貌用语。此处仅着重介绍一下握手礼和谈话礼等。

1) 握手礼

在法国通行握手礼，不论什么场合都要握手。当你进入法国的办公室时，必须与所有在场者一一握手，走时还要再重复一遍。男女见面时，男子要待女子先伸出手后才能与之相握。男子与女子握手时应脱去手套，女子则不必。如女子无握手之意而不主动伸出手，男子就应点头鞠躬致意。当然，若是女主人，一般都会热情伸出手来表示对客人的欢迎。

2) 尊重妇女

在公共场合，大多数法国男子都注意有礼貌地对待每一位相识的或不相识的妇女。女子走进房间时，男士要起立；拜访时，先向女主人致意；告别时，先向女主人道谢；男女共餐时，点菜、上菜、敬酒均应"女士优先"；男女同行时，男士要为女士开车门、房门；上楼时，女士走在男士前面，下楼梯时，则男士先行；乘电梯和汽车时，男士均应后进先出；坐火车时，男士会把靠窗的座位让给女士。

3) 谈话礼

有教养的法国人十分注重谈话的礼貌，与人交谈时，态度热情大方，语气自然、和蔼，言辞文雅、婉转，声音高低适度。交谈时尽可能选谈诸如文化、教育、体育等大家都感兴趣又都有所了解的公共话题，并注意自我克制，不把自己的观点强加于人，尽量避免冒犯他人。在听别人讲话时，神情要专注，眼睛应注视对方，不轻易打断别人的话。

3. 禁忌

1) 颜色忌

法国人忌讳灰绿色，因为在第二次世界大战期间，希特勒法西斯军队穿着灰绿色军服；法国人亦讨厌紫色，因为它是西方公认的属于同性恋者的颜色。

2) 菊花忌

在法国，人们通常把黄色的菊花放在墓前吊唁死者，因此，法国人忌讳菊花。

3) 数字13忌

信奉天主教的法国人不喜欢13这个数字，认为13号加上星期五是非常不吉利的数字，因此，他们往往以14(A)或12(B)代替13。

4) 打听隐私忌

在法国，与人交谈时，绝对不要过问别人的隐私，不要询问对方的年龄、家庭生活、婚姻状况、有无子女等，更不要打听对方的工资、财产、家庭用具的价值以及人体的各种功能等，以免令人讨厌。

四、英国习俗与礼仪

(一)民族

英国是个多民族国家,现有居民约为6451万(2014年),其中英格兰占83.6%;苏格兰占8.6%;威尔士占4.9%;北爱尔兰占2.9%。此外,还有50万犹太人,13万诺曼底人;以及一些印度人、巴基斯坦人等,英籍华裔和侨居英国的华人约有15万。

(二)语言

英国的官方语言为英语。在威尔士半岛北部,许多威尔士人讲威尔士语。在苏格兰西北部的山区和赫布里底群岛,有少数盖尔人讲盖尔语。居住在诺曼底群岛上的诺曼底人大多通晓英语,但他们内部讲一种保持了中世纪特点的法语。

(三)姓名

英国人的姓名大多由三部分组成,前面两部分是本人的名,最后一部分是姓。例如约翰·斯图尔特·史密斯这个名字,史密斯是姓,前面两部分则是名。一般来说,最前面的"约翰"是本人的名字,中间的"斯图尔特"有的是母亲的姓,有的是父母家庭中某个成员或他们所尊敬的好友或名人的名字。也有一些人的姓名只有两部分,如约翰·史密斯。英国人一般习惯把名全缩写,或缩写最前面的名。妇女在未婚时使用父母的姓,结婚后则改用丈夫的姓。但现在女方婚后也有人仍然用自己原来的姓。

(四)宗教

英国居民多信奉基督教。其中,英格兰人、威尔士人大多信奉英国国教圣公会,共有13 860座教堂;苏格兰人大多信奉苏格兰教会(亦称长老会),共有1870座教堂;爱尔兰人则大多信奉天主教,全国约有300万天主教徒。此外,在英国的犹太人大多信奉犹太教;巴基斯坦人信奉伊斯兰教;印度人信奉印度教;大多数华人则信奉佛教。

(五)衣、食、住、行

1. 衣

英国人服装的总趋向是舒适与多样化。男子平时的穿着上下身是不成套的,一般不系领带;上班和出席社交场合则多穿西服,系领带或领结;近年来双排扣式西服已让位给单排扣式西服。如果参加宴会、音乐会或看戏剧的时候,则打扮得更加考究,有时还要穿晚礼服。一些英国绅士仍然戴圆顶帽,而鸭舌帽在乡村很流行。英国年轻人的衣着则较随意,平时喜欢穿便装夹克和牛仔裤。

英国的女士通常穿西装裙,但不少职业妇女穿工装裤上班。她们有的时候也穿潇洒的流行服装,但观看歌剧的时候要穿长的晚礼服,而出席音乐会却不妨穿短服。大多数女士至今仍保持在公共场所戴帽子的传统习惯,她们戴着帽子参加婚礼、游园会和赛马会等。许多妇女讲究服装的个性化,除了大都束腰外,她们的衣服款式很少有一样的。

苏格兰男士的服装可谓别具一格,他们成套的民族服装包括一条长及膝的方格呢裙、

一件色调与之相配的背心和一件花呢夹克、一条无花纹的领带、一双长筒针织厚袜,裙子用皮质宽腰带系牢。

2. 食

英国人的饮食习惯是一日四餐,即早餐、午餐、午茶餐和晚餐。他们口味清淡,不吃辣。一般英国人用早餐的时间是7时许,食品有牛奶、咖啡、用燕麦(大麦)片或玉米片加奶和糖煮成的粥、煎或煮鸡蛋、涂黄油或果酱的烤面包片。有的时候还有咸肉、火腿或冷鱼等,比较丰盛。但大多数英国人早餐只吃些面包抹黄油,喝杯咖啡或牛奶,就匆匆上班了,只有休息日才有时间慢慢享用丰盛的早餐。

午餐一般在12点至下午2点之间。员工一般在外面用快餐(包括炸鱼薯片、汉堡包、热狗、三明治、意大利干酪馅饼等)。也有一些工厂、政府部门、大公司或学校设有餐厅,供应简单的午餐或小吃,价格比外面的餐馆便宜。在自己家吃午饭的,大多数人的午餐比较简单,吃些昨天晚上剩下的冷肉,外加用土豆、沙拉、黄瓜、西红柿、胡萝卜、莴笋、甜菜头等蔬菜制成的凉菜以及肉饼、布丁和水果,饭后喝杯咖啡;也有少数人认为午饭是主餐,要新做牛排、羊排或鱼,还要吃甜饼、饼干、干酪,喝啤酒。午茶餐在当天下午4点左右,以喝茶(奶茶)为主,同时吃一块蛋糕或一些饼干等。英国人称此为"茶休"(tea break),时间为15~20分钟。不少英国人还有喝上午茶的习惯。

晚餐一般在晚上7点多,是一天中最丰盛的一餐。一些讲究的家庭进餐前要换上晚礼服。正规的晚餐至少上三道菜,最常见的主菜就是烤炙肉类、浇肉汁以及牛排、火腿、鱼等,通常是每人一大块肉(如鸡肉、羊肉、猪肉、牛肉等),一盘拌了黄油的土豆泥,一盘青菜(沙拉等)。另外,饭前每人有一盘汤,饭后有点心和冰激凌以及水果。晚餐时一般要喝啤酒或葡萄酒,一些富人则喝烈性的蒸馏酒——威士忌。

在英国较正式的宴会上,对餐桌上餐具的摆设有一定的要求,中间是餐盘,左边是叉子,右边是刀子。刀叉的数目是相等的,根据宴会的繁简,一般是2~3套。汤匙则摆在刀子的右边,餐盘的前面横摆着的是吃布丁的匙和叉子、吃水果的小刀。左方较小的碟子是面包兼沙拉碟,正前方偏右是大水杯,再右依次摆列白葡萄酒杯、红葡萄酒杯、香槟酒杯。刀、叉、匙的取用,是由外及里依次使用。

英格兰穷人和苏格兰人,多数是一日三餐,即早餐、午餐和正餐茶(high tea)。正餐茶一般是下午6点左右用,相当于晚餐。睡觉前吃一点冷菜了事。

虽然绝大多数英国人不善于烹调,但是英国一些风味佳肴还是富有特色的。例如,可以称为"国菜"的"烤牛肉加约克郡布丁",用鸡蛋加牛奶和面,与牛腰部位的牛肉和土豆一起放在烤箱中烤,烤得金黄可口。再如英国的传统食品"炸鱼薯片",是用各种海鱼的肉块裹上鸡蛋面糊在油内炸熟,外配油炸土豆条,再撒上盐末和白醋等作料,吃起来别有风味。此外,英国渔民熏制的鲱鱼和鲭鱼,味道也不错。

英国注意健康食品的生产。健康食品的特点是低热量、无盐或低盐、食物纤维多,主要原料为脱脂乳、大豆、蔬菜和酸奶酪等。目前,英国人的饮食正朝着"更益于健康"的方向演变,他们尽可能地少吃糖和奶油,多吃蔬菜、牛肉、禽肉及鱼肉;少喝茶及咖啡,多喝果汁及低脂牛奶。此外,英国人中素食主义者人数正在增加。若请人吃饭,最好先问问对方是否是素食主义者。

3．住

英国人喜欢幽静，迷恋田园风光。绝大多数英国人都愿意住自然独立的小楼房。因此，英国现有的 2100 多万幢(套)住所中，小楼房与公寓的比例为 4∶1。尽管公寓大楼里的单元式住房(一个单元一般是三室、一厨房、一卫生间)和布局大体相同的政府公房的房租低廉，却不受中上层人士的欢迎和青睐。

普通传统式的楼房一般是两层，每层一前一后有两个房间，多数门厅上还有一个小房间。城市中心地区的老房，层数较多，面积较大，房前还留有一块园地种花、养草。这种较大的小楼大多属于富有人家。英国新兴的一种半独立式的楼房颇受殷实住户的欢迎，这种房子常常是两幢二层小楼并肩而立，共有一面山墙而连成一体，因此称其为"半独立"。每幢小楼各住一家，园地中间用木围栏或矮铁丝网相隔，使两家相邻而又互不干扰。这种二层小楼的布局大体相同，通常一层设客厅、餐室和厨房。客厅旁有楼梯通往二层，二层设两间卧室和一个卫生间。这种结构的楼房可以适当节约地皮，降低造价。楼房大多盖在城市的边缘地区，往往一盖便是一大排。不过，这种楼房的供暖大多靠炉灶或壁炉，房门下没有门槛，因而在冬季有时难免受寒冷之苦。

4．行

英国交通基础设施较齐全，交通相当便利。

(六)婚俗与礼仪

1．婚俗

英国人可细分为英格兰人、苏格兰人、爱尔兰人等。这里着重介绍英国主体民族英格兰人的婚俗。

以前，英国男子看中一位女子，须先取得女方父母的同意，然后才能和她进一步交往。如今可以先交往，然后再告知其父母。待两人感情成熟，一般要宣布订婚。

首先告诉双方父母、教父母、至亲好友，接着在报纸上刊登订婚启事。

订婚仪式通常在女方家举行。由女方双亲出资安排一次庆祝宴会，邀请男方父母和至亲好友参加。在订婚仪式上，男子把一枚订婚戒指戴在女子左手的中指上，而女子则回赠未婚夫一件礼物(一块手表或一本书等)。此后，由女方父亲提议，为这对未婚夫妇的健康干杯。此外，未婚夫妇要照一张合影，以资留念。

订婚后，未婚夫妇便着手筹办婚礼事宜。英国人的婚礼可采取各种形式，最普通的有下列三种：①根据英国国教(圣公会)的仪式；②根据其他宗教派系的仪式，并取得世俗结婚登记处主任的证明书；③在登记处举行世俗婚礼，由登记处主任主持，不举行任何宗教仪式。

绝大多数英格兰人举行宗教仪式的婚礼，故此，未婚夫妇要与选定主持婚礼的教区牧师联系，了解基督徒婚姻的性质、意义，办理有关手续。主要手续有三项：①未婚夫妇至少有一人已经受洗，是基督徒，否则要接受成年人洗礼；②两人之中必须有一人在选定的举行婚礼的教堂所在的教区里"定居"15 天；③公布结婚预告，未来新娘和新郎的教区牧师在他们各自的教堂做礼拜时，须连续三个礼拜天宣读结婚预告，若公众中无人对这对未婚夫妇的结婚资格有异议，这对未婚夫妇便可在 3 个月内的任何一天举行婚礼。

未婚夫妇通常和双方父母、婚礼主持人商定结婚日期。普遍选择在天气暖和、鲜花盛开的春天和夏天(6～10月)结婚。乡下人结婚仪式常在周末举行，而市民多在周日举行婚礼。

在举行婚礼之前，男女双方分工合作，做好各项准备工作。其中，新娘父母负责和新娘、新郎及其父母共同拟定宾客名单事宜，印制请柬和新人选定的婚礼程序，并以他们的名义通知双方亲友。他们还负责支付教堂里的鲜花和音乐的费用，出资筹备婚宴，为女儿提供服装、嫁妆及其"出门"的装备等。新娘负责安排教堂里的装饰，与风琴手讨论音乐安排，挑选女傧相、小侍童及其服装，为自己选购服装等。新郎负担结婚戒指和教堂的费用，支付女傧相和新娘的花束钱，安排他和新娘赴婚宴的车以及度蜜月等事宜。此外，新婚夫妇的新居也由新郎出资布置。

根据传统，婚礼在新娘的教区教堂里举行。在婚礼仪式上，新郎穿着礼服(通常在外衣的纽扣孔里插一枝康乃馨或玫瑰花的蓓蕾)且由男傧相陪同，站在圣坛前等候；身穿白色长礼服的新娘则挽着父亲的右臂，伴随着《结婚进行曲》的音乐，由女傧相前导徐徐走向圣坛，侍童则在新娘后面捧着新娘的拖裙。新娘来到圣坛前，新郎站在她的右边，男傧相则站在新郎右边稍后的地方。新娘的左边是她的父亲(如父亲已故，可由哥哥、叔伯等代替)。女傧相及侍童们则站在新人的后边。新娘走进教堂时，一般戴白手套、手捧花束。结婚仪式开始前她要摘下手套，连同花束一并交给首席女傧相。

结婚仪式以一段介绍词开始，由牧师向参加婚礼的众人阐明基督教婚姻的意义和目的。此后，牧师询问新娘和新郎，是否存在不应该举行婚礼的任何理由，当得到满意的答复后，他逐个问新人是否愿意以对方为妻(夫)，一直到死，永不分离，两人分别回答"是"或"我愿意"。牧师接着问："是谁把这位女子嫁人？"新娘的父亲回答："是我。"说完便离开，坐到前排他妻子身旁的座位上。于是，牧师把新娘的右手放在新郎的手里，新郎吟诵其誓言。然后，新娘再握住新郎的手，吟诵其誓言。此后，男傧相拿出结婚戒指，把它放在牧师拿着的打开的祈祷书上。牧师向戒指祝福，然后交给新郎，由新郎把戒指戴在新娘左手的无名指上。牧师祷告并说过"阿门"之后，新婚夫妇由至亲及主要宾客(其中有两位作为见证人)陪同，进入圣坛后面的法衣室，在结婚登记簿上签名。新婚夫妇从法衣室出来时，乐师再奏《结婚进行曲》。新娘挽着新郎的右臂，缓步走出教堂，摄影师为他们摄影，亲友们向他们抛撒米粒和彩纸屑，祝他们幸福美满，婚礼仪式到此结束。新人和亲友们分别乘车，朝举行喜宴的地方开去。

新娘父母的住宅是举办喜宴的传统场所，喜宴也可以在俱乐部等场所举行。喜宴上有一个美味的葡萄干大蛋糕，上面撒满了冰糖，并有装饰性图案。此外，还有开胃小吃、干酪面包片、小肉饼、肉鱼馅千层饼等。整个宴会期间供应一种没有甜味的香槟酒、白酒和各种饮料。

婚宴接近尾声时，新郎、新娘先离席，回到房间更换旅行服装。此后，新婚夫妇向亲友们致谢并告别，上车开始蜜月旅行。

英国人对结婚纪念日比较重视，许多夫妇在结婚1周年——纸婚来临时，往往互赠礼物，庆祝一番。此后，有4个结婚周年是合家欢庆的喜庆日子，它们的传统名称是25周年——银婚、40周年——红宝石婚、50周年——金婚、60周年——钻石婚。另外，还有不少相亲相爱的夫妇也举行5周年木婚、10周年锡婚、15周年皮革婚和20周年瓷婚的欢庆活动。

2. 礼仪

1) 称呼

英国人一般对初识的人，根据不同情况采取不同的称呼方式。对地位较高或年龄较长的男女，称为 Sir(先生)或 Madam(夫人)，而不带姓，这是正式并带有敬意的称呼。一般情况下则使用 Mr(先生)、Mrs(夫人)或 Miss(小姐)，并加带对方的姓。结识一段时间后，双方关系逐渐密切，就会自然改为用个人的名字相称。一些英国青年相识后便直呼其名。而亲人挚友之间，互相称呼时还使用昵称，但不及美国人那样普遍。

2) 见面礼

英国人初次相识时，一般要握手；而平时相见很少握手，彼此寒暄几句，除了对不常见面的朋友问"身体可好"之外，通常只道声"早安"或"下午好"，再则就是对变化无常的天气略加评论，有时只是举一下帽子表示致意而已。不过，朋友久别重逢时要握手。此外，人们在长途旅行之前要握手话别。

3) 介绍礼

英国人为他人作介绍的先后顺序是：先向年长者介绍年轻者；先向女士介绍男士(只有王子例外)；先向身份高者介绍身份低者；先向先到者介绍后到者；先向已婚妇女介绍未婚女子。

4) 谈话礼

英国人在日常交谈中，注意使用"请""谢谢""对不起"等礼貌用语。他们有很强的民族自豪感，但谈及自己时很谦虚。他们一般不和别人进行无谓的争论。在倾听别人意见时，保留自己的看法，不打断对方讲话，不用手指点对方。他们喜欢讲风趣幽默的妙语，而很少说引起对方不愉快的话。他们讲究风度，很少有人在谈话时大发脾气，令人扫兴。

5) "女士优先"

英国男子崇尚绅士风度，在社交场合遵循"女士优先"的原则。发表演说时，开场白总要先说"女士们"，再说"先生们"；在宴会上或餐馆里，先给女客人上菜，再给男客人上菜；在轮船遇到危难时，一定让妇女和儿童先上救生艇；男女同行，让女士走在前面，男士走在后面；若并肩而行，男左女右；进入剧场或电影院，也应让女士先行；到衣帽间存放衣物，男人要先帮女士脱下大衣存放好，然后再存放自己的大衣。

6) 做客礼仪

在英国，不速之客是不受欢迎的。无正当原因，切勿随便闯入别人的"个人天地"。若有事拜访人家，要事先约好。应邀赴茶会或做客，一要注意衣着整洁(大多数英国男子讲究修边幅，不留胡须)；二要尽量准时到达，不宜迟到或早到。英国人讲究准时，诚如作家冯骥才所说："钟表对于他们，好像一个特殊的计算器，计算一个人的信义、教养和品德水准。"进门前应先敲门或按电铃，经主人允许方可进入。男士进门须脱帽，以示敬礼。如果男女主人在一起，应先与女主人打招呼。若是礼节性拜会，客人一般不宜停留过久，以 20 分钟左右为宜。

7) 敬茶礼

英国人喜欢通过请友人喝下午茶增进了解和友谊。英国人喝茶大多是红茶加牛奶和糖。糖和牛奶放在单独的器皿中,客人根据自己的口味取用后,用自己的小茶匙调和。客人取用饼干、三明治或小面包时,可放在自己的小吃盘里。有时茶会上还备有咖啡,供客人选用。

8) 敬酒礼

英国人酷爱饮酒,不少男士有在小酒馆消磨空闲时光的习惯。有些英国人也乐意邀请朋友下酒馆小酌。英国人请人喝酒,往往请客人挑选酒,并劝客人尽兴喝,但不灌酒。宾主不时互相举杯,说一声"健康"。英国人请朋友喝酒,主要是为了欢聚一下,促膝畅谈。

9) 公共场所礼仪

绝大多数英国人都能够自觉遵守公共秩序,等车排队,购物也排队,井然有序。他们看电影、看演出、听音乐会时,注意保持安静,很少有人走动、说话或大声咳嗽。为演员的精彩表演鼓掌也有讲究,看戏是在每一幕结束时鼓掌;看芭蕾舞则可以在演出中间、一段独舞或双人舞表演之后鼓掌;听音乐会则在一曲终了之后鼓掌。

3. 禁忌

1) 忌问私事

英国人忌讳询问别人的私事,忌讳打听女子的年龄与婚姻状况等。在日常交往中,不过问人家从哪里来,到哪里去;不过问别人的收入、存款、物价、房租等;也不问别人属于哪个党派,选举中投谁的票等,以免落个没趣和让人生厌。

2) 忌讳13

绝大多数英国人忌讳数字13,认为这个数字不吉利。因此,英国人请客时总是避免宾主共13人(通常是12人),重要的活动也不安排在13日。英国的饭店一律没有13号房间。

3) 忌讳黑猫、孔雀

虽然不少英国人喜欢养狗喂猫,但有些英国人认为,黑猫是不祥之物。如果有人看见黑猫在他的面前穿过,便预示他将遭到不幸。英国人视孔雀为淫鸟,认为孔雀开屏是自我炫耀。

4) 忌碰响水杯

有些英国人认为,在吃饭时如果刀叉碰响了水杯,而任它发响不去终止,便会带来不幸。所以,英国人吃饭时,尽量避免刀叉与器皿碰撞出声。万一碰到杯子发出响声时,要赶快用手捏一下,使它停止作响。

此外,还有一些英国人认为,家中镜子破碎和百叶窗突然不关自合,是预兆家中将有丧事发生。

五、意大利习俗与礼仪

(一)民族

意大利现有居民约为6134万(2014年),其中绝大多数为意大利人。少数民族有法兰西人(大多住在意大利西北部)、加泰隆人(撒丁岛)、弗留里人(东北部)、拉丁人(北部的南蒂罗尔地区)，另外还有为数不多的德国人、南斯拉夫人、阿尔巴尼亚人、希腊人和阿拉伯人等。

(二)语言

意大利的官方语言为意大利语，在一些场合也使用英语。个别地区讲法语、德语。

(三)姓名

意大利人的姓名通常由姓和名组成，排列顺序是名在前，姓在后。例如，意大利前总理朱利奥·安德雷奥蒂，朱利奥是名，安德雷奥蒂是姓。意大利女子出嫁后，一般在自己的姓名后加上夫姓，排列顺序是本名、本姓、夫姓，如玛丽亚·罗卡·丰坦，其中玛丽亚是本名，罗卡是本姓，丰坦是夫姓。

(四)宗教

意大利绝大多数居民信奉天主教，少数人信奉东正教和新教。但是，定期去教堂做礼拜的总人数在减少。

(五)衣、食、住、行

1. 衣

意大利人普遍讲究衣着。平时，男士大多穿整洁的西装，系一条享誉世界的意大利真丝领带；女士则穿着漂亮的西装裙，脚蹬一双精美的意大利皮鞋。

意大利人穿着注意场合，在隆重的场合穿典雅的礼服；在风光秀美的旅游景点，穿着舒适的旅游服、海滨服等；在家里则穿宽松的便服或休闲装。

2. 食

意大利人的主食以面食为主，例如，包馅的比萨饼、面包、面条和精美的甜点心等，偶尔吃炒米饭。副食丰富多彩，主要有牛肉、鸡肉、火腿、香肠、鸡蛋、海鲜以及土豆泥、西红柿、豌豆等多种蔬菜。意大利菜的特点是味道香浓，多用炒、煎、炸、烩、焖等方法烹调。意大利人喜欢吃巧克力、奶酪、饼干、冰激凌，常吃柑橘、葡萄等水果以及金枪鱼罐头、番茄等。

大部分意大利人特别爱喝酒，午餐、晚餐都要喝酒。通常喝啤酒和葡萄酒(平均每人每年消费葡萄酒80千克)，有时喝威士忌，不少人喝咖啡时也要掺上一点酒。意大利人常饮一种名叫"维诺"的红葡萄酒，该酒烈性不强、酸甜可口，深受意大利人的青睐。

3. 住

意大利人的住房条件较好。一些富有的家庭拥有第二住宅。与英国、美国不同，意大利的城市中心是最受人欢迎的居住地。因此，住在市中心的往往是富人、职业资产阶级以及上层官僚，外围一般依次住着第三产业部门的雇员、白领工人，而后是工厂和住在公房的工人，最后是农业区和农民。

意大利的住房既有公寓大楼，又有两三层高的小别墅，千姿百态。房间里的设施相当完备。意大利有许多古色古香的建筑。

4. 行

意大利各种运输方式均比较发达，形成了一个四通八达的现代化交通网，从而把意大利这只"大靴子"缝合起来。

(六)婚俗与礼仪

1. 婚俗

现代意大利人大多是自由恋爱、自主婚姻。情投意合的恋人通常先订婚，然后在教堂里举行宗教婚礼仪式。新娘左手的无名指戴上结婚戒指。女子婚后多随夫姓。

意大利南方一些地区至今还沿袭着古老的求婚习俗。在西西里岛，小伙子求婚时往往通过吉他传情。他约上几位好友来到心上人的窗下，弹吉他、唱情歌。如果姑娘有意，就伸出头来，向小伙子投去一束鲜花，表示接受他的求婚；倘若姑娘看不中求婚的小伙子，任凭他怎样弹唱都无动于衷。小伙子只好另做打算。

在意大利的撒丁岛，小伙子则以"找羊"的名义求婚。在两家事先同意的情况下，男方在父亲和朋友的陪同下来到女方家。到了门口，小伙子的父亲先去通知女方做准备。与此同时，小伙子在朋友的陪同下，先在院子里假装寻找"小羊"，然后到屋里去找，他逐个端详在房子中间站成一排的女子，从中找到他喜爱的姑娘。如果姑娘看不上这位小伙子就故意躲起来，小伙子求婚遭到拒绝，就说没有找到"羊"。

2. 礼仪

1) 见面礼

意大利人热情、爽朗，普通同事见面时行握手礼；熟人、友人之间见面时常行拥抱礼；男子之间相互抱肩拥抱；关系亲近的女子之间互亲对方的脸；男女之间互贴面颊。

2) 谈话礼

意大利人开朗、健谈，讲究礼仪。两人交谈时习惯保持 40 厘米左右的礼节性距离。因为双方间距太远，容易冲淡谈话气氛；倘若离得过近，又难免使人拘谨。

3. 禁忌

1) 手帕忌

在意大利，友人之间赠送礼物时，忌送手帕，因为他们认为手帕是分手时擦泪之物。

2) 菊花忌

意大利人普遍忌讳菊花，视菊花为墓地之花。所以，意大利人平时忌讳以菊花相赠，甚至连带菊花图案的礼品也属禁忌之列，因为菊花是送给死人的，以表哀思。

第三节　美洲、大洋洲国家习俗与礼仪

一、美国习俗与礼仪

(一)民族

美国是一个移民国家，居民中的绝大多数都是外来移民或他们的后裔，包括 100 多个民族成分。美国总人口约为 3.2 亿(2015 年),其中,白人约占 75%,大部分是欧洲移民的后裔,他们的祖先多来自英国、德国、法国、荷兰、意大利、西班牙、葡萄牙及北欧各国;黑人约占 13%;亚裔约占 3.6%;华人约有 243 万,多数已经加入美国国籍。另有墨西哥人 900 多万、俄罗斯人 80 多万以及菲律宾人 77 万等。

(二)语言

英语为美国的国语,但在词汇和发音上与英国英语略有不同。绝大多数居民都会讲英语,印第安人讲印第安语。许多移民使用两种语言,如墨西哥人既讲英语又讲西班牙语,华人讲英语和汉语等。

(三)姓名

美国人姓名的排列顺序是名字在前,姓在后。姓一般只有一个,名字可以有一个或两个,甚至更多。如乔治·华盛顿,乔治是名,华盛顿是姓;爱德华·亚当·戴维斯,爱德华是教名,亚当是本名,戴维斯是姓。大多数美国人的姓名都是由教名加名加姓组成的。中间名即本名,通常用缩写(字头)表示。美国法律规定,女子婚后要使用丈夫的姓。如玛丽·怀特与约翰·戴维斯结婚,婚后姓名改为玛丽·戴维斯,人们则称她为约翰·戴维斯夫人。在美国,熟人、朋友之间互相称呼时,习惯称呼对方的教名而不称呼姓,但往往称呼对方名字的昵称,如称詹姆斯为吉米,称威廉为比尔,称简为珍妮特,把乔舒亚称作乔希等。

(四)宗教

美国人的宗教信仰比较复杂,但大多数人信奉基督教。其中,56%的居民信奉基督教新教;28%信奉天主教;2%信奉犹太教;信奉佛教和印度教等其他宗教的占 4%。大多数美国人的宗教信仰与民族出身有关,如犹太人信奉犹太教,阿拉伯人信奉伊斯兰教。另外,有 3%的美国人不信宗教。美国有 20 多万个地方性教会团体,各个团体举行的教友聚餐会、座谈会、舞会等社交活动,成为教友生活中的一部分。

(五)衣、食、住、行

1. 衣

绝大多数美国人平时着装随意,衣服款式多样。春季和夏季,姑娘们身穿各色花裙,而许多上了年纪的女士的着装比年轻人还艳丽;小伙子们则穿着图案繁多的 T 恤衫或比较新潮的衬衣。秋天,人们普遍穿着各式夹克衫、运动衫和毛衣,年轻人大多喜欢穿耐磨的牛仔裤和多口袋的服装。天冷时,再加一件夹衣或皮夹克或大衣。

美国人虽然平时着装无拘无束,但在某些场合仍有一定的规范和要求。例如,上歌剧院看歌剧,女士习惯身穿拖地礼服,而男士们则衣冠楚楚,打着蝴蝶式领结;在参加重要聚会时,男士身着西装,女士身着西装裙或连衣裙,料子质地考究;在宴会和舞会上也都要穿比较讲究的正式服装。美国的正式服装有燕尾服、大晚礼服和小晚礼服。许多美国男士都备有面料精良而且合体的小晚礼服。

美国人讲究社交礼仪,在衣着上也逐渐形成了一种大家认可并尊重的风俗习惯。例

如，不宜穿着运动衣在办公室办公，不能身穿晚礼服在大白天逛商店，不可以穿背心出入公共场所，更不能穿着睡衣出门，否则，会遭人嘲笑。

在美国，多数公司都要求职员上班时穿公务套服。公务套服一般选用色调柔和的毛料制成，以蓝、灰、棕色和茶青色居多。公务人员穿上公务套服，显得庄重而洒脱。但在乡镇，穿舒适的猎装上班的人也不少。

美国的大学生着装简朴，一般下身常穿牛仔裤，上身所穿衣服随季节变化而不同：夏天穿一件短袖衬衣或圆领衫，秋天穿毛衣，冬天加件厚外套，也有一些女大学生披上一条墨西哥披肩挡风御寒。

美国大学生在毕业典礼、授予学位和国家重大庆典时穿大学礼服。大学礼服由长袍、方帽和兜帽三个部分组成。它以式样和颜色标志出学位等级，并用不同的颜色表示学科类别。

美国人一般都买衣服穿。他们追求式样新颖，注意服饰的整体美和色彩的协调，而对衣料却不大讲究。一些富人买衣服大手大脚，但多数中等收入者购买高档服装则相当慎重，考虑再三。不少美国人酷爱旅游，因此宁愿将钱省下来去旅游。过去美国妇女以戴帽为时尚，而现在戴帽者越来越少了。

2. 食

美国人的饮食习惯也是一日三餐。早餐通常吃烤面包、火腿肠或香肠，喝牛奶、果汁、咖啡或红茶，有时再加上薄煎饼、煎鸡蛋及燕麦粥等。中午多在学校或单位用餐，或吃自带的饭菜，常常是几片三明治(夹肉面包)、几块饼干、一些蔬菜如沙拉等、一两根香蕉或一个苹果或橘子，再冲上一杯咖啡；或者到附近的餐馆或快餐店吃汉堡包(夹牛排、洋葱圆面包)或意大利式烘馅饼或炸肉三明治或"热狗"(夹香肠面包)和一小袋法式油炸土豆片，喝一瓶汽水等饮料。晚餐一般比较丰盛，通常先上一份果汁或浓汤，然后上大盘沙拉和几盘凉菜，接着上主菜。常吃的主菜有烤鸡、烤肉、牛排、猪排、火腿、炸鸡、油炸虾及烤羊排等。主食则为炒米饭和面包片。餐后还有甜食(蛋糕、家常小馅饼)和冷饮(冰激凌)等，最后再喝一杯咖啡。美国多数人家有在睡觉前吃点东西的习惯。孩子们通常喝杯牛奶、吃块小甜饼，成年人则吃些水果和糖果。

一般而论，美国的食物味道比较清淡，其主要特点是香、脆、甜、辣。大多数美国人喜欢吃番茄酱。现代美国较富裕的家庭不仅讲究吃饱、吃好，而且注意科学配餐，吃"保健食品"。例如，多吃新鲜蔬菜、新鲜水果、豆类食品(豆腐等)，少吃咸肉、水果罐头和甜点心；吃肉要量少，而且吃也是吃瘦肉，吃鸡鸭去掉皮；喝脱脂奶和酸奶；喝咖啡尽量不放糖或用代用糖。

美国是个移民国家，各国美味佳肴荟萃，有意大利的通心粉和烘馅饼；德国的羊肉片；中国的炒面、麻婆豆腐、腊肉和北京烤鸭；印度的咖喱饭菜；墨西哥的豆肉；匈牙利的蒸肉等。此外，美国一些地方的菜肴也很有名，如宾夕法尼亚州的飞禽肉馅饼、肯塔基州的肯德基和色香味俱佳的夏威夷州烤猪等。

美国餐馆的种类繁多，高级的有夜总会(night club)和晚餐俱乐部(supper club)等，其次是餐厅、食堂和简易餐厅等。此外还有自助餐厅和小吃店等。

美国人喜欢喝鸡尾酒、啤酒和葡萄酒，爱喝咖啡、牛奶，也爱喝茶和可乐、橘子汁等饮料。

3. 住

美国人的居住条件比较优越，住房可分为五大类：第一类是富人和中上等收入者拥有的私人花园别墅。别墅一般为平房住宅和独幢二三层小楼。楼内有卧室、起居室、客厅、浴室、卫生间、储藏室、暖气和空调等，设备齐全。四周有围墙或尖桩围篱，楼前芳草萋萋、鲜花盛开，楼后建有漂亮的游泳池。

第二类是住宅小区(condominium)，有公寓大楼式的，也有密集的住房群体。其特点是住户拥有住房的所有权，小区管理部门负责为住房保养、维修、管理，并负责美化外部环境。此外，附设免费儿童游戏场和收费网球场、游泳池、小礼堂等供用户使用。小区有简易的、中等的、豪华的住宅，分别是中等收入者、老年夫妇和中上等收入者较理想的住所。

第三类是"活动板房"。这种房屋不是传统的砖瓦结构或钢筋混凝土结构的，而是由工厂制造，运到住宅基地安装而成的铁皮板房。活动房屋有防冷热材料、防火警报器，房内浴室、卧室和水暖设备等样样俱全。这种房屋不仅售价较便宜，而且搬家也很方便，只需一辆大的载重平板车，就可以把房子连同里面摆设的家具一起运走。而房屋和汽车连成一体的汽车住房，则迁移更为方便。

第四类是公寓大楼。公寓内设备齐全，但房租较贵。例如，在纽约，一般中产阶层家庭所住的一所公寓，包括客厅、卧室、厨房和浴室，每月房租600美元左右。即使租一个单间，每月至少得付五六十美元。

第五类是穷人住的贫民窟，房子又小又破，一家人挤在十几平方米的小屋里。

此外，还有一些生活艰难的"街民"(street people)，他们无家可归，夹着一卷破行囊到处流浪，夜晚露宿街头或在公园里过夜。

美国人的动手能力较强，大多数美国人不但讲究室内陈设美，而且讲究户外环境美。他们往往自己动手修剪草坪、栽种花卉、油漆篱笆和粉刷墙壁等，把自家的小天地装修得赏心悦目。

不少美国人喜欢迁居，每5户人家，就有一家平均每3年迁居一次。每次迁入新居，总要把新居重新装修美化一番。

美国人十分重视住房安全问题，许多家庭都安装了防盗设备，并采取多种防范措施。公寓住房更是戒备森严，以防不测。

4. 行

美国的交通业十分发达，拥有完整而便捷的交通运输网络。另外，美国有"小汽车王国"之称。

(六)婚俗与礼仪

1. 婚俗

美国青年接触机会多，因此男女青年交朋友一般不需要人介绍。相对而言，美国男性较注重女性的容貌和体形美，而女性则更注重配偶的志向和地位。此外，他们都注重感情,而较少考虑门户。男女双方经过自由恋爱,觉得合得来,就可以举行订婚仪式,届时交换订婚戒指,把事先准备好的钻石戒指戴在对方右手的无名指上。订婚仪式后,就要为正式婚礼做准备,如印发请帖,展示结婚礼品并向送礼人感谢,两家亲人会见,预备男女傧相的服装等。准备就绪,便可举行婚礼。

美国人的婚姻分为宗教、世俗和习惯法婚姻三种。宗教婚姻即通过在教堂中由牧师主持宗教仪式而结合的婚姻;世俗婚姻即婚礼不采取宗教仪式,而由地方官或其他人主持领取结婚证书;习惯法婚姻即男女双方同意结合,夫妻同居,既不领取结婚证书,也不举行仪式。大多数美国人选择传统的宗教仪式婚礼。情人节和6月份是许多新人办喜事的佳期。

在教堂举行婚礼仪式的一般程序是:宾客们分别坐在教堂内通道的两侧,女宾右,男宾左,女宾前面是新郎父母,男宾前面是新娘父母。新娘穿戴的衣物中必须有新的、旧的、借来的和蓝色的。新的,是指新娘的白色礼服,标志着新生活的开始;旧的,是指新娘戴的白纱必须是母亲用过的旧纱,以示不忘父母的养育之恩;借的,是说新娘手里拿着的白手帕必须是从女友那里借来的,表示不忘朋友的友谊;蓝色的,是说新娘身上披着蓝色绶带,象征着她对爱情的忠贞。

婚礼开始,新娘挽着父亲的手臂,沿着通道向圣坛缓缓走去。他们身后簇拥着男女傧相和至亲。这时,撒花的女孩走到新娘前面,从花篮中将一把把美丽的花瓣撒在走道上。新娘父亲把新娘带上圣坛,交给身穿深色礼服的新郎。接着,新郎在左,新娘在右,面向牧师而立。牧师首先宣讲宗教婚姻意义,然后询问男女双方是否同意结为夫妇,在得到双方肯定回答后,牧师诵念规定的祈祷经文,接着郑重地说:"现在,我宣布你们二人正式结为夫妻。"之后,新郎、新娘手挽手在音乐声中步出教堂,参加婚礼的人们纷纷向新人身上抛撒米粒、玫瑰花瓣及五彩纸屑,并向他们祝福。然后,大家一起出席在女方家摆的喜宴。

在婚宴上,新郎、新娘要手把手地握住一把刀,共同将精美的结婚大蛋糕切开,两人先互相给对方喂一小片,然后把蛋糕分给来宾品尝。宴会结束之前,新娘站在房子中间,信手把一束鲜花从左肩向背后未婚的年轻姑娘们抛去。据说,碰到花束的姑娘将成为下一次婚礼上的新娘。

婚礼之后,新婚夫妇通常要外出度蜜月,蜜月旅行的费用由新郎家负担。婚后,新婚夫妇往往自立门户,只有逢年过节和有事才回家看望父母,平时就打电话互致问候。

除了上述传统婚礼外,也有美国人按其移入美国前母国的风俗习惯举行带有民族特色的仪式。一些喜欢标新立异的美国青年,还选择沙滩婚礼、地下婚礼、海底婚礼、空中婚礼等各种别出心裁的奇特婚礼。

这里附带指出,当代美国人中未婚同居的现象比较普遍,法律上的婚姻关系(结婚)有逐渐被事实上的婚姻关系所取代的趋势。

不少美国人重视结婚周年纪念日,并为婚后周年纪念日分别取了有趣的名称。第1年叫纸婚,第2年叫棉婚,第3年叫皮革婚,依次下去是毅婚、木婚、铁婚、铜婚、陶器婚、柳婚、锡婚、钢婚、绕仁婚、花边婚、象牙婚、水晶婚。从第15年以后,每5年一个名称,分别是搪瓷婚、银婚、珠婚、翡翠婚、金婚、钻石婚。其中,银婚和金婚要举行隆重的大典。

第十四章　外国习俗与礼仪

美国人结婚周年纪念物每年有所不同,一般结婚纪念品是:第1年,钟;第2年,瓷器;第3年,水晶饰品;依次下去为电器、银器、木器、文具、亚麻织品、皮革制品、钻石首饰、时髦首饰和提包或手套、珍珠或彩色宝石、纺织品或裘皮制品、金首饰、手表、银制凹型器皿、家具、陶器、青铜艺术品、白金制品;结婚25周年纯银纪念品、宝石、玉石、红宝石或蓝宝石;结婚50周年金制纪念品或绿宝石;结婚60周年宝石纪念品。然而,在离婚率相当高的美国,婚姻能够维持25年的夫妇不多,能够欢庆金婚纪念的伴侣更是寥若晨星。

2. 礼仪

1) 见面礼

美国人在日常交往上较随便,朋友之间见面时通常打个招呼。美国人一般只同那些不常见面的朋友握手,而不同经常见面的熟人握手。但在正式场合,人们讲究礼节,见面时行握手礼,男女之间由女方先伸手;长幼之间由年长的先伸手;上下级之间由上级先伸手;宾主之间则由主人先伸手。人多时不可交叉握手。

2) 女士优先

美国人在社交场合,遵循女士优先的原则。例如,上楼梯时,应让女子走在前边;下车、下楼时,男士应走在前边,以便照顾女子;进餐时,要请女士先点菜;等等。

3) 讲礼貌语言

美国人热情洋溢,经常在各种场合讲礼貌用语。见面时互相致意,亲切问候,说话常带"请"等客气字眼,无论是谁,得到别人的帮助时都会道谢。

4) 做客礼仪

美国人办事讲究效率,计划性很强,因此,若想拜访人家,必须事先约好,不做不速之客。赴约要准时,既不要早到,让人家措手不及,也不要迟到,让人家久等。做客时更要彬彬有礼,落落大方。访问时间不宜太长。若到亲友家中做客,一定要准备小礼物(如香水、酒等)送给主人。

一般来说,许多美国人在非正式社交场合比较随便、不拘礼仪,但大多数美国人是讲礼貌的。例如,美国人如果要拒绝别人的要求,往往首先说非常抱歉,然后尽量用婉转的言辞坦陈自己的意见。为了提高礼仪水平,美国首都华盛顿市及其他城市,还专门开办了女子礼仪学校,指导夫人、小姐学习社交礼仪和化妆技术等。

3. 禁忌

1) 忌打听或谈论别人的隐私

美国人注重个人的隐私权,美国俗语 Go fly your kite(去放你自己的风筝),形象而婉转地点明了这一点。因此,在社交场合,忌问女子的年龄、婚配、履历等,忌问男子的收入、财产、信仰、党派等。也不要随便问别人来自何方,去向哪里。

2) 忌同性跳舞

同性双双起舞,往往被认为是同性恋者的行为。

3) 忌在宴会上喝醉

在宴会上喝酒要适量,切勿贪杯,喝得大醉。

4) 忌在别人面前吐舌头

美国人认为，成年人在别人面前吐舌头，是一种既不雅观又不礼貌的行为。

5) 忌讳13、"星期五"

美国人忌讳"不吉利"的13、"星期五"等。

6) 忌随地吐痰和乱扔果皮纸屑

美国人普遍认为，在公共场合随地吐痰和乱扔果皮纸屑，是缺乏教养的行为。

二、加拿大习俗与礼仪

(一)民族

加拿大是个多民族国家，全国总人口约为3523万(2013年)。其中，英裔居民占42%，法裔占26.7%，其他欧裔占13%，土著居民(包括印第安人、米提人和因纽特人)约占3%，其余为亚洲、拉美、非洲裔等。现有华人约109万。

(二)语言

英语、法语同为加拿大的官方语言。居民中讲英语者约占67.10%，讲法语者约占15.2%(主要集中在魁北克省)。既会讲英语又会讲法语的加拿大居民约占全国总人口的16.3%。此外，加拿大各民族还分别使用本民族母语，如印第安人讲印第安语，因纽特人讲因纽特语，葡萄牙人讲葡萄牙语，意大利人讲意大利语，华人讲汉语等。许多加拿大人以本国所独有的双语文化而自豪。

(三)姓名

加拿大居民中多数为英国、法国移民及其后裔。其中，英国人后裔的姓名与英国人相同，而法国人后裔的姓名与法国人相同，均是名在前，姓在后。

(四)宗教

绝大多数加拿大居民信奉基督教，其中信奉天主教的占43.2%，信奉基督教新教的占31.8%，东正教徒约占1.5%。此外，犹太教徒约占1.2%，信奉伊斯兰教的穆斯林约占0.4%，其他宗教信仰者和无神论者约占7.5%。

魁北克省和新不伦瑞克省的居民大多数信奉天主教，天主教徒分别占这两省人口的88.2%和53.9%。其他省的居民中多数是基督教新教教徒。

(五)衣、食、住、行

1. 衣

加拿大居民大多是英国、法国的移民及其后裔，因此，大体上保留了上述两个国家的基本传统和特点的英裔加拿大人和法裔加拿大人，其衣着习俗分别与英国人、法国人大致相同。总体来说，加拿大人比较讲究服饰的整洁和美观。春季、夏季，男士常穿西装，女士大多穿裙服；在漫长、寒冷的冬季，人们身着的毛衣、大衣、夹克、羽绒服、滑雪衫等服装五颜六色，异彩纷呈。加拿大人平时购物、外出旅游或看电影时，衣着较随便；但上班、进剧院、去教堂和赴宴时则着装整齐、庄重。许多妇女特别是法裔女士出门时还会着意化妆、打扮一番。

2. 食

加拿大人的饮食习惯和美国人的饮食习惯比较接近，喜欢吃牛肉、鱼、野味、黄油、奶酪、鸡蛋及土豆、胡萝卜、西红柿、生菜等蔬菜，不爱吃辣味菜肴。日常饮食为一日三餐。早餐通常有面包、牛奶、烤肉、香肠、炒鸡蛋、果汁、咖啡等；中餐有面包、米饭、牛排、虾、鸡、土豆丝、烤肉、橘子汁、葡萄酒、咖啡、水果等；晚餐比较丰盛，往往是全家人一起共进晚餐，除了吃面包、烤肉、干贝、多种蔬菜外，还要喝汤、饮酒(有白酒、甜酒、红葡萄酒、啤酒、威士忌酒等)。饭后喝咖啡、吃水果。

加拿大名菜多是法国风味菜，如炸牛排、洋葱汤、浓豌豆汤等。此外，加拿大各地也有一些有特色的菜肴，如蒙特利尔市居民用苹果作填料烹制的布罗美湖鸭，北部的因纽特人做的北极鲑鱼以及沿海诸省制作的海味和果味甜食。

3. 住

加拿大经济发达，居民生活水平较高，大多数家庭拥有自己的住房。除了两三层的私人别墅外，居民楼多是造型别致的四五层楼房。由于冬季漫长，天气寒冷，加拿大绝大多数住宅都装有取暖设备。

生活在加拿大的因纽特人，过去夏季住在用海豹皮搭成的圆形帐篷里，冬季则住进用圆木搭建起来的房屋。如今，大多数因纽特人已告别了传统住宅，搬入具有现代设备的住宅。

4. 行

加拿大交通发达，水、陆、空运输均十分便利。

(六)婚俗与礼仪

1. 婚俗

加拿大人大多是自由恋爱、自主婚姻。婚礼通常在教堂里举行，先由牧师致辞，阐明宗教婚姻的意义，然后询问欲结良缘的男女双方是否愿和对方结婚。此后，将新人的手放在一起。新郎和新娘互相吟诵誓言，发誓永远相爱。新郎给新娘戴结婚戒指。牧师宣布一对新人结为合法夫妇，并向他们表示祝福。然后是唱赞美诗，参加婚礼的人齐诵"主祷文"。仪式完毕，新婚夫妇举行宴会款待宾客。

2. 礼仪

1) 见面礼

加拿大人随和、友善，讲礼貌而不拘繁礼。相识的人见面时互致问候，老朋友久别重逢时则拥抱和握手。

2) 公共场所礼仪

加拿大人在公共场所讲究文明礼让，出门时衣着整洁，注意公共卫生，没有人随地吐痰。他们自觉遵守交通规则，依序排队上车，在公共汽车上主动给残疾人让座。

3) 待客礼

加拿大人很好客，过节(如感恩节、圣诞节)时喜欢在家里宴请客人。主人事先将各种食品摆在桌上，主人和宾客随吃随取，边吃边谈。

这里顺便指出，加拿大人一般不做不速之客，欲访问别人都先预约，然后准时赴约。

3. 禁忌

1) 数字忌

信奉基督教的加拿大人忌讳 13 这个数字，认为它不吉利，因此，门牌号码、聚会日、宴会的桌号均不用 13 这个数字。

2) 话题忌

加拿大人在社交场合温文尔雅，谈锋甚健，但大家都忌讳谈及死亡、灾难、性等方面的话题，以免破坏轻松的气氛。

此外，一些加拿大人认为，吃饭时把盐弄撒了不吉利；玻璃被打碎了也是不祥之兆。所以，应尽量避免发生此类事件。

三、澳大利亚习俗与礼仪

(一)民族

澳大利亚是一个主要由外来移民及移民后裔组成的移民国家，现有 100 多个民族，人口约为 2327 万(2013 年)。其中 74%是英国及爱尔兰后裔；18%为欧洲其他国家(如爱尔兰、德国、荷兰、希腊、意大利、马耳他)移民及移民后裔；5%为亚裔，其中华裔约 67 万人；土著居民占 2.3%，约 46 万人。

(二)语言

澳大利亚全国通用英国式英语。不过，澳大利亚人有自己独特的表达方式，语速较慢，使用俚语也比较多。此外，在澳大利亚运用较普遍的主要外语有意大利语、希腊语、德语和汉语。

(三)姓名

澳大利亚居民以英国移民及其后裔为主，因此，大多数澳大利亚人的姓名类似英国人的姓名，也是名在前，姓在后。例如，前澳大利亚联邦政府总理鲍勃·霍克，鲍勃是名，霍克是姓。而绝大多数旅澳华人、华侨也入乡随俗，往往给自己起一个英文名字，在书写时把自己的姓放在后面。例如维克多·张、亨利·钱、戴维·王等。但华人在口头称呼时仍按照传统习惯，例如，称戴维·王为王戴维或王大卫。

(四)宗教

澳大利亚大多数居民信奉基督教，其中信奉英国国教——圣公会和新教的教徒多于罗马天主教徒。此外，有少数居民信奉犹太教、伊斯兰教、印度教和佛教等宗教。另有一些居民是不信教者。

(五)衣、食、住、行

1．衣

澳大利亚人平时着装比较随便，但办理公事、做客及赴宴时，或者在正式的社交场合，则讲究衣着整齐。男士西装革履，打领带；女士习惯穿裙子，配上衬衫或上装。

一般来说，澳大利亚的多数中老年人通常穿庄重的传统款式服装，而许多青年人则喜欢色彩鲜明的流行新潮服装。

2．食

澳大利亚人的饮食习惯与英国人差不多，口味清淡，不喜欢辣味，爱吃猪肉、牛羊肉、鸡、鸭、鱼、虾、蛋以及南瓜、土豆、洋葱、洋白菜、西红柿、胡萝卜和豆角等蔬菜。澳大利亚人是一日三餐：早餐时间一般是 7 点半至 8 点半，通常吃面包、果酱、鸡蛋、咸肉等，喝茶或咖啡；12 点至下午 2 点吃午餐，常吃鱼、意大利馅饼、炒饭等；下午 6～7 点进晚餐(主餐)，主要食物有蛋糕、薄煎饼、羊肉、牛肉和沙拉等。澳大利亚人常吃的菜肴还有煎蛋、炒蛋、冷盘、火腿、脆皮鸡、油爆虾、糖醋鱼、腰果肉丁、熏鱼、奶油烤鱼、炸大虾等。澳大利亚名菜有烤牛排、悉尼岩牡蛎等。澳大利亚人常吃苹果、柑橘、葡萄、香蕉、菠萝、梨、桃等水果。

澳大利亚人以喝咖啡为主，也喝红茶。他们有在下午 4 点左右喝下午茶的习惯。此外，他们喜欢喝酒，比较常喝的酒有啤酒和葡萄酒，尤其爱喝冰镇啤酒。许多澳大利亚男性公民有下班后到酒吧喝几杯的习惯，其中不乏嗜酒如命的酒徒。旅澳华人、华侨喜欢吃色、香、味、形俱佳的家乡饭菜。而不少澳大利亚人也乐意品尝花样繁多的中国风味饭菜。因此，澳大利亚全国各地共开有中餐馆1000多家，生意相当兴隆。

3．住

澳大利亚地广人稀，资源丰富，经济发达，大多数居民拥有自己的住宅，或平房，或两三层小楼，有的是豪华的石砌建筑，有的是普通的红砖瓦房，还有活动防雨房和带钢顶的纤维板房等。每幢住宅一般有 4～6 个房间以及现代化的厨房、厕所。大多数房子前面有一片草坪，房后是一个大小不一的花园，边上还有一个车库。多数人家注意美化自家的庭院，有的布置成曲径通幽，有的装饰成小桥流水，绿化得相当出色。而在一些富人的别墅里，还建有网球场、游泳池等。

澳大利亚人一般不在庭院四周筑围墙，多数住户以花为篱，以树为墙。他们往往种上一圈杜鹃或国花"金合欢"，使自家的庭院显得格外别致。

4．行

澳大利亚交通发达。悉尼是南太平洋上主要的交通运输枢纽。

(六)婚俗与礼仪

1．婚俗

过去，澳大利亚一些地区有"指腹为婚"的习俗。如今，大多数澳大利亚成年人是自

由恋爱、自主婚姻,在教堂里举行婚礼。宗教婚礼的程序如下:先由牧师致辞,阐明宗教婚姻的意义,然后询问男女双方是否愿意和对方结为伴侣。新郎和新娘宣誓永远相爱,并戴上结婚戒指。牧师宣布一对新人结为合法夫妻,然后带领他们到后台签字。宗教仪式完毕,亲友上前祝贺新婚夫妇,并在教堂门口一起合影留念。在举行婚礼之前或之后,新娘、新郎身穿结婚礼服与伴娘、伴郎及家人到公园等风景优美的地方拍摄纪念照。至于婚宴,可简可繁,有的在饭店摆酒席,有的在家中或野外吃点心等。当然,结婚蛋糕是必不可少的。而不信教者通常在政府结婚登记处举行世俗婚礼。

2. 礼仪

1) 见面礼

澳大利亚人见面时一般行握手礼。好朋友相见,男士之间亲切地互拍对方的后背;要好的女性朋友相逢时常常亲吻对方的脸颊。

2) 称呼礼

大多数澳大利亚人性格外向、热情、坦率,容易接触和相处。初次见面称呼别人时先道姓,再加上"先生""小姐"或"太太"等。熟识后若以小名相称,则表明双方的关系很融洽。

3) 交谈礼

澳大利亚人真诚、踏实,不喜欢自夸与吹牛的人。交谈时语气平和,声音高低适度,不喜欢转弯抹角、拖泥带水。异性之间交谈时,男士若对女士挤眉弄眼,则是不礼貌的行为。

3. 禁忌

1) 数字忌

信奉基督教的澳大利亚人忌讳数字13,认为13是个不吉利的数字。

2) 比较忌

自尊心很强的澳大利亚人,不喜欢别人把他们与英国人或美国人相比,或者评论他们之间的异同。澳大利亚人常为自己独特的民族风格而自豪。

3) 话题忌

澳大利亚人很随和,但对宗教非常认真。因此,平时交谈应尽量避免谈工会、宗教与个人问题等话题,也不要谈论澳大利亚土著人社会与现代人社会的关系,以及关于袋鼠数量的控制等敏感的话题。

【礼仪故事】

访法纪事

20世纪80年代,我曾和林斤澜、柳溪两位老作家访法。有一个风雨天,我们的汽车驶在乡间道路上。在我们前边有一辆汽车,他们车轮扬起的尘土一阵阵落在我们的车前窗上。而且,那条曲折的小道没法超车。终于到了一个足以超车的拐弯处,前边的车停住了。开车的丈夫下了车,向我们的车走来,用法语跟我们的司机说了半天。后来,我们的车开到前边去了。

我问翻译:"你们说了些什么?"

第十四章 外国习俗与礼仪

他说，对方坚持让他将车开到前边去。

他说，对方认为自己的车始终开在前边，对我们太不公平。

隔日，我们的车在路上撞着了一只农家犬。是的，只不过是"碰"了那犬一下。只不过它叫着跑开时，一条后腿稍微有那么一点儿瘸，稍微而已。法国司机却将车停下了，去找养那只犬的人家。十几分钟后回来，说没找到。半小时后我们决定在一个小镇的快餐店吃午饭，可那位法国青年说他还是得开车回去找一下，否则他的心里很别扭。

后来他终于找到了养那条犬的一户农家，而那条犬已经若无其事了，于是郑重道歉，主动留下了名片、车号、驾照号码……

回来时，他心里不"别扭"了。接下来的一路，又有说有笑了。

我想，文明一定不是要刻意做给别人看的一件事情，它首先应该成为使自己愉快并且自然而然的一件事情。

(资料来源：梁晓声．访法纪事．人民日报，2004-7-31)

思 考 题

1. 日本人和阿拉伯人的问候礼有何区别？
2. 新加坡人和俄罗斯人怎样看待微笑礼？
3. 英国人和法国人的饮食各有什么特点？

参 考 文 献

[1] 李斌. 国际礼仪与交际礼节[M]. 北京：世界知识出版社，1985.
[2] 侯宪举，周俊安. 实用中外礼仪[M]. 西安：西安交通大学出版社，1989.
[3] 郝铭鉴，孙为. 中国应用礼仪大全[M]. 上海：上海文化出版社，1991.
[4] 邢颖，曾宪植. 社交与礼仪[M]. 北京：民族出版社，1993.
[5] 冯天瑜，何小明，周积明. 中华文化简史[M]. 上海：上海人民出版社，1993.
[6] 于明，田晓娜. 礼仪全书[M]. 北京：国际文化出版公司，1993.
[7] 李荣建，宋和平. 外国习俗与礼仪[M]. 武汉：武汉大学出版社，1996.
[8] 李荣建，宋和平. 谈判艺术品评[M]. 武汉：华中理工大学出版社，1997.
[9] 李荣建. 礼仪训练[M]. 3版. 武汉：华中科技大学出版社，2015.
[10] 李荣建，宋和平. 社交礼仪[M]. 武汉：武汉大学出版社，2005.
[11] 陈萍. 最新礼仪规范[M]. 北京：线装书局，2004.
[12] 周治南，等. 实用语文[M]. 北京：高等教育出版社，2001.
[13] 周彬琳. 实用口才艺术[M]. 大连：东北财经大学出版社，2002.
[14] 熊卫平. 现代公关礼仪[M]. 北京：高等教育出版社，2004.
[15] 王斌. 政务礼仪大全[M]. 哈尔滨：哈尔滨出版社，2005.
[16] 刘连兴，王景平，张美君. 大学生礼仪修养[M]. 济南：山东大学出版社，2005.
[17] 李兴国，田亚丽. 教师礼仪[M]. 上海：华东师范大学出版社，2006.
[18] 刘维俭，王传金. 现代教师礼仪教程[M]. 南京：南京师范大学出版社，2006.
[19] 李荣建. 现代礼仪丛书[M]. 武汉：武汉大学出版社，2007.
[20] 张岩松. 实用礼仪教程[M]. 2版. 北京：中国人民大学出版社，2016.
[21] 李嘉珊，刘俊伟. 实用礼仪教程[M]. 4版. 北京：中国人民大学出版社，2016.